教育部人文社会科学重点研究基地成果
中国语言文学国家"双一流"建设学科成果

汉语口语语法研究丛书

顾问◎邢福义 陆俭明
主编◎姚双云

汉语口语语法研究新探

[美] 陶红印◎著
姚双云 王 杰 邓百雄 等◎译

New Explorations in Spoken Chinese

中国社会科学出版社

图书在版编目（CIP）数据

汉语口语语法研究新探/（美）陶红印著.—北京：中国社会科学出版社，2023.6

（汉语口语语法研究丛书）

ISBN 978-7-5227-2162-0

Ⅰ.①汉⋯　Ⅱ.①陶⋯　Ⅲ.①汉语—口语—语法—研究　Ⅳ.①H14

中国国家版本馆 CIP 数据核字（2023）第 119013 号

出 版 人	赵剑英	
责任编辑	张　林	
特约编辑	肖春华	
责任校对	夏慧萍	
责任印制	戴　宽	
出　　版	中国社会科学出版社	
社　　址	北京鼓楼西大街甲 158 号	
邮　　编	100720	
网　　址	http://www.csspw.cn	
发 行 部	010-84083685	
门 市 部	010-84029450	
经　　销	新华书店及其他书店	
印　　刷	北京明恒达印务有限公司	
装　　订	廊坊市广阳区广增装订厂	
版　　次	2023 年 6 月第 1 版	
印　　次	2023 年 6 月第 1 次印刷	
开　　本	710×1000　1/16	
印　　张	28.5	
字　　数	454 千字	
定　　价	159.00 元	

凡购买中国社会科学出版社图书，如有质量问题请与本社营销中心联系调换
电话：010-84083683
版权所有　侵权必究

总　　序

当今时代，世界新科技革命潮鸣电掣，以拔地倚天之势加快了不同学科（尤其是自然科学与人文社会科学）之间相互交叉渗透，推进新兴学科诞生与发展的同时，也推动了人类整体认识能力的再度飞跃。人工智能、大数据、区块链和云技术等新兴科技不仅促进了经济的发展，也深刻改变了人类的思维、生活、生产和学习方式，数字时代已悄然来临。"可以预测，随着人类社会进入信息科技时代，进入数字经济时代，进入世界经济一体化时代，整个语言学的地位将越来越高，社会对汉语语言学的需求将越来越大。"①

在语言研究步入前所未有的深度科技化时代这一大背景下，研究者唯有从思想上领悟时代发展的本质，方能把握时代精神，顺应时代潮流，推动学科发展。对此，有学者提出，"21世纪人文主义要有一个大思路，那就是步入深度科技化时代的人类正在攀爬巨大的技术悬梯"。② 究竟如何打造理想的语言学技术悬梯并尽其所长？笔者认为，把握好以下三点至为关键。

第一，认清学科发展交融的特点与趋势。

"自然科学和社会科学的交叉与融合，是21世纪科学发展的总体走向"，③ 语言研究者要洞悉这一发展趋势，见微知著，顺势而为。

人类科学技术发展的重要特点之一就是分化与整合并存，"整合和离

---

① 陆俭明：《汉语研究的未来走向》，《汉语学报》2021年第1期。
② 段伟文：《新科技哲学与新科技人文大有可为》，《中国科学报》2021年7月8日。
③ 邢福义：《语言学科发展三互补》，《汉语学报》2005年第2期。

析是互相对立而又相辅相成的两个过程",① 分化使得科学研究愈加专门化、精细化、深入化,如此一来,自然能产出更多高水平的研究成果。然而,学科分化的精细度越高,科学研究的专门化、境域化与客观世界的开放性、系统性之间的矛盾也就越突出。因此,反过来走整合之道,充分利用分类精细的学科优势,重新进行学科的整合研究就成了各学科领域的当务之急:或在学科群内觅求不同学科之间的空白区与边缘区,发掘有价值的研究课题;或利用其他学科的理论与方法弥补本学科知识体系的缺口,解决当下的瓶颈问题。"科际整合"的研究理念促使大量综合性、边缘性、交叉性的学科应运而生,进而给原来的研究领域带来革命性变化,产出颠覆性成果。

语言学的研究向来重视与其他学科的融合,广泛汲取哲学、社会学、人类学、民俗学、教育学、心理学、行为科学等其他人文社会学科的养分。进入现当代,特别是自21世纪以来,又大量借鉴数学、化学、医学、计算机科学等自然科学的经验。语言学与不同学科的交叉与融合,促进了本学科的蓬勃发展。在今后的研究中,我们应充分把握这一大趋势,不仅要进一步促进与社会学、心理学等人文学科的融合,更要积极加强与计算机科学、信息科学等自然学科的整合,为人工智能时代的到来做好跨学科的充分准备。

第二,拓展口语语法研究的广度与深度。

口语是交际中使用最多的语言资源,具有极为重要的研究价值。汉语学界对口语研究向来较为重视。早在1961年,吕叔湘先生在《汉语研究工作者当前的任务》一文里谈及语法研究的任务时就提出:"另外一个重要的课题是口语语法的研究","进行口语语法的研究,不光是为了更好地了解口语,也是为了更好地了解书面语"。② 1980年,在中国语言学会成立大会上,吕叔湘先生在《把我国语言科学推向前进》的发言中再次强调:"过去研究语言的人偏重书面语材料,忽略口头材料,这是不对的。口语至少跟文字同样重要,如果不是更重要的话;许多语言学家认

---

① 沈家煊:《语法六讲》,学林出版社2016年版,第127页。
② 参看《吕叔湘文集》(第4卷),商务印书馆2004年版,第33页。

为口语更重要，因为口语是文字的根本。"①

汉语研究一贯重视对口语现象的描写和考察，赵元任（Chao，1968）、陆俭明（1980）等研究堪称代表。② 20世纪70年代，曹逢甫（Tsao，1979）以汉语会话为语料，系统研究了汉语的话题和语序等问题。③ 此后，陶红印、方梅、李晓婷等学者也致力于运用当代功能语言学的前沿理论对口语现象进行研究，取得了很多富有启发性的成果，将口语语法研究推向了一个新的层次。

但是总体而言，无论是从重视程度还是研究深度来看，学界对口语语法的研究都尚显量小力微。主要体现在三个方面：其一，口语语料库资源有待开发。目前口语语料库资源匮缺，这与口语语料采集历时长、转写难度大、建库成本高等因素有关。口语语料库开发的滞后，严重影响了口语语法研究的进展。其二，研究队伍规模有待扩大。尽管不少前辈与时贤呼吁要特别重视口语语法研究，但时至今日，真正从事这方面研究的学者人数依然不足，就口语语法研究的重要性而言，队伍规模难以满足该领域的研究需求。其三，研究层面有待深化。目前大多数的研究侧重于从句子层面考察语法实体的表义特点与语用功能，难以从本质上揭示口语语法的真正面貌。

鉴于此，口语语法研究的广度和深度亟待大力拓展。我们希望国家相关部门出台有力的措施鼓励与支持口语资源建设，期待更多的研究者加入口语语法的研究行列。在具体研究中，应大胆突破以往的句子层面，从话轮组织、序列结构等范畴切入，在社会行为与社会活动中探求语法资源的分布规律与互动功能，真正揭示口语资源在交际中所发挥的巨大作用。

第三，把握多模态互动研究的契机与机遇。

20世纪，语言学研究领域先后经历了结构主义语言学、转换生成理

---

① 参看《吕叔湘文集》（第4卷），商务印书馆2004年版，第15页。
② 参看 Chao Yuen-Ren, *A Grammar of Spoken Chinese*. Berkeley: University of California Press, 1968；陆俭明：《汉语口语句法里的易位现象》，《中国语文》1980年第1期。
③ Tsao Feng-Fu, *A Functional Study of Topic: The First Step towards Discourse Analysis*. Taipei: Student Book, 1979.

论、认知语言学三次革命，[①] 70年代后，随着会话分析、系统功能语言学及人类语言学的兴起与发展，Couper-Kuhlen 和 Selting（2001）首次提出"互动语言学"这一概念，[②] 引发语言学研究的互动转向，[③] 语言学正经历着"互动革命"，并迎来了探究社会互动与语言之间关系的"新时代"（Couper-Kuhlen, 2017）。[④] 互动语言学因其几乎可应用至语言结构和语言使用的所有层面，因而也被视为语言学领域一个极富发展潜力的、具有国际视野的新兴方向。

探索自然语言的本质特征——互动性，是互动语言学诞生的重要内因。而各种先进的现代化录音录像设备的应用则是该学科得以发展的重要外部条件，它使得人们可以研究自然发生的语音及视觉影像。录音、录像承载的自然收集的数据为分析谈话组织所依据的复杂细节提供了依据——这些细节既无法通过内省进行想象，也无法复制。[⑤]

经过几十年的发展，互动研究的理论和方法日臻成熟，广泛应用于语言学、社会学、人类学等相关学科的前沿研究中，展现出迷人的学科魅力，值得学界关注。互动在本质上又是多模态的：组成话语的词汇句法结构、传达话语的声音韵律、伴随（或不伴随）话语出现的身体活动都可能与互动意义的形成和表达相关。因此，要真正认识语言的形式与功能，必须重视多模态互动研究。

进行语言的多模态互动研究不仅是认识与了解语言本身特征与规律的需要，更是实际应用的需要。我们已经步入人工智能时代，数字时代语言需求趋于多样化、多层化，面向人工智能时代的自然语言处理无疑

[①] 参看王寅《20世纪三场语言学革命》，《外国语文研究》2015年第2期。

[②] Couper-Kuhlen Elizabeth & Margret Selting, "Introducing Interactional Linguistics", In Margret, Selting & Elizabeth, Couper-Kuhlen (eds.) *Studies in Interactional Linguistics*. 1–22. Amsterdam, Philadelphia: John Benjamins, 2001.

[③] 参看李晓婷《多模态互动与汉语多模态互动研究》，《语言教学与研究》2019年第4期。

[④] "互动革命"与"新时代"见原文："The conclusion is that Manny Schegloff has contributed, if unwittingly, to a 'new-age', interactional revolution in linguistic thinking." 详参 Couper-Kuhlen, Elizabeth, What a difference forty years make: The view from linguistics, In G. Raymond, G. H. Lerner & J. Heritage (eds.) *Enabling human conduct: Studies of talk-in-interaction in honor of Emanuel A. Schegloff*. 15–54. Amsterdam: John Benjamins, 2017。

[⑤] Groupe ICOR, Tool-assisted analysis of interactional corpora: voilà in the CLAPI database. *Journal of French Language Studies*, 2008 (18): 121–145.

会面临更多的瓶颈问题。当前多模态互动研究与人工智能、虚拟现实（Virtue Reality）和网络视频交际等领域之间的交互应用等现实问题亟须解决。而这些问题的解决与会话含义、视频语义的推理，视觉—语音导航、语言—图像理解等多模态互动的基础研究密切相关，倘若学界能为多模态研究的技术层面提供更多的学理支持，定能促进相关研究的转化与应用，进而造福桑梓、泽被后世。

目前，国内这方面的研究还刚刚起步，我们呼吁更多的学者把握多模态互动研究的契机与机遇，积极参与到富有前景的研究领域中去，使语言学在解决社会现实问题中发挥更大的作用。

首批"汉语口语语法研究丛书"共收著作9本，其中译著4本，专著5本。4本译著或为互动语言学研究的经典教材，详细介绍了互动语言学理论体系框架、基本研究范式、典型个案分析；或为汉语口语语法研究前沿著述，全面展现了汉语会话交际单位、多模态资源、话轮转换系统的面貌特征。这些译著对汉语口语语法研究乃至跨语言的互动研究具有重要的方法论意义。5本专著虽研究内容各有侧重、研究方法不尽相同，但均将互动语言学的理论贯穿其间，秉持了高度一致的研究理念。

总体而言，本套丛书既有宏观理论的引介，又有微观个案的剖析，内容丰富，视角多样，涉及互动语言学、多模态互动、位置敏感语法、认识状态等理论方法的介绍及其在汉语口语研究中的应用。丛书将传统的语言形式置于互动交际的框架中进行重新审视，考察各语法实体在会话交际中的基本形式、序列位置、互动功能、多模态表现，揭示了语言形式与社会行为二者之间的互育关系，从不同角度勾勒了口语语法的面貌。

"红雨随心翻作浪，青山着意化为桥"，我们期待该丛书能够为汉语口语语法研究贡献一份力量，读者能够借此从不同的侧面管窥自然会话中语言的特点。聚阳生焰，拢指成拳，相信后续还会有源源不断的成果加入，若干年后，能在汉语口语语法研究这一广阔的天地形成一个有特色的方阵。

姚双云
2022年12月

中译本序

收录在这个论文集中的文章绝大多数发表于近十几年间，因此大概可以称作"新探"。原作都是以英文发表于国际期刊或文集，这次有幸得到姚双云老师及其团队的关注，通过他们的辛勤努力，把相关内容集中在一起，译成中文，便于国内读者参考，我对此深表谢意。

这些文章可以粗分为词汇·语法研究和话语语法构式的研究。前者关注口语语词的宏观现象或具体语词、语块在会话中的运用，后者偏重于会话中的语法构式或超出传统语法范围的一些口语言谈现象。如果说这些文章有共同特点的话，可能包括如下方面。第一，研究材料以基于录音录像的日常会话为主。第二，互动语言学的理论旨趣，即把语法与语用（语言的使用）看作密不可分的相关现象，透过语用考察语词、语块或语法格式的常见构成、浮现过程及发展趋势。第三，试图在一些方面对传统词汇语法的研究有所突破，例如语词、语块与语法、语用的关联、超句法话语现象、基于社会行为的视点、音律/具身等多模态现象的引入等。互动语言学本身是一个发展迅速的功能语言学分支，本文集所呈现的（以及此前已经用中文发表的类似著述）可以看作基于汉语材料的一些阶段性研究成果。

最后也要说明的是，本书收录的数篇文章是自己和多位老师、同事、学生合作的成果，合作者包括（以文集中的出现顺序为例）Sandra A. Thompson、陈侃、远藤智子、吴海平、苏丹洁、Heeju Lee 和王玮，感谢他们同意这些合著文章以译文形式在这里再版。也要感谢发表原作的相关出版社或刊物允准中文版的翻译出版。

陶红印
2022 年 12 月于洛杉矶加州大学

目　　录

上篇　词汇·语法研究

语料库所反映的汉语口语词汇的基本面貌 …………………（3）

词汇语义学的浮现观 …………………………………………（17）

隐含表达式作为一种固化语言 ………………………………（34）

会话、语法和固化
　　——汉语形容词再探 ……………………………………（64）

从语言与社会的共变看当代汉语中高及物性标记"到"的兴起……（92）

从"意愿""享受"到"惯常语气"
　　——以"爱"和"喜欢"的语法化为例 …………………（116）

汉语会话中与"记得/忘记"等表达式相关的记忆争议
　　及其社会互动功能 ……………………………………（142）

全称量化表达式的（交互）主观性：汉语会话中"复数
　　名词+都"的语用解释 …………………………………（166）

汉语口语会话中的名词连用 …………………………………（197）

泛指意义的第二人称代词"你"的对话互动功能研究 ………（233）

汉语、英语和韩语中基于"什么"疑问表达式扩展用法的
　　跨语言研究 ……………………………………………（265）

下篇 话语语法构式及多模态研究

从主句到话轮扩充
————"我觉得"在普通话会话互动中的浮现 ………………（305）
基于会话和其他语体的汉语话题结构的若干新发现 ………………（334）
会话中表程度的准分裂句的多模态研究 ………………………（364）
汉语会话中的列举手势对多模态研究的启示 ……………………（391）
身体（视线）移动在参与者立场协商中的作用 ……………………（422）

附 录 ……………………………………………………………（439）

后 记 ……………………………………………………………（442）

上 篇

词汇·语法研究

语料库所反映的汉语口语词汇的基本面貌[*]

一 引言

词汇是语言的主要组成部分,却是语言研究中所受关注较少的一个领域,其主要原因是词汇通常被认为是由单个词语组成的,缺乏系统性。然而,已有研究表明,词汇(词库)的系统性并不亚于语言的其他组成部分,其研究成果还可为语言组织的研究提供借鉴。口语词汇的研究也同样备受忽视。在中文学术出版物数据库 CNKI 这一庞大的全文数据库(www.CNKI.net)中进行搜索,与关键词"口语词汇"相关的研究不足30篇(2012年3月23日检索)。由此可见,尽管汉语口语语法成果显著(Chao,1968),然而除少数词典(傅民、高艾军,1986;徐志诚,1991;陈刚等,1997;宋孝才,1987)、专著(Yip,2000)和编著(陈原,1989)外,口语词汇方面的研究却非常匮乏。长期以来对口语和词汇的偏见,是导致学界对口语词汇研究缺乏兴趣的原因之一。譬如,人们对口语语言的刻板印象是,口语中充斥大量不流畅与错误的表达,因而不适合用来做语言能力的调查(Chomsky,1965:4)。

因缺少自然语料,所以前期的汉语口语词汇研究极为鲜见。曹炜(2003)在考察汉语口语词汇系统时,以《现代汉语词典》中标注的口语词条为研究对象,探讨了其音节数量。Yip(2000)采取同样的方法进行了研究。然而,正如本文"汉语口语词语的音节构成"一节指出的那样,

---

[*] 本文原为专著的第25篇,详见 William S. Y. Wang & Chaofen Sun 主编的 *The Oxford Handbook of Chinese Linguistics*,Oxford University,2015。

采取这种方法研究口语词汇有很大问题。

近年来，随着电子语料库的应用，词汇研究取得了长足进展（Nation, 1990; McCarthy, 1999; McCarthy & Carter, 2003; Adolphs & Schmitt, 2003; O'Keeffe et al., 2007; Xiao et al., 2009）。例如，我们现在对词汇的分布有了更充分的理解，了解到一些词汇类型比其他类型使用更频繁；词频（frequency 与词形、词义的变化可能性及方式密切相关）。这些发现不仅给语言结构研究带来了新启示，在语言学习、语言教学以及语言信息处理等应用领域也具有重要意义。

本文基于口语语料库，描述汉语口语词汇最显著的特征，并试图对汉语口语词汇的组织方式予以说明。

二　数据

本文采用了两组对话语料，主语料库由 54 个发生在朋友和家庭成员之间的面对面的对话组成，录于 20 世纪 80 年代至 2005 年。此组数据用于第三、第四节中的第一项研究，Tao（2009）对该语料库亦有相关讨论。第二组是主语料库的子库（除去 4 个包含大量独白后的对话），经语音编码（对会话信息进行人工校正）后其数据较原始数据更为准确。子语料库用于第五节中的讨论。

这两组语料均通过汉语词法分析系统 ICTCLAS 软件程序对词语进行了切分，对部分语音信息进行了标注（参见 Xiao et al., 2009: 3—4）。该软件采用基于统计模型的算法，共识别出了 344141 个词语。

接下来，将基于这些语料阐释口语词汇最显著的一些特征。

三　偏态分布模型

对主语料库的检索发现，语料库中有少数词汇类符（type）占主导地位。这里的类符指的是经 ICTCLAS 软件程序识别的唯一词语，而在语料库中形符（token）可以在类符中任意出现。从这一角度来看，数据显示，排名前 100 的类符占了高频词汇的近 80%。

表1　　　　　　　　类符—形符分布：前100 vs 其他

	类符	形符	数据库中形符比重（%）
高频	前100	268979	78
低频	低于前100 = 16940	75162	22
合计	17040	344141	100

该统计结果与Zipf（1935）对北京话和其他语言的考察结果明显一致。早在20世纪30年代，George Zipf就对词汇的统计分布特征做了重要考察，这就是著名的"齐普夫定律"（Zipf's Law）。该定律认为：1）少数词项在自然文本中具有较高的使用频次；2）词语的重要性与重复次数通常成反比。

本文统计结果也证实了早期基于语料库的汉语研究。如常宝儒（1989：49）指出：虽然少数词汇类型在汉语书面语中占据主导地位，但这一趋势在汉语口语中更为明显。其调查结果显示，口语语料库中排名前4000的高频词汇占语料库总量的96.65%（容量16万词或2000万汉字语料），前1000个词的频率相较于两个书面语料库（新闻和学术）中同等排名的前1000个词的频率高出6%—12%。近年来，大量基于语料库的研究，如新加坡汉语口语（王惠，2011）、英语以及众多其他语言的相关研究也证明了这一点（参见Adolphs & Schmitt, 2003; O'Keeffe et al., 2007）。

四　高频词汇类符

在考察高频项的词类时，有一个有趣的发现，即某些类型的词汇比其他类型更为集中。O'Keeffe等（2007：37）指出，在英语口语（英式）中，高频词汇类别主要集中在情态项（"will""look""seem"等）、虚义动词（"do""make"等）和其他一些词汇类型。在汉语口语方面，曾淑娟（Tseng, 2001：168、2006：104）基于小型汉语口语样本（不足1万词）确定了36个高频词作为核心词汇的一部分。

方便起见，此处仅截取表2所列的前50+词汇项。从原始频率可以看出，高频词项主要集中于少数几个词汇类别，其中部分与曾淑娟所列结果（以黑体表示）重合，部分则不重合。

表 2   语料库中排名前 50 + 的高频词语

1）的 …………… 13245	19）那个 ………… 3154	37）到 …………… 1666
2）是 …………… 12047	20）然后 ………… 3076	38）她 …………… 1606
3）我 …………… 10052	21）在 …………… 3067	39）没 …………… 1590
4）就 …………… 7782	22）什么 ………… 3064	40）吧 …………… 1539
5）不 …………… 7743	23）这 …………… 3027	41）多 …………… 1490
6）你 …………… 7658	24）这个 ………… 2772	42）它 …………… 1474
7）了 …………… 7484	25）很 …………… 2373	43）没有 ………… 1438
8）那 …………… 6846	26）哦 …………… 2245	44）得 …………… 1412
9）啊 …………… 5792	27）看 …………… 2197	45）呢 …………… 1384
10）个 …………… 4696	28）人 …………… 2100	46）跟 …………… 1336
11）他 …………… 4385	29）还 …………… 2093	47）他们 ………… 1335
12）对 …………… 4285	30）嗯 …………… 1953	48）儿 …………… 1326
13）就是 ………… 3920	31）好 …………… 1939	49）上 …………… 1235
14）有 …………… 3816	32）要 …………… 1871	50）吗 …………… 1200
15）都 …………… 3760	33）我们 ………… 1847	51）现在 ………… 1176
16）说 …………… 3677	34）去 …………… 1824	52）知道 ………… 1135
17）一 …………… 3497	35）一个 ………… 1814	53）嘛 …………… 1112
18）也 …………… 3186	36）觉得 ………… 1694	54）但是 ………… 1082

除常用的多功能结构标记"的"外，核心词汇的初始分类如下。

1）代词：**我、你、他**

2）低实义动词：**是、有**

3）言说动词：**说**

4）认知动词：觉得、知道、看

5）位移动词：去、到、上

6）副词：**就**、就是、**都**、**也**、很、还

7）数词/量词：一、一个

8）情态动词：**要**

9）否定词：**不、没有**

10）指示代词：这、这个、那、那个
11）时间指示词：然后、现在
12）回应标记：**哦、嗯、啊、对**
13）小品词：**吧、呢、嘛、啊**
14）疑问代词：什么
15）连词：**所以、而且、但是**
16）一般名词：人
17）基本形容词：**好**

五 组块与词汇单位问题

（一）观察结果

既然研究结果表明有限数量的词语在口语交际中多次出现，那么就必须回答一个迄今尚未解答的问题：为何有这样的现象出现？语料中所凸显的以下特点值得探究。

1）核心词汇中的众多成员并非真正意义上的词汇或高实义词，这一点可由联系动词、否定标记和一般名词等得以证明。

2）核心词汇中的大多数成员不能单独使用。这一点可由连词、语助词，以及副词得以证明。这些词语的使用严重依赖于其他词语或表达式所提供的语境，不可单独造句。

即便如此，这些词汇项为何还能得以如此频繁地使用，并且在谈话/语篇中占据如此大的比重？这些疑问一时难以解答，且若要全面考察定然超出本文所论及的范围，但是可从下列小节中做一些尝试。

（二）研究结果

一直以来，对意义和词汇进行研究的主流方法强调将单个词语作为意义单位（参见 Chao，1968）。与此相反，认为研究的关键是要超越单个词语，将多词单位视为整体的有效的意义单位，才能正确解读定量数据所显示的问题（Sinclair，1991、1996；Tao，2009）。也就是说，除了通常在词典释义和单个单词的语法描述中找到的意义和语法模式，这些词项大多具有特定的搭配模式，可构成固定或半固定的表达式。这些词项往往相互结合，进而被高频使用。下面基于语料库来说明这一点。

（三）汉语口语词语的音节构成

在探讨组块（cluster）和词汇单位问题之前，先来看一下汉语口语中词的音节构成（即音节数量）问题。

音节构成向来是汉语词汇学和词典学中颇具争议的问题，主要原因在于汉语口语的语音在几千年中发生了巨大的变化，汉语口语词的音节结构也经历了同样巨大的变化。学者们普遍认为，现代汉语典型的音节数量存在向双音节或多音节发展的趋势，即由两个及以上语素构成单位取代单音节词，但他们对现代汉语中双音节和多音节单位所占比重的估算存在分歧。比方，曹炜（2003）基于《现代汉语词典》词条提出，在口语词汇中，单音节约占13%，双音节占68%，多音节占19%。Yip（2000：18）通过参阅Liu（1973）的《汉语频率词典》指出，3000个词条中有2076个是非单音节，其中2047个词条是双音节词。这表明，单音节词占30%，也就是924个，双音节词占68%，多音节词占2%。这个结果虽然与曹炜统计的不同，但与曹炜（2003）描述的总体趋势一致。

值得注意的是，由于以上二者的统计来源都是字典条目而非自然语篇，所以在统计方法上都存在明显缺陷。而基于语料库语料进行统计，研究结果不尽相同。比方，常宝儒（1989：58）通过考察《现代汉语频率词典》指出，现代汉语的平均词长是1.2到2个汉字或音节，从语体分布的角度来看，单音节词最有可能出现在口语语篇中。此外，在前1000个整体高频词中，单音节词的使用频率是双音节词的2.5倍。Xiao等（2009）也有类似的发现，指出，虽然单音节词只占词语类符的7.56%，但在3800万词的语料库中，它们却占了54.08%的形符。常宝儒和Xiao等明显都认识到单音节词在汉语词汇，特别是在口语词汇中发挥重要作用，但基于语料库的研究结果与大多数基于词典的研究结果却并不相同。

我们对口语语料的分析结果与常宝儒（1989）和Xiao等（2009）的分析结果一致。但值得注意的是，用于这部分研究的口语语料是主语料库的一个子库，该子库词性切分准确率较高。我们的语料库规模是常宝儒所使用语料库的两倍，与Xiao等（2009）的研究的不同在于，我们的语料库仅包含口语语料。下面分前 1000 个词和前 100 个词两个部分作进一步讨论。

我们可以看到前 1000 个词中单音词的类符数量仅比双音词略少，而单音词的形符数量明显多于双音词（详见表 3）。

若只考察前 100 个词，那么单音节词的该特征更加突出（详见表 4）。

由表 4 可知，单音节词在类符和形符数量上都占主导地位（分别为 70% 和 82.3%）。虽然研究的目的不是强调现代汉语词典本质上是单音节的（参见 Yip，2000：15），但基于用法的结果表明，单音节词在使用频率方面确实居于前列。在评判现代汉语中音节数不同的词语具备何种作用时，这一视角十分重要。

表 3　　　　　　　　　　前 1000 词与音节数

	类符		形符	
单音节	448	44.8%	244166	72.3%
双音节	499	49.9%	88953	26.3%
多音节	53	5.3%	4767	1.4%
合计	1000	100%	337886	100%

表 4　　　　　　　　　　前 100 词与音节数

	类符		形符	
单音节	70	70%	192955	82.3%
双音节	30	30%	41387	17.7%
多音节	0	—	—	—
合计	100	100%	234342	100%

（四）词块

作为词汇中最活跃的部分，单音节词具有特殊地位，下面我们运用"词块"（lexical chunks）的概念从另一层面来解决词汇单元的相关问题。若将搭配定义为包含两个词项的单位，将词块定义为至少包含三个词项的词汇组合，那么在口语语篇中，很多词块是能独立运用的单元，其特殊含义与各组成部分的总和不同。

表 5　　　　　前 50 个由三个词组成的词块（口语数据）

排名	频率	形符	排名	频率	形符
1	464	是不是	26	71	不是我
2	340	有一个	27	69	你不是
3	192	是一个	28	68	也不知道
4	187	的那个	29	68	说那个
5	179	一个人	30	67	的那种
6	175	了一个	31	64	是是是
7	142	的一个	32	63	我就说
8	138	不是说	33	63	挺好的
9	122	也不是	34	63	有很多
10	122	我不知道	35	61	的时候就
11	101	那个什么	36	60	我就不
12	96	一个是	37	60	都不知道
13	94	不是很	38	57	就是一个
14	86	我就觉得	39	56	然后我就
15	85	不是不	40	56	说的是
16	85	是那个	41	55	很多人
17	82	个那个	42	55	我不是
18	82	我觉得我	43	55	那不是
19	79	我跟你	44	54	另外一个
20	79	跟你说	45	54	就行了
21	76	对不对	46	53	对啊我
22	76	我也不	47	51	不是那
23	74	那个那	48	51	我说我
24	73	不是啊	49	51	那个人
25	71	一个什么	50	50	他那个

上述词块中的大部分单纯词本身就是高频词项，如：是、不、个、我、那、一、就、的。当它们组成词块时，就和高频词一样，可以划分为几个常见类型。这里我们只讨论这些组块中的主要类别。

1) 用于发话人—受话人互动的元语言手段。这里的元语言手段包括是非疑问形式"是不是"，它通常用作固定表达式，不同于其他"A 不

A"疑问形式（Tsai, 2011）。

(1) 这世界上有猫也有老鼠　　　　是不是？ 在我们这=一
(2) 那这一次-没-报名　　　　　　是不是？ 不是说心理不平-平衡不
(3) 人总有一个就是说，趋利避害嘛，是不是？ 人，人总有一个
(4) 变异他有两种可能嘛，　　　　是不是？ 他-他如果是，uh,就是说
(5) 病菌它主要是靠飞沫空气传染嘛，是不是？ 天气太热了以后它这

该类型的大部分词块多用于发话人向会话参与者发起会话，有时也用于让渡话语权。

其他互动形式也直接采用第一和第二人称，例如"我跟你"或"（我跟）你讲/说"中的"我"和"你"。

(6) 他俩就是我跟你讲　　　　我跟你讲　就是那个什么吗就是我大学那
(7) 保险公司就比较-哇-对，其实　我跟你讲　我去第二份工作之前呢，
(8) 个菜馆儿，啊 他俩就是　　　我跟你讲　我跟你讲就是那个什么吗
(9) 因为这个吵过架，一个-　　　我跟你说　一个是-一个是-
(10) 脑子都大了，你可以估一下嘛，我跟你说　了嘛，

这种词块可被视为一种元语言手段，它将受话人的注意力吸引到言谈的某些方面，进而调节互动的进程（Tao, 1996）。

2）含有"一个"的无定表达式。如"有一个""是一个""一个人"，等等。其中一些表达式用于在话语中引入新的指称，其功能与英语中的不定冠词"a/an"极为相似。例如：

(11) 然后.. 嗯，上面站　　　一个人。
(12) 位子上，.. 后来还有　　一个人。
(13) 开-开始不久就有　　　一个人，eh overdrunk -

有的则用于评估，以传达言者对指称的态度。例如：

(14) 王宇是这么凶狠的 一个人。
(15) 这个人是很危险的 一个人。
(16) 有时候真的 一个人 – uh – 不能够 – 太 – handle

还有的则用来表达说话者的不确定性（uncertainty），或低传信态度（low epistemic commitment），如"一个"和"什么"的组合。如：

(17) 然后中间回来过一次，就是跟他老板有一个什么进一步合作，然后我就看，大概，… 又有 一个什么问题要，核实好像我大学的时候还去参加一个什么 – 黄凯琴的歌迷会…

在所有这些例子中，说话者都是向参与者提供信息的人——例如，第二行是说话者在一段对话中讲述他与警察的经历，这是第一手经验——但信息是以不确定的方式构建的。这种不确定性可视为淡化说话者对参与者的认识权威（epistemic authority）的一种方式。

3）认知立场标记。这些词汇语法单位表明说话人对话语中表达信息的承诺程度。多词串中的大多数认知立场标记包含"N + V"结构，其中N通常是第一人称代词，V是认知动词（通常是"知道"或"觉得"）。列表中的"我不知道""我就觉得""我觉得我""也不知道""都不知道"均属于此类常用的表达式。

有趣的是，这些认知动词（如"知道"）通常认为用来表示心理状态、认知能力等，并以小句为补足语。陶红印（2003）的研究表明，会话语料库中有一半的"知道"不带任何宾语。正如前文所说，这些"知道"往往形成多种组合类型，作为特殊结构发挥作用，且具有超出动词典型词汇语义的特殊含义。因此，许多包含"知道"的多词串除了表明说话人掌握信息不全的常规命题意义，还表明说话人无法确定陈述内容的来源或真实性。

值得注意的是，在所有由三个词构成的词块如"是不是"和"我不知道"中,每个成为词都属于高频词,组合在一起使用是常见的,且具有独立意义。我们称为的"搭配和类联接机制":词与词的相互结合,尤其是高频词,包括虚词和实词,构成了口语基本词汇的基础。

六 讨论与结论

以上,讨论了语料库所反映的汉语口语词汇的一些特征,以及对词汇单元相关的问题的理解。总体而言,正如齐普夫定律所预见的那样,口语语篇中的词汇分布呈现高度偏态分布模型。虽然大多数学者认为双音节化是现代汉语的常态,但语料库语料分析所反映出的形式值得进一步研究。具体来说,在较低层面上,单音节词在很多方面表现较为活跃,其作用之大远远超出我们以往的认识。除可充当单个词外,单音节词还可用于具有整体词块功能的词串之中。这些研究结果引发一些值得思考的议题。

第一,必须回答为何少数活跃词语会在核心词汇中占据如此大的比重。作者认为这一问题的答案在于搭配和类联接,即词语之间的互相结合。通过组合,新的词汇符号在常见材料的基础上被创造出来,并在社会互动的行为中传递微妙的语用含义,单个词语的使用频次也随之增加。

第二,词能成串并不是新鲜的发现。语料库语言学家一再提醒,任何对语言的恰当理解都无法躲避语言的固定性或习语性(idiomaticity)特征,因为这种属性可促进言语的生成与理解。有学者指出,高达60%至80%的口语语篇属于某种套语式序列(Altenberg, 1998; Erman & Warren, 2000; Schmitt & Carter, 2004)。这项研究为汉语的程式化研究提供了进一步的支持。

第三,分析口语词汇对应用语言学各领域有重要意义。例如,解决语言习得中最常见的如何提高学习者与母语者相似的选词能力与流利程度(Pawley & Syder, 1983; Wood, 2002)的问题,其重点在于让学习者学习如何像母语说话人那样运用词汇组合,而要达到这种程度,关键是根据母语者的会话语篇识别词频(结合核心词汇)和词语搭配模式,这正是基于语料库的研究可以作出重要贡献的领域。

参考文献

北京语言学院语言教学研究所编《现代汉语频率词典》，北京语言大学出版社 1986 年版。

曹炜：《现代汉语口语与书面语词的差异初探》，《语言教学与研究》2003 年第 6 期。

常宝儒：《现代汉语频率词典的研制》，陈原主编《现代汉语定量分析》，上海教育出版社 1989 年版。

陈刚、宋孝才、张秀珍：《现代北京口语词典》，语文出版社 1997 年版。

陈原：《现代汉语定量分析》，上海教育出版社 1989 年版。

傅民、高艾军：《北京话词语》，北京大学出版社 1986 年版。

宋孝才：《北京话语词汇释》，北京语言大学出版社 1987 年版。

陶红印：《从语音、语法和话语特征看"知道"格式在谈话中的演化》，《中国语文》2003 年第 4 期。

王惠：《日常口语中的基本词汇》，《中国语文》2011 年第 5 期。

徐志诚：《现代汉语口语词典》，辽宁人民出版社 1991 年版。

Adolphs Svenja & Norbert Schmitt, "Lexical coverage of spoken discourse". *Applied Linguistics*, Vol. 24, No. 4, 2003, 425–438.

Altenberg Bengt, "On the phraseology of spoken English: the evidence of recurrent word-combinations". In Cowie Anthony-Paul (ed.) *Phraseology: Theory, Analysis, and Applications*, 101–122. Oxford: Clarendon, 1998.

Chao Yuen Ren, *A Grammar of Spoken Chinese*. Berkeley: University of California Press, 1968.

Chomsky Noam, *Aspects of the Theory of Syntax*. Cambridge, Massachusetts: MIT Press, 1965.

Erman Britt & Beatrice Warren, "The idiom principle and the open choice principle". *Text*, Vol. 20, No. 1, 2000, 29–62.

Liu Eric Shen, *A Frequency Dictionary of Chinese Words*. The Hague: Mouton, 1973.

McCarthy Michael J., "What constitutes a basic vocabulary for spoken communication?". *Studies in English Language and Linguistics*, Vol. 1, 1999,

233 - 249.

McCarthy Michael J. & Ronald Carter, "What constitutes a basic spoken vocabulary?". *Research Notes*, Vol. 13, No. 2, 2003, 5 - 7.

Nation Paul, *Teaching and Learning Vocabulary*. Boston: Heinle and Heinle, 1990.

O'keeffe Anne, Michael McCarthy & Ronald Carter, *From Corpus to Classroom: Language Use and Language Teaching*. Cambridge: Cambridge University Press, 2007.

Pawley Andrew & Frances Hodgetts Syder, "Two puzzles for linguistic theory: nativelike selection and nativelike fluency". In Jack C. Richards & Richard W. Schmidt (eds.) *Language and Communication*, 191 - 268. London: Longman, 1983.

Schmitt Norbert & Ronald Carter, "Formulaic sequences in action: an introduction". In Norbert Schmitt (ed.) *Formulaic Sequences: Acquisition, Processing and Use*, 1 - 22. Amsterdam: John Benjamins, 2004.

Sinclair John, "The search for the units of meaning". *Textus*, Vol. 9, 1996, 75 - 106.

Sinclair John, *Corpus, Concordance, Collocation*. Oxford: Oxford University Press, 1991.

Tao Hongyin, "Core vocabulary in spoken Mandarin and the integration of corpus - based findings into language pedagogy". In Yun Xiao (ed.) *Proceedings of the 21st North American Conference on Chinese Linguistics*, 13 - 27. Smithfield, Rhode Island: Bryant University, 2009.

Tao Hongyin, *Units in Mandarin Conversation: Prosody, Discourse, and Grammar*. Amsterdam: John Benjamins, 1996.

Tsai I-Ni, *Grammar as Situated Practices: Conversational Practices of Two Mandarin Yes/No Question Formats in Talk-in-Interaction*. Ph. D. Dissertation, University of California Berkeley, 2011.

Tseng Shu-Chuan, "Highlighting utterances in Chinese spoken discourse". *Language, Information and Computation: PACLIC*, Vol. 15, 2001, 163 - 174.

Tseng Shu – Chuan, "Repairs in Mandarin conversation". *Journal of Chinese Linguistics*, Vol. 34, No. 1, 2006, 80 – 120.

Wood David, "Formulaic language in acquisition and production: implications for teaching". *TESL Canada Journal/Revue TESL Du Canada*, Vol. 20, No. 1, 2002, 1 – 15.

Xiao Richard, Paul Rayson & Tony McEnery, "A frequency dictionary of Mandarin chinese: core vocabulary for learners". *Routledge Frequency Dictionaries*. New York: Taylor & Francis, 2009.

Yip Po – Ching, *The Chinese Lexicon: A Comprehensive Survey*. New York: Routledge, 2000.

Zipf George Kingsley, *The Psycho – Biology of Language*. Boston: Houghton Mifflin, 1935.

词汇语义学的浮现观[*]

一 引言：浮现语法和浮现语义

功能语言学的核心原则之一是，语法本质上是语言使用的惯用模式，即语法结构在话语实践中产生，所以最好将语法视为是动态且不断变化的。Hopper 使用了"浮现语法"（Emergent Grammar）这个术语来描述这种语法观（Hopper，1987、1998）。大量的研究已表明话语实践是如何影响语法形态的（参见 Bybee & Hopper 2001 年的论文集）。

基于这一观点，许多功能语言学家将解释语法的话语基础和发现话语实践中反复出现的结构倾向作为研究任务。例如，在 Tao（2000b）中，笔者试图表明所谓的准分裂结构（pseudo-cleft construction）在汉语中实际是一个起源于话语交际需要的浮现结构（例如：我开的是欧洲文学选讲），在汉语中，尽管"名词化 + 系动"（准分裂）组合是开放性结构，但在真实话语中作开放性结构的可能性并不大。笔者在话语中发现，无论是从成分的数量还是信息的分布来看，都存在一种"轻结构 + 重结构"的优选模式，因此本研究语料显示准分裂话语主要集中在有限的结构模式上并且这些模式可以被认为是话语驱动形成的。

尽管浮现语义与浮现语法密切相关，但本文的研究重点更侧重于浮现语义，即词汇实体意义的动态属性。浮现语法在许多语言中得到了广

---

[*] 本文原刊于 Language and Linguistics 第 4 章第 4 节第 837—856 页，2003 年。感谢 Sandra A. Thompson 和方梅对该文早期版本的宝贵意见，感谢两位匿名审稿专家，他们的建议让该文有了实质性改进。本文的另一版本已被收录在第十四届北美汉语语言学学术会议论文集（GSPIL，语言学，南加州大学）中，当前是修订版本。

泛的研究，但对语义浮现特征的阐释却相对较少。McCarthy（1987/1992）是最早指出词汇意义具有互动特征的研究者之一，并从韵律凸显的视角对其进行了探讨。Bybee（1998）明确提出了基于浮现语法的词汇视点，并强调词汇形成的动态特征。Huang（1998）在一项以对话为基础的研究中论证了意义的语篇互动特征，展示了意义在对话实践中协商与出现的多种方式。Biq（1999）特别探讨了涉及对话中关于元语言和元交际各个方面的意义协商问题，例如命名和会话含义。本文将在前人的研究基础上，尝试为词汇语义学的浮现性提供一些新的观点。可以肯定的是，即使是传统的语义学研究也曾从历史视角对词项的语义变化进行过大量的词源学研究，并提出了诸如词义扩展、词义减缩、词义转换等机制的假说。然而，这种研究的问题在于大多数研究者倾向于关注个别项目，而没有尝试对词汇语义学的特征进行系统原则性的解释，同时一般研究者都默认意义的变化仅仅是时间变化的自然结果。另外，在大多数共时语义研究中，孤立的词汇意义或机械性地描述的词汇的构成也是描写为语义表征的常态（参见 Tao［2001b］对个案研究的批判）。尽管这些调查为我们理解人类语言的语义维度积累了丰富的知识，但很少有人注意到它在话语实践中对词汇形成和意义的动态特征的作用，本文要强调的正是话语实践的核心作用。

首先要指出的是，词汇语义学的浮现观至少包含下述几点要素：

(1) a. 词汇项和词汇组合的语义可以通过语言的使用浮现、协商和获得。
b. 孤立的意义可能与使用中的意义不一致。
c. 要理解词汇语义学的特点，必须考察实际的话语实践。

一些利用电子语料库和语料库分析工具等现代语言工具分析得出的为人们普遍接受的语言语义学观点，现在可以用新数据和新技术来验证。例如，Wittgenstein（1953）建议不要探索词的意义，而是要探索词的用法。Bolinger（1977）提出，没有任何两种语言形式在意义和功能上是完全相同的。Firth（1957）认为，词汇形式的使用模式最好是通过观察与它们共现的其他成分来检验。这些观点和浮现语法观都为词汇语义学的浮现观提供了基础。

在接下来的章节中将提供一些汉语个案研究来证明词汇语义学的浮现观的实用性。本文将从以下三个方面来探讨话语语义现象：1）会话参与者之间的互动引起的意义浮现和协商；2）基于语篇使用和交际需求的同义词汇实体意义（再）分配；3）语词单位在语篇中频繁使用导致的范畴转换。

二 语义浮现是参与者互动的结果

Huang（1998）指出，传统的词汇语义分析者和词典编纂者出于某些原因，倾向于采取单一的方法，推断词的常用义项，并将其以规范的形式呈现出来：他们通常认为协商产生的词义并不重要，给人以词汇语义是静止和固定的印象。因此，作为一个字典条目，"出差"可能被定义为一项与商业或工业任务有关的外地活动（机关、部队或企业单位的工作人员）暂时到外地办理公事/出去担负运输、修建等临时任务（《现代汉语词典》2002年版）。然而，在实际的互动中，会话参与者本身并不采用一般的规范方法，他们对与自己的生活经历密切相关的细节更感兴趣。正如Huang的例子所展现的，从例（2）的样本话语中浮现出的"出差"的意义与刚才在字典中看到的定义并不相同。

(2)（引自 Huang，1998，例6）
A：他可能以为那边比较轻松啊。..做试验。..想不到一去就是<u>出差</u>。..一天到晚<u>出差</u>。
B：M.
A：...（3.3）<u>出差</u>就是..拿一个帐篷啊，..一个睡袋，..然后就去外面出差。..都睡在外面。
B：a 干吗？..去采种子。
A：..去采种子啊。..采叶子，..采黄土那些。...（0.8）他都去那种...（1.3）都没有人去的地方。

如上所示，语义浮现于会话实践是日常互动的常见情况。本文语料与 Huang 和 Biq 的语料类似，都由日常会话构成，值得注意的是，参与者之间还可以通过其他的方式进行意义协商。在一种情况下，说话者可能似乎在讨论一个词汇项的定义或一些重要属性，但他们真正关注的是在交谈时最感兴趣的意义的某些方面，词汇项的这些方面的意义可能并未收入所讨论词项的标准定义之中。例如：

(3) W：总之是不一样。欸就跟这个那个屏保那个曲线，正好也有^这样一个曲线，然后看着挺好玩儿的。<@ 然后，以前就老觉得，@ > 那个合唱嘛有个，得有个指挥哈。你这没，[<@ 没指挥，@ >]
M：   [就是，]
W：[<@ 没，没指挥不叫合唱。@ >]
M：[<@ 好像就是打拍子。@ >] (ZF)

在第二个话轮中，发话者 W 通过指出"合唱"的重要属性明确地重新定义了该词的含义。根据词典中的定义，"合唱"是："由若干人分成几个声部共同演唱一首多声部的歌曲"（《现代汉语词典》2002 年版）。该定义并未提及对指挥家的要求，但对于会话参与者而言，最有趣的似乎是指挥家的协调对于编排一场复杂的表演非常重要，因此，该例中对"合唱"的定义是为了当前的交际目的而进行了特征上的重新定义。McCarthy (1987/1992) 将这种现象称为存在主义范式 (existential paradigms)（另见 Huang, 1998），或者是做出现实世界和当下互动强加的选择，这或许"不一定被习惯地认为是语言的抽象词汇中所固有的"（Brazil, 1985）。因此，这样的例子似乎可以很好地阐述 Hopper 的观点，即"这些现象反映了说话者之间为控制术语的含义以及词语和表达式的定义持续竞争"（Hopper, 1998：163）。

会话者协商词义的另一种方式是对某一词语的所指进行新颖和独特的分类（Cumming & Ono, 1996）。因此，在下例中，我们可以看到 W 正尝试从两个类别定义"傻子"一词的所指，即特别热情的人和假装特别酷的人。

(4) W：他那种就是那种，特别，特别，^热情那种傻子，你知道吧？
M：嗯嗯。
W：傻子分两种，一种是那个，特别@热情，还有特别^酷那种傻子@。这个，当，最后当阿Q，这个是特别^酷那个傻子。(ZF)

显然，重要的既不是按照什么标准，也不是这些分类法能否合理地创建，以及说话者是否会在对话后继续使用这些分类法；重要的是，说话者需要通过这些分类法来表明自己的观点（描述被谈论的主角是一个什么样的人）。实际上，从下例可以看出，说话者甚至无须提供完整的分类，即使是不完整的分类通常也足以达成效果。

(5) W：反正那时候儿，那时候儿，我们班就分两拨人儿，一种就是那个＝，特别底层的那种，就是，就是，早晨儿起来＝，哎呀说是咱们吃^馒头，还是吃窝窝头，到底什么得算算账。
M：嗯嗯嗯嗯。
W：挺好玩儿的。(ZF)

例（5）中说话人在一开始就提出班级里有两种人，但她只描述了一种类型的人的定义，另一种类型是什么样的我们并不清楚，但很明显，重点已经被表达出来，这对于目前的互动任务而言已经足够了。

在本节中，我们已经了解了浮现语义学的第一个方面，即词汇语义学是如何系统地隶属于交际任务和参与者交谈时的互动，以及意义是如何作为话语实践的结果浮现的。

这里有一个理论问题，即是否存在可以对给定的词汇项进行描述的抽象意义，就像本节尝试说明的问题，词汇项的含义会随着上下文的改变而发生变化[1]。这个问题 Hopper 已经给出了回答，他指出："（语义）

---

[1] 笔者很感激匿名审稿人，他的评论让笔者想起了这个非常有趣的问题。

表面上的固定性正是由于依赖直觉数据而产生错觉,这种错觉可以追溯到存于记忆中但在真实语境中早已消失的言语片段,回顾起来,这似乎是与特定意义永久地结合在一起。"因此,任何感觉词汇实体具有固定意义的行为,要么是幻觉,要么仅仅是说话者(包括词典编纂者)为当前某项任务贴上的方便标签。

在下一节中,将讨论话语使用和交际需求在感知到的同义词汇实体之间(再)分配的影响。

三 语篇使用和交际需求产生的意义(再)分配

另一种可以观察语言使用对词汇意义产生影响的方法是比较一组同义词词汇实体,以及它们在使用时的关联模式(Biber 等,1998)。这一点很有用,因为如果一组单词在其他方面意义相似,找出是什么让它们在用法模式上不同,或者出现意思上的细微差异(如果有的话)将是一件有趣的事情。此处将要说明的是,话语实践和交际需求是促成它们浮现模式的主要因素。

在 Tao(2001a)中,笔者研究了三个表示出现的动词:"出现""产生"和"发生",它们都意为"出现/发生"。词典对三者的释义显示这三个词条在诸多方面具有相似性。

《现代汉语词典》(2002 年版)中的定义如下:

【出现】显露出来;产生出来:比赛前半小时运动员已经~在运动场上了丨近年来~了许多优秀作品。

【产生】由已有事物中生出新的事物;出现:~矛盾;丨中华民族悠久的历史中,~了许多可歌可泣的英雄人物。

【发生】原来没有的事出现了;产生:~变化丨~事故丨~关系

词典释义表明:1)这些动词是同义词,且可进行互释(出现←产生;产生←出现;发生←产生);2)它们的主要区别在于"产生"与"发生",即"发生"是依据实体从不存在到存在进行释义,而产生则是依据实体发展出一些新的属性来释义。

笔者通过对《北京人》(张辛欣、桑晔著)这本 50 万字的个人故事采访集的调查表明,这三个同义词汇实体之间有重要的意义分歧。尤其是"出现",通常表示一些意外事件的发生,例如"革命""意外"和"情况"①。

(6)《北京人》中关于"出现"的所有词汇索引实例如下:

1	们一定知道,一种正确的宇宙学说的	出现,将引起世界性的工业、农业、科技革命。
2	电话总机班里也有我的人,一旦	出现 意外,赶紧告诉我,我把电话机,叫铁路给团
3	公司成立得不算最早,但是,很可能	出现 我们这一批较有理论素养和精神准备的"新经理"。
4	工了;可是,又有新的牌子和箭头	出现 了,你们看——一块新牌子在几个月后就是一座新
5	"值星员",就相当于小组长吧。	出现 矛盾,调解调解,调解不了,就找政府干部。
6	舞蹈家;赵矛哥哥学钢琴,上课时却	出现 在篮球场上——后来终于是搞了电影。
7	是什么自己也不知道;突然就明晰了,	出现 在脑门儿这儿,就是"北京人"三个字。
8	从历史上看,我国	出现 过许多飞檐走壁的能人,平地跃起一两丈高。
9	望一类纯政治、新闻性杂志订数猛增。	出现 这个情况,可能有整党学习的僵局;6、缘故。

(中心词注释:1. 革命;2. 意外;3. 新经理;4. 新的牌子和箭头;5. 僵局;6. 一个意想不到的人;7. 三个字;8. 能人;新情况。)

另外,"产生"大多与抽象的概念或情感联系在一起。因此在以下的词汇索引中,可以看到"产生"通常与"想法""计划""不满""反感""资本主义"等连用。

(7)《北京人》中关于"产生"的所有词汇索引实例如下:

1	也就是在这个过程之中,我又	产生 了新的想法和计划……这个就不
2	效率并不高;而且,有时就	产生 了对老师、家长的不满,从而有
3	发现了问题,只是靠"阶级本性"	产生 的反感。而且,这类问题现在非常
4	我重新估计自己的生存价值,	产生 出"己所不欲,务施与人"的念头;
5	不"继续革命","小生产自发地	产生 资本主义",现今,不普及教育
6	追回来,时代还需要我们这一代人	产生 出继往开来、承上启下的科学家、企业家和政治

---

① 李临定(1986:103)虽然并未区分隐现动词的类型,但在其汉语书面语语料中注意到,诸如"突然""忽然"等副词与隐现动词频繁共现,其突发性含义与动词结构有关。

(中心词注释：1. 想法和计划；2. 不满；3. 反感；4. 一个念头；5. 资本主义；6. 科学家、企业家和政治家。）

最后，"发生"通常与一些不希望看到的事件联系在一起使用，如"纷争""战争""案件"。

(8)《北京人》中关于"发生"的所有词汇索引实例如下：

1 你们的法，不算数！" 我们闯进来捕，就 发生 纷争了。也有时，我们的网目过
2 遇上几回土匪，当时正值二王劫枪案件 发生 ，全国大清查，城里的坏人跑进
3 们。遇上台风或者出了故障，运气不好 发生 海事，总不能叫我们死在洋面上，
4 沙发和两个小圆凳。" 一九三二年在上海 发生 的战争使我换了住处，但是我没
5 什么事里头；我是说如果有什么大事儿 发生 的话。整"三种人"是对的。冤有
6 变成两大派对立。和东北的"红卫兵" 发生 纠纷之后，我又"大串联"，这回专
7 事。要加强教育。今年，我们学校也 发生 了两个离婚事件——头一批顾
8 就好了。结婚的时候，我告诉他插队时 发生 的那件事，他很痛苦，几乎不能
9 该写这些阴暗面，要写好人好事。" 都是 发生 在身边的事，怎么不能写呢？新人
10 可是，确实追不上那形势了，连眼前 发生 的都不理解，都超出理想了，换你
11 从一九二九年用那大铜球开始，从来没 发生 过争议，一直是公平合理。那有
12 思无欲的宁静感，也是在那会儿。后来 发生 了一件事。我们和当地牧民的关系
13 个办法。医生说：百分之九十五的病例 发生 在三岁之前，唉，我偏成了百分之

（中心词注释：1. 纷争；2. 案件；3. 海事；4. 战争；5. 重大事件；6. 纠纷；7. 离婚；8. 那件事；9. 身边的事；10. 发生在眼前的事；11. 争议；12. 事件；13. 病例。）

语义韵的概念可以恰到好处地应用在此处。正如 Bublitz（1996），Lewandowska‑Tomaszczyk（1996），Louw（1993），Partington（1998），Sinclair（1987，1994）和 Tao（2000a）所讨论的。语义韵（semantic prosody）指的不是单个词语的整体内涵，而是一串词语的整体内涵。例如，在英语中，"cause"可能会被简单地解释为使某事发生；然而，在实际的语篇中，它绝大多数是在不利的情况下使用的，"caused"引发的事情通常是一些负面事件或事物状态，如"造成损害"。相比之下，"provide"常与积极事物联系在一起，如"提供服务/支持"等；换言之，"cause""provide"出现的语境相关的整体意义存在很大的差别，尽管它们自身在表达消极性方面并没有太多词汇语义上的差异（Stubbs，1995）。因此，语义韵是通过语言使用获得的一种语义性质，而不是有关实体的词汇语义所固有的特征。由此可以看出，语义韵通常被认为是有利的（积极的）、中性的，或不利的（消极的）内涵，但是从出现动词的语料来看，语义韵可以扩展到包括抽象性、出乎意料等特质。

从本体论的观点来看，可以认为语义韵上的差异可以归因于交际需要。也就是说，语义韵的浮现从根本上是由需要区分的思想交流的需求驱动的。因此，在下面的例子中，可以看到一系列关于"出现"的动词，包括我们刚刚看到的两个动词，"出现"和"发生"，以及不在此书讨论范围内的动词"浮出"，意为以从水下浮出来的方式出现。

> （9）根据气象预报，张健横渡的这3天里，可能出现降雨及有风天气，海况并不好。…出发后不久却发生了一件"惊心动魄"的事，海面上突然浮出一条长约两米的大鱼，大家以为是鲨鱼，…（生活时报，2000.8.9，"张健奋臂向海那边游去"）

类似"浮出"（漂浮—出现）"海面"这样的复合词的存在与使用在例（9）中表达"出现"的方式绝不是偶然的；这些复合词表明说话者需要根据他们经历过的行为/事件的类型调整不同的表达方式。出于同样的原因，意义的（再）分配和使用在其他类似的动词中出现可以被认为是由交际需要决定的。

四 话语中频繁使用引发的范畴改变

本节将讨论浮现语义的另一个方面，即使用频率是如何改变词汇元素的语义类别的。下文将通过例子说明除常规词项演变为虚词外（语法化，Hopper & Traugott, 1993），词语可以在保持同一词汇范畴的同时获得新的意义，动词"说"就能很好地说明这一点。

"说"作为言说行为动词，常用于表示言说活动。例如：

(10) Y:...(.5) 后来了－－...后来,..后来他说, 你丢东西没有?...(1.2) 我说,..证件没丢,...钱没了。(HK)

然而，由于"说"表达的是一种基本的人类活动且具有非常高的使用频率（根据北京语言学院编撰的《现代汉语频率词典》，"说"在8000个单词中排名第16，在口语文本的前4000个单词中排名第13），我们发现"说"已经发生了一些变化（孟琮, 1982；刘月华, 1986）。

首先是语义范畴的转变。"说"原来是表示言语活动的动词，可以用来表示思考的行为，起到心理活动动词的作用。例 (11) 说明了这一点：

(11) Y:...后来我－－－...就慢慢就, 心情就－－就放松了。...我说这警察也不是,..那,..那么可怕。...不过都是便衣警员,..就是了。(HK)

在这个例子中，说话人正在讲述发生在他身上的一件事情，他的钱包丢了，然后通过警察又找回来了。显然，此处"说"的用法并非完全用于言语活动，因为当时说话人正在警察局里等待，没有可以言说的对象。在这种语境中，"说"很容易被心理行为动词"想"所替代。例 (12) 是一个相似的用例。

(12) W: 有一天晚上又打一电话, 哎哟＝磨叽的哟, 我说这是^

谁呀，我说@。又在那儿说，哎呀，你怎么没来呀什么的。(ZF)

在这个例子中，说话人对她接到的神秘电话感到惊讶。"说"暗示了她自己在接电话那一刻的内心想法。下面关于思考的动词（"想""怕"）与"说"共用的例子更有趣。

(13) Y：...（.8）我当时还＝想的很多。..我说怕他妈的，..
　　　 这个，
　　T：...开庭了，..审－－－
　　Y：...又要审呢，..［什么的］。(HK)

当然，同样高频的词项经历语法化由规则动词发展为语法功能词就不足为奇了（Bybee, 1998、2001）。在这方面，"说"已经向多个方向发展。语法化的结果之一是"说"作为引语标记的出现（孟琮，1982；刘月华，1986）。例如：

(14) Y：...完了以后，把那个－－...正好巴士司机呢，...
　　　 (.7) 就作证说，...（.8）有个人，...交了个钱包给我。(HK)

例（14）中，"说"与"作证"连用，后面接的是所给的作证的内容。

语法化的另一个结果是将"说"作为连接成分使用（孟琮，1982），这表明"说"在语篇连接功能方面的进一步发展（Traugott, 1982; Traugott & Konig, 1991）。例如：

(15) M：结论是^这个，就说他吧那个，现在在他班属于那种，
　　　 比较，比较^调皮＝，经常挨 ci 儿的，你知道吧。
　　　 (ZF)

该例中,"说"的功能与它前面的系动词"是"非常相似。事实上,即使省略掉"是","结论就说"的表达仍然成立。所以可以经常发现"说"和"是"连用的例子(Biq,2001)。

(16) M:[这屏幕保护就是说,]
W:[就也没人去^换它。]
M:你,你过一会儿就这个,你到那儿你以为机器是^关着的呢,然后结果你一^碰就,<@ 实际,机器是开着的@>。(ZF)

此外,我们还注意到,"说"可以充当补语从句标记或准补语从句标记的作用(Wang et al.,2000),在方式上与广东话(Chui,1994)和许多其他语言(Lord,1993;Matisoff,1991)中的言说动词相似。下面的例子可以看到,"说"被用来连接复杂动词("谈不到")和跟随它的两个补语从句("谁对哪,哪首曲子理解得好")。

(17) M:看一些,嗯,看一些著名指挥,就是说,谈不到说,谁对哪,哪首曲子理解得好哈,
W:嗯。
M:就说他把这情绪贯彻在里边儿了,(ZF)

总的来说,当某一词项在话语中频繁使用时,语言形式的词汇范畴是可以改变的。这种改变可能发生在内容类别之间(即动词的不同子类型之间),或者由常规的词汇范畴转变为语法功能范畴。这说明的是浮现语义的另一个效果。

五 结语

本文认为,由 Hopper(1987、1998)提出的浮现语法的原则可以应用于词汇语义学,且通过三个例子的讨论说明了词汇语义学的浮现观是有用的。具体来说,本文已经证明说话者会不断地对词义或词义的某些

方面进行协商，这些词义可能不存于感知到的语言抽象词汇中，但在交谈时刻对生活经历或交流需求方面具有重要意义。本文还明确说明了，由于话语实践和交际需要，当与不同类型的语义韵律以及不同的语境中使用相关时，表面上同义的词项可能会重新分配。最后我们发现，当某一词条在话语中被频繁使用时，语义词汇实体的类别可以被改变；值得注意的是，这些变化可能发生在词汇范畴内（如动词的不同子类之间）和我们现在所熟悉的语法化过程一致，即词汇实体从常规词汇范畴向虚词范畴的转换。

本文所列出的基于语篇的语义情况是在前人研究的基础上建立起来的，虽然讨论的现象不可能穷尽所有类型，但研究结果可以作为支持本文开头所概述的浮现语义框架的证据。这些情况包括：1）词汇项和词汇组合的语义可以通过语言使用而产生、协商并确定。2）孤立的意义可能与使用中的意义不一致。3）要理解词汇语义学的本质，必须考察实际的话语实践。

最后，从广义上说，就意义的起源而言，当将词汇语义学的研究现状与艺术和人文的其他领域进行比较时就会发现，相较于人文学科研究中的其他领域，词汇语义学到目前为止一直被认为是一个不太具有挑战性的领域。在文学评论中，主观主义（认为文本的意义是完全由读者确定的）、建构主义（认为文本意义存在于文本和读者之间的相互作用中）和客观主义（认为文本意义完全存在的在文本中）之间存在持续的争论（Fish，1999）；在艺术界有一个根深蒂固的传统，即艺术产品的意义受创作者与观众之间的协商的影响；在语言学中，语言的形式及其意义比许多其他形式的符号系统要严格得多。这可能是因为在日常的语言交流中，涉及语言使用成员的因素远远多于艺术创作的过程，其中最重要的是程式化（为了便于存储和检索）和创造性（满足表现力的要求）之间持续的紧张关系。词汇语义学的学者似乎更倾向于脱离上下文而抽象出意义。而本研究表明，意义从根本上说是短暂的，意义被视为在之前的经验基础上和交际过程中创造出来的，而临时的创造结果可以成为进一步提炼意义的语境。换言之，词汇语义不是一个恒定的状态，而是一个不断变化的过程，这在很大程度上和Hopper所描述语法本质是一致的。

参考文献

北京语言学院语言教学研究所编:《现代汉语频率词典》,北京语言出版社 1986 年版。

李临定:《现代汉语句型》,商务印书馆 1986 年版。

刘月华:《对话中"说"、"看"、"想"的一种特殊用法》,《中国语文》1986 年第 3 期。

孟琮:《口语说字小集》,《中国语文》1982 年第 5 期。

中国社会科学院语言研究所编:《现代汉语词典》,商务印书馆 2002 年版。

Biber Douglas, Susan Conrad & Randi Reppen, *Corpus Linguistics*. Cambridge: Cambridge University Press, 1998.

Biq Yung-O, "Talking metalinguistically: meaning negotiation in Mandarin conversation". In Yuen-mei Yin, I-li Yang & Hui-chen Chan (eds.) *Chinese Language and Linguistics*, Vol. 5, 503-548. Taipei: Institute of Linguistics (Preparatory Office), Academia Sinica, 1999.

Biq Yung-O, "The grammaticalization of *jiushi* and *jiushishuo* in Mandarin Chinese". *Concentric*, Vol. 27, No. 2, 2001, 103-124.

Bolinger Dwight, *Meaning and Form*. London & New York: Longman, 1977.

Brazil David, "The communicative value of intonation in English". *Discourse Analysis Monograph*, No. 8. Birmingham: English Language Research, University of Birmingham, 1985.

Bublitz Wolfram, "Semantic prosody and cohesive company: 'somewhat predictable'". *Leuvense Bijdragen*, Vol. 85, No. 1-2, 1996, 1-32.

Bybee Joan, "The emergent lexicon". *Chicago Linguistic Society*, Vol. 34, 1998, 421-435.

Bybee Joan, *Phonology and Language Use*. Cambridge: Cambridge University Press, 2001.

Bybee Joan & Paul Hopper, "Introduction". In Joan Bybee & Paul Hopper (eds.) *Frequency and the Emergence of Linguistic Structure*. Amsterdam & Philadelphia: John Benjamins, 2001.

Chui Kawai, "Grammaticization of the saying verb *wa* in Cantonese". In Shoichi Iwasaki, Tsuyoshi Ono, Hongyin Tao & Hyo Sang Lee (eds.) *Santa Barbara Papers in Linguistics*, Vol. 5, 1 – 15. Santa Barbara: Linguistics Department, University of California, Santa Barbara, 1994.

Cumming Susanna & Tsuyoshi Ono, "Ad hoc hierarchy: Lexical structures for reference in consumer reports articles". In Barbara A. Fox (ed.) *Studies in Anaphora*, 69 – 94. Amsterdam: John Benjamins, 1996.

Firth John Rupert, *Papers in Linguistics*. London: Oxford University Press, 1957.

Fish Stanley, *Is There a Text in This Class? The Authority of Interpretative Communities*. Cambridge: Harvard University Press, 1980.

Hopper Paul J., "Emergent Grammar". *Berkeley Linguistic Society*, Vol. 13, 1987, 139 – 157.

Hopper Paul J., "Emergent Grammar". In Michael Tomasello (ed.) *The New Psychology of Language: Cognitive and Functional Approaches to Language Structure*, 155 – 175. Mahwah, New Jersey: Lawrence Erlbaum, 1998.

Hopper Paul J. & Elizabeth C. Traugott, *Grammaticalization*. Cambridge: Cambridge University Press, 1993.

Huang Shuanfan, "Emergent lexical semantics". In Shuanfan Huang (ed.) *Selected Papers from the Second International Symposium on Languages in Taiwan*, 1998, 129 – 150.

Lewandowska – Tomaszczyk Barbara, "Cross – linguistic and language – specific aspects of semantic prosody". *Language Sciences*, Vol. 18, No. 1 – 2, 1996, 153 – 178.

Lord Carol, *Historical Change in Serial Verb Constructions*. Amsterdam & Philadelphia: John Benjamins, 1993.

Louw Bill, "Irony in the text or insincerity in the writer?". In Mona Baker, Gill Francis & Elena Tognini – Bonelli (eds.) *Text and Technology: In Honour of John Sinclair*, 157 – 176. Amsterdam & Philadelphia: John Benjamins, 1993.

Matisoff James A., "Areal and universal dimensions of grammaticalization in

Lahu". In Elizabeth Closs Traugott & Bernd Heine (eds.) *Approaches to Grammaticalization*, Vol. 2, 383 – 453. Amsterdam & Philadelphia: John Benjamins, 1991.

McCarthy Michael, "Interactive lexis: Prominence and paradigm". In Malcolm Coulthard (ed.) *Discussing Discourse: Studies Presented to David Brazil on His Retirement*, 236 – 248. Birmingham: English Language Research, University of Birmingham. Also in Malcolm Coulthard (ed.) *Advances in Spoken Discourse Analysis*, 197 – 208. London: Routledge, 1987.

Partington Alan, *Patterns and Meanings*. Amsterdam & Philadelphia: John Benjamins, 1998.

Sinclair John, *Looking up: An Account of the COBUILD in Lexical Computing*. London: Collins, 1987.

Sinclair John, "Trust the text". In Malcolm Coulthard (ed.) *Advances in Written Text Analysis*, 12 – 25. London & New York: Routledge, 1994.

Stubbs Michael, "Collocations and semantic profiles: on the cause of the trouble with quantitative methods". *Functions of Language*, Vol. 2, No. 1, 1995, 1 – 33.

Tao Hongyin, "Adverbs of absolute time and assertiveness in vernacular Chinese: a corpus – based study". *Journal of the Chinese Language Teachers Association*, Vol. 3, 2000a, 53 – 73.

Tao Hongyin, "Pseudo – cleft constructions in Chinese grammar and discourse". *Paper Presented at the International Conference on Chinese Linguistics Cum Symposium on Chinese Language Teaching*, Singapore, 2000b.

Tao Hongyin, "Emergent Grammar and verbs of appearing". *Contemporary Research in Modern Chinese* 2, 2001a, 89 – 100. (重印见史有为编:《从语义信息到类型比较》,北京语言大学出版社 2001 年版,第 147—164 页。)

Tao Hongyin, "Discovering the usual with corpora: the case of *remember*". In Rita Simpson & John Swales (eds.) *Corpus Linguistics in North America: Selections from the 1999 Symposium*, 116 – 144. Ann Arbor: University of Michigan Press, 2001b.

Traugott Elizabeth, "From propositional to textual and expressive meanings: Some semantic-pragmatic aspects of grammaticalization". In Winfred P. Lehmann & Yakov Malkiel (eds.) *Perspectives on Historical Linguistics*, 245-271. Amsterdam & Philadelphia: John Benjamins, 1982.

Traugott Elizabeth & Ekkehard Konig, "The remantics-pragmatics of grammaticalization revised". In Elizabeth Closs Traugott & Bernd Heine (eds.) *Approaches to Grammaticalization*, 189-218. Amsterdam & Philadelphia: John Benjamins, 1991.

Wang Yu-fang, Aya Katz & Chih-hua Chen, "From 'prepositional' to 'expressive' meanings - shuo in Chinese BBS talk and conversation produced by young people in Taiwan". *Paper presented at IsCLL-7*. Chiayi: National Chung Cheng University, 2000.

Wittgenstein Ludwig, *Philosophical Investigations*. New York: Macmillan, 1953.

隐含表达式作为一种固化语言[*]

一 引言

"固化语言"（cover term）作为一个概括性术语，通常指具有定型化结构、意义和功能的单词或类似的语言单位的序列。目前对"固化语言"一个知名的定义是 Wray（2002）提出的。

> "固化序列"是一个单词或其他元素的连续或不连续的序列，它是（或者说看起来是）预制的，即在使用时从记忆中完整地存储和检索，而不受制于语言语法的生成或分析。①（第9页）

类似的方法是在一定的文本范围内考察多词搭配。例如，Sinclair（1991：170）在对多词搭配的研究中，明确提到了词数量的问题：

> 搭配是指两个或两个以上的词在同一语篇中邻近位置出现。通常衡量邻近程度的标准是中间相隔最多四个单词。搭配可因非常规性而颇具夸张性和趣味性，也可因其频繁重复的使用，而在语言词

---

* 本文原为专著的第四章，详见 Ritva, Laury & Tsuyoshi Ono 主编的 *Building language structure and social action*, John Benjamins Publishing Company, 2020。

① 为揭示固化语言的本质，Wray 后来提出了语素等价单位（Morpheme Equivalent Unit, MEU）这一概念（Wray, 2008：12）。MEU 的定义为："单词或者词串（无论是不完整的还是包含可插入各种词项的留白）都像语素一样处理，也就是说，不需要对它可能拥有的任何子部分进行任何形式意义的匹配。"然而这个定义和之前的定义都提到了多词作为固化语言关键成分的概念。

汇结构中显得十分重要。……本书所讨论的搭配为最纯粹意义上的搭配,只涉及单词的词汇共现。

类似概念在这一研究领域广泛存在(参见 Schmitt & Carter, 2004 的综合评论),但术语仍未统一,如"记忆序列"(memorized sequence)、"词汇化句干"(lexicalized sentence stems)(Pawley & Syder, 1983)、"预构性多词组合"(pre-constructed multiword combinations)(Erman & Warren, 2000)和词块(lexical bundle)(Biber & Conrad, 1999; Biber 等, 1999、2003)等,所有这些概念都以词或多词为分析单位。

毫无疑问,将一个词、共现词或词语单位序列作为分析固化语言的基础具有一定优势。其中一个主要优势是可以表明意义单位往往不仅仅包括单个单词和词汇,从而可以更好地理解"意义模式"——意义是如何传达的(Firth, 1957; Halliday, 1966; Sinclair, 1991、1996),以及更好地理解语言的动态组织(Hopper, 1987、1998; Bybee, 2006、2007、2010; Fox, 2007; 等等)。

与此同时,将固化语言几乎完全与多词单位联系起来的普遍做法也开始遭到一些学者的质疑。Schmitt(2005:17)对此进行了深入讨论,通过引用 Moon(1997)和其他学者的研究,他指出不同类型的固化语言在构成模式方面可能会有较大差异。Schmitt 基于语料库语料和实验研究发现,习语[如"every cloud has a silver lining"(天无绝人之路)]的变体很多(如仅"silver lining"就有很多表达),可变表达式(如"make it clear that")大部分是固定的,而词块(例如"a look at")的固定性可能会因具体的表达而有所不同(例如,词块"I want/wish/hope to"较为灵活,而词块"the number of"相对固定)。总体来说,Schmitt 的研究引起人们对固定表达的变化性的关注,然而,大多数研究人员还未注意到变化性的其他特征,本文接下来将对此展开探讨。

具体而言,本文旨在说明固化语言并不仅仅指显性明确的表达单位,如词或词汇组合;事实上,许多高度固定表达的例子可以用来表示隐含或省略的形式。例如,一家名为"the Results Team"的房地产公司的网站是 WeGetResults.com,可以推测,这里的"result"指的是理想的、积极的结果,而不是中性或消极的结果。因此,相较于直接用明确的词汇形式表达，隐含的成分往往包含积极向上且难能可贵的品质。

本文将首先对隐含或省略结构提供更为精确的定义，然后进一步描述固定表达中隐含单位的类型，最后讨论不同类型的隐含表达的机制和功能。结论部分将探讨关于固化语言性质更普遍的问题，并呼吁用新的方法对固化语言及其相关性质进行定义。

二 研究方法及语料

由于隐含省略表达式的固化语言是本文讨论的重点，所以首先解释一下隐含或省略的含义。简言之，隐含成分是指未以口头（语音）或书面（文字）形式表达出的语言内容，但未表达出的内容在解释和实施相关话语的隐含行为（稍后详述）时却起着关键作用。例（1）—例（3）（来自 BNC 语料库）有助于说明本文拟考察的某些模式。

(1) I believe you may have been *under the influence.*
（我认为你可能受到了影响。）

(2) Do you spend *quality time* with your youngsters at teatime, read to them, play with them?
（你会在喝茶时间和你的孩子们一起度过美好时光，给他们读书，和他们一起玩耍吗？）

(3) Oh yes, *absolutely*. He's quite right about that.
（哦，是的，当然。他说得很对。）

从结构上讲，例（1）中的隐含成分与一个看似并不完整的介词短语相关联［"under the influence of X"（在 X 的影响下）］。例（2）是一个没有正面修饰语修饰的"正面阅读"（"good/high quality"［良好的或高质量的］）的例子。例（3）可以看作一个无相关修饰成分的状语作为独立话语助词使用的情况（Tao，2007）。

本文交替使用诸如隐含的（implicit）、标示不足的（underspecified）、省略的（elliptical）、非言语表达的（nonverbalized）、未阐明的（unarticulated）等术语。这些术语旨在表明固化语言可以涉及听觉或视觉领域未表达的内容，但它们并不假定任何相关成分会优先出现，也不假定任何一种内容会优于其他内容。换言之，至于哪种内容（无论是完整形式还是省略形式）是属于预设的、标准的还是合意的，都不作判断。

最后，本文综合分析英汉两种语言的语料，因为英语和汉语之间有一些相似之处（如词序），但在其他方面也存在差异（如形态标记）。此外，英语和汉语都有大量著名语料库可供研究使用。① 除现有语料库外，必要时也可查阅其他在线媒体材料。

三 标示不足的固定表达模式

虽然有许多标示不足的固定搭配有待研究，但本文仅考察三种主要类型。这三种类型的区别主要在于非言语表达单位（non-verbalized unit）或源结构（source structure）的结构复杂性，其范围从相对较小的成分到较大的结构（有些成分可简化为单一成分，如连词）不等。由于本文旨在较为宏观地展示一些不太常见的固定表达模式，借此探索固化表达的特点，故文中并未对每一种模式进行详细考察，而是通过说明性示例来展示它们的不同特征。

（一）标示不足的修饰语或修饰成分

隐含表达最常见的一种模式是名词性结构中缺少修饰语或修饰成分，这种情况的最终结果是导致一种可以通过某种显性修饰语更直接地表述出来的阅读倾向，这些表达中的倾向性意义大致可分为两类，本文称之为词义升格（amelioration）和词义降格（degradation）。

---

① 英语语料库包括：SBC 语料库（Santa Barbara Corpus of Spoken American English）（Du Bois et al., 2000—2005）、BNC 语料库（British National Corpus）、CU 语料库（Cambridge University Press - Cornell Corpus of Spoken American English）（Tao & Waugh, 1998）、MC 语料库（Michigan Corpus of Academic Spoken English）（Simpson - Vlach & Leicher, 2006），以及 CSP 语料库（Corpus of Spoken Professional American - English）（Barlow, 1998）。汉语语料库包括：UCLA 语料库（the UCLA Corpus of Written Chinese）（Tao & Xiao, 2007）、LCMC 语料库（Lancaster Corpus of Modern Chinese）（McEnery & Xiao, 2004）、BCC 语料库（Beijing Language and Culture University Corpus）（荀恩东等, 2016）和 CALPER 口语语料库。本文基于这些语料库对语言模式进行考察解释（Tao, 2011）。

1. 词义升格

词义升格是指为一个中性词汇赋予褒义或合意含义的现象。这一过程如图 1 所示。

褒义 +	N（中性）+ N
(	) N（中性）+ N
(	) N（褒义）+ (N)

图 1　名词性结构的词义升格过程

在此过程中，源结构是一个褒义定语修饰一个中性名词（N），并共同修饰中心名词（head noun）（N），某些情况下这些修饰语是可以省略的。随着时间推移，在修饰语位置的中心名词可能已经具备积极意义，且可单独用来表示积极意义。"quality"（质量）就是一个典型的例子，人们通常把"quality"理解为可分级的，即表示"满意的程度"（《韦氏词典》）。其描述对象的质量可以是高的（积极的）也可以是低的（消极的），"质量"的具体意义需要提前设定，但是在很多实际运用中，"quality"并没有任何修饰限定，而人们往往会将其理解为积极意义，如例（4）所示。

> (4) ... with a proud heritage of enterprise and craftsmanship. From the 16th century onwards Birmingham's manufacturers have made and sold *quality goods*. （BNC）
> ——拥有令人骄傲的企业和工艺传统。从 16 世纪开始，伯明翰的制造商开始生产销售高质量的商品。

通过分析 BNC - BYU 网站上前 100 个"quality + N"结构实例，笔者发现大多数"quality + N"结构可以根据"quality"和"N"的关系分为两类：（1）"quality"所指的是一个领域或者对象。例如"quality assurance"（质量保证）"quality control"（质量控制）"quality management"（质量管理）等，其中"quality"是一个需要以某种方式处理的对象。（2）"quality"作为一种定语，表示满意的（高等）程度。就后者而言，大多数例子（如下表画线所示）体现出词义升格，如"quality product(s)"（优质产品）"quality food"（优质食品）"quality wine"（高档红酒）"quality time"（黄金时光）等。

一个没有定语且语义中性的名词，在无任何修饰的情况下往往含有积极意义的情况十分常见，详见例（5）（疑问句的名词性成分要么是修饰语要么是中心词）。

表1　　　　BNC 语料库中与 "quality" 相关的表达①

序号	实例	词频数	序号	实例	词频数
1	quality assurance	341	51	quality awards	11
2	quality control	309	52	quality car	11
3	quality management	170	53	quality objectives	11
4	quality standards	131	54	quality performance	11
5	quality service	90	55	quality public	11
6	quality improvement	73	56	quality sound	11
7	quality system	67	57	quality wines	11
8	quality systems	57	58	quality approval	10
9	quality products	44	59	quality culture	10
10	quality product	39	60	quality levels	10
11	quality plan	37	61	quality message	10
12	quality training	37	62	quality output	10
13	quality manager	32	63	quality plans	10
14	quality audit	31	64	quality player	10
15	quality development	30	65	quality reproduction	10
16	quality standard	30	66	quality support	10
17	quality circles	29	67	quality level	9
18	quality players	29	68	quality people	9
19	quality services	28	69	quality staff	9
20	quality care	27	70	quality time	9
21	quality framework	27	71	quality accommodation	8

---

① 本表样本量为100，总词数为4413，词种数为1205+。

续表

序号	实例	词频数	序号	实例	词频数
22	quality assurer	26	72	quality criteria	8
23	quality materials	26	73	quality elements	8
24	quality food	24	74	quality equipment	8
25	quality paper	24	75	quality fish	8
26	quality press	24	76	quality land	8
27	quality street	24	77	quality manuals	8
28	quality work	24	78	quality meat	8
29	quality circle	23	79	quality newspaper	8
30	quality items	23	80	quality planning	8
31	quality education	22	81	quality trading	8
32	quality papers	20	82	quality awareness	7
33	quality award	19	83	quality business	7
34	quality manual	18	84	quality coal	7
35	quality software	18	85	quality dailies	7
36	quality problems	17	86	quality field	7
37	quality process	17	87	quality housing	7
38	quality Scotland	17	88	quality image	7
39	quality goods	16	89	quality kraft	7
40	quality newspapers	16	90	quality leather	7
41	quality programme	16	91	quality magazine	7
42	quality issues	14	92	quality managers	7
43	quality jobs	14	93	quality possession	7
44	quality programmes	14	94	quality problem	7
45	quality threshold	14	95	quality results	7
46	quality information	13	96	quality solution	7
47	quality initiatives	13	97	quality tools	7
48	quality assessment	12	98	quality video	7
49	quality commission	12	99	quality wine	7
50	quality improvements	12	100	quality bags	6

(5) a. *Brand – name* products

b. Team needs *chemistry*

c. W&P Attorneys get *results* in every facet of our practice.

d. Nothing Beats *Experience*

在上例中,"brand – name"(知名品牌)相当于非常有名的品牌,与任何品牌无关;"chemistry"此处可理解为积极的化学反应,而非消极的化学反应;如前所述,"results"是指理想的结果,而非其他结果;同样,"experience"指的是有用的经验。以上例子均倾向于积极意义,所以都属于词义升格的例子。

2. 词义降格

下面来看一下表现出降格或消极语义韵的消极例子(Sinclair, 1991; Louw, 1993; Partington, 2004)。英语和汉语中的"influence"(影响)就是一个典型的例子。

英语中,"influence"(影响)一词意指"以间接或无形的方式产生影响的力量或者能力"[《韦氏词典(网络版)》][1],这种影响可以是积极的也可以是消极的。然而在类似"under the influence"这样的表达中,"influence"一词前并无任何修饰成分,人们却往往认为是表示"受酒精中毒或药物中毒的影响"的消极状态[《韦氏词典(网络版)》]。[2] 详见下面的新闻报道。

(6) "The sad fact of our society today is that there are a lot of armed individuals out there and we don't need to encourage someone ... who might be mentally ill, *under the influence* or looking for notoriety to select you as a target." (The Los Angeles Times 5/3/2005)

"在当今社会有一个很可悲的事实,就是到处都有很多携带武器的人,我们甚至都不需要鼓励那些可能患有精神病、

---

[1] 最后查阅日期:2019 年 4 月 28 日。

[2] 最后查阅日期:2019 年 4 月 28 日。

正在遭受影响或寻求恶名的人把你当作攻击目标。"(《洛杉矶时报》2005 年 5 月 3 日)

(7) David Hans Arntson, 63, pleaded guilty in February to a felony count of operating a carrier while *under the influence*. He acknowledged as part of a plea agreement that he was an alcoholic for a "substantial" portion of his career as an airline pilot. (The Los Angeles Times 7/26/2018)

63 岁的 David Hans Arntson 于 2 月承认在受此影响期间驾驶飞机的重罪。作为认罪协议的一部分,他承认自己在作为一名飞行员的职业生涯中,有"相当大"的一部分时间一直在酗酒。(《洛杉矶时报》2018 年 7 月 26 日)

相较于较为完整的表达结构,即与更大的句法语境相比,上述新闻中"influence"的用法可视为标示不足,如图 2 所示。

| 在酒精或药物的影响下(驱动) |
| 在 [　　　] 的影响下(驱动) |
| 在 [　　　] 的影响下 [　　　　] |

图 2　"influence"的词义降格过程

最终,一个简化结构得以形成,表现在这个例子中是一个完整的介词短语,其中名词短语的中心名词不受介词短语修饰语的修饰。

当然,有时也会出现完整的表达结构,如例(8)。

(8) "The defendant was at the controls during hundreds of flights carrying innumerable passengers – undoubtedly *under the influence of alcohol* during many of those trips," U. S. Attorney Nicola Hanna said in a statement. "Fortunately, he was finally caught and the risk to passengers was stopped." (Ibid)

美国检察官 Nicola Hanna 在一份声明中说:"被告在数百次

搭载大量乘客的航班上操控飞机——毫无疑问，在多次飞行中，被告受到了酒精的影响。幸运的是，他终于被捕了，乘客的危机也解除了。"（同上）

有趣的是，在消极语义韵方面，汉语中"影响"一词与英语的"influence"一词非常相似。虽然汉语中"影响"一词既有名词词性又有动词词性，但本文语料中90%的"影响"是动词谓语的组成成分，因此，本文仅关注"影响"的动词用法。

例（9）和例（10）表明，无论动词"影响"是中性的还是积极的，最终结果都强烈倾向于表达消极意义。

(9)"影响"＋中性词项（U）＝消极意义
  a. 影响着你在他们中的地位和作用。
    影响着你今后的工作和生活处境。(LCMC)
  b. 法国这样做，至少在短期内，会严重影响美法两国关系。(UCLA)
  c. 它也不希望美元长久升值下去，从而影响其产品出口。
  d. 影响国际贸易演变的进程。(LCMC)

上例中，"地位、作用、处境、关系、出口、进程"等词项都是中性词，但与"影响"搭配使用，便具有了较为消极的隐含意义，有时也通过在"影响"前添加副词"严重地"，来进一步表达其消极意义（例9b），在意义更积极的词项中也有同样的作用，如例（10）所示。

(10)"影响"＋积极词项＝消极意义
  a. 再听不懂剧情，肯定会影响欣赏。(UCLA)
  b. 既怕"三通"影响台湾安全，又怕大陆将来借……
    (LCMC)
  c. 中国一乱，不仅影响亚太地区的和平与稳定，而且影响
    全世界的和平与发展。(LCMC)

以上例子中，"欣赏、安全、和平、稳定、发展"等词项原本都属于

积极词汇，但与"影响"搭配后，便具有了消极的隐含意义，特别是在更大的语境中。如在例（10a）中"听不懂剧情"，例（10b）中"影响台湾"的消极因素，以及例（10c）中"中国一乱"的设想中，这些词项似乎暗指其所表达的事件的理想性质和状态可能会受到外部力量的干扰或侵犯，从而附加消极含义。

对兰卡斯特现代汉语语料库（简称 LCMC）以及加利福尼亚大学洛杉矶分校（简称 UCLA）汉语书面语语料库这两个汉语语料库进行统计发现，"影响"一词在使用中具有强烈的消极隐含意义。表 2 是对两个语料库（LCMC 共计 453 例，UCLA 语料库共计 386 例）中前 100 个语料的编码统计，"影响"的动词词性和名词词性都包括在内。在编码的语料中，所有与"影响"相关的各种类型的论述，无论是积极的、中性的，还是消极的，都包括在内，不同组合的统计结果（如，"影响" + 积极 > 积极，"影响" + 积极 > 消极，"影响" + 中性 > 中性，"影响" + 中性 > 消极，等），见表 2。

表 2　　两个汉语书面语语料库中"影响"一词使用情况

语义倾向	LCMC（%）	UCLA（%）
积极	73	61
中性	26	31
消极	1	8
总计	100	100

英语中"influence"一词的语义和普通话中"影响"一词的语义都具有倾向消极语义韵的发展趋势，这是一个颇为有趣的共同点，值得深入探讨（关于对英汉两种语言中同义词的类似讨论，参见 Xiao & McEnery [2006]）。在没有显性定语修饰的情况下英汉两种语言中这种趋势都成立，这就引发了关于对人类语言的共性及意义模式和意义演变的思考，本文将在第 4 节对此展开讨论。

(二) 标示不足的短语结构

相对于上述类别中标识不足的简单修饰语或定语等相对简单的结构而言，在某些固定表达中，一些比简单修饰语更大但比完整的小句单位也会出现隐含表达的情况。

Tao（2007）认为，英语中存在一类词汇元素——"程度词"（degree word）（Bolinger，1972）或"增强词"（amplifier）（Quirk et al.，1985）。之所以称之为程度词或增强词是因为它们可用于修饰某些语言成分，来加强其强度或者增强某种性质，这些语言成分通常是短语层级的单位，有些甚至是更大的单位。"absolutely"（绝对地）一词是美式英语口语中最为常见的增强词之一，同其他增强词一样，该词也具有副词的典型用法和语义特征。例如，它一般位于动词（包括形容词谓语）之前，构成例（11a-c）所示的句法序列。

(11) 副词（"absolutely"）+形容词（短语）或动词（短语）
  a. unless there is something *absolutely* pressing, Eunice (CSPE)
     除非有非常紧急的事，Eunice
  b. Thanks. *Absolutely* loved you there. (CU)
     谢谢。还是非常喜欢你。
  c. That was the one that *absolutely* shocked me. (CU)
     那让我感到非常震惊。

因此在例（11a）中，"absolutely"修饰形容词"pressing"，在例（11b）和例（11c）中，"absolutely"修饰动词表达"loved you"（爱你）和"shocked me"（让我震惊）。

"absolutely"及相似的副词常常单独出现，其后没有任何形容词谓语或者动词谓语，这种情况十分常见且颇为有趣。详见例（12）和例（13）。

(12) 教授（S1）和学生（S2）在北美一所大学教室里的对话

S2: oh when, when they um, people who are organizing foreign policy they have to, kinda work on two levels, one with the the other country and one like within, with the force within their, their own country.

S2: 哦，当他们制定外交政策时，他们不得不在两个层面上工作，一个是与另一个国家合作，另一个是与自己国家内部的力量合作。

S1: absolutely. that's exactly the point. （MC）[①]

S1: 对极了。这恰恰是重点。

(13) LINDA: and later it says, she thought back over that, and she wouldn't have changed a word of it.

LINDA: 后来据说，她回想了一下，她一个字也不想改

MANY: @ @ @

LINDA: (H) @ *absolutely*,

oh I think there was a lot of feeling, ... a lo = t of feeling. （SBC: 023）

LINDA: (H) @ 当然。哦，我觉得有很多感受，很……多的感受。

这种用法体现了从增强词向话语标记演变的语用发展过程（Norde, 2009; Frank – Job, 2006），（内部）主观化（subjectification）是形成演变的主要原因（Traugott, 2002、2003）。因此，研究者从跨语言角度对该用法进行了全面研究。

汉语中也有类似现象。例如，"简直"一词是修饰形容词谓语或动词谓语的典型副词。然而，在最新的网络语言中，"简直"往往独立使用，已经有了类似动词谓语的用法。

(14) 还好不怎么累. 就是比较困... 早上的芭蕾课上得我好想

[①] 除 MC 语料库中的数据和某些二次语料之外，大多数会话语料遵循 Du Bois 等（1993）提出的规范。相关语料转写规范，参见附录1。

哭。哎~~简直了!!! 我不知道说什么好了（BCC）

(15) 没看出来。喝着咖啡，晒着太阳飘着树叶快快快！太好吃了!!! 简直了!!! 我在酷姿 KTV（三里屯旗舰店）。（BCC）

以上两例中，"简直"不仅独立使用，而且与完成体标记与句末助词"了"的合并形式一起使用，而"了"通常在动词谓语或小句单位中出现。在汉语母语者看来，这些组合特征导致的动词化用法是一种特殊的新发展。

从此处讨论的英语和汉语中的副词例子可以看出，标示不足的成分通常出现在短语单位中，少量出现在较大单位中。由于偏离了标准的句法行为（修饰动词性或形容词性谓语），所产生的独立型式均表现出了创新性。

(三) 标示不足的小句及其他大型结构

固化语言中最后一种省略表达，包括标示不足的小句单位或较大的话轮构建单位，常导致连词或类似连词成分被悬挂（stranded）于句尾。这种非言语单位常出现于第一位发话者话轮结束时的中断的复合从句（suspended complex clause）中，其中可能会附加一些被期待但没有明确表达的话轮构建单位。

Mulder & Thompson（2008）的研究有一个典型的例子，该研究探讨了英语口语中连词"but"的新兴用法。根据 Mulder 和 Thompson 的观点，英语口语（仅涉及美式英语和澳大利亚英语）中，连词"but"常用于结束话轮、让渡话语权，以及保留隐含义（或对比语义成分）。例（18）摘选自 Mulder & Thompson（2008：189）的研究，其中类型 1 为居尾用法。[①] 他们认为，在箭头所指的一行，发话者 Rickie 话轮尾的"but"一

[①] 相比之下，在第二种居尾用法中，对比内容在句末"but"之前的谈话内容中已经表达出，与口语中句末的"though"用法一致（Barth-Weingarten & Couper-Kuhlen, 2002）。Mulder 和 Thompson（2008：192）指出，在这种语言模式中没有任何未表达的含义，这仅在澳大利亚英语中才会出现。

词体现出"犹豫不决",并暗指尖叫不会带来任何好处。①

(16) [原文(16) SBC0008(告诉陪审团) 1303.52 – 1309.90]
1. RICKIE: I don't think he would do anythi = ng,
2. ... when people are around.
3. REBECCA: [Right].
4. RICKIE: [You know],
5. down at the other seat [s or <X in> back X>,
6. REBECCA: [Right].
7. → RICKIE: I could scream but,
8. .. (H)
9. REBECCA: Yeah.

在其他美式英语的例句中也可以找到类似的模式,如"considering"从一个分词和让步标记(concessive marker)(如例17a和例17b)演变为话轮末话语分词(discourse participle)(如例18a和例18b)。

(17) "considering"作为分词在句末状语从句中的标准用法
a. ... dizzy and sick, which he concluded was not surprising, *considering* the amount of alcohol he had drunk the day before. (BNC)
b. The ferry trip from Melbourne was a relatively calm overnighter and we were lucky *considering* the reputation of the Bass Strait for wild seas. (www.travelblog.org)

(18) 从让步标记演变为句末话语小品词
a. There are lot of unknowns, and we have a lot to prove without him, but the mood is pretty upbeat *considering*. (Oct. 12, 2005 ESPN Online)
b. SEATTLE – Alaska Airlines told us to show up 30 minutes before our flight took off on Thursday, but we arrived an hour early and

---

① 另一则关于英语对话中句末"but"的研究,参见Norrick(2009)。

still nearly missed our 7 a. m. plane.
And we were pretty lucky, *considering*.
(Daily News, 8/10/2006, https://www.dailynews.com/2006/08/10/daily-news-reporter-caught-in-air-travel-chaos/)

在上面两个例子中,发话者省略的内容很可能是一种消极情况。如例(18a)中的未知情况以及例(18b)中的飞行并发症,这些情况要么在前文已经提及,要么可在更大的语境中推断出来。

另一种常见现象是英文会话中的话轮尾连词"or"。Stokoe(2010)和 Drake(2015)分别对英式英语和美式英语中连词"or"居于话轮尾的现象进行了研究。Drake(2015)指出,类似于"Does that bring up jealousy for you or"(那会让你妒忌吗,还是［不会？］)的这种结构可能听起来并不符合语法规范,但是它们的确常常用于会话互动中,用来标识认知降级(epistemic downgrade)。下面的例子摘自 Drake(2015)的研究,该例句序列包含话轮尾连词"or"。

(19)(原文例1)
1 → Eri: so, just lose one right, >nd do I lose one then ↑too ↓or_
2   Jes: no cause you – both of yours are bigger.

这种省略表达在跨语言交际中也大量存在。例(20)和例(21)选自汉语普通话会话语料。

(20) 两位刚认识的朋友在谈论他们的生活环境
1   <F2:>那你们现在有 – 有<ENG roommate ENG>呵,
2   <F3:>对,
3   <F2:>mh
4   <F3:>有<ENG roommate ENG>。
5 →   ^那你先生是这边读书还是 –
6   <F2:>哦=,不是,是我一个人,

7 <F3：>哦，
8 <F2：>我是跟人家<ENG share ENG>的，（CALPER. E4）

例（20）第 5 行中，话轮尾的"还是"表示发话者 F3 不确定 F2 丈夫的确切身份，尽管发话者 F3 提出了一种可能性，即"在这边读书"，但是话语中省略的部分包含了其他的可能性，从而标识出对 F2 整体较低的认知状态。

（21） 两位同学回忆他们在中国母校的生活
1→ M：是科大官方 BBS 站还是？
2 F：啊，科大官方 BBS，
3   然后但是他还能进去，
4   就是站长进不去了嘛．（CALPER. K2）

与上例类似，本例中的 M 在第一行疑问句的话轮尾使用了"还是"一词，表明他无法从交谈者（interlocutor）F 处获取想要的信息。因此，这两个例子均表明，汉语普通话的使用模式与美式英语一样或者相似，未表达出的可能情况表明了发话者处于较低传信知识状态（lower epistemic authority）。

在句法层次上类似的现象也出现在从属构式和联合构式中，这些常常被称作中断小句（Ohori，1995）。这表明（复杂）从句层次的标示不足现象在各种语言中普遍存在。例如，英语句末的"though"（虽然）（Barth－Weingarden & Couper－Kuhlen，2002），芬兰语中的"mutta"（但是）和"ja"（而且） （Koivisto，2012），韩语中的"tunci"（或者）（Kim，2018），以及瑞典语中的"eller"（或者）（Lindström，1997）。

此外，许多研究人员对日语中的大量标记也进行了研究[①]。事实上，

---

① 例如，Ohori（1995、1997）研究了条件标记"-ba""-tara"和原因标记"kara"、因果连接词，以及让步标记"kedo"和"noni"（虽然）；Okamoto（1995）考察了补语标记"no""koto""to"和"tte"；Nakayama 和 Ichihashi－Nakayama（1997）对"kedo"（虽然）进行了研究；Higashiizumi（2006）研究了原因标记"kara"；McGloin & Konishi（2010）考察了"shi"（和）；另外，Suzuki（1999a、1999b、2007、2011）对引语标记"tte"进行了研究。

由于从属连词在没有明确主句的情况下出现的现象非常普遍,所以在所谓的"非从属"(insubordination)下发展出了大量文献(Evans, 2007; Evans & Watanabe, 2016)。"非从属"主要是在浮现语法(Emergent Grammar)(Hopper, 1987、1998)和语法化(grammaticalization)(Hopper & Traugott, 2003)的理论框架下提出的概念。

除上述研究之外,读者亦可参阅 Rhee(2012)和 Kim(2018)主要基于韩语进行的两项综合性类型学研究;也可参阅 Mulder 和 Thompson(2008:189—200)关于不同类型语言(如,在从句顺序和连词位置方面存在差异的语言)中从句中断的趋同趋势研究。

四 总结与讨论

前面小节考察了三种涉及某种形式,以及已被广泛理解的标示不足的固化语言模式,这些模式的特征可根据省略内容或可能的源表达式的复杂程度直接归纳出来,其范围既包括相对简单的成分(如修饰语/量词)还包括短语单位,甚至包括通常会导致连词居尾的(中断)从句或更复杂的话轮构建单位。

尽管这三种类型的隐含固定表达在结构方面(结构单位的大小、复杂度,尤其是性质)方面存在差异,但在没有明确的语言表达的情况下,它们仍具有偏向性或可理解的意义。接下来,本文将探讨这种现象的原因,即哪些因素可能导致这些结构不完整而使表达的成分独立存在,有时这些结构甚至是以其他"不合语法"的形式出现(尤其是在更为复杂的结构或者中断从句中)。

本文认为,原因之一是词频效应(frequency effect)以及与这种效应有关的语言结构的心理表征(mental representation)。长期以来,基于用法的研究认为,语法深受语言使用频率的影响(Bybee, 2003、2006、2007、2010; Bybee & Hopper, 2001; Bybee & Thompson, 1997; Fox, 2007 等)。研究认为,在语言使用频率的各种效应中,语言项目的搭配具有重塑语言结构和意义的作用。

具体来说,高频共现成分往往会发展出新的用法,而且会发生语音弱化(phonological reduction),有时还伴有形态句法的融合(morphosyntactic fusion）。英语中有一个典型的例子——"（I）dunno"（[I] don't know），这是一个高频出现的认知立场标记（Bybee & Scheibmann, 1999），其中"do"和"not"经历了语音上的变化，导致语音弱化现象，最终导致音位形态完全消失，这与前文论述一致。

虽然高频使用是标示不足现象发生的必要条件，但是完全消失等大幅缩减现象只有在某些限制条件下才会发生，且最终不应阻碍主要的交流。可以理解的是，虽然已经证明有些行为仅通过非语言行为即可完成（如对赞美的回应［Keisanen & Kärkkäinen, 2014］及对请求的回应［Rossi, 2014]），但是持续的交流往往要借助一定量的言语表达，当然也伴有非言语符号表达来协作完成交流（Goodwin, 1981、2013；Stivers & Sidnell, 2005 等），而完全不用语言表达会不同程度地阻碍交流的顺利进行。

这表明，省略现象的发生必须有一定条件或依据，而未表达的内容必须是双方共同知晓或者可以推断得出的。本文的语料分析显示了平衡竞争需求的效果，即高频/强烈的心理表征有助于形式的减少并保持必要的形式以满足即便的交流需求。

如"词义升格"节所述，与"quality"相关的表达存在词义升格现象可以通过考察常见搭配来进行解释，这些搭配有助于建立心理表征，而且这些积极特征表明了（高度）满意程度。与之相反，有些表达会产生消极关联，如"词义降格"节中考察的"under the influence"等表达，经常暗示与毒品、酒精等消极语境有关。

通过仔细考察省略部分的完整形式，可以更好地理解省略结构。检索 BNC 语料库发现，在句法结构"under the influence of X"（在 X 的影响下）的前 10 个搭配模式中，除所有在"X"位置上属人作为宾语的情况外，搭配模式均包含某种形式的"drug"（毒品）"alcohol"（酒精）或"drink"（饮酒），特别是"drink"和"drug"在这里含义极为明确。

检索 BNC 语料库发现一个有趣的现象，如表 3 所示，在"形容词 + influence"序列中，有 11 种序列类型使用了明显的消极形容词，如"bad"（坏的）"evil"（邪恶的）"corrupting"（不道德的）等，共有 144 例；而只有 3 种序列类型使用了明显的积极形容词，分别为

"positive"（积极的）"good"（好的）和"calming"（平静的），使用频次共计 22 次。总的来说，积极形容词与消极形容词的使用比率约为 6.5∶1。

表3　BNC 语料库中"influence"表达形式的修饰语的类型及实例

消极类型	实例	数量
1	﹡of undue influence	29
2	﹡the undue influence	23
3	﹡by undue influence	6
4	﹡or undue influence	6
5	a bad influence	23
6	communist influence	9
7	a restraining influence	7
8	disruptive influence	7
9	^the negative influence	7
10	the pernicious influence	6
11	the corrupting influence	5
12	territorial influence	4
13	^a negative influence	4
14	the sinister influence	4
15	the evil influence	4
共计		144
积极类型	实例	数量
1	a good influence	8
2	a positive influence	9
3	a calming influence	5
共计		22

（标有"﹡"与"^"符号表示相同类型，因而共有 11 类。）

这些情况表明，人们一开始可能难以理解"under the influence"这一表达省略形式的语义和句法结构，尤其对于非英语国家的研究者来说更是如此，而在这种文化中有足够社会经验的人却可以轻易推断出被省略的内容。也就是说，无论省略形式是展现积极的语义倾向还是消极的语义倾向，词频和相关心理表征（Bybee，2006、2007、2010）都能够解释省略的内容。

最后，对于较大的结构，例如那些与状语相关的复杂从句，通过会在发话者话轮开始处或结束处出现一个独立的副词或连词，其没有具体语义极为抽象（如 confirming, choice affordance）。笔者认为，更复杂的省略形式是在（a）词频效应与相关的心理表征；（b）互动因素的共同作用下形成的。

在词频效应和心理表征方面，Tao（2007）指出，虽然"absolutely"等修饰语的语义可能是中性的和抽象的，但它们与更合意的成分共现（如"yes"和"right"等确认标记与"absolutely"连用）便产生了偏向性。① "but" "or" "though" 等连词常常出现在对比复句、并列复句和让步复句中，使得从这种逻辑方向上解释所省略的从句成为可能。

从第二个因素，即互动因素来看，这些抽象的标记通常在人际互动中发挥了较大作用。具体来说，在会话互动环境中，主要发话者通过这些标记为会话参与者（interlocutor）创设语境，使其可以推断或者分析发话者未表达的内容，或者"要点"（upshots）（Raymond，2004）。这一点可以根据 Traugott（1999、2002）提出的"邀请推断"（invited inference）来理解，且可将其归入"使得发话者可以影响受话者"这一常见功能（Wray，2008）。

这种用法可以用于多种互动目的。例如，Drake（2015）提出，英语会话中话轮结束处"or"可以发挥以下互动作用：（a）在接下来做出毫无疑问的否定确认；（b）指向一个未用言语表达出的备选方案；（c）作为一种需要详细阐述的问题形式。同样，Kim（2018）认为韩语中的"tunci"（或者）有助于"放松会话互动中的偏好，允许受话者更自由地说出不合意回应"。②

在这些更为复杂的例子中，正是词频效应与心理表征，以及互动因

---

① 关于与传统语法化稍有不同的研究方法，详见诸如 Traugott（2002）等对话语标记浮现的语义转褒（amelioration）和语义转贬（pejoration）所做的分类、再分析及主体化的考察。

② 关于英语句末连词或独立连词"so"的其他类似研究，请参见 Raymond（2004）。

素的共同作用，导致句法变异现象在这些结构中经常出现（Tao，2007）。

五 结论

本文研究了三种固化结构类型，涉及词汇和语法内容的某种非语言表达。这些省略结构的单位大小不同且复杂程度各异，包括类似修饰语这样的简单成分、各种类型的短语单位，以及较大的小句单位或复杂的话轮构建单位等。这些现象在多种语言中存在，如英语、汉语，以及相关文献研究考察的其他语言。在结论部分，笔者将对本研究的发现进行总结。

本文有下述研究发现。

第一，如果省略形式是在语言结构的多种层次上实现的，那么需要重新考虑当前盛行的固化语言的概念化问题。尽管研究词汇表达串（通常称为多词表达）对于意义单位和语言（重新）组织极为重要，这构成了当前固化语言研究的核心，但关注未表达出的成分，并将它们放在固化表达的连续统（continuum）中进行考察同等重要。①

第二，一旦对固化表达的概念化作出调整，那么也可能需要重新衡量人类语言的固化程度（Hopper，1987、1998）。Erman & Warren（2000）曾估算出在英语文本中，预制结构平均占比55%。② 由于他们的评估完全基于完整的词汇语法结构，毫无疑问，如果将本研究所述的省略形式也考虑在内，预制结构的比例必定还会增加，更何况还有大量的省略的固定表达在本研究中也并未涉及。

第三，关于含省略形式的固化语言认同问题也引发了语言的存储和检索机制问题。目前为止，现有文献几乎只关注语言表达及其功能（包括认知）属性，例如从记忆中完整存储和检索，而不受语言语法生成或分析的影响（Wray，2002；另见 Wray，2008；Bybee，2002）。相关成分在

---

① Hunston（2004）的研究方向略有不同，Hunston 指出有些功能对等词（在其例子中，称为"评价性立场标记"）可能并没有使用易于识别的词项，而是使用了更大的固化模式表达，从而引起了对语料库研究中"数不胜数"问题的关注。

② Erman 和 Warren（2000）明确指出，口语中占比58.6%，书面语中占比52.3%。

不使用语言的情况下就能被理解和表达,这意味着什么?虽然其他成分被处理为抽象概念,但是否会有语块被部分存储和检索为实体概念?对未表达成分的解读是否属于分析的一部分?显然,这些话题远远超出了本研究所能涵盖的范围。要得出更确切可信的结论,还需要进一步的研究。

第四,由于固定表达极为特殊,因而学界目前对固化语言的跨语言比较研究还有待充实。然而,对省略形式的固化语言的研究在跨语言研究中已成为一个富有成果且令人兴奋的研究领域。大量研究(第 3.3 节部分引用)表明,在不同语言中,复杂从句结构和互动序列均呈现出大量聚合固定模式,这证明语言组织具有浮现性以及社会互动与语法之间存在辩证关系(Ochs、Schegloff & Thompson,1996),就这一点而言,探索语言类型是否制约以及如何制约着不同(省略的)固定表达的发展同样十分重要。

参考文献

荀恩东、饶高琦、肖晓悦、臧娇娇:《大数据背景下 BCC 语料库的研制》,《语料库语言学》2016 年第 1 期。

Barlow Michael, *The Corpus of Spoken Professional American – English*(CSPA). Houston: Athelstan, 1998.

Barth – Weingarten Dagmar & Elizabeth Couper – Kuhlen,"On the development of final though: a case of grammaticalization?". In Ilse Wischer & Gabriele Diewald(eds.), *New Reflections on Grammaticalization*, 345 – 361. Amsterdam: John Benjamins, 2002.

Biber Douglas & Susan Conrad, "Lexical bundles in conversation and academic Prose". In Hilde Hasselard & Signe Oksefjell(eds.) *Out of Corpora: Studies in Honor of Stig Johansson*, 181 – 189. Amsterdam: Rodopi, 1999.

Biber Douglas, Susan Conrad & Viviana Cortes, "Lexical bundles in speech and writing: an initial taxonomy". In Andrew Wilson, Paul Rayson & Tony McEnery(eds.) *Corpus Linguistics by the Lune*, 71 – 92. Frankfurt/Main: Peter Lang, 2003.

Biber Douglas, Stig Johansson, Geoffrey Leech, Susan Conrad & Edward Finegan, *The Longman Grammar of Spoken and Written English*. Harlow: Longman, 1999.

Bolinger Dwight, *Degree Words*. The Hague: Mouton, 1972.

Bybee Joan, "Phonological evidence for exemplar storage of multiword sequences". *Studies in Second Language Acquisition*, Vol. 24, No. 2, 2002, 215 – 221.

Bybee Joan, "Mechanisms of change in grammaticization: the role of frequency". In Brian D. Joseph & Richard D. Janda (eds.) *The Handbook of Historical Linguistics*, 602 – 623. Oxford: Blackwell, 2003.

Bybee Joan, "From usage to grammar: the mind's response to repetition". *Language*, Vol. 82, No. 4, 2006, 529 – 551.

Bybee Joan, *Frequency of Use and the Organization of Language*. Oxford: Oxford University Press, 2007.

Bybee Joan, *Language, Usage and Cognition*. Cambridge: Cambridge University Press, 2010.

Bybee Joan & Paul Hopper, "Introduction to frequency and the emergence of linguistic structure". In Joan Bybee & Paul Hopper (eds.) *Frequency and the Emergence of Linguistic Structure*, 1 – 24. Amsterdam: John Benjamins, 2001.

Bybee Joan & Joanne Scheibmann, "The effects of usage of degrees of constituency: the reduction of 'don't' in English". *Linguistics*, Vol. 37, No. 4, 1999, 575 – 596.

Bybee Joan & Sandra A. Thompson, "Three frequency effects in syntax". *Annual Meeting of the Berkeley Linguistics Society*, Vol. 23, No. 1, 1997, 378 – 388.

Drake A. Veronika, "Indexing uncertainty: the case of turn – final or". *Research on Language and Social Interaction*, Vol. 48, No. 3, 2015, 301 – 318.

Du Bois John W., Wallace L. Chafe, Charles Meyer, Sandra A. Thompson, Robert Englebretson & Nii Martey, *Santa Barbara Corpus of Spoken American English*, Parts 1 – 4. Philadelphia: Linguistic Data Consortium, 2000

−2005.

Du Bois, John W. , Stephan Schuetze – Coburn, Susanna Cumming & Danae Paolino, "Outline of discourse transcription". In Jane A. Edwards & Martin D. Lampert (eds.) *Talking Data: Transcription and Coding Methods for Discourse Research*, 45 – 89. Hillsdale, New Jersey: Lawrence Erlbaum Associates, 1993.

Erman Britt & Beatrice Warren, "The idiom principle and the open choice principle". *Text*, Vol. 20, No. 1, 2000, 29 – 62.

Evans Nicholas, "Insubordination and its uses". In Irina Nikolaeva (ed.) *Finiteness: Theoretical and Empirical Foundations*, 366 – 431. Oxford: Oxford University Press, 2007.

Evans Nicholas & Honoré Watanabe (eds) *Insubordination*. Amsterdam: John Benjamins, 2016.

Firth John Rupert, *Papers in Linguistics* 1934 – 1951. Oxford: Oxford University Press, 1957.

Fox Barbara, "Principles shaping grammatical practices: an Exploration". *Discourse Studies*, Vol. 9, No. 3, 2007, 299 – 318.

Frank – Job Barbara, "A dynamic – interactional approach to discourse markers". In Kerstin Fischer (ed.) *Approaches to Discourse Particles*, 359 – 374. Amsterdam: Elsevier, 2006.

Goodwin Charles, *Conversational Organization: Interaction between Speakers and Hearers*. New York: Academic Press, 1981.

Goodwin Charles, "The co – operative, transformative organization of human action and knowledge". *Journal of Pragmatics*, Vol. 46, No. 1, 2013, 8 – 23.

Halliday Michael A. , "Lexis as a linguistic level". In Charles Ernest Bazell, John Cunnison Catford, John Rupert Firth & Michael Alexander Kirkwood Halliday (eds.) *In Memory of J. R. Firth*, 148 – 162. London: Longman, 1966.

Higashiizumi Yuko, *From a Subordinate Clause to an Independent Clause: A History of English Because – clause and Japanese Kara – clause*. Tokyo: Hituzi Shobo Publishing, 2006.

Hopper Paul J., "Emergent grammar". *Berkeley Linguistics Society*, Vol. 13, 1987, 139 – 157.

Hopper Paul J., "Emergent grammar". In Michael Tomasello (ed.) *The New Psychology of Language: Cognitive and Functional Approaches to Language Structure*, 155 – 175. Mahwah, New Jersey: Lawrence Erlbaum, 1998.

Hopper Paul J. & Elizabeth C. Traugott, *Grammaticalization*. Cambridge: Cambridge University Press, 2003.

Hunston Susan, "Counting the uncountable: problems of identifying evaluation in a text and in a corpus". In Alan Partington, John Morley & Louann Haarman (eds.) *Corpora and Discourse*, 157 – 188. Bern: Peter Lang, 2004.

Keisanen Tiina & Elise Kärkkäinen, "A multimodal analysis of compliment sequences in everyday English interactions." *Pragmatics*, Vol. 24, No. 3, 2014, 649 – 672.

Kim Minju, "From connective to final particle: Korean *Tunci* 'or' and cross – linguistic comparisons". *Journal of Pragmatics*, Vol. 135, 2018, 24 – 38.

Koivisto Aino, "Discourse patterns for turn – final conjunctions". *Journal of Pragmatics*, Vol. 44, No. 10, 2012, 1254 – 1272.

Lindström Anna K. B., *Designing Social Actions: Grammar, Prosody, and Interaction in Swedish Conversation*. PhD dissertation, University of California, Los Angeles, 1997.

Louw Bill, "Irony in the text or insincerity in the writer?". In Mona Baker, Gill Francis & Elena Tognini – Bonelli (eds.) *Text and Technology: In Honour of John Sinclair*, 157 – 176. Amsterdam: John Benjamins, 1993.

McEnery A. & Zhonghua Xiao, "The Lancaster Corpus of Mandarin Chinese: A corpus for monolingual and contrastive language study". *In Proceedings of the Fourth International Conference on Language Resources and Evaluation (LREC)*, 1175 – 1178. Lisbon, May 24 – 30, 2004.

McGloin Naomi H. & Yumiko Konishi, "From connective particle to sentence – final particle: a usage – based analysis of *shi* 'and' in Japanese". *Language*

Sciences, Vol. 32, No. 5, 2010, 563 – 578.

Moon Rosamund, "Vocabulary connections: multi – word items in English". In Michael McCarthy & Norbert Schmitt (eds.) *Vocabulary: Description, Acquisition and Pedagogy*, 40 – 63. Cambridge: Cambridge University Press, 1997.

Mulder Jean & Sandra A. Thompson, "The grammaticization of *but* as a final particle in English conversation". In Ritva Laury (ed.) *Crosslinguistic Studies of Clause Combining: The Multifunctionality of Conjunctions*, 179 – 204. Amsterdam: John Benjamins, 2008.

Nakayama Toshihide & Kumiko Ichihashi – Nakayama, "Japanese *kedo*: discourse genre and grammaticization". In Ho – min Song & John Haig (eds.) *Japanese/Korean Linguistics*, Vol. 6, 607 – 618. Stanford: CSLI Publications, 1997.

Norde Muriel, *Degrammaticalization*. Oxford: Oxford University Press, 2009.

Norrick Neal R. , "Conjunctions in final position in everyday talk". In Bruce Fraser & Ken Turner (eds.) *Language in Life, and a Life in Language: Jacob Mey, A Festschrif*, 319 – 328. Bingley: Emerald, 2009.

Ochs Elinor, Emanuel A. Schegloff & Sandra A. Thompson, *Interaction and Grammar*. Cambridge: Cambridge University Press, 1996.

Ohori Toshio, "Remarks on suspended clauses: a contribution to Japanese phraseology". In Masayoshi Shibatani & Sandra A. Thompson (eds.) *Essays in Semantics and Pragmatics: In Honor of Charles J. Fillmore*, 201 – 218. Amsterdam: John Benjamins, 1995.

Ohori Toshio, "Framing effects in Japanese non – final clauses: toward an optimal grammar – pragmatics interface". *Berkeley Linguistics Society*, Vol. 23, 1997, 471 – 480.

Okamoto Shigeko, "Pragmaticization of meaning in some sentence – final particles in Japanese". In Masayoshi Shibatani & Sandra A. Thompson (eds.) *Essays in Semantics and Pragmatics: In Honor of Charles J. Fillmore*, 219 – 246. Amsterdam: John Benjamins, 1995.

Partington Alan, " 'Utterly content in each other's company': semantic prosody and semantic preference". *International Journal of Corpus Linguistics*,

Vol. 9, No. 1, 2004, 131 –156.

Pawley Andrew & Francis H. Snyder, "Two puzzles for linguistic theory: nativelike selection and nativelike fluency". In Jack C. Richards & R. W. Schmidt (eds.) *Language and Communication*, 192 –226. New York: Longman, 1983.

Quirk Randolph, Sidney Greenbaum, Geoffrey Leech & Jan Svartvik, *A Comprehensive Grammar of the English Language*. London: Longman, 1985.

Raymond Geoffrey, "Prompting action: the stand –alone 'so' in ordinary conversation". *Research on Language and Social Interaction*, Vol. 37, No. 2, 2004, 185 –218.

Rhee Seongha, "Context –induced reinterpretation and (inter) subjectification: the case of grammaticalization of sentence –final particles". *Language Sciences*, Vol. 34, No. 3, 2012, 284 –300.

Rhee Seongha, "On the emergence of the stance –marking function of english adverbs: a case of intensifiers". *Linguistic Research*, Vol. 33, No. 3, 2016, 395 –436.

Rossi Giovanni, "When do people not use language to make requests?". In Paul Drew & Elizabeth Couper –Kuhlen (eds.) *Requesting in Social Interaction*, 303 –334. Amsterdam: John Benjamins, 2014.

Schmitt Norbert, "Formulaic language: fixed and varied". *Estudios de Linguistica Inglesa Aplicada (ELIA)*, Vol. 6, No. 6, 2005, 13 –39.

Schmitt Nobert & Ronald Carter, "Formulaic sequences in action: an introduction". In Norbert Schmitt (ed.) *Formulaic Sequences: Acquisition, Processing and Use*, 1 –22. Amsterdam: John Benjamins, 2004.

Simpson –Vlach, Rita C. & Sheryl Leicher, *The MICASE Handbook: A Resource for Users of the Michigan Corpus of Academic Spoken English*. Ann Arbor: University of Michigan Press, 2006.

Sinclair John McH., *Corpus, Concordance, Collocation*. Oxford: Oxford University Press, 1991.

Sinclair John McH., "The search for units of meaning". *Textus*, Vol. IX, No. 1, 1996, 75 –106.

Stivers Tanya & Jack Sidnell, "Introduction: multimodal interaction". *Semiotica*, Vol. 156, 2005, 1 – 20.

Stokoe Elizabeth, "Have you been married, or...?: eliciting and accounting for relationship histories in speed – dating interaction". *Research on Language and Social Interaction*, Vol. 43, No. 3, 2010, 260 – 282.

Suzuki Ryoko, "Mutifuncitonality: the developmental path of the quotative Tte in Japanese". In Barbara A. Fox, Dan Jurafsky & Laura A. Michaelis (eds.) *Cognition and Function in Language*, 50 – 64. Stanford, California: CSLI Publications, 1999a.

Suzuki Ryoko, *Grammaticization in Japanese: A Study of Pragmatic Particle – ization*. Ph. D. dissertation, University of California, Santa Barbara, 1999b.

Suzuki Ryoko, "(Inter) subjectification in the quotative *tte* in Japanese conversation: local change, utterance – ness and verb – ness". *Journal of Historical Pragmatics*, Vol. 8, No. 2, 2007, 207 – 237.

Suzuki Ryoko, "A note on the emergence of quotative constructions in Japanese conversation". In Ritva Laury & Ryoko Suzuki (eds.) *Subordination in Conversation: A Cross – linguistic Perspective*, 149 – 164. Amsterdam: John Benjamins, 2011.

Tao Hongyin, "A corpus – based investigation of absolutely and related phenomena in spoken American English". *Journal of English Linguistics*, Vol. 35, No. 1, 2007, 1 – 25.

Tao Hongyin, "Working with spoken Chinese". *Center for Advanced Language Proficiency Education and Research (CALPER)*. Publications, Pennsylvania State University, State College, Pennsylvania, 2011.

Tao Hongyin & Linda R. Waugh, "The cornell – cambridge university press corpus of spoken American English". *Paper Presented at Teaching and Language Corpora* 1998, Keble College, Oxford, July 24 – 27, 1998.

Tao Hongyin & Richard Xiao, *The UCLA Chinese Corpus*. Los Angeles, USA & UCREL, Lancaster, UK, 2007.

Traugott Elizabeth C., "The role of pragmatics in semantic change". In Jef Verschueren (ed.) *Pragmatics in 1998: Selected Papers from the 6th In-*

ternational Pragmatics Conference, Vol. II, 93 – 102. Antwerp: International Pragmatics Association, 1999.

Traugott Elizabeth C. , "From etymology to historical pragmatics". In Donka Minkova & Robert Stockwell (eds.) *Studying the History of the English Language: Millennial Perspective*, 19 –49. Berlin: Mouton de Gruyter, 2002.

Traugott Elizabeth C. , "From subjectification to intersubjectification". In Raymond Hickey (ed.) *Motives for Language Change*, 124 – 139. Cambridge: Cambridge University Press, 2003.

Wray Alison, *Formulaic Language and the Lexicon*. Cambridge: Cambridge University Press, 2002.

Wray Alison, *Formulaic Language: Pushing the Boundaries*. Oxford: Oxford University Press, 2008.

Xiao Richard & Tony McEnery, "Collocation, semantic prosody, and near synonymy: a cross – linguistics perspective". *Applied Linguistics*, Vol. 27, No. 1, 2006, 103 –129.

会话、语法和固化

——汉语形容词再探[*]

一 引言

语言学的最新进展为我们重新审视一些传统问题提供了新的视角和研究方法。互动语言学和语料库语言学是其中最有前景的两种方法,本文将运用这两种方法来重新探讨汉语形容词问题,并希望说明以下两个问题。

1)互动语料可以在很大程度上揭示说话人对于"形容词"范畴的"心理现实";

2)频率和习惯组合的动态变化对于描述汉语"形容词"的范畴和心理现实至关重要。

本文采取了高度实证的、基于用法的研究方法(Barlow & Kemmer, 2002;Tomasello, 2003;Bybee, 1998、2006、2007、2009、2010),并在基于用法的框架内进一步结合"互动语言学"新兴的研究方法对语法结构进行研究(Ford, 1993;Ford et al., 2002a、2002b;Ford & Thompson, 1996;Fox, 1987、1995、2001;Fox et al., 1996;Selting & Couper–Kuhlen, 2001;Hakulinen & Selting, 2005;Ochs et al., 1996;Thompson & Couper–Kuhlen, 2005)。

---

[*] 本文系与 Sandra A. Thompson 合作,原刊于 *Chinese Language and Discourse*, Vol. 1, 2010, 3–30。

本文的讨论涉及"自由选择"还是"习语"原则的问题（Erman & Warren, 2000; Pawley & Syder, 1983; Sinclair, 1991; Wray, 2002），探讨这样一个具体问题：在口语使用中，"自由选择""词块学习"的作用分别是什么？作者认为，"词块学习"在汉语形容词的使用中所起的作用比文献中所预估的要大得多。事实上，本文通过研究发现，"固化"在词汇范畴（这里指"形容词"范畴）的表征时所起的作用，比以往任何语言研究的文献中所总结的都要大（Hopper, 1997a、b 讨论的是"动词"这一范畴的情况，是一个例外）。

语言范畴（语法学家曾称之为"词类"）因其基于人为设计的用例来推断其结构属性而备受争议（如 Schachter, 1985）。虽然这种方法在依靠结构而不是语义来确定词类边界方面非常有用，但缺点是这种方法没有基于说话者的实际行为。本文试图在日常会话中重新探讨汉语"形容词"范畴。

二 汉语形容词的传统研究

形容词的范畴问题一直是汉语功能语言学研究的热点。研究焦点围绕这种分类是否适合对汉语语法进行深刻分析而展开（特别参阅朱德熙，1956; Chao, 1968; Li & Thompson, 1981; 吕叔湘、饶长溶，1981; Wiedenhof, 1995; 沈家煊, 1997; 张敏, 1998; 刘月华等, 2004）。

大多数学者关注的是"修饰形容词"。例如，赵元任（Chao, 1968: 675、686）认为，"当形容词是修饰语时，它们通常有搭配限制"。也就是说，修饰形容词和它的中心名词会发生词汇化或形成复合词。他提出了在这些词汇化短语中有"的"和无"的"的问题，发现下面的（a）类形式很自然，但相对于（b）类形式，更倾向于使用有"的"的（c）类形式。

(1) a. 凉水
　　b. ? 凉手
　　c. 冰凉**的**手
(2) a. 短袖子

b. *短沉默

c. 短短**的**沉默

(3) a. 薄饼

b. ?薄纸

c. 薄**的**纸

赵元任进一步指出，[A+"的"+N] 结构通常具有"字面的""非词汇化的"意义，而 [A+N] 结构不一定具有专有的或词汇化的含义，看下面的对比：

(4) a. 老朋友

b. 老的朋友

Li & Thompson（1981：119）指出，无论带不带"的"，形容词都可以用来修饰 NP 中的名词；同时还指出，"一般来说，修饰名词而不带助词'的'的形容词往往比带助词'的'的形容词更接近名词"，基本上变得词汇化了。如：

(5) 冷战

张敏（1998）、沈家煊（1997）、刘月华等（2004）和其他学者也从概念距离和象似性的角度提出了类似的主张。虽然这些主张是基于直觉而不是实证数据，但本文的会话语料有力地证明了这一区别。

以往关于表述形容词的研究主要关注的是它们应该被归类为一个单独的词类还是静态动词的子类。赵元任（1968：675、686）称之为"动词的一种"，其"典型功能"是充当"谓语"，并称它们"既可以充当谓语，也可以充当修饰语"。Cheung（1994：11、209）认为形容词是"完全的（静态）动词"，学生应该学习"形容词是动词"的规则。Li & Thompson（1981）基本上同意赵元任的观点，指出作为谓词，形容词构成"形容词性动词"（第143页）。也就是说，它们可以是动词短语的核心，可以被否定，也可以作为动词短语的唯一成分出现。

与这些进行汉语研究的学者不同，Matthews & Yip（1994：59、157）根据以下标准将粤语的形容词与动词区分开来：

a. 表述形容词的前面通常有副词，如"hóu"

（6）kéuih ni pààih **hóu hoisam**
他/她　这些天　很　开心

b. 形容词可以重复

（7）gou – gou – sau – sau
　　高　　高　　瘦　　瘦

c. 形容词可以比较

最后，De Francis（2003）编著的按字母顺序排列的汉英词典一直广为使用，其中提及了"形容词"的类别，将"承平""廉正"这样的词列为"形容词"，将类似"薄饼"这样"词汇化"的[Adj + N]形式列为名词。

因此，现有研究并未明确阐明汉语中"形容词"的范畴。我们所查阅到的资料的主流观点，无论是明确的还是含蓄的，都被本研究所采纳，从而得出在汉语中的一套"形容词"词根，其中大多数可以用作述语或修饰语。我们根据内容将这些形容词分别称为"述语形容词"和"修饰形容词"，并认为：1）作为述语，这些形容词确实具有许多（尽管不是全部）动词尤其是静态动词的分布特点和功能特点；2）作为修饰语，可与常见名词化标记"的"一起出现，但极易与不带"的"的名词发生词汇化，尤其是当[Adj + N]组合时：（a）在日常生活中被频繁使用时（如"凉水"），和/或（b）作为文化名称使用时（如"冷战"）。

我们还注意到，虽然大多数早期的主张基于直觉，但会话语料有力地支持了某些已被广泛认可的差异。会话语料同样为我们能够扩大分析范围来解释汉语会话者的形容词语法知识提供了证据。本研究的语料强调语法的动态、浮现组织，这主要通过固化的诸多方面——词汇化、固定表达和结构模板等来体现。

认识到语法浮现于日常互动中频繁重复的模式（Bates & Goodman，

1999；Bybee，2002a、2002b、2006、2007、2009；Hopper，1987、1998）后，我们将探讨该如何去描述会话者为进行社会互动对该范畴的了解。

本文旨在说明，尽管之前的研究和本文的语料都强烈建议识别汉语中形容词的词根，正如我们所发现的那样，其中大部分形容词可以用作修饰语或述语。① 但本文的语料也表明，人们对日常汉语会话中形容词的理解，涉及固化的诸多方面，同时修饰形容词和表述形容词也具有截然不同的固化类型。

三　语料和方法

（一）语料库

本文语料来自20世纪80年代至2005年记录的43次面对面会话。这些会话都发生在汉语母语者之间，他们来自中国内地与香港、墨尔本、洛杉矶和东京，彼此都很熟悉。

本文使用基于统计模型的算法，使用软件程序ICTCLAS对语料进行分词并标注词性（POS）信息（Zhang、Liu、Zhang & Cheng，2002；Xiao、Rayson & McEnery，2009：3—4）。该程序共识别出268928个词。

该程序识别了被标记为"形容词"的形式，作者对这些形式进行了人工检查。表1显示了由ICTCLAS标记的单个词的形式和两个独立的词构成的形式。

表1　　由ICTCLAS标记为单个词和两个独立词的示例

单个词	多个词
冷战	小—孩子
小孩	老—朋友
临时工	临时—（的）—工作

---

① 感谢一位审稿人提出的关于形容词可以只是修饰语或者只是述语的问题。我们了解了相关文献（如吕叔湘、饶长溶，1981；吕叔湘等，1999），注意到这种形式的存在只会支持我们的结论。也就是说，表述形容词与修饰形容词的表现大体相同，反之亦然。例如，非表述形容词"微型"，根据定义只能用在修饰语环境中；就其本身而言，它们只是表现了修饰语形容词的典型行为，即它们最可能形成带有中心名词的固定组块（如"微型小说"）。

程序检索结果为 1006 个形容词类符和 36399 个形符，我们称之为"较大语料库"。在这些样本中采用简单随机抽样法，选择 1217 个形符进行了人工编码（即"样本语料库"）。

（二）编码分类

本文把充当名词直接修饰语的形容词归类为"修饰语"，把充当从句谓语来评价名词的形容词归类为"述语"。

1a. 修饰语包括

—所有被 ICTCLAS 程序标记为单个词的形容词

例：（来自表 1）2 个独立的词：**小**—孩子，**老**—朋友，**临时**—（的）—工作

1b. 述语包括

—用作惊叹/模仿/反应标记/话语标记的形容词：

(8) **讨厌**，你导师也是我们系的.

—作为谓语一部分具有状语用法的形容词（这种现象是因为汉语中"形容词"和"副词"的词类在形态上没有固定的区别）：

(9) **完全**，...（ ）不能用.

—作为动词补语一部分的形容词：

(10) 后来人家也 = − tsk,① 也混得**不错**嘛

—用作名词性或数词性谓语一部分的形容词：

(11) 多**大**岁数了？

---

① 译者按："− tsk"表示咂舌音。

—在修饰名词的关系从句中充当谓语的形容词：

（12）目的极为**明确**的那些人

2. 不包括下列情况
—［ADJ + N］组合中被 ICTCLAS 标记为"单个词"的形容词
例：（来自表1）小孩，临时工
—具有"双重身份"的形容词，既不明确用作表述，也不明确用作修饰语
这些用例中很大一部分形容词后带有系词或带有歧义的"的"：

（13）M：那是，那是，**额外的**。
　　　F：**额外的**。对。

在（13）中的问题是，"的"是否是名词化标记，如果是，"额外"可以被视为修饰形容词（没有明确的中心名词）；或者"的"是否是句末小品词，[①] 如果是，"额外"可以被视为表述形容词。因此，本文在调查中排除了［系动词 + ADJ +"的"］结构（包括这里说话人 F 的第二种情况）。

然而，当结构中或相邻的话轮中没有系动词，且形容词不能与中心名词相联系时，我们将其归类为表述用法。即使句末有"的"出现也这样归类，这个例子中的"的"我们假定为句末助词（李讷、安珊笛、张伯江，1998）。

—被视为专有名词或用于元语言意义的形容词：

（14）今年考大学的，就是所谓"**外**"字热

—类似于形容词的修饰词，用于修饰数量或范围，但不属于明显的

[①] 如 Cheung（1994：484）和吕叔湘等（1999：162）关于句末小品词"的"作为"断言"标记的讨论。

修饰语范畴：

（15）F1：我估计**所有**的人都会写这个

—在更大的固定表达中用作语篇连接词的形容词：

（16）嗯，**一般**来讲，

—古代中的用法，如在歌词中：

（17）M2：((singsing))**长**＝亭＝外，**古**＝道＝边＝

—不明确的情况：打断、抢话、语境不明确，等等：

（18）..有这么一个，..**差**—..［XX］

经过筛选以上包含和排除的情况，本研究语料库中有 1217 个形容词例子。下文将对调查结果进行讨论。

四　调查结果

（一）调查结果 1：汉语会话中更倾向于使用表述形容词而非修饰形容词

第一个发现是，会话语料中有一个明显的偏向表述形容词的情况，如表 2 所示。

表 2　　　　　　样本语料库中的修饰语/述语分布

	修饰语	述语	总计
类符	102	264	366
形符	245（20%）	972（80%）	1217（100%）

这一发现与日语（Ono & Thompson，2009）和英语（Thompson，1988；Englebretson，1997）会话语料中具有类似的形符倾向的研究发现是一致的，见表3。

表3　　　　　　　英语和日语会话中的修饰语/述语分布

英语		日语	
述语	修饰语	述语	修饰语
65%（704）	35%（402）	88%（373）	12%（53）①

以往大多数关于形容词主要功能的研究要么只基于直觉，要么只基于小样本数据（见胡明扬，1995；沈家煊，1997），本文的观察结果比以往研究给出了更为准确的解释。

（二）调查结果2：无论是述语还是修饰语，人们对汉语日常会话中形容词的理解都涉及固化的各个方面

最近许多基于用法的语言学研究证明了固化在日常语言使用中的巨大作用，并表明固化与"一些系统性"共存（Hopper，1987）②。那么固化在汉语形容词用法中是如何体现的呢？

1. 少数形容词的高频使用

最近一些基于用法的研究表明，语法固化的一种表现方式是类符频率与形符频率的比率较低（Poplack，1992；Bybee & Hopper，2001；Tao & McCarthy，2001；Hopper，2004；Bybee，2006、2007、2009；Hopper & Thompson，2008）。较低的类符—形符比率通常意味着相同词汇项的较高复现率。数据显示，少量形符在会话的实际使用中占了很大比例。

---

① 修饰语形容词在日语中所占的比例非常低，详细说明参见 Ono & Thompson（2009）。
② 参见 Bybee（2006、2009）、Bybee & Eddington（2006）、Corrigan 等（2009）、Erman & Warren（2000）、Pawley & Syder（1983）、Wray（2002）、Wulff（2008）。

表4   频率前14位形容词①

等级	形符频率	类符
1	1598	对
2	1260	好
3	1074	多
4	580	大
5	317	小
6	300	一样
7	180	少
8	156	难
9	145	一般
10	139	新
11	137	高
12	117	老
13	113	长
14	101	快

表4表明，仅前三种类符（"对""好""多"）就占了整个语料库形容词使用总量的1/3（3932/12133）。

2. 述语与修饰语环境中不同模式的使用

总体来看，表述形容词和修饰形容词之间的倾向模式存在显著差异。由表5可知，在编码的样本语料库发现的366种类符和1217个形符中，表述形容词的类符—形符比率比修饰形容词的类符—形符比率要低，其差异呈现显著性（$X^2=9.84$，$df=1$，$p=0.002$）。

表5   述语与修饰语环境中的类符—形符比率

	类符	形符	类符—形符比率
修饰语	102	245	0.416
述语	264	972	0.271

---

① 这些排名前14的形容词（除"一般"外），也都在超过4900万词的汉语口语和书面语中"跻身"前30位（Xiao et al., 2009: 309）。

由于较低的类符—形符比率通常意味着相同词汇项的较高复现率，因此：

—表述形容词类符的总体数量导致了更多的形符；

—但是，个别表述形容词的较高复现率是造成其出现频率总体较高的另一个因素，见表6。

表6　　　　　　修饰语与述语环境中前10的形容词

等级	修饰		表述	
	频率	形容词	频率	形容词
1	27	**多**	156	对
2	19	**大**	144	**好**
3	18	**小**	56	**多**
4	16	**好**	35	一样
5	15	新	34	少
6	9	不同	17	**大**
7	7	红	16	**小**
8	5	年轻	16	高
9	4	重要	15	不错
10	3	基本	15	难

从表6中可以看出，有少数频率项是在两个列表中都出现的，其中前5项最为明显。特别是"好"和"对"出现的频率很高，从下文可以看出，这主要是因为它们被用于应答性评价话轮所造成的。

（三）调查结果3：汉语修饰和表述形容词表现出不同类型的固化

首先，许多形容词更适合用作修饰语而不是述语，所以述语和修饰语位置会引发：

—不同的形容词

—不同的搭配模式

——不同的结构类型

——不同的词汇化途径

本文将首先讨论修饰形容词，再讨论表述形容词。鉴于结果的复杂性及多样性，我们将单独在第五节来对这些模式进行说明。

五　修饰和表述形容词的不同固化类型

（一）修饰形容词的固化

为了准确记录汉语语料中修饰形容词的固化，本文运用了组块和量级的概念。

根据 Bybee 的观点，当单位的序列组合在一起形成更复杂的单位时，"组块"就产生了。作为一个跨认知领域的普遍过程，组块有助于解释为什么人们通过实践能更好地完成认知和神经运动任务。在语言中，组块是形成结构、成分和固化表达等序列单位的原因。我们的认知器官将重复的词/语素序列处理为一个"整体"；也就是说，序列可以被处理为一个单位。由此可知，组块在［ADJ＋N］的认知表征中起着重要作用，而［ADJ＋N］组合通常是默认的指称形式。

至于量级，建议用固化等级（a scale of fixedness）来模拟［ADJ＋N］组合的固化程度。

如上文所述，文献中对形容词的讨论以及汉语语法、词典和计算机语法解析器都反映了固化是分等级的。根据这些信息，本文认为［ADJ＋N］组合有 3 个固化等级。

1. 复合词

"复合词"在文献中被广泛认为是由原有短语单位呈现出单一的词汇项状态的结果。学者们一致认为，只有那些形式上没有"的"的复合词才是复合词。表 7 列出了本研究语料库中的复合词。

表7　　　　　　　　语料库中（a）复合词的示例

白细胞^	红颜色	女强人^
长假	大美女^	黄花菜^
必修课	大课*	圆形
高鼻子	好家伙^	低处

＊一种具有机构性动机的新形式，即在特定的机构性语境中形成的新形式。
^ [ADJ＋N] 复合词且由其充当"N"的 [ADJ＋N] 复合词。

2. 近复合词

在这一中间的类别中，本文将那些作为单个词汇项的状态不太明晰的 [ADJ＋N] 组合归为一类。这些组合通常没有"的"，包括双音节词作为形容词或中心名词或既做形容词也做中心名词。表8列出了语料库中的一些用例。

表8　　　　　　　　语料库中（b）近复合词的用例

反动言论	老中医	急性炎症
重要意义	年轻人	基本费用
重要问题	平均水平	一般人
好事情	小男孩儿	正常人

3. 惯用搭配

在 [ADJ＋N] 量表中，最低程度的固化是那些尚未成为单一词汇项但却经常同时出现的形式。这些词通常以双音节词作为形容词或中心名词，或两者兼有，这足以表明，当一个组合中的每个成分都是单音节时，它更容易以"复合"的形式出现。与"近复合词"类别不同，这些 [ADJ＋N] 组块中有许多是与"的"一起出现的。当它们不带"的"出现时，更容易被语言使用者以"复合词"的形式存储和回想（见表9中的"出名的人物"和"重要新闻"）。

表9　　　　　　　　语料库中的（c）常见搭配示例

年轻的时候	特殊的身份	不得了的事情
奇怪的想法	重要新闻（对比"要闻①"）	成功的例子
浅显的问题	大篇幅	不同的地方
深层原因	大灾害	出名的人物（对比"名人"）

表8和表9的内容无形中回答了学者们之前的问题，那就是音节是否是在［ADJ＋N］组合中使用"的"的一个因素（吕叔湘等，1999：157—158；刘月华等，2004：195—196）。Yip & Rimmington（1997：7）在其学生参考语法中阐述了这一观点："如果限定词（作者按：即形容词）是单音节词，它通常直接放在名词前面。如果限定词有两个或两个以上的音节，那么助词'的'会出现在限定词之后，名词之前。"②

继 Bybee（2002a、2006、2007、2009、2010）之后，本文认为这种观点是由频率效应自然产生的：一个［ADJ＋N］组合越长，它成为常用形式的可能性就越小，因此它被分块为复合词或近复合词的可能性就越小。同时，这种组合的音节越多，就越有可能在形容词和名词之间找到"的"。

初看表9，似乎支持这种说法，但是，如表8所示，语料库中也有大量的近复合词组合的例子，它们似乎更接近复合词状态，包含一个双音节形容词和一个双音节名词，但没有"的"。③

总之，数据表明，修饰形容词的"固化"涉及：

—形容词的语义

—中心名词的语义

—［ADJ＋N］组合的频率

---

①　作为一个相对松散但仍然频繁的组合，其组成成分通常同时出现，但它们可以灵活地使用"的"（"的"在字符串中是可能的），更固定的同义形式是非常短的，如"要闻"和"名人"。总的来说，这表明从［A＋N］作为一个组合的短语单位一直到（简缩的）单词，其间有多种固化等级。

②　人们普遍认为：1）音节是使用"的"的一个因素，但它可能被其他因素所掩盖，例如规约化和强调；2）在两种主要的形容词类型中，单音节形容词倾向于不带"的"，而双音节形容词则比较灵活（见吕叔湘，1965；张敏，1998；张国宪，2000 等）。

③　参见 Feng（2009）对［ADJ＋N］复合词和"韵律词"概念的简要评价。

—作为组块被使用者存储/回想

—"的"的使用

而表述形容词的固化呈现了一种完全不同的情况。

（二）表述形容词的固化

与修饰形容词相比，表述形容词出现在完全不同的语法环境中，因此其固化也是不同的。本研究发现，表述形容词与多种表述"成员"一起出现，因此它们具有不同发展成组块的潜力。

关于固化，语料揭示了两种主要的表述形容词群体：

—82%的表述形容词用在小句谓语中

　　—它们更具有组合性而不是固定的

　　—它们通常出现在有主语或主语可恢复的小句对话中

—18%的表述形容词作为"应答性评价话轮"中的唯一成分

　　—但与其他表述形容词相比，其固定性更强

　　—它们通常在没有主语或主语不可还原的情况下出现

1. 小句谓语中的表述形容词

以下是语料库中典型谓语的用例。

（a1）主要谓语

　　（19）F：那个水果**便宜**吗？

　　（20）挺**好吃**的

　　　　做得**地道**我觉得。

（a2）带动词性补语的表述

　　（21）污染问题是^**多**得要死

（a3）用作由一个以上形容词组成的复杂谓语的一部分

　　（22）F：不是很**好吃**但是挺**便宜**的

由于语料库中的表述形容词常见且为人所熟知，而且往往是相对形成的，所以本文不再对它们进行进一步的详细探讨。

2. 表述形容词作为"回应评估话轮"中的唯一成分

虽然只有18%的表述形容词的形符充当应答性评价话轮，但它们在表述形容词的固化中占据了很大比例。看两个典型例子：

(23) A：所以，［最好］的就是要—
    B：［**对** =］
(24) Z：真正的登记失业率百分之三。
    MJ：**好，好，好**。感谢感谢！

本文将这些称为"应答标记"（response token）；我们认为它们是"固定表达"是因为它们出现在特定的（即固定的）互动位置：在一个起始表述之后或在"邻接对"（Schegloff, 2007）的前件之后，起到提供评价的作用（"对"和"好"），对另一位发话者的言论予以回应。

3. 两组表述形容词：78%以特定方式限定

语料库中表述形容词固化的另一个因素涉及其他某些成分与它们搭配的频率，它们共同形成固定表达。如表10所示，"漂亮"在语料库中总是限定的。

表10　　　　　　　　带"漂亮"的程度副词

好漂亮	好
很漂亮	很
很漂亮的	很
她很漂亮	很
也很漂亮	很
也蛮漂亮的	蛮
那么漂亮	那么
特漂亮	特
真漂亮	真

实际上，972个表述形容词中有407个（42%）与程度副词一起出现，其中最常用的是（括号内为频次）：很（90）、特别（53）、比较（43）、太（38）、挺（37）、好（18）、那么（13）。在语料中，起限定作用的其他副词还包括：还、都、又、全部、普遍。如：

（25）我觉得学校好像比外面**还**贵啊，

还有诸如"一点、点、些、一些、稍微"的量词。如：

（26）可能比工厂**稍微**贵**一点儿**。

在这一点上有一个问题，为什么78%的表述形容词是限定的？我们很快会回到这个点，下文（a4）中有一个相关的问题。

4. 更多的固化：这两种表述形容词，都有某一词项的特定构词模式

我们已经注意到大多数表述形容词在某种程度上都是限定的；其他的固化可以从特定的频繁组合中发展而来的构词模式的现象中观察到。

(a4a) 不同形容词与不同程度副词的搭配

尽管这样的例子在语料库中有很多，此处暂时只讨论其中的一个。表述形容词"好玩/好玩儿"原则上可以被许多程度副词修饰，但在编码语料库中，有4/5都是固定表达：

（27）**挺好玩的**

(a4b) 一些表述形容词常用否定形式或搭配否定语义韵律（Louw, 1993；Stubbs, 1995）

以"太"为例，在会话中，"太"倾向于与否定词项一起出现。因此，76%的"太"是否定义固定表达，如"太多"，而肯定义如"太好"则更为罕见，仅占所有情况的24%。

(a4c) 两个多用语词的案例研究："好"和"对"

作为表述形容词固化的最后例证，我们对这两个频繁出现的表述形容词进行较为详细的描述。如例（24），"好"可以单独使用，也可以作

为应答标记重复使用。正如 Biq（2004）所言，"好"还可以与不同的句末助词一起使用，形成固定表达式。Biq 指出，在许多涉及"好"的搭配中，如"还好"（吧、呀等），"好"已被"去范畴化"，不再是主要的词汇范畴。①

"对"是整个语料库中唯一出现了 1500 次以上的形容词，如表 11 所示（即表 3 中的相关行）。

表 11　　　　　　　　表 3 中"对"的所在行

等级	形符频率	类符
15	1598	对

"对"在编码样本语料库中出现 156 次。如表 12 所示，在近乎所有（152/156，或 97%）的情况中，"对"都被用作应答性评价话轮。②

表 12　　　　　　　　"对"在会话中的使用

"对"单独使用	81
"对"+助词（多数是"啊"）	56
A not A（对不对）	4
其他	1
总计	152

本文的语料证明了这些形符及其相关结构的固定话语标记的地位，并为进一步理解这些常见形式提供了语法化视角。

(a4e)"形容词+句末助词"发展为话语助词

修饰形容词可以与句末助词结合形成新的应答标记。"真的"就是一个例子，与之相关的所有六个例子都是这种形式。需要进一步指出的是，

---

① Biq（2004）指出："在这些短语/结构中，'好'从一个主要的词汇范畴（静态动词）去范畴化了，这些短语/结构被语法化为具有固定韵律或形态句法编码、习语意义和特定互动功能的处理单位。"

② Chui（2002）认为在对话中"对"已经被"程式化"为"话语助词"，本文的语料证实了她的观点。

"真的"可作为固定表达，而两个具有密切语义联系的双音节词语"真是""真正"并未在语料中用作应答标记。

有些形容词与不同的句末助词组合在一起可以形成不同的话语助词，具体如下：

(28) "好" +助词
好啊
好吧
好啦
好了

（注意：有些表达还可以和副词搭配，比如："也""还""很" + "好"。）

"对"和很多助词组合（如"对啊""对吧""这就对啦"，等等）也呈现出相似的模式。

本节研究显示了表述形容词的固化在汉语会话中的丰富性，这支持了本文的观点，即"形容词"词汇范畴的固化完全取决于该形容词在修饰与表述功能中的用法。

六 讨论与结论

正如之前对英语和日语的研究所预测的那样，本文的汉语会话语料显示，形容词词根作为表述形容词出现的比例很高（80%/20%），这一事实在一些小规模的基于用法的研究和基于直觉的推测中引起了争论（胡明扬，1995；沈家煊，1997；刘月华等，2004)[1]。那么，为什么表述形容词的比例如此之高呢？本文认为，人们在会话中主要使用表述形容词来评价他们周围的世界，包括应答标记在内的评价是人们协商立场、达成一致和统一观点的重要方式。正如 Thompson & Hopper（2001）所指

---

[1] 这些研究大多基于书面语料或直觉，其主张没有考虑到语域的区别，因此被理解为汉语的一般属性。

出的，在谈话中，人们往往不会过多地谈论事件本身，而是更多地谈论"从我们的角度看事情是怎样的"。作为社会互动的参与者，人们有很多与任务无关的谈话，这些谈话包括对环境和行为的评价、对人和环境特征的归因、对事态的描述以及对态度的揭示，等等。这说明表述形容词做出的评论可以反映日常使用语言的主观性，使我们能够表明身份，向他人传达我们是谁，表达我们的感受和态度，并与社交同伴核查我们对世界的看法。因此，本文认为，由于"在评价中表明立场"是人类一项重要的社会活动，所以人们更倾向于使用表述形容词。

如果情况确实如此，那么"修饰形容词"又是用于什么呢？根据Thompson（1988）的说法，它们被用来将新的参与者引入话语中，如（29a）和（29b）所示：

(29a) talking about shopping in the bookstore
S：hey, you got a **funny baggie**.
your baggie is better than mine
H：sure is

名词短语"funny baggie"在前面的谈话中未被提及，被S引入之后，这个新的指称对象在接下来的话轮中就被提到。因此，可以说这个 [ADJ + N] 的**组合**"funny baggie"的作用是在对话中**引入新的指称对象**。

(29b) talking about apartments
A：aren't those fabulous.
Tom Smith used to live there.
and he had **black – and – white – striped sheets** in his bedroom

上例中的 [ADJ + N] 组合也同样被用来在对话中引入一个新的指称对象。

汉语会话中也有修饰形容词用于引入新指称对象的情况。例如：

（30）讲述一位中国女演员在电影中扮演的角色

F2：uh 我听，

uh 昨天就听他们大概讲了一下，

F1：uh

F2：然后就觉得这这个——蒋雯丽就是一个——^女的

－uh

女篮的一个**优秀的**－队员，

F1：uh.

F2：很——很出色吧，

在指出了汉语会话中表述形容词比修饰形容词使用更频繁的理据后，我们回到之前的另一个问题：为什么78%的表述形容词是限定的？基于Goodwin & Goodwin（1992）和Pomerantz（1984）的研究，我们认为评价特别容易用在对话参与者之间激烈的互动立场的协商中，因此表述形容词在表达时往往不是简单形式，而是倾向于附加限定词来强调说话者的立场和观点。照此推理的另一个好处是：如果评价对人类互动这么重要，那么对于"形容词作为谓语并不是完全自由的"这一汉语语言学界由来已久的定论可以从互动的角度作出解释。具体而言，单音节形容词需要一个语义模糊的"虚化"副词才能使谓语表达得体，如"很"。汉语使用者认为单音节表述形容词太"弱"，不能很好地进行表达（Chui，2000；Lu，2008），因此往往会"引发"强化副词，这些副词会因单音节表述形容词的高频使用而被淡化。

本文希望说明，人们对日常汉语会话中表述形容词和修饰形容词的理解都涉及固化的诸多方面。语料显示了有限数量的形容词的高频使用，以及表述和修饰两种不同环境中不同模式的高频使用。

同时，汉语中修饰和表述形容词表现出不同的固化类型。对于修饰形容词而言，固化涉及频繁组合的词汇化组块［ADJ＋N］，而导致组块形成的重复在［ADJ＋N］组合的认知表征中起着重要作用；本文进一步提出，对［ADJ＋N］结构的理解必须以固化等级为基础，从"复合词"到"近复合词"，再到"常用搭配"。

另外，对于表述形容词的固化，包含几种特定谓语位置的模式：

a) 小句谓语中的表述形容词

—占所有表述形容词的 82%

—组合性更强

—通常出现在有主语或主语可还原的从句中

b) 应答性评价话轮中的唯一成分

—更固定

—通常没有主语

—占表述形容词形符的 18%

—占据了表述形容词固化的大部分情况

因此,本文希望表明,互动语料可以表现说话人对于"形容词"范畴的大量"心理状态",以及迄今为止未被研究的频率和正在进行的习惯组合的构词问题,对描述汉语会话中"形容词"的范畴至关重要。

参考文献

胡明扬:《现代汉语词类问题考察》,《中国语文》1995 年第 5 期。

李讷、安珊笛、张伯江:《从话语角度论证语气词"的"》,《中国语文》1998 年第 2 期。

刘月华、潘文娱、故华:《实用现代汉语语法》,外语教学与研究出版社 1983/2004 年版。

吕叔湘(又名吴之翰):《形容词使用情况的一个考察》,《中国语文》1965 年第 6 期。

吕叔湘、饶长溶:《试论非谓形容词》,《中国语文》1981 年第 2 期。

吕叔湘主编:《现代汉语八百词》,商务印书馆 1999 年版(第二版)。

沈家煊:《形容词句法功能的标记模式》,《中国语文》1997 年第 4 期。

张敏:《认知语言学与汉语名词短语》,中国社会科学出版社 1998 年版。

张国宪:《现代汉语形容词的典型特征》,《中国语文》2000 年第 5 期。

朱德熙:《现代汉语形容词研究》,《语言研究》1956 年第 1 期。

Barlow Michael & Suzanne Kemmer (eds.) *Usage – Based Models of Language.* Stanford: CSLI, 2002.

Bates Elizabeth & Judith C. Goodman, "On the emergence of grammar from the lexicon". In Brian MacWhinney (ed.) *The Emergence of Language.* Mahwah,

New Jersey: Lawrence Erlbaum, 1999.

Biq Yung – O, "From collocation to idiomatic expression : the grammaticalization of *hao* phrases/constructions in Mandarin Chinese". In Hongyin Tao (ed.) *Corpus, Language Use, and Grammar: Special Issue of the Journal of Chinese Language and Computing*, Vol. 14, No. 2, 2004, 73 – 95.

Bybee Joan & David Eddington, "A usage – based exemplar model approach to Spanish Verbs of 'becoming'". *Language*, Vol. 82, No. 2, 2006, 323 – 355.

Bybee Joan & Paul Hopper, "Introduction". In J. Bybee & P. Hopper (eds.) *Frequency and the Emergence of Linguistic Structure*, 1 – 24. Amsterdam & Philadelphia: John Benjamins, 2001.

Bybee Joan, "From usage to grammar: the mind's response to repetition". *Language*, Vol. 82, No. 4, 2006, 529 – 551.

Bybee Joan, "Mechanisms of change in grammaticization: the role of repetition". In Richard Janda & Brian Joseph (eds.) *Handbook of Historical Linguistics*, 602 – 623. Oxford: Blackwell, 2002a.

Bybee Joan, "Sequentiality as the basis of constituentstructure". In Talmy Givon & Bertram Malle (eds.) *The Evolution of Language from Pre – language*, 109 – 132. Amsterdam: Benjamins, 2002b.

Bybee Joan, "The emergent lexicon". *Chicago Linguistic Society*, Vol. 34, 1998, 421 – 435.

Bybee Joan, *Frequency of Use and the Organization of Language*. Oxford: Oxford University Press, 2007.

Bybee Joan, *Language, Usage and Cognition*. Cambridge: Cambridge University Press, 2010.

Chao Yuan – ren, *A Grammar of Spoken Chinese*. Berkeley: University of California Press, 1968.

Cheung Hung – nin Samuel, *A Practical Chinese Grammar*. Hong Kong: Chinese University Press, 1994.

Chui Kawai, "Morphologization of the degree adverb HEN". *Language and Linguistics*, Vol. 1, No. 1, 2000, 45 – 59.

Chui Kawai, "Ritualization in evolving pragmatic functions: a case study of

DUI". *Language and Linguistics*, Vol. 3, No. 4, 2002, 645 – 663.

Corrigan Roberta, Edith Moravcsik, Hamid Ouali & Kathleen Wheatley (eds.) *Formulaic Language*. Amsterdam: Benjamins, 2009.

De Francis John, *ABC Chinese – English Comprehensive Dictionary*. Honolulu: University of Hawai'i Press, 2003.

Englebretson Robert, "Genre and grammar: predicative and attributive adjectives in spoken English". *Berkeley Linguistic Society*, Vol. 23, No. 1, 1997, 411 – 421.

Erman Britt & Beatrice Warren, "The idiom principle and the open choice principle". *Text*, Vol. 20, No. 1, 2000, 29 – 62.

Feng Shengli, "Minimal word and its function in Mandarin Chinese". In Janet Zhiqun Xing (ed.) *Studies in Chinese Linguistics: Functional Approaches*. Hong Kong: Hong Kong University Press, 2009.

Ford Cecilia E. & Sandra A. Thompson, "Interactional units in conversation: syntactic, intonational, and pragmatic resources for the projection of turn completion". In Elinor Ochs, Emanuel A. Schegloff & Sandra A. Thompson (eds.) *Interaction and Grammar*, 135 – 184. Cambridge: Cambridge University Press, 1996.

Ford Cecilia E., Barbara A. Fox & Sandra A. Thompson, "Constituency and the grammar of turn increments". In Cecilia Ford, Barbara A. Fox & Sandra A. Thompson (eds) *The Language of Turn and Sequence*, 14 – 38. Oxford: Oxford University Press, 2002b.

Ford Cecilia E., Barbara A. Fox & Sandra A. Thompson, "Social interaction and grammar". In Michael Tomasello (ed.) *The New Psychology of Language: Cognitive and Functional Approaches to Language Structure*, 119 – 143. Mahwah, New Jersey: Lawrence Erlbaum, Vol. 2, 2002a.

Ford Cecilia E., *Grammar in Interaction: Adverbial Clauses in American English Conversations*. Cambridge: Cambridge University Press, 1993.

Fox Barbara A., "On the embodied nature of grammar: embodied being – in – the – world". In Joan Bybee & Michael Noonan (eds.) *Complex Sentences in Grammar and Discourse*, 79 – 100. Amsterdam: Benjamins, 2001.

Fox Barbara A., "The category 'S' in English conversation". In Werner Abraham, Talmy Givón & Sandra A. Thompson (eds.) *Discourse Grammar and Typology*, 153 – 178. Amsterdam: Benjamins, 1995.

Fox Barbara A., *Anaphora and the Structure of Discourse*. Cambridge: Cambridge University Press, 1987.

Fox Barbara A., Makoto Hayashi & Robert Jasperson, "A cross – linguistic study of syntax and repair". In Elinor Ochs, Emanuel A. Schegloff & Sandra A. Thompson (eds.) *Interaction and Grammar*, 185 – 237. Cambridge: Cambridge University Press, 1996.

Goodwin Charles & Marjorie H. Goodwin, "Assessments and the construction of context". In Charles Goodwin & Alessandro Duranti (eds.) *Rethinking Context: Language as an Interactive Phenomenon*, 147 – 190. Cambridge: Cambridge University Press, 1992.

Hakulinen Auli & Margret Selting (eds.) *Syntax and Lexis in Conversation*. Amsterdam: Benjamins, 2005.

Hopper Paul J. & Sandra A. Thompson, "Projectability and clause combining in interaction". In Laury Ritva (ed.) *Crosslinguistic Studies of Clause Combining: The Multifunctionality of Conjunctions*, 99 – 124. Amsterdam: John Benjamins, 2008.

Hopper Paul J., "Discourse and the category 'verb' in English". *Language and Communication*, Vol. 17, No. 2, 1997b, 93 – 102.

Hopper Paul J., "Dispersed verbal predicates in vernacular written narrative". In Akio Kamio (ed.) *Directions in Functional Linguistics*, 1 – 18. Amsterdam: Benjamins, 1997a.

Hopper Paul J., "Emergent grammar". In Michael Tomasello (ed.) *The New Psychology of Language: Cognitive and Functional Approaches to Language Structure*, 155 – 175. Mahwah, New Jersey: Lawrence Erlbaum, 1998.

Hopper Paul J., "Emergent grammar". *Berkeley Linguistic Society*, Vol. 13, 1987, 139 – 157.

Hopper Paul J., "The Openness of grammatical constructions". *Chicago Linguistic Society*, Vol. 40, No. 2, 2004, 239 – 256.

Li Charles N. & Sandra A. Thompson, *Mandarin Chinese: A Functional Reference Grammar*. Berkeley: University of California Press, 1981.

Louw Bill, "Irony in the text or insincerity in the writer? — The diagnostic potential of semantic prosodies". In Baker, Mona, Gill Francis & Elena Tognini - Bonelli (eds.) *Text and Technology: In Honour of John Sinclair*, 157 – 176. Amsterdam: Benjamins, 1993.

Lu Chien - Hui, "Intensifiers and Subjectification: evidence from Mandarin Chinese Intensifier 'Chao' in BBS postings". *9th Conference on Conceptual Structure, Discourse & Language (CSDL9)*, 2008.

Matthews Stephen & Virginia Yip, *Cantonese: A Comprehensive Grammar*. London: Routledge, 1994.

Ochs Elinor, Emanuel A. Schegloff & Sandra A. Thompson (eds.) *Interaction and Grammar*. Cambridge: Cambridge University Press, 1996.

Ono Tsuyoshi & Sandra A. Thompson, "Fixedness in Japanese adjectives in conversation: toward a new understanding of a lexical (part - of - speech) category". In Corrigan, Roberta, Edith Moravcsik, Hamid Ouali & Kathleen Wheatley (eds.) *Formulaic Language*, 117 – 145. Amsterdam: Benjamins, 2009.

Pawley Andrew & Frances H. Syder, "Two puzzles for linguistic theory: nativelike selection and nativelike fluency". In Jack C. Richards & Richard W. Schmidt (eds.) *Language and Communication*, 191 – 268. London: Longman, 1983.

Pomerantz Anita, "Agreeing and disagreeing with assessments: some features of preferred/dispreferred turn shapes". In J. Maxwell Atkinson & John Heritage (eds.) *Structures of Social Action*, 57 – 101. Cambridge: Cambridge University Press, 1984.

Poplack Shana, "The inherent variability of the French subjunctive". In Christiane Laeufer & Terrell A. Morgan (eds.) *Theoretical Analyses in Romance Linguistics*, 235 – 263. Amsterdam: Benjamins, 1992.

Schachter Paul, "Parts - of - speech systems". In Timothy Shopen (ed.) *Language Typology and Syntactic Description*, Vol. I, 3 – 61, Cambridge:

Cambridge University Press, 1985.

Schegloff Emanuel A. , *Sequence Organization in Interaction: A Primer in Conversation Analysis*, Vol. 1. Cambridge: Cambridge University Press, 2007.

Selting Margret & Elizabeth Couper - Kuhlen (eds.) *Studies in Interactional Linguistics.* Amsterdam: Benjamins, 2001.

Sinclair John, *Corpus, Concordance, Collocation.* Oxford: Oxford University Press, 1991.

Stubbs Michael, "Collocations and semantic profiles". *Functions of Language*, Vol. 2, No. 1, 1995, 23 -55.

Tao, Hongyin & Michael J. McCarthy, "Understanding non - restrictive which - clauses in spoken English, which is not an easy thing". *Language Sciences*, Vol. 23, 2001, 651 -677.

Thompson Sandra A. & Elizabeth Couper - Kuhlen, "The clause as a locus of grammar and interaction". *Discourse Studies*, Vol. 7, No. 4/5, 2005, 481 -505.

Thompson Sandra A. & Paul J. Hopper, "Transitivity, clause structure, and argument structure: evidence from conversation". In Bybee Joan L. & Paul J. Hopper (eds.) *Frequency and the Emergence of Linguistic Structure*, 27 -60. Amsterdam: Benjamins, 2001.

Thompson Sandra A. , "A discourse approach to the cross - linguistic category 'adjective' ". In John Hawkins (ed.) *Explanations for Language Universals*, 167 -185. Basil Blackwell. Also in Roberta Corrigan, Fred Eckman & Michael Noonan (eds.) *Linguistic Categorization* (1989), 245 - 265. Amsterdam: Benjamins, 1988.

Tomasello Michael, *Constructing a Language: A Usage - based Theory of Language Acquisition.* Cambridge, Massachusetts: Harvard University Press, 2003.

Wiedenhof Jeroen, *Meaning and Syntax in Spoken Mandarin.* Leiden: CNWS, 1995.

Wray Alison, *Formulaic Language and the Lexicon.* Cambridge: Cambridge University Press, 2002.

Wulff Stefanie, *Rethinking Idiomaticity: A Usage - based Approach.* London &

New York: Continuum, 2008.

Xiao Richard, Paul Rayson & Tony McEnery, *A Frequency Dictionary of Mandarin Chinese: Core Vocabulary for Learners. Routledge Frequency Dictionaries.* London / New York: Taylor & Francis Group, 2009.

Yip Po-Ching & Don Rimmington, *Chinese: An Essential Grammar.* London: Routledge, 1997.

Zhang Huaping, Qun. Liu, Hao. Zhang & Xue-Qi. Cheng, "Automatic recognition of Chinese unknown words based on role tagging". *In Proceedings of the 1st SIGHAN Workshop, COLING* -02, 71-77, Taipei, 2002.

Zipf George K., *The Psycho-biology of Language.* Boston: Houghton Mifflin Company, 1935.

从语言与社会的共变看当代汉语中
高及物性标记"到"的兴起[*]

一 引言

(一)及物性

在传统的西方语法中,及物性(transitivity)被理解为动词和它所在的小句的一个属性:带宾语的动词是及物动词,不带宾语的动词是不及物动词。Hopper & Thompson(1980)和 Thompson & Hopper(2001)对这种传统分类进行了扩充,强调及物性的话语维度(discourse dimension)和及物/不及物的离散性(non-discrete nature)。研究提出,及物性包含了一组统计学上显示出的共变关系性质,即高及物性的特征趋向于共现,低及物性的特征也是如此。此外,在叙事语篇(narrative discourse)中,Hopper & Thompson(1980)的研究显示,高及物性适用于表达前景化(foregrounding),有助于对主要事件的描述,而低及物性则与背景信息相关联,其作用主要是为事件线提供背景信息。

除对叙述结构的语言特征进行编码外,从事话语研究的语言学家还从社会和意识形态的角度对及物性进行了探讨。从人类学语言学(Duranti,1994)、批评话语分析(Fowler,1991、1996;Fowler et al.,1979)和语料库语言学(Stubbs,1996)等不同领域提出了许多建议,将及物性与社会现实和文化实践的维度联系起来。例如,Duranti(1994)提出:虽然

---
[*] 本文系与陈侃合作,原刊于 *Chinese Language and Discourse*, Vol. 5, No. 1, 2014, 25–52。

词汇性施事在萨摩亚语（Samoan）话语中很少是有标记的，但一旦有标记时，语境通常是赞扬或责备。此外，使用带有特定词汇性施事的及物从句的说话人往往是在萨摩亚群体中享有较高政治和社会地位的人。Duranti的结论是：施动性（agency）和及物性的表达与道德评价的背景以及某一社团内的社会关系密切相关。

在批评话语分析（CDA）的传统及相关领域，如系统功能语法（Systemic Functional Grammar）和基于语料库的社会语言学研究，有一个类似的"使用中的语言"观点，用于研究事件编码和语言意识形态（Fowler et al., 1979; Lee, 1992; Simpson, 1993）。这些观点认为，通过仔细分析文本，话语语言学家可以解释"语言是如何从不同的角度来与世界沟通并对世界进行表征的"（Stubbs, 1996: 128）。这种方法在许多方面与韩礼德的研究是一致的，韩礼德（1985/2004）证明了英语中及物、被动和不及物从句可以强化不同类型的因果关系；就具体化和（可选）施动者显性表达而言，类似名词化和被动化的相关语法过程具有不同的语义功能。在一项基于语料库的研究中，Stubbs（1996）调查了韩礼德提出的英语中所谓的作格动词（ergative verbs），并比较了两种不同的话语类型——地理和环境文本中施事者是如何表达知识和观点的。分析表明，具有明确特定施事者的及物从句更可能出现在有关环境问题的语篇中。例如：

(1) Young people moved away.
(2) Many migrated.

相比之下，包含作格动词的无施事从句（如以下例子）经常出现在地理教科书中。

(3) The area... lost population.
(4) The industries... closed.
(5) The population has increased slowly.

这一结论印证了韩礼德和批评话语分析支持者的观点，即：所有的语言用法都是对世界的表征进行编码，以不同的方式谈论同一件事总是可以实现的，不同句法模式的系统用法可以表达不同的观点（Stubbs，1996：130）。

就现代标准汉语而言，尽管大多数关于动词性词语的纯句法研究倾向于关注静态论元结构及相关模式，但社会语言学已越来越认识到新兴语言现象与近期巨大的社会经济变化之间的关系。例如，语言学研究在很大程度上反映了新闻界和大众的看法，即被动标记"被"的运用正在迅速扩大（刘斐、赵国军，2009；邢福义，2004），各新闻媒体甚至报道，"被"为"中国年度汉字"（新华社，2010 年 2 月 16 日）[1]、2010 年为"被动年"（NPR 新闻，2010 年 3 月 19 日）[2]、中国已经进入了"被动态时代"（中国数字时代4）[3] 等。事实上，现代标准汉语正处于爆炸性变革时代，这并不是什么新闻（参见 Liu & Tao，2011）。然而，关于可能导致这些变化的因素以及这些因素究竟是如何融入语言系统的问题，学界还缺乏系统的研究。在最近的一份分析报告中，我们可以看到过去十年服务领域的对话开始发生的变化（Sun，2012）。

本文描述了现代标准汉语中出现的高及物性标记"到"的句法语境，在这些语境中，"到"要么是非强制性的，要么是根本不需要的。我们认为，这种现象与下面这些因素有关：主要动词的语义特点、方言的影响，以及与中国当下消费主义相关的社会因素，并认为这是语言结构与社会变化共同演变的一个例子。

（二）到

"到"在汉语中是一个多功能的词素（lexeme），可用在多种句法语境中。它的基本用法是用作移位动词，意思是"到达"，如下例所示：

(6) 星期日人家全家到河边玩．

---

[1] http://news.xinhuanet.com/english2010/indepth/2010 - 02/16/c_13176690.htm．

[2] http://www.npr.org/templates/story/story.php? storyId = 124913011．

[3] http://chinadigitaltimes.net/2012/12/word - of - the - week - era - of - the - passive - tense/．

"到"的另一个用法是用作介词,表示时间或空间范围,如例(7)和例(8)所示。

(7) 到吃饭的时候
(8) 搬到床上

动词后面的"到"可以引入各种类型的动词补语或小句补语。例(9)就是一个从句用作补语的例子。

(9) 我能感觉到他的心和我的心一样咚咚地跳.

然而,在现代汉语中,"到"也可以更广泛地用于动词及其宾语之间,这种用法不符合上述对句法描述的情况。例如:

(10) 很高兴为您服务.请问有什么可以帮到您?(SE)①
(11) 我们传媒集团它是有户口的,就是我们可以给到我们员工.(TV)
(12) 那你为什么欣赏他,和你想成为他,他身上有哪些优点会吸引到你?(TV)
(13) 我觉得我们更多地关注到今天来求职的动机上.(TV)

根据汉语语法,上述情况都不需要"到",在"帮您""给我们员工""吸引你"和"我们更多地关注"中的动词都后跟直接宾语,所以按照传统的定义,"到"是及物性的。然而,每一种情况都可以省略"到",且不违背语法。

在汉语语言学文献中,之前关于"到"的研究大多集中在前面概述的标准汉语的基本用法上。只有少数研究涉及该语素在一些汉语方言中

---

① 本文中使用的语料来源标记如下:SE:服务领域;TV:真人秀节目;IN:网络语言。本文语料除另有说明外均来自 LCMC 语料库。此外,为节省篇幅,仅对文本的相关部分进行了逐词解释。

的扩展用法，该问题将在第六节进行讨论。

此处我们提出，"到"作为一种有标记的现象，添加在动词之后会提高从句的及物性程度。Hopper & Thompson（1980）提供了许多用来表征不同程度的及物性的因素，在高及物性的标记中，"施动性"（agency）是指施事执行动作的效力，其中高效力与更高的及物性相关；"受动性"（affectedness）是指宾语受影响的程度，受影响程度越高，及物性指数（Transitivity scale）越高。我们认为，在"到"的扩展用法中，往往同时通过主观地增加施事者效力，以及增强动词动作执行的有效力，来创造更高程度的及物性，从而增加在人际交流中的心理影响。正如Hopper & Thompson（1980）所分析的那样，由于我们处理的是对话语料，而不是关联事件持续存在的叙事语料，因此不能期望高及物性的所有特征都出现在每一个特定的感兴趣的话语中；尽管如此，在使用非强制性"到"的同时，仍然可以表现出诸如施事的高效力和宾语的高受动程度，或者动作或事件的强完成义等特征。我们认为，除方言影响等其他因素，这种扩展用法与当代中国的社会现实中重视身份构建的突出因素有很大关系。

二 语料和研究方法

到目前为止，我们发现"到"扩展用法出现最多的场景是服务领域、真人秀节目和网络上。

服务领域包括各种类型的客户服务，通常是电话互动。这一类型的典型对话是打电话给移动电话客服、旅行社、在线商品交易呼叫中心等。

电视真人秀节目在很大程度上要么是处理实际问题的，如求职和约会，要么是提供纯粹的娱乐，如当红人物参与舞台比赛等。有时，这些真人秀节目与服务领域相似，因为它们都涉及参与者通过操控他们的语言，并执行与假想工作相关的某些行为，来达到在电视节目中赢得评委的支持，从而获得可能的就业机会的目的。

互联网语言也用于多种目的，本文主要研究在线论坛、博客和新闻发布这几种情况。可能有人会提出异议，这种体裁与其他两种体裁不同，它是书面的而不是口头的，因此较少或完全是非实时的互动，但网络语言往往确实具有力求新颖、引人注目的特点。

为了说明上述"到"的"扩展用法"确实是一种新兴现象，我们试图将最新语料中观察到的扩展用法与兰卡斯特汉语语料库（Lancaster Corpus of Modern Chinese）中发现的早期用法的比例进行比较（LCMC；McEnery & Xiao, 2004），该语料库是20世纪90年代基于布朗家族语料库（Brown family corpus）设计原则而建立的一个有100万字汉语书面语语料库（Francis & Kucera, 1964）。应该承认所比较的语料类型有很大的差异，但由于缺乏不同时代的可比性语料，我们不得不在这方面采取折中的办法。

三　新用法描述

新兴用法的多种功能，大致可分为三个主要小类。对"V + 到 + O"结构中"到"的扩展用法的分类依据以下三个因素：主动词的形态句法特征、主动词的语义特征以及我们对"V + 到 + O"结构新用法的理解。显然，由于组合的不稳定性（fluid），我们设定的类别之间的某些边界似乎比较模糊。然而，这可能是语料特征造成的，而不一定是我们在方法上存在缺陷。根据前述标准，此处将扩展用法分为以下三种类型。

（一）类型 I：非强制用法

在这种类型中，"V + 到 + O"结构可能不会被认为是完全的新用法，因为这种组合已在其他地方使用过，但在这些语境中并不需要"到"。这些例子表明出现了一种公开使用"到"的新趋势，否则"到"并不是非用不可的。在我们的语料中，共有13个该类型的用例。

(14) 夏娇阳：大家有没有**发现**到，
薛凌一直在讲他家庭生活的困难，但薛凌始终在微笑．

(15) ...可能不是完全能**满足**到你自己的一个诉求．

(16) 陈默：但是我建议您不要骗人，像刚才马丁**说**到的，
哪怕是你在其他地方查到的资料，你可以想办法把它用真实的方式表述出来．（TV）

(17) 今天呢，就是我没有想到，自己就是会**进**到就是前一百强．(TV)

在例（14）中"发现"后面通常不跟"到"，因为它包含一个词素"现"，但是添加一个"到"也未尝不可。对于其他动词，"满足""说"和"进"，它们以往具有较低的及物性，"到"的加入表达了一种高视觉完成义或一种尽力确保"有效力的行为"义。

（二）类型Ⅱ：较新用法

在这一类别中，"V+到+O"以前很少出现，但现在开始被更广泛地接受。我们语料中有10个这样的例子。这些相对较新的用法似乎与下面将要讨论的特定词汇项有关。

1. 常见项是"入"构成的"V+入+到+O"结构

(18) 我在我们学校引入了有短信投票系统，
 …但是能把这些东西引入到我们学校，
 效果也是非常的好．(TV)
(19) 薛寒冰：我想找一个地方，真正地开始，把我以前的自己翻过去一页，然后呢，真正把我自己投入到这个地方全力以赴，谢谢．(TV)
(20) 我希望在实习期间向我的老板证明我的价值，
 然后**融**入到他这个企业当中．(TV)
(21) 54条就把这个人权非常明显地**写**入到了法条当中去．(TV)

"入"引出了"到"的使用，这一事实可以用前面提到的"到"表示方向的意义来解释。因为用"入"需要改变位置，所以用"到"指定运动的终点是很自然的。然而有趣的是，以"入"为中心的词项不一定表示具体的物理位置；它们通常仅表示半物理实体，如例（20）中所示（融入）企业中。同时我们还注意到，虽然隐喻性施事"54条"是无生命的，但"写入到"这一行为的"有效力"与"到"的使用密切相关。

同样有趣的是，例（18）中的替代形式，第一个没有"到"，第二个有"到"，反映了新用法的不稳定性。①

2. 具有抽象"到达"义的动词性词语

很多动词性词语似乎有这样一个特点，例如，"影响"可以看作一种从一个人传递到另一个人的抽象形式，"感染"也可以被视为一种情感传递的形式。尽管"到"蕴含的意义是抽象的（心理的或情感的），但已经是主动词中所固有的，所以不需要用"到"；然而，"到"的使用使得到达的意义更加明确，并增强了行动的"有效力"或某些心理过程的彻底性，例如由主动词表示的"考虑"，看下面一个例子。

（22）张绍刚：一定要**考虑**到职位自身的含金量以及你和那个职位的契合度．（TV）

（23）张绍刚：当你回答 Susan 的问题的时候，旁边有一个老板突然把手里的话筒举到了嘴边，你就立刻…?，他的这个动作立刻会**干扰**到你．（TV）

（24）刘同：你没有**感染**到我．（TV）

（25）陈默：这个举动不仅没有**影响**到这家药厂的销售，当然他有损失，但是没有**影响**到他未来的销售．（TV）

（26）田春雨：导师当初说每天会**接触**到很多新的东西，很有挑战的动作，然后就是每天都是做有挑战的事．（TV）

（27）赵彦彦：我在中间我学会了人生规划，包括我走到了这里，今天走到了这里，都是那次培训**起**到了一些作用．（TV）

（三）类型Ⅲ：高度创新的用法

这是"到"使用最明显，也是最出乎意料的一种用法，在这类情况中，"到"的省略反而使句子显得规范；然而，"到"的使用却传达了一种强烈的受动性、完成/达成义。语料中共有 12 个此类例子，包括以下 7 个：

---

① 我们感谢一位匿名评审向我们指出这一点。

(28) 宋思缘（白领，工作有近十年）：在企业面试的时候，答应给的薪资并没有**给**到．（TV）

(29) 刘惠璞：但是理性方面我能**帮助**到你．（TV）

(30) 王鹏：但是我正常**处理**到客户的时候，还是一样没办法．（TV）

(31) 李响：在舞台上尽量多的**征服**到我们的十八位行业先锋的支持和信任的话，

那么一百家知名企业的大门马上为你打开，随便选，工作都是你的了……（TV）

(32) 陈默：所以想看一下你在以前婚礼的这个执行的这个岗位上面**积累**到的一些经验能不能帮你操作更大的活动．（TV）

(33) 李凯歌：而刘同老师他**给**到的，可以是事业之前先期的爱情．（TV）

(34) 李响：我们的英国专场即将启动，我们将**去**到伦敦，把更优秀的求职者请到这个舞台上来．（TV）

一些更有说服力的例子包括例（29）和前面例（10）中也出现过的"帮助"，例（11）（28）和（33）中的"给"，以及例（12）中的"吸引"。这些动词中的每一个都涉及某种积极的语义内涵，也就是说，分句中提及或暗示的非施事者可以被视为行为的受益者。例如，在上文的例（11）中，从句"户口……可以给到我们员工"，员工作为被给予的宾语，是雇主保障的合法居住权（户口）的接受者。同样，当客服在例（10）中用"帮到您"表达提供帮助时，客户显然是客服提供帮助的受益者。

一个明显的反例是例（31），涉及动词"征服"。正常情况下，"征服"的宾语是受施事负面行为影响的受害者。然而，对该例的仔细分析表明，这个例子情况恰恰相反。该例中，征服行为的宾语是来自商界领袖的支持和信任。考虑到相关宾语（"支持和信任"）的积极内涵，在这个例子中受影响的是主语，"我们"显然是受益者。

综上所述，"到"的非强制用法经常出现在表达"给予"或"提供"（例如"帮助"）事件的小句中，这些小句都包含一个受益者，无论受益者是听话人还是第三方。这似乎表明，将"到"扩展到新的语境中往往与正面的交际语用动因有关，即说话者希望能够确保有效的、以目标为导向的行动的实现。在其他例子中可以发现"到"的扩展用法包括具有与"到"几乎相同含义的动词，如例（34）中的"去"。

四 小结

目前为止，我们已经讨论了处于演变中的"到"的三个类型：1）"非强制用法"，其使用频率有增加趋势。2）"较新用法"，其主动词中"到达、达到"的语义内涵有助于发挥"到"的语义。无论"到"的意义是具体的还是抽象的，"到"的使用从本质上表达了主动词隐含的意义成分。3）"高度创新"，在这个意义上，不存在需要使用"到"的固有语义特征。我们认为，这类创新是由互动语用学推动的，通常是典型的服务提供者希望表现出对提供有效行为保证的意愿。"到"的这些创新用法突出了听话人或第三方作为由说话人行为产生的积极行为或事件的受益人的地位，当"到"被创新地使用时，这通常以施事（说话人）所保证的成功完成或达到目标的形式实现。我们认为，尽管就创新度而言，三类新用法之间的界限有时可能是模糊的，但三类新用法之间的一般区别可以根据研究结果确定下来，即第一类创新最少，第三类最多，第二类介于两者之间。

下一节中将基于历时语料的对比提出这些创新用法确实是新兴现象这一观点。

五 与 LCMC 的比较

为了证明"V+到+O"作为一种创新句法结构地位的不断上升，本研究使用了兰卡斯特汉语语料库（LCMC；McEnery & Xiao, 2004），该语料库保存了20世纪90年代及更早时期的书面汉语语料。[①] 由于没有完备的现代汉语语料库可用来系统地检验"V+到+O"结构的状态，因此我

[①] 根据 McEngery & Xiao（2004），文本的确切日期是1991年的前后两年。

们决定依靠从现代语料中收集的例子作为与 LCMC 语料进行对比的间接证据。

统计结果见表1。如表1所示，在 LCMC 语料库中，大约有 1010 个"到"的用例。"到"在大多数用例中用作主要动作动词，如下所示。

(35) 一位带着北京经济学院校徽的大学生到了咨询台前，他很有礼貌地点了点头.

它也经常用作介词：

(36) 以后回到上海，在街道厂当工人，
到 30 多岁才结婚.

(37) 美国将把从南朝鲜撤军的人数降**到**最低限度.

"到"的另一个主要用法是作为"成功结果"动词后的助词：

(38) 普通老百姓能以高于国家牌价 1 倍的价格买**到**一台彩电已经算不错的了.

只有少数用例涉及扩展用法。这些用例大多包含"涉及"的使用，类似于3.2.1中"入"和3.1中"进"的例子，在主动词中有一种固有的到达义。有趣的是"涉及"的意义本身就包含一个表示"到达"含义的语素"及"。

因此，这里的"到"更像是一个强化意义的词而不是一个强制性标记。基于这个原因，我们认为整个结构是标准"V+O"结构的扩展，看下面一个例子：

(39) 大家眼里只有道教和佛教.
有些论著**涉及**历代的祭祀和丧礼.

除这类例子之外，在 20 世纪 90 年代的语料中，几乎没有现代"V+

到+O"结构的引申迹象。例如，在LCMC语料库中，没有"帮（助）到"或"给到"的用例，这两种形式在现代语料，尤其是口语语料中非常常见。截至目前，我们无法验证这些形式在20世纪90年代口语语料中的使用情况。表1显示了LCMC数据集中"到"的使用类型及频率分布。

表1　　　　　　"到"在LCMC语料库中的分布

使用类型	数量	比例（%）
主要动词	281	27.8
介词	545	54.0
补语标记	171	16.9
扩展用法	10	1.0
其他	3	0.3
总计	1010	100

此处的数据表明，在现代语篇的一些语体中越来越常见的"V+到+O"的结构类型在LCMC中是很少见的。我们注意到，相关的体裁类型（如电视节目）在LCMC语料库中没有得到很好地呈现（如果有的话）。尽管我们收集的现代汉语语料的数量不足以与LCMC的语料数量相匹配，也无法进行系统和直接的比较，但我们相信，这里给出的数字还是提供了一个有用的视角，表明在过去20年中"V+到+O"结构在汉语某些体裁中的地位不断上升。

六　讨论

与20世纪90年代的语料相比，我们的语料表明，"V+到+O"现象在很大程度上是20世纪末21世纪初的创新用法，这一点可以明显地从LCMC语料库中扩展用法的低百分比（0.3%）看出。总的变化是动词性词语的及物性增加，在这个意义上，之前较少明确表达的施事的影响或动词动作的受动性、完成和实现，通过"到"的使用变得更加明确。

我们假设这一结构的产生既有语言的内部因素，也有语言的外部因素。我们将在下面讨论这些因素。

（一）语言内部因素

就语言内部因素而言，正如我们在前面几节中所提示的，许多包含"到"的结构都具有"到达"的固有含义，既有物理运动（例如"引入""进/进入"），也有隐喻（心理/情感）运动，后者包括如"影响"和"感染"等动词。在 20 世纪 90 年代早期的语料中也可以看到"到达/达到"这个词的作用，另一个最显著的扩展用法是具有"到达"固有含义的词项"涉及"。

我们认为，这种主要动词具有固有的"到达"的含义扩展用法构成了"到"扩展用法的最自然的切入点，因为主动词和"到"之间没有意义冲突，"到"仅仅使这部分意义变得显化、扩大甚至升级［涉及＞涉及到］。随着"到"与越来越多的类似动词一起使用，它可能已经扩展到"到达"含义不太强烈的其他动词，或者甚至完全缺乏此含义的动词（例如"说"）。

还有明显的证据表明，"到"正在扩展到"V+（）+O"结构之外。例如，以下两个在互联网中发现的例子。

（40）首先王婷她问我的问题就跟**到**我的职业有关，我对她印象比较深刻．（IN）

（41）如果一个女生在一群人面前**对**到一个男生说：亏我还曾经喜欢过你……？（IN）

在这两种情况下，"到"都用在介词及其宾语之间。

除动词（V+O）和介词短语外，在"被"字句中也发现含有创新用法的"到"。

（42）A：你有没有**被融化**到？
　　　B：有，真的．（TV）

（43）看到布莱尔和 Chuck 结婚的时候真的有**被感动**到．（IN）

这种被动结构将"有"用作体标记，显示出南方方言影响的痕迹（Kubler, 1982; 郑良伟, 1990; Matthews & Yip, 2011）。下面我们来讨论一下方言影响的问题。

（二）区域方言中的"到"

正如我们在例（42）和例（43）中所看到的，一些区域方言，特别是南方方言，展现出一些与标准普通话中观察到的相似的模式。与汉语南方方言相联系的另一个例子如下：

（44）A：两位都向你介绍了自己，有打动到你吗？
　　　B：有.
　　　A：有**打动**到更多的是第一位还是第二位？（TV）

在例（44）中三次使用"有"作为体标记，这种用法广泛存在于南方汉语中，如台湾话、闽南语和粤语（Kubler, 1982; 郑良伟, 1990; Matthews & Yip, 2011）。然而，这并不是标准普通话的特点。

除南方方言和受闽南语影响的台湾话外，在一些区域性的北方方言研究中也有关于词项"到"各种类型的引申用法的描述。然而，由于这些描述通常缺乏细节，我们将在这里仅提及其中的几项研究。

喻遂生（1990）提到，在四川、重庆方言中，写为"倒"的词项可表示状态意义、完成意义和可能意义。① 这一用法用在动词和宾语之间。所用例子包括：

（45）动员**倒**一些人.
（46）没满七岁还是报**倒**名了.
（47）一个桶就装**倒**了二十斤油.

这些语料似乎与现代汉语中"到"的扩展用法具有广泛的可比性，因为它们可以被认为是"可能""完成"或达到的编码。

---

① 从引用的资料来看，不清楚"到"的不同用法是否有不同的语音形式。

常丹丹（2008）还指出，在南京方言中，"到"可以作为完成时标记，与高受动性或施事的高效力相关。

(48) 这阵子多亏**到**你，要不然我还不晓得忙到哪天去．（常丹丹，2008，例40）

杨琳（2006）也提到了"倒"的相似用例，在湖北襄樊（今襄阳），"倒"主要用作状态标记。然而，某些情况下，在"V + 到 + O"环境中使用"倒"有助于表现动作完成义、成就感或成功感。例如：

(49) 我听**倒**过这种声音．
(50) 我瞅**倒**过这本书了的．

我们认为，这些方言中所谓的完成标记和可能标记符合汉语中"到"的发展，因为事件的完成或结束（perfectivity or completion）也是 Hopper & Thompson（1980）意义上的高及物性的参数之一。方言的影响，特别是中国南方方言，对汉语中"到"的传播产生了一些影响。然而，我们假设，如果没有引起变化的外部因素，这种传播是不可能的。现在我们开始研究在促进这些变化方面发挥作用的社会因素。

（三）语言外部因素

我们认为，"到"延伸到具有"到达（成功）"含义的结构之外的语境，可以被认为是由社会经济因素和相关的文化实践等非语言因素促进的。具体而言，这一过程可以描述如下：从20世纪80年代末开始，随着经济在中国社会占据中心地位，商业竞争刺激了消费主义和商业意识形态的出现，并已占据主导地位。我们假设，这种改变推动了消费者友好型语言的使用。事实上，经济快速增长和市场经济被认为是推动价值观、意识形态和对消费主义态度变化的主导力量（Bao, 2008；Gerth, 2010）。在这样的环境下，对消费者的友好成为商业行为和语言变化背后的驱动力之一，在服务领域中最为直接。"到"的拓展用法可以看作是这种社会变化的结果之一。

我们可以收集来源不同的资料证明消费主义的兴起与语言行为变化之间的联系。例如，Sun（2012）指出：在过去10年中（20世纪90年代中期至2009年），中国电话客户服务的质量有了极大的提升。现在，服务电话的开场白包括采用机构性的、更精细化的表达方式，以及执行更多的互动任务（包括问候和互动中商业方的即时自我鉴定）。这种10年前不存在的现象表明，随着时间的推移，出现了全面提高客户服务质量的尝试。

另一个广为人知的例子是新称呼语的出现，如称消费者为"亲"，首先在在线零售巨头"淘宝网"使用，现在甚至扩展到了正式的书面语境，如大学录取通知书（李伟，2009；周旭、谭静怡，2009）。这种用法极具创新性，因为中国通常被描述为一个社交方面保守的社会，亲密的语言表达在公共领域通常被认为是不合适的。从这个角度来看，"V + 到 + O"表达的兴起并不令人惊讶，因为其中许多表达有助于最大限度地发挥口头交流对听话人或第三方的积极影响，并表现出友好感或服务热情。换句话说，说话人或写作者希望能够提供有效的服务。

初步调查进一步表明，这一高及物性标记可能起源于服务业，现在已被城市中受过良好教育的中产白领所接受，这个群体类似于10年或20年前美国社会舞台上的"雅皮士"群体：年轻化、城市化、专业化、向上流动的高收入者，享受着富裕的大城市生活方式（Zhang，2005）。媒体评论家注意到，相关电视节目的大多数参与者都受过高等教育或参加过一定程度的管理或客户服务培训（陈昊姝，2011）。此外，那些出现在电视真人脱口秀节目中，并使用互联网博客和论坛进行讨论的人往往是现代城市生活的积极参与者（陈昊姝，2011）。年青一代的消费者被视为中国和世界经济某些行业发展的驱动力（Gerth，2010）。我们认为他们也是我们正在见证的语言创新背后的驱动力。

时髦、新颖的语言运用是打造"新潮、高端"形象的重要途径（Liu & Tao，2009）。Zhang（2005）记录了北京"雅皮士"中，如何使用语音变异等语言手段来识别特定职业群体的成员。换句话说，我们正在见证的是，专业团体通过运用特殊的语言特征（语音、词汇和语法模式）来识别其成员，并被其他成员所识别。因此，我们认为，本文所讨论的高及物性标记也可以被视为一种身份标记，它产生于以服务为导向的互动语境中，是现代汉语话语的附属产物。我们推测，这种身份很可能是由受过高等教育，有时还接受过大量消费者服务培训的城市白领或中产阶级工作者所具备的。

  2013年3月录制的求职真人秀节目——《职来职往》中的一集可以说明这一点，主要人物符合刚刚概述的"雅皮士"的特点：受过教育、受过业务培训、拥有中产阶级的理想。在寻找电视主持人工作的节目中，参与者胡先生需要通过尝试向观众销售一些饮品来展示他的沟通技巧，以给舞台上的特邀嘉宾留下深刻印象，而这些嘉宾是能够为参赛者提供工作机会的大企业老板。

图1　电视节目现场

图2　例（51.a），问候

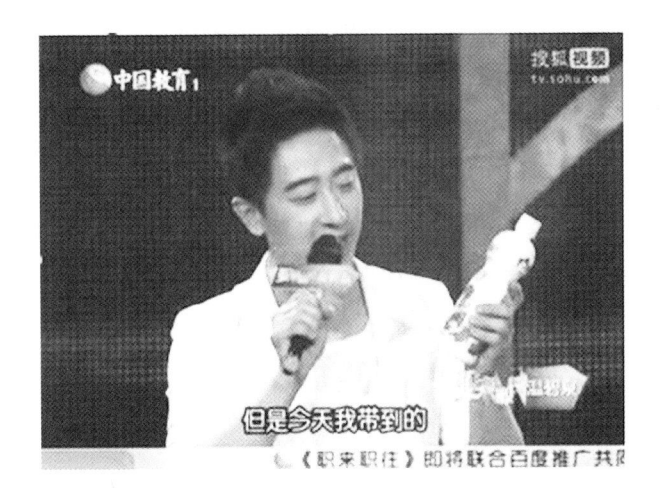

从语言与社会的共变看当代汉语中高及物性标记"到"的兴起　　109

图3　例（51. b），带来一个产品

有趣的是，在胡先生的推销前后，他回答问题并提供关于自己的背景信息时，没有使用"到"的扩展用法。然而，胡先生在向观众推销时却多次使用高及物性标记"到"。下面是他销售演讲部分的摘录。

(51) 胡延鹏（求职者，26 岁，毕业于韩国釜山新罗大学经济管理系，曾从事电视购物主持人工作，想找主持人工作）
Hello，大家好，依然是你的好朋友鹏鹏，在这里问候到电视机前的观众朋友们了（0：27：57）……大家都知道，…但是我今天带到的就是小洋人品牌的妙恋果粒多（0：44：40），而且…我个人的理解是，可能说话快的话，整个就是现场的气氛，包括到看电视人的气氛，都会感受到我是在跟人分享这款东西，不是在强买强卖的这种感觉.

在本集中，包含"到"的片段如下所示：

a) 问候到电视机前的观众朋友们
b) 我今天带到的就是小洋人品牌的妙恋果粒多
c) 包括到看电视人的气氛，都会感受到我是在跟人分享这款东西，这部分摘录有助于证明"到"的某些新用法与消费主义和作为产品供应者的自我展示密切相关。这一用法也可以被视为加强了中国当下有抱负的"雅皮士"身份的确立。

综上所述，本文的讨论和电视节目的片段表明，内部和外部因素都可能促成了"到"在现代汉语中的兴起。内部因素是一些主动词中"到达"的语义成分，外部因素是社会经济因素，如消费主义，它推动了对顾客或听话人友好型语言的发展，即隐含的"以目标为导向，向顾客提供有保证的服务"。此外，来自中国南方（尤其是香港和台湾）方言的可能方言影响为汉语的发展提供了肥沃的土壤，所有这些因素共同作用，促成了"到"作为高及物性标记的兴起。

七 关于汉代以前"V+于/於+O"结构中的"于/於"的几点说明

这一节，我们想简单地谈谈汉代以前的一种现象，这种现象让人联想到我们讨论现代汉语中"到"的用法。汉代以前的汉语中，语素"于/於"被描述为在动词后引入类宾论元（object like arguments）。例如：

(52) 胡不相畏？不畏于天！（诗经：小雅）

董秀芳（2006）指出，像下面这样的最小对立体（董文第5页，例[17]，[18]）在及物性方面有所不同：例（53a）中"于"介于动词和宾语之间的及物性低于宾语 NP 与动词相邻的例（53b）。

(53) a. 告于寡君（左传：襄公8年）
　　　b. 告唐惠侯（左传：宣公12年）

由于讨论的动词都是"及物动词"，因此，它们的直接宾语论元不会被标记，所以学者们长期以来一直在争论"于/於"在这里的作用。董秀芳（2006）认为，在这些语境中，"于/於"实际上引入了一个非宾附加语（non-object adjunct），更重要的是，她认为动词短语中的"于/於"

是 Hopper & Thompson（1980）意义上的低及物性标记。而董秀芳没有详细说明 Hopper & Thompson（1980）中可以应用于汉语用例的相关参数，因此很难判断其观点的有效性。① 关于汉代以前汉语中的"于/於"和现代汉语中的"到"，有趣的是：a）汉代以前汉语中的"于/於"和现代汉语中的"到"最初都包含"到达"的运动义；b）两者都可以用在及物动词和紧跟其后的名词之间；c）然而，这两个语素似乎有相反的功能：根据董秀芳（2006）的说法，"于/於"与低及物性相关，而我们认为"到"则标志着高及物性。我们认为，如果考虑到较多的因素，这种貌似矛盾的情况是可以解决的。

首先，本文和董秀芳的研究都表明，论元标记（argument-marking）并不是严格意义上的形态句法学和语义学问题；它通常与主观性有关，即说话人或写作者是如何看待事件的。说话人或写作者可以通过在汉代以前的汉语中使用标记语"于/於"来操控及物性标记，可以将语法宾语短语命名的实体视为直接受影响的实体或轻微受影响的实体。同样的原则也适用于"到"的用法，但是情形刚好相反，也就是说，"到"的出现（而非缺失）突出了动作的受动性、完成或成功。

董秀芳和其他学者的第二个重要的研究结果有助于解释这一明显的悖论，即在"V+O"结构中出现"于/於"，很大程度上是汉代以前的汉语现象，而且这一现象在公元后基本消失。正如董秀芳（2006）所指出的那样，一旦"于/於"不再具备及物性这一功能，那么，其他句法结构就会开始出现（例如，方位短语和其他介词短语会出现在动词前），而介词和其他形态句法标记则会取代多功能标记"于/於"。这种演化的具体机制可能需要更精细的研究，它告诉我们：i）汉语和其他所有现存语言一样不断在变化；ii）语言系统可以表现出相对剧烈的变化，正如我们从汉代以前到后来的汉语中所看到的那样。因此，像"到"这样的标记可以出现在与汉代以前汉语"V+（ ）+O"语境中的"于/於"相同

---

① 董秀芳认为动词和宾语之间出现"于"会降低小句的及物性，但此处并非在讨论该观点的价值。问题显然并不简单，这可能与 Hopper & Thompson（1980）的及物性参数中未包含宾语特征有关。（关于宾语标记及其与信息结构之间相互作用的更细致的分析，参见 Dalrymple & Nikolaeva［2011］）。

的句法环境中就不足为奇了。

最后，即使董秀芳的论断是正确的，即"于/於"在汉代以前汉语中标志低及物性，但鉴于汉代以前汉语和现代汉语之间的巨大差异，这也并不排除现代汉语中"到"是高及物性标记的可能性。

总之，汉代以前汉语和现代方言都为 Hopper & Thompson（1980）的独到见解提供了支持，即在语言中及物性是动词和小句的可变属性，同时，现代汉语的语料证明了及物性的动态性质——我们认为这一性质完全符合 Hopper & Thompson（1980）的观点。

八　结论

本文描述了最近在汉语普通话中出现的高及物性标记"到"，它在句法语境中要么是可选的，要么是完全不被期待的。为了更好地解释这一现象，我们假设语言结构反映社会变化是一种共同进化。中国在过去几十年中经历过并将继续经历快速的社会经济变化，人们将会对由传统媒体和新媒体的传播推动的语言创新习以为常，这一点可以从大量记录的"被"字句和其他结构的扩展用法中得到证明（Liu & Tao，2011）。此外，身份认同可能是创新句法结构使用广泛转换的一个重要原因。

本文大致研究了以下内容：1）在一些非标准方言中发现的"到"的用法；2）在汉代以前汉语中及物化"于/於"的用法，并将其与现代汉语中的"到"进行了比较，因为两者之间有许多相似之处。研究表明，一些方言用法与我们在普通话中看到的用法非常相似，这进一步支持了对动作或到达动词语法化为高及物性标记的观察结论。汉代以前汉语的语料表明，虽然"于/於"和"到"似乎与目标导向运动动词具有相同的基本含义，并且可以出现在相同的句法环境中，但它们在及物性标记方面有着相反的功能。这些事实表明，无论是从历史宏观角度还是历时的微观角度来看，汉语都在不断发展。

通过分析当代中国这样一个充满活力的社会中新兴的语言现象，可以帮助我们了解更多。将当代汉语与区域方言和早期汉语进行比较，也同样富有成效。

参考文献

常丹丹：《南京方言中的"到"》，《现代语文（语言研究版）》2008 年第 11 期。

陈昊姝：《职场真人秀〈职来职往〉节目成功要素探析》，《今传媒》2011 年第 6 期。

董秀芳：《古汉语中动名之间"于/於"的功能再认识》，《古汉语研究》2006 年第 2 期。

李伟：《网络之"亲"》，《语文建设》2009 年第 5 期。

刘斐、赵国军：《"被时代"的"被组合"》，《修辞学习》2009 年第 5 期。

邢福义：《承赐型"被"字句》，《语言研究》2004 年第 1 期。

杨琳：《湖北襄樊方言中的"倒"字》，《现代语文》2006 年第 7 期。

喻遂生：《重庆方言的"倒"和"起"》，《方言》1990 年第 3 期。

郑良伟：《词汇扩散理论在句法变化里的应用——兼谈台湾官话"有"字句的句法变化》，《语言教学与研究》1990 年第 1 期。

周旭、谭静怡：《网络传播词"亲"的语义再释》，《修辞学习》2009 年第 5 期。

Bao Yaming, "Shanghai weekly: globalization, consumerism, and shanghai popular culture". *Inter-asia Cultural Studies*, Vol. 9, 2008, 557–567.

Dalrymple Mary & Irina Nikolaeva, *Objects and Information Structure*. Cambridge: Cambridge University Press, 2011.

Duranti Alessandro, *From Grammar to Politics: Linguistic Anthropology in a Western Samoan Village*. Berkeley & Los Angeles: University of California Press, 1994.

Fowler Roger, "Critical linguistics". In Kirsten Malmkjaer (ed.) *The Linguistics Encyclopedia*, 89–93. London: Routledge, 1991.

Fowler Roger, Bob Hodge, Gunther Kress & Tony Trew, *Language and Control*. London: Routledge, 1979.

Fowler Roger, *Linguistic Criticism* (2nd ed.). Oxford: Oxford University Press, 1996.

Francis Winthrop Nelson & Henry Kučera, *A Standard Corpus of Present-day*

Edited American English, for Use with Digital Computers. Providence, Rhode Island: Department of Linguistics, Brown University, 1964.

Gerth Karl, *As China Goes, So Goes the World: How Chinese Consumers Are Transforming Everything*. New York: Hill & Wang, 2010.

Halliday Michael A. K. , *An Introduction to Functional Grammar*. London: Edward Arnold, 1985/2004.

Hopper Paul & Sandra A. Thompson, "Transitivity in grammar and discourse". *Language*, Vol. 56, 1980, 251 – 299.

Kubler Cornelius, "The influence of southern min on the mandarin of Taiwan". *Anthropological Linguistics*, Vol. 27, No. 2, 1982, 156 – 176.

Lee David, *Competing Discourses: Perspective and Ideology in Language*. London: Longman, 1992.

Liu Jin & Hongyin Tao (eds) *Chinese under Globalization: Emerging Trends in Language Use in China*. Singapore: World Scientific Publishing Company, 2011.

Liu Jin & Hongyin Tao, "Negotiating linguistic identities under globalization: language use in contemporary China". *Harvard Asia Pacific Review*, Vol. X, No. 1, 2009, 7 – 10.

Matthews Stephen & Virginia Yip, *Cantonese: A Comprehensive Grammar*. London & New York: Routledge, 2011.

McEnery Anthony & Zhonghua Xiao, "The lancaster corpus of Mandarin Chinese: a corpus for monolingual and contrastive language study". *Paper presented at the Fourth International Conference on Language Resources and Evaluation (LREC' 04)*, Lisbon, May 2004.

Simpson Paul, *Language, Ideology, and Point of View*. New York: Routledge, 1993.

Stubbs Michael, *Text and Corpus Analysis: Computer Assisted Studies of Language and Culture*. Oxford: Blackwell, 1996.

Sun Hao, "Openings of chinese telephone service encounters: a comparative analysis across time". *Chinese Language and Discourse*, Vol. 3, No. 2, 2012, 200 – 227.

Thompson Sandra A. & Paul J. Hopper, "Transitivity, clause structure, and argument structure: evidence from conversation". In Joan L. Bybee & Paul J. Hopper (eds.) *Frequency and the Emergence of Linguistic Structure*, 27 - 60. Amsterdam: John Benjamins, 2001.

Zhang Qing, "A Chinese yuppie in Beijing: phonological variation and the construction of a new professional identity". *Language in Society*, Vol. 34, No. 3, 2005, 431 - 466.

从"意愿""享受"到"惯常语气"

——以"爱"和"喜欢"的语法化为例[*]

一 前言

现代汉语中存在一系列表示意愿和享受义的词汇（如"喜欢""爱"），其中常见的有"偏爱""喜爱""好""爱好""喜好""喜欢""爱"等。不过本文的重点并非探究这些动词本身所表示的"喜欢"和"爱"的词汇语义，而是考察其所接补语、助词的语法属性，以及它们之间的关系。具体而言，本文将考察"爱"和"喜欢"由享受/意愿义演变为"惯常语气"的方式。与"喜欢"相比，这一过程主要体现在"爱"的词义转换上，之所以选择这两个词进行比较，不单是因为二者在诸多方面存在共性，还因为语料显示它们在该类词语中的使用频率最高。因此，二者是汉语语法系统中这一特定领域内最为值得关切的词。

从语法化的视角看，"爱"和"喜欢"的显著特征是：不仅可以后接常见的用于代表会话参与者的名词性宾语，还可后接动词性宾语或补语，这类似于英语中的"like/love + to 不定式"结构。

（1）F2：你**喜欢**看电影，

---

[*] 本文系与遠藤智子（Endo Tomoko）合作。原刊于 Xing Janet 主编 *Studies of Chinese Linguistics: Functional Approaches*，2009。

    F1：对。
（2）F2：外国人**爱**吃馒头？
    F1：包子馒头。
（3）王实味**喜欢**翻译，整日伏案写作，**喜欢**静，
    自己天生**爱**动，**喜欢**唱歌，两人兴趣不一致。

本文认为，虽然"爱"和"喜欢"都是表示类似意愿和享受意义的词语，且在诸多情况下可以互换，但与"喜欢"相比，"爱"在成为惯常体标记（即一种助动词形式）的发展过程中更为领先。本研究的结论支持 Chao（1968）将"爱"视为助动词的提议，但不认同 Chao 将"喜欢"也视作助动词的观点。本文最终的观点是，尽管"爱"和"喜欢"都有成为标记惯常体的助动词的趋势，但是较"喜欢"而言，"爱"在语法化过程中也更为领先。总体来说，本文间接支持了 De Smet & Cuyckens（2005）对英语中此类表达的研究，即"like/love + to 不定式"结构正处于发展成为惯常体标记的语法化过程中。总体而言，本文将为日渐增多的有关语法化和语言动态组织的研究（例如 Bybee，2001；Bybee et al.，1994；Bybee & Hopper，2001；Heine，1993；Kuteva，2001；Traugott & Dasher，2002；Hopper & Traugott，2003 等）作出贡献。

二 语料和方法

如上所述，本文将考察大量近义词中使用频率最高的两个词，其使用频率信息源自本文第二作者开发的汉语口语语料库，该语料库包括35组面对面会话，其中大部分会话发生在2—4名彼此熟悉的会话者之间。这些会话参与者是母语为中文的海外留学生，目前居住在洛杉矶，会话中均使用汉语普通话。该语料库共计344141个词语。

在本研究中，我们依据动词性宾语的传统定义对语料进行编码，即将小句中出现的动词"爱"或"喜欢"视为主要动词，将其后的谓词性成分视为宾语。如例（1）所示，动宾结构"看电影"为"喜欢"的动词性宾语。这类动词后的成分（post-verbal element）实际上与类似英语

等语言语法系统中的补语相对应;将此类动词后的成分称作宾语意味着论元结构中存在参与者,这似乎并不合理。然而,由于补语这一概念在汉语语法系统中并未被充分肯定(关于汉语补语的类似研究但持不同观点的文献,参见 Huang[2003]),所以,尽管处理为补语具有显著优点,但本文决定不采用"补语"这一术语。

仍需注意的是,本文所说的动词性宾语至少包含两个小类。一是简单形式的 VP,即该宾语包含一个简单的谓词性成分:不管之前所提及的 NP 指代什么,这些动词宾语要么是"光杆"动词,① 要么是"光杆"形容词,该类用例可参见上述例(1)和(3)中动词后的"(喜欢)翻译""(喜欢)静""(喜欢)唱歌""(爱)动";二是形式复杂的 VP:即"S+V+O 结构"(包括 SV 结构),或者"V+O"结构,例如上述例(1)和例(2)中的"(喜欢)看电影""(爱)吃馒头"。下文的例(4)和例(5)是 SVO 式结构,例(6)是 SV 结构。

(4) 不是。那我不**喜欢**…自己的小孩在自己的班。
(5) 小时候她专门**喜欢**人家男同志抱她。
(6) 球迷**爱**你装酷你就得装酷。②

例(4)中的小句"自己的小孩在自己的班"和例(5)"人家男同志抱她"就是 SVO(主谓宾)结构,二者都作动词"喜欢"的宾语。例(6)"你装酷"是 SV(主谓)结构。

本文从口语语料库的检索中得出以下频率信息:有 7 个表示意愿和享受义,且带动词性宾语(请注意:表 1 和表 2 不包括不带宾语的动词和带名词性宾语的动词)。

---

① V-O(动宾)结构(例如"唱歌")在此处被视作"光杆"动词,我们承认它内部的组成结构为"V-O"结构,因此将它们视作"光杆"动词存在争议。
② 如果把"装酷"视作"V-O"式的句法结构进行分析,宾语也可以视为处在"SVO"结构之中,但是考虑到本研究的目的,此处对它们存在的差异忽略不计。

表1　　　　　　　汉语会话中7个近义词的频率统计

	频次	比率（%）
喜欢	101	58
爱	72	42
爱好	0	—
喜爱	0	—
好	0	—
偏爱	0	—
喜好	0	—
总计	173	100

此外，对线上书面语语料库（即兰开斯特现代汉语语料库，LCMC，McEnery & Xiao，2004）的考察也证实了相似的分布模式。

表2　　　　　　　汉语书面语中7个近义词的频率统计

	频次	比率（%）
喜欢	79	47.3
爱	71	42.5
爱好	4	2.3
喜爱	6	3.5
好	5	2.9
偏爱	1	0.5
喜好	1	0.5
总计	167	100

除前两项"喜欢"和"爱"以外，其余的词在口语和书面语语料库中都十分罕见，因此，下文将重点关注会话语料中的"爱"和"喜欢"及其相关用法。[①]

[①] 书面语料库的比较本身就是一个较为有趣的研究项目。但是由于本文研究的主要方向在语法化上（在口语中能够最直接观察到的现象就是语法化），因此我们将把这个问题留到下一次解决。

为阐明"爱"和"喜欢"之间的差异，尤其是语法化视角下的差异，以下概念将作为本研究的出发点。首先，我们赞同 Hopper（1988、1998）等人浮现语法的观点，即语法作为一个系统，是语言使用模式常规化的产物。从这个角度来看，语法是由话语驱动且不断演变的，此观点引发的结果是：具有共同语义所指的语法成分因结构、语义和语用性质不同，其演变速度也会不同。由于语法始终处于不断变化的过程之中，相关但不同的语法实体以及单个语法实体模式之间必然存在重叠。语法化理论以"分层"（layering）和"分化"（divergence）的概念来描述这一语言事实（Hopper, 1991），也就是说，本义、引申义以及更抽象的意义能够在单个实体中共存（"分化"），意义相似的词可能会在功能领域中重叠（"分层"，Hopper, 1991：24；Lehmann, 1982［1995］；Heine、Claudi & Hunnemeyer, 1991；Hopper & Traugott, 2003）。在本文的例子中，"分化"与"爱"的用法有关，也在一定程度上涉及"喜欢"的使用，然而"分层"则与"爱"和"喜欢"两者之间的关系有关。

最后，详叙一下意愿和享受义与惯常语气之间的关系。Demet Smet & Cuyckens（2005：9-11）对英语相关现象的讨论对本研究也十分有用，即这种享受可视为"在执行动词补语指示的动作中寻找到满足感"，意愿义暗含"主语想要执行动词补语指示的动作"。最后，惯常语气与反复性（在某种情况下重复发生）及典型行为有关。在许多情况下，从享受义和意愿义中分离出来的惯常义较为明显，如例（7），两个"喜欢"就施事或主语而言都具备享受或意愿义。

（7）你**喜欢**吃什么，你不**喜欢**吃什么？

对惯常义的理解可以是可能的但不是肯定的：一些人喜欢吃东西，并不意味着他一直或在一段特定时间都在吃东西，或者说专门去吃东西。相比之下，在下例中，"爱"所表示的惯常语气要强烈得多。

（8）还怎么搞的，而且还挺**爱**生气，动不动-生气，

原因如下：一方面，我们能够看到主语"生气"的行为是具有普遍

性和典型性的事件（副词"动不动"的使用便能证明），因此，此处"爱"符合惯常语气特征。另一方面，我们不能将施事的"生气"理解为情愿的或快乐的，但我们依然承认语义分类的重叠是存在的，如例（9）所示。

(9) 那我妈又**爱**干净，不能说这么唬弄算了。

我们只能简单地将这句话理解为施事"想"（意愿义），"觉得做这件事很快乐"（享受义）和"典型地"（惯常语气）努力使身体保持整洁干净的状态，所以此处无法将"爱"语义的三个要素予以分离；因此这是一个典型的"分化"用例（Hopper，1991：24）。

本文表明，即使两个近义词在享受和意愿的基本义上极其相似，但在词汇语义、形态语法和语用特征上仍存在诸多差异，正是这种差异导致了不同的语法化模式，即与"喜欢"相比，"爱"在演变为惯常标记的过程中更为领先。汉语会话和语法语料的考察证实了这一论断，下文将对此进行详述。

三 相较于"喜欢"的"爱"的语法化依据

在证明"爱"语法化之前，要再次申明本文并不认为在这两个词以及它们的用法之间存在离散性界限，但在实际会话中，尤其是语法功能方面，它们确实存在初期语法化（这是 De Smet & Cuyckens ［2005］在研究英语时所提出的术语）趋势，其中"爱"的情况尤为突出。换言之，与"喜欢"相比，"爱"更为强烈地定型为抽象的语法标记——惯常语气助动词。

当然，这也引出与范畴化相关的另一个问题，即助动词与实义动词之间的差异。助词（或助动词）通常被认为是一种辅助性动词，其功能是辅助以主要动词为核心的整个谓语意义的表达。正如 Chao（1968：731）所言："助动词以其他动词或动词性表达而不是以实体名词为宾语。"Chao（1968）和 Li & Thompson（1981）都对汉语助动词的识别给出了具体的判别方法。Chao（1968：731—735）提出一些判别标准，

Li & Thompson（1981：172—174）对此进行了进一步阐释和修改，具体内容如下：

（a）助动词和普通动词都可以受否定副词"不"修饰，都可充当"A 不 A"疑问句中的 A 成分。

（b）助动词必须与动词表达共现。

（c）助动词通常不能受"很""更"等程度副词（程度词）的修饰。

（d）助动词不能被名词化（例如："*他是能的"其意为"他是能的人"）。

（e）助动词不能带直接宾语（例如："*他很能那件事"其意为"他很能胜任那份工作"）。

（f）助动词不能位于主语之前（例如："*能他做好那件事"是要表达"他能胜任那份工作"）。

由以上标准可知，无论是"爱"还是"喜欢"，都不能够像"能""应该"等一样被视为标准助动词。表 3 列出了典型助动词"能"与"爱、喜欢"之间的差异，其中差异部分用粗体显示。

表 3　　　　　典型助动词和非（典型）助动词之间的差别

	否定形式/ A 不 A	共现词/ 动词	受程度词 修饰	名词化核心	后接 直接宾语	位于 主语前
能	是	是	通常否	否	否	否
爱	是	是	**是**	**是**	**是**	否
喜欢	是	是	**是**	**是**	**是**	否

然而，有充足的证据表明，"爱"正在向助动词演化，而"爱"和"喜欢"与典型助动词的匹配程度有所不同。因此，我们认为 Chao（1968：738—739）将"爱"视为助动词有其合理性，但并不认同他将"喜欢"也视为助动词。下面将用一系列证据来说明本研究采取这一立场的原因。

（一）词汇语义

从词汇语义学角度来看，较"喜欢"而言，"爱"在表达意愿、爱好和享受等语义程度上级别更高，这一点应无争议。事实上，除了表达意愿、爱好和享受，"爱"还与情感，尤其是人与人之间的情感有关。毫无疑问，"喜欢"既能表达享受义，也能表达意愿义，但诚如上文所述，这些意义并不总能理解为重复性和典型性的行为。换言之，"喜欢"在很大程度上表示"乐意去做"或"喜欢去做"，但是并不能理解为"能够去做"，或者"通常这样做"，只有使用"爱"这类等语义程度更高的词才能表示重复发生或习惯性动作。基于这一差别，我们能够推断出"爱"及其相关表达更适合或更有可能表达行为的重复出现，并且也可能进一步演变为用以表示惯常语气语法范畴的标记。

在有关全世界各种语言语法范畴的研究文献中，"惯常性"一般被视为标记"通常在不同场合下重复出现"的事件的一种语法范畴（Bybee et al., 1944：127）；与之类似，Comrie（1976：27—28）也将"惯常性"定义为：[惯常性]描述的是一种具有长期特征的情况。这种长期特征不是即刻的偶然特性，确切地说，是整个时期的典型特征。

因此，可以推断：表示更高程度的意愿、享受（甚至情感）意义的词，与表示更低程度意义的近义词相比，更适合用于标记惯常语气。

（二）形态

从形态学的角度看，"爱"和"喜欢"具有不同的内部复杂性："喜欢"是并列结构的双音节动词，"爱"是最小语法形式的单音节动词。受经济原则的影响，在其他同等条件下，一个语法项通常更倾向于选择较短而非较长形式（Zipf, 1935 [1965]；Haiman, 1983；Bybee et al., 1994：19—20）。事实上，有关语法化的大量文献表明，语法化的最后阶段往往与之前冗长复杂形式的简化有关（例如，英语中"going to > gonna""want to > wanna"），因此，"爱"在这方面具备一些优势也就可以理解了。如果仅考虑经济原则，那么类似"好"（hào）（意为喜欢做某事）这样的简短形式也会成为竞争词，但至少在现代汉语中，"好"并未代替"爱"，在古代汉语中，像"好"这样的词语实际上是作为"爱"语法化进程中的竞争词出现的（关于这一点的进一步讨论，参见"历史表现及其多样性"一节）；在现代汉语中缺少像"好"这样的竞争词的主要原因在于，与"爱"相比，类似于"喜欢"一类的词在表达意愿和享受的语义范畴上程度较弱。因此，语义、形态和经济原则等因素可以帮助我们更好地了解为什么"爱"比其他词更具优势。

目前我们认为，词汇意义和形态结构都为"爱"演化成一个表示惯常语气的语法化标记提供了一定的优势，但仅凭这些因素显然还远远不足以造成这一趋势。例如，即使"爱"的概念具有表示较强的意愿和享受的内涵意义，这可以用来解释它的语法化，但英语中的情况却恰恰相反：相较于"love to""like to"更倾向于成为表示惯常语气的语法化标记（Desmet & Cuyckens，2005）。因此，有必要基于真实的会话语料作进一步研究，以更好地了解其语法表现和用法倾向。

四 "爱"和"喜欢"在会话中的句法表现
——与程度词及其他副词共现

本文开头提出了区分助动词与常规动词的常用标准之一是程度词，即表示程度或强度高低的副词（Quirk et al.，1985，参见表3）。因为"爱"和"喜欢"的基本属性是充当情感动词或心理动词，所以它们都可以被程度副词修饰就不足为奇。二者都可以自由地与程度副词连用，这就限制了它们充当典型助动词，但有趣的是，在实际会话交际中，虽然都可与程度副词搭配，但"爱"和"喜欢"在这方面的表现却并不相同。具体来说，口语语料库中有一种很强的规律性，即"爱"一般不和程度副词连用（从而使其更接近典型助动词），而"喜欢"普遍和程度副词搭配使用。下面是"爱"和"喜欢"搭配程度副词的例子：

(10) 我……大学的时候^**特**爱吃肉。
(11) 这的人**非=常**喜欢上理发店，
(12) 但我－我是是**比较**喜欢看穿得漂亮的人。

表4展示了这两个动词和程度副词共现时的搭配类型及频率。

如表 4 所示，这两个动词在与程度副词共现方面存在较大的差异，X^2 检验表现出显著的差异性，"程度副词 + 喜欢"与"程度副词 + 爱"总体上的比例是 2.75∶1。如果说，能否与程度副词的组合（更确切地说，是不能组合）是判断一个词是否是助动词的标准，那么根据此次调查结果，"爱"比"喜欢"更接近标准的助动词，当然，这也可能是因为在语义性质上"爱"比"喜欢"具备更强烈的情感意义（参见"词汇语义"一节），并不像"喜欢"那样需要程度副词的修饰，但是这种语义倾向并不妨碍"爱"可以与程度副词结合使用来加强或降低其表达的性质。因此，"爱"在会话交际中避免与程度副词搭配使用的倾向表明，较之于"喜欢"，"爱"与典型助动词具有更多共性。

表 4　　　　　　　"喜欢""爱"与程度副词的搭配统计

	喜欢	爱
特别	11	2
特	4	1
非常	1	0
比较	6	0
最	2	1
很	5	1
（不）太	1	2
挺	2	5
好	1	0
总计（比率）	33/101（33%）	12/72（17%）

注：$X^2 = 5.592$，d.f. $= 1$，$p \leqslant 0.025$。

表5 "喜欢""爱"与所有副词的搭配统计

	喜欢	爱
程度副词的累计出现频次/比率	33/101（33%）	12/72（17%）
老	1	2
尤其	2	0
当然	2	0
就	6	2
总是	1	0
都	4	3
一天到晚	1	0
肯定	1	1
一般	1	0
真不	1	0
专门	1	0
不怎么	0	1
可	0	2
动不动	0	1
其他副词的累计出现频次/比率	21/101（20%）	12/72（17%）
总计（百分比）	54/101（53%）	24/72（33%）

注：$X^2=6.881$，d.f.$=1$，$p\leqslant 0.01$。

事实上，与各种副词搭配的频率表明了它们这种用法较强的倾向性。表5列出了与这两个动词共现的所有副词的类型。

从表5可以看出，"喜欢"与副词搭配使用的比例为54%，而"爱"仅为33%，X^2检验显示出二者明显的差异性。因此，即使样本数量相对较少，有关状语的使用仍有一些有趣的模式有待考察。

五 常规的宾语类型

下面讨论"爱"和"喜欢"所带宾语的问题。直接宾语（例如简单名词）通常是谓语动词表示的行为事件的对象，所以常与规则动词搭配。但正如 Li & Thompson（1981）提出的观点，尽管多义情况（动词既带直接宾语又带动词宾语）可以出现和直接宾语进行搭配的情况，但典型的助动词不会和直接宾语搭配使用。该论断可以用来揭示"爱"和"喜欢"分别在多大程度上吸引体词性宾语和动词性宾语，从而进一步说明其助动词的地位。表6列出了这两个词语不同的搭配倾向。

表6 与"爱"和"喜欢"搭配的宾语类型

	爱 频率	比率（%）	喜欢 频次	比率（%）
NP	16	15.1	134	43.0
VP（所有类型）	72	67.9	101	32.3
其他类型（空宾语、单个名词、截断形式等）	18	17.0	77	24.7
总计	106	100	312	100

注：$X^2=43.33$，d.f.$=2$，$p\leqslant 0.001$。

此处，与NP和VP相关的组合统计表明：相对于"喜欢"，"爱"更近似典型的助动词。NP组合（常规动词的特点之一）方面，"喜欢"的频率为43%，而"爱"仅有15.1%。另外，在由"爱"构成的句法结构中，VP充当宾语（助动词的特征之一）的情况为67.9%，而"喜欢"仅为32.3%。X^2检验显示出显著的差异性。

大量具有说服力的修补（repair）用例可以说明这一情况。如例（13）所示，说话者以"爱+NP"结构（［我］爱篮球）开启会话，但在以复合词"篮球"结尾之前，他用动词"看"代替NP，进而形成了一个VO结构（"看篮球"）。

(13) 那我 –^我也不**爱篮** – 看**篮球**，

这证明"爱"后通常搭配VO结构，这是"爱"获得助动词语法地位强有力的依据。另外，即使能够和VP宾语组合，"喜欢"也更倾向于和NP直接宾语组合。例（14）中显示：在表达"学习的学科"（NP）还是"学习某学科"（V+NP）上，"喜欢"更倾向于选择前者。

(14) F:　　　他－他**不喜欢化学**还是怎么的，　　　　　（NP）
M1：　　　他不**喜欢化学**。　　　　　　　　　　　　　（NP）
　　　　　那个人－［可逗了。那个上了清华然后＝
M2：　　　［**不喜欢化学**－］　　　　　　　　　　　　（NP）
F：　　　　先上的清华，人^可聪明了，
　　　　　但是他就是－就不喜欢就是－就不干。
M2：　　　智商高
F：　　　　那他**喜欢啥**啊？@　　　　　　　　　　　（NP）
M1：　　　他就－出去喝酒，
F：　　　　他就**喜欢打游戏**？　　　　　　　　　　　（VP）
M1：　　　就这样，
F：　　　　m=^? 你那么**喜欢学英语**啊？不是吧。　（VP）
M1：　　　是啊？
F：　　　　m，特别**喜欢学英语**，然后就转过来　　（VP）

更有趣的是，不管第一个说话人说了什么，这种格式似乎会在相关序列的后续话轮中重复出现，前六个话轮（NP 重复）和后两个话轮（VP 重复）都属此类情况。换言之，在优先选择 NP 宾语还是 VP 宾语上，"喜欢"似乎没有规律可言。如果可以从数据中看出一点组合规律的话，可能是"喜欢"更倾向于与 NP 宾语组合，如例（14）所示：两者的总体比例为 43%：32%，大约是 4：3。

六　动词性宾语类型

考察完所有宾语类型之后，下面重点看一下动词性宾语。这一部分的数据结果也倾向于将"爱"视为助动词。上文第一节将动词性宾语分为两种类型，在简单 VP 类型中，宾语仅包含一个简单的谓词性成分——光杆动词或形容词；在复杂 VP 类型中，动词宾语是 SV（O）结构或 VO 结构。中心动词和简单动词宾语、复杂动词宾语之间的关系可以理解为：如果一个动词更加倾向于后接更短或更简单的动词性宾语，那么意味着动词和动宾之间的概念距离较短，初始（主要）动词更有可能在词汇意义上发生淡化,从而更有可能发生语法化(即转变为助动词,参考 Heine,1993;Kutava,2001),这也符合 Haiman(1983)所讨论的象似性原则。

有关"喜欢"搭配的长宾语或复杂宾语的例子,可参见示例(1)(2)(4)(5)(11)和(12)。以下将列举与"爱"搭配的短动词宾语或简单动词宾语的例句:

(15) 你爱吃个头啊,你**爱吃**你也不做,
(16) 然后我还是不**爱动** - @@
(17) 嗯,我们那个老师不**爱讲**,他基本上是光听,
(18) 学公路材料的出去以后特牛,
人家也**爱学**了吧,我觉得。
(19) 那你来这儿之后肯定会**爱看**了。

例(3)(8)和(9)中也有类似的情况,所有位于初始("主要")动词"爱"之后的动词都为简单的单音节动词。这些情况都可被认为"爱"在概念上和其后的动词很好地结合在一起使用,"爱"的词汇语义已经淡化了。本文的语料也进一步证明了这一点。

首先,在整合方面,较短的语法形式可以整体移位的事实能证明这一观点,正如例(15)所示,在前话语中首次出现了 VV 结构"爱吃"这一习语表达(参考下一章节的进一步论证),并且这一形式在后续话语中重复出现。

关于语义淡化,上例可以看到,"主要"动词并没有表达在类似人际交流语境中本应最为明显的主观情感意义,通过后续动词形式直接表达的未经任何修饰的行为动作很难看出主语的任何情感。这种情况与 Hoppe & Thompson(1980)讨论过的及物性假说(Transitivity Hypothesis)一致,该假说认为,除其他因素,宾语位置可操纵实体的存在或缺位,分别对应着小句及物性的高低。

表 7 列出了"爱"和"喜欢"这两个动词共现动词宾语类型的不同倾向。

鉴于语义的镜像性——由"爱"构成的结构中简单形式的动词性宾

语在数量上超过了复杂形式的动词性宾语（52.7%），由"喜欢"构成的结构中，复杂形式的动词性宾语却占据优势（73.3%）——X^2检验再次显示出显著的差异性，会话语料证明了"爱"比"喜欢"更接近助动词这一观点。

表7　　　　　　　　"爱""喜欢"结构中的动词性宾语

	爱		喜欢	
	频次	比率（%）	频次	比率（%）
简单形式的 VP	38	52.7	27	26.7
复杂形式的 VP	34	47.3	74	73.3
总计	72	100	101	100

注：$X^2 = 12.156$，d.f. $= 1$，$p \leqslant 0.001$。

本节所讨论的诸多句法属性皆证实了本文的观点，即相较于"喜欢"，"爱"更接近于典型助动词。这些句法特征包括：与程度副词搭配受限、倾向于后接动词性宾语（相对于名词性直接宾语而言），以及倾向于与简单形式的动词性宾语搭配。下文将探讨其他方面的依据。

七　习语表达

习语化现象与上文"动词性宾语类型"这一节中所讨论的简短形式的动词宾语现象紧密相关。使用频繁且概念高度整合的简短形式易于引发原本为主要动词的语义淡化现象（正如"动词性宾语类型"一节中所讨论的那样），从而引发整个表达转变为固定形式。同预料的一致，本研究语料显示习语化现象在"爱"构成的结构中十分普遍，在"喜欢"构成的结构中却较为罕见。

在"爱"后接动词性宾语的72个例子中，有9例（13%）属于某种习语表达。相比之下，与"喜欢"搭配的习语仅有3例。X^2检验显示出显著的差异性。

表 8　　　　　　　　　"爱""喜欢"结构中的习语表达

	样本量	比率（%）
爱	9/72	13
喜欢	3/101	3

注：$X^2 = 5.913$, d.f. $= 1$，$p \leq 0.025$。

虽然在"喜欢"结构中存在三个习语表达，但它们实际上是同一形式在连续话轮中的重复出现。

(20) F2：一天到晚**喜欢出风头**。
　　　F1：对，他比较**喜欢出风头**，
　　　F2：好 =**喜欢出风头**啊。

这里的"出风头"，表达"爱炫耀"，其字面意思是"表现得像风的头一样"，这是一个习语表达，其语法功能是充当"喜欢"的宾语。相比之下，在与"爱"搭配的结构中，习语表达的数量和类型更多。

一些例子显示出与所讨论的例（20）中"喜欢"相同类型的结构，即动词宾语本身就是习语。如例（21）中的"吹牛皮"，表达"夸耀，吹嘘"之意，其字面意思就是"将牛的皮吹破"；例（22）中的"卖弄"，表达"炫耀"之意，其字面意思就是"叫卖"。

(21) 给我上课那个老师太**爱吹牛皮**的，
　　　哪个是 = – 是 – 什么谁？
(22) F2：有点卖弄，太**爱卖弄**。
　　　F1：... 他 = 要卖弄的 – 就

其他例子有可能涉及非常规组合，其含义也可能无法从其构成成分的含义中推断出来。例如：

(23) 你**爱吃个头**啊，你爱吃你也不做，此例中，该组合的意义和字面意思"吃个头"毫不相关，整个表达其实是一个口语体的习语，为"搞什么鬼"之意。

语料中的许多习语表达是重叠结构，其语法形式和语法意义都具有非规约性。

（24）大家就是 - 大家就是 - 啥 - **谁爱研究什么研究什么，**

（25）不过这也挺好的嘛，**你爱研究** <@ 什么研究@ >，这也不挺好的

（26）一开始不收网络费吧，反正**你爱上就上**呗，

（27）**爱录就录**呗，（2.5）不用版权。随便。

在这些例子中，动词宾语中的一个核心成分会紧接着按照"爱 + V"结构的常规组合进行重叠，形成的这种非常规形式具有一种口头禅的意味，并成为表达"谁在乎，管它呢"的冷漠语气时的惯用表达。

最后，"爱"也可以出现在四字格中，如例（28），或出现在以四字格充当宾语时，如例（29）。四字格（即"成语"）是汉语词汇系统中的一种常用词汇类型，虽然部分成语比其他成语更为固定，但它们总体上具有形式上的高度固定性和语义上的习语化。

（28）M：系的人怎么都爱那样啊？
    F：**爱借不还**呀？

（29）要不我小时候就**爱乱画乱剪** = ，

由于习语通常会发生语义淡化并产生非规约意义，所以"爱"较之"喜欢"，与习语的搭配更积极，这是"爱"正处于助动词化过程中的有力证明。

八 时间层面

在上文"词汇语义"一节中，我们推测"爱"的词汇语义特征使"爱"更有利于表示行为重复发生的事件，因此"爱"更适合表达惯常语

气这一语法范畴。学界普遍认为,"惯常语气"作为一种语法范畴,通常用来标记"在不同的场合重复发生"的事件(Bybee et al.,1994:127),或者是"具有延长时间的特征……(和)作为整个阶段的典型特征"(Comrie,1976:27—28)。显然,惯常语气的要素就是可重复性和时间延长性。本文指出,"爱"作为新兴的惯常标记,通常和表示时间的延长的时间词语以及"爱"之后表示事件重复的动词表达搭配使用。

(一)时间/方式状语

正如"与程度副词以及其他副词共现"一节所述,"爱"通常不与程度副词搭配使用,一旦出现搭配使用时,这些副词就会表示时间的延长和动作的重复,语料中出现6个这样的时间副词("老"共2例;"都"共3例;"动不动"共1例),如下:

(30) 然后我**老**爱打她,
(31) 我以前篮球**都**不爱看。
(32) 是啊,我还**动不动**爱买那个食谱,

这些例子都说明了表惯常语气的"爱"与可搭配的时间表达之间存在着紧密联系。

(二)其他的时间表达

除简单的时间副词以外,其他类型的副词表达也常见于"爱"的结构中,这些结构表达了"爱"后动词宾语的时间延长性和事件重复性的各类特征。这样的时间表达可能表示特定时间段内某些动作或事件的重复发生。

(33) 研究生大-大-研究生-**大学的时候**特爱吃肉,
(34) F:我**小时候整天**爱跟鞠萍姐姐叠叠那个,
　　　M:几岁啊?
(35) **那个一星期有的时候**我有我不爱在学校存钢笔水,

最后一个例句非常有趣，因为虽然时间范围表达得相当模糊，但由于时间项目的重述（reformulation）和堆积（stacking），仍可表示"那个一星期"所定义的时间范围。

其他的时态表达可能表示特定的时间点。

（36）**一开始**不收网络费吧，反正你爱上就上呗，后来收网络费比较多。

（37）**以前**很爱看那种东西，可是现在 =

但有一点非常重要，那就是所表述的时点是相对的，比如"一开始"（与"后来"相对）和"以前"（与"现在"相对），它们指的仍是一段延长的时间段。

最后，有些例子中没有表达出时间范围，如下所示。

（38）**一般 = 情况下**没人爱看这种片子吧？

但是此处的状语（"一般情况下"，即表示"在所有情况下，一般来说"之意）也明确指出该事件具有普遍性，即相对而言具有永恒性。

如表 9 所示，虽然两种结构的差异过小而在统计上无法产生任何显著结果，但相比于"喜欢"的结构（9%）而言，前文讨论的时间表达更常见于"爱"的结构（18%）。

表9　　　　　　"爱""喜欢"与时间表达的搭配

	样本量	比率（%）
爱	13/72	18
喜欢	9/101	9

九　施动性弱化

最后讨论的依据涉及主句中施事或主语的语义特征。下文将揭示，在许多情况下，主语不再是真正的具有主观意愿，且能够执行谓语动词所表达行为动作的施事者，非属人主体的主语几乎不具有施动性。

(39) 估计**松鼠**也爱吃。
你还得种点儿**松鼠**不爱吃的。
(40) 好像……**它**爱吃咸＝的东西，它不爱吃甜＝。
(41) 他们有的人喜欢玩猫，
＜X **猫**爱干净 X＞，
狗不爱干净。

某些情况下，即使是指代无生命特征的植物名词也能够充当主语。

(42) **芦苇**是不是就最爱在…只能在水里长啊？

"喜欢"也存在这样的用法，不过较为罕见：

(43) 当然－**社会学**喜欢研究当代的社会问题，

语料库中"爱"的此类用法有 9 例，而"喜欢"仅有 1 例。X^2 检验显示出显著的差异性。

表 10　　　　　　　　　　施事弱化

	样本量	比率（%）
爱	9/72	13
喜欢	1/101	1

注：$X^2 = 10.339$, d.f. $= 1$, $p \leq 0.01$。

施事弱化（或者相反，即某些类型的主语升格）为正在发展中的"爱"的语法化进程提供了强有力的依据。也就是说，随着"爱"词汇意义的淡化，具备意愿性的施事不再是必备条件，这就促进了非属人主语的发展。这种现象也为 De Smet & Cuykens（2005）在现代英语中所观察到的语言现象提供了类似依据。在讨论英语"like + to 不定式"所表现的"惯常语义约束下施事性的弱化"这一语言现象时,De Smet & Cuykens (2005:27) 指出:"这个模式和 Heine (1993:54) 的去语义化(desemanticization)概念(主语不再与主观意愿或属人指称相联系)相关,也与 Quirk 等 (1985:126—127) 所提的'主语独立'的概念有关。"

十 总结

以上几节从词汇语义、形态结构、句法特征、习语化、时间性和施事性弱化等方面证明了"爱"在语法化进程中比"喜欢"更具优势。这些讨论大多以语言学界已普遍接受的观点为判断标准,但本研究的论据超出了传统框架,更重要的是,还采用了基于会话的定量分析方法进行了论证。

(一) 历史表现及其多样性

在结束讨论之前,简要介绍一下历史视角的研究成果。在汉语中,"爱"作为表示惯常语气的助动词,已有很长的历史。例如,Ota (1958 [1981]:201) 指出:"爱"和许多其他助动词以及充当状语的副词(包括"常""频""肯")具有共同的特征,这都有助于主要谓语动词语义的表达,而实际上却并未关注施事的主观意向。"爱"表达惯常语气这一用法,至少可以追溯至 8 世纪(中世纪早期的汉语),以下选自 Ota (1958 [1981]) 中的例子。(注:注释为笔者所加。)

(44) **爱**听松风且高卧(诗,作者李白,8 世纪)
(45) **爱**咏闲诗**好**听琴(诗,作者白居易,8 世纪至 9 世纪)
(46) 时时**爱**被翁婆怪,往往频遭伯叔嗔(《父母恩重经变文》,第 2418 页,8 世纪至 10 世纪)

请注意,例 (45) 中单音节词"好"(表"喜欢""乐意"之意)具有与"爱"相似的用法,在现代汉语中"好"仍然具有此类用法。但正如前文所述,其出现次数相当有限(在容量为 100 万字的 LCMC 语料库中，此类用例仅有5个；在口语语料库中则没有此类用例）。这或许是因为和"爱"相比，"好"在表示强烈的意愿和享受义方面欠缺语义优势。

有趣的是，例（46）明显表现了主体意愿和享受的丧失：施事不能够被理解为享受"被批评"或者"挨骂"。在对比"爱"与其他助动词内心意向和主观意愿丧失时，Ota（1958［1981］）认为"爱"和表示主观意愿的助动词"肯"经历了相同的语法化过程。Ota（1958［1981］）关于"肯"有这样的描述："不用说，古汉语中'肯'亦有此类用法，清初的北京话中，'肯'演化出表示'经常做……的'意义，这与施事的主观意愿完全无关。"

（47）春天凡有残疾人**肯**犯病。

"肯"在古汉语中作为表示主观意愿的助动词，在清代（前现代）汉语中用以表示惯常语气，这与中古汉语和现代汉语中的"爱"相似。根据Ota（1958［1981］）的观点可以推断，汉语历史上，"爱"的语法化进程在中世纪初期就已经开始了。有趣的是，即使过了一千多年，这一过程在现代汉语中似乎仍未完成。也就是说，"爱"表示主观意愿和内心情感的基本词义与其引申出来表示惯常语气的用法并存。

Lamare（2005）从方言变异的角度论证了汉语惯常范畴的演变。除"爱""喜欢"之外，Lamare提出了可以被视作惯常范畴中的其他词，如例（48）和例（49）中所示的"要"（表"想，需要"之意）和"会"（表"将，能够"之意）。（注：注释为笔者所加。）

（48）我小时候每天Ø/要/会/爱喝一瓶牛奶。
（49）这一带一到夏天就Ø/要/会/爱发洪水。

这些词汇与"爱"的不同之处就在于：要么语义较弱，要么缺乏表达（属人）施事主观意愿和内心情感程度的能力，而是侧重于表达客观事件的意外性或紧迫性。换言之，这些词汇之间具有明显的表达差异。如果这一推论合理的话，那么汉语中各类惯常标记就是出于不同的交际需要而存在的。

(二) 讨论和结论

本文论证了"爱"的语法化过程。该过程能够更准确地描述为由复杂的"V+VP"结构（或称为"主要动词+动词性补语"结构）向"助动词+主要动词性谓语"结构转变。处于初始 V 位置的可选词汇包括"爱"及其他至少六个近义词。然而，就在语料中的出现频率而言，"喜欢"最具优势。本文认为，使用"爱"而非"喜欢"的主要原因是"爱"的固有词汇意义和形态特征，这一语法化过程在汉语发展史上（从中古汉语开始）已经持续进行了将近两千年。

在助动词化的过程中，"爱"的语义淡化，在众多的用法中丧失了表示内心意愿、主观享受、个人感情的语义特征。"爱"助动词化的形态句法并不像其他规则动词一样后接 NP 直接宾语，而是更多地后接短小且简单的动词结构，在它和程度副词的分裂中也观察到同样的发展趋势。虽然经常与表示时间范围和时间长度的时间表达共现，是"爱"标记惯常语气功能增强的有力依据，但其语义变化最明显的是"爱"频繁和习语表达搭配，以及和非典型施事组合能力的增强。

正如 De Smet & Cuykens（2005：24）所言："由表达主观意愿/内心享受的词汇发展成为惯常标记并不罕见。"现代汉语与现代英语一样，都存在这种相似的语言现象，古代汉语中也有很多相似的例证。尽管这种演变过程仍在继续，词汇的功能和特征的重叠完全不可避免，但这种发展趋势是明确无误的。

本研究结果可概括如下：其一，汉语助动词系统中几乎所有成员源自某种动词形式。有研究提出，复杂的或连用的 VP 结构是发生语法化的基础（Xing, 2003），本文通过惯常标记演变的语料证实了复杂或连用 VP 结构的重要性。然而，本研究也强调"处于复杂的 VP 语境中"可能是语法化的必要条件却绝非充分条件。主要动词的性质以及所处语境才是语法化过程中的重要因素。其二，综合考察历史语料和当代会话语料，语法化过程可能比预期要长得多。以惯常标记"爱"为例，其语法化过程自两千年前延续至今，可以肯定的是，这种演化可能会持续相当长的一段时间。事实上，考虑到许多惯常标记词具有非常具体的语义属性，很难想象有一个真正普遍的标记词能够在不丧失一些语义或语用方面的细微差别的前提下表示笼统的惯常义。语法化过程中的长期性和灵活性问题以及相关影响因素都是饶有趣味的课题，其中仍有诸多问题有待探索。

最后，本文再次强调，动态语言观为我们解释为何汉语语法某个特定领域呈现出如此面貌提供了至关重要的理论基础。但将这些理论概念用于研究语言结构时，就必须从自然口语会话中寻求依据，并从多个角度来处理这些问题。

参考文献

Bybee Joan L. , *Phonology and Language Use*. Cambridge： Cambridge University Press，2001.

Bybee Joan L. & Paul. J. Hopper, *Frequency and the Emergence of Linguistic Structure*. Amsterdam/Philadelphia： John Benjamins，2001.

Bybee Joan L. , Revere Dale Perkins & William Pagliuca, *The Evolution of Grammar： Tense, Aspect and Modality in the Languages of the World*. Chicago： The University of Chicago Press，1994.

Chao Yuenren, *A Grammar of Spoken Chinese*. Berkeley： University of California Press，1968.

Comrie Bernard, *Aspect*. Cambridge： Cambridge University Press，1976.

De Smet Hendrik & Hubert Cuyckens, "Pragmatic strengthening and the meaning of complement constructions". *Journal of English Linguistics*, Vol. 33, No. 1, 2005, 3 – 34.

Haiman John, "Iconic and economic motivation". *Language*, Vol. 59, No. 4, 1983, 781 – 819.

Heine Bernd, *Auxiliaries： Cognitive Forces and Grammaticalization*. Oxford： Oxford University Press，1993.

Heine Bernd, Ulrike Claudi & Friederike Hünnemeyer, *Grammaticalization： A Conceptual Framework*. Chicago： University of Chicago Press，1991.

Hopper Paul J. , "Emergent grammar and the a priori grammar postulate". In Deborah Tannen (ed.) *Linguistics in Context*, 117 – 134. Norwood, New Jersey： Ablex, 1988.

Hopper Paul J. , "On some principles of grammaticalization". In Elizabeth Closs Traugott & Bernd Heine (eds.) *Approaches to Grammaticalization*, Vol. I, 17 –35. Amsterdam & Philadelphia: Benjamins, 1991.

Hopper Paul J. , "Emergent Grammar". In Michael Tomasello (ed.) *The New Psychology of Language: Cognitive and Functional Approaches to Language Structure*, 155 –175. Mahwah: Lawrence Erlbaum, 1998.

Hopper Paul J. & Sandra. A. Thompson, "Transitivity in grammar and discourse". *Language*, Vol. 56, 1980, 251 –299.

Hopper Paul J. & Elizabeth C. Traugott, *Grammaticalization. Second edition.* Cambridge: Cambridge University Press, 2003.

Huang Shuanfan, "Doubts about complementation: a functional analysis". *Language and Linguistics*, Vol. 4, No. 2, 2003, 429 –455.

Kuteva Tania, *Auxiliation: An Inquiry into the Nature of Grammaticalization.* Oxford: Oxford University Press, 2001.

Lamarre Christian, "Hànyǔ biǎodá guàncháng yú ǒufā dòngzuò de yǔyán xíngshì [The linguistic forms of habitual and sporadic expression in Chinese]". *Gendai Chuugokugo Kenkyuu* [*Contemporary Chinese study*], Vol. 7, 2005, 33 –49.

Lehmann Christian, *Thoughts on Grammaticalization.* Munich: Lincom Europa, 1982 [1995].

Li Charles N. & Sandra A. Thompson, *Mandarin Chinese: A Functional Reference Grammar.* Berkeley/Los Angeles: University of California Press, 1981.

McEnery Anthony & Zhonghua Xiao, "The lancaster corpus of Mandarin Chinese: a corpus for monolingual and contrastive language study". *Proceedings of the Fourth International Conference on Language Resources and Evaluation* (LREC) 2004, 1175 –1178. Lisbon, May 24 –30, 2004.

Ota Tatsuo, *Chuugokugo Rekishi Bunpoo* [Chinese Historical Grammar]. Tokyo: Hooyuu shoten, 1958 [1981].

Quirk Randolph, Sidney Greenbaum & Geoffrey Leech, *A Comprehensive Grammar of the English Language.* London: Longman, 1985.

Traugott Elizabeth Closs & Richard B. Dasher, *Regularity in Semantic*

Change. Cambridge: Cambridge University Press, 2002.

Xing Zhiqun, "Grammaticalization of verbs in Mandarin Chinese". *Journal of Chinese Linguistics*, Vol. 31, No. 1, 2003, 101 – 144.

Zipf George Kingsley, *The Psycho – biology of Language*. Cambridge, Massachusetts: MIT Press (first published by Houghton Mifflin, Boston, Massachusetts), 1935 [1965].

汉语会话中与"记得/忘记"等表达式相关的记忆争议及其社会互动功能[*]

一 引言

记忆（包括遗忘）是一个重要的认知过程，也是一种普遍存在的语言现象（许多语言中丰富多样的词汇表达和频繁的使用可以证明这一点，参见 Tao ［2001、2003］的英语个案研究）。人们对记忆的兴趣自古以来就有记载（Yates, 1966; Amberber, 2007），并已成为现代科学研究的一个日益重要的话题（Middleton & Edwards, 1990）。虽然很多学科研究过人类的记忆，但焦点似乎都集中在个人头脑中的记忆，特别是在自然社会环境之外（主要通过实验室实验、模拟和建模）考察的个人认知能力，这种方法在心理学和心理语言学等很多研究领域占据着主导地位，Middleton & Edwards（1990：1）将其恰当地称为"一心一意"（single-mind）研究。然而，在过去的几十年里，研究有了新的转变，产生了很多带来新启发的研究成果。话语心理学（discursive psychology）、会话分析（conversation analysis）、互动语言学（interactional linguistics）、语料库语言学（corpus linguistics）等都对记忆/回忆和语言的特点方面进行了重要的研究，这些将在下一节进行回顾。本文将重点研究话语互动中记忆的一种特殊现象——记忆争论，并分析其社会互动功能。大致来说，记忆争论是指不同的说话人或同一说话人在不同的话轮（turns）中，在回

---

[*] 本文原刊于 *Journal of Pragmatics*, Vol. 106, 2016, 184–202。

忆过去事件或经历时，在某些方面相互矛盾的对话片段。这些经历通常表现为：（a）一个说话人说记得某事，而另一个则说不记得；（b）说话人的记忆似乎是选择性的或相互矛盾的。首先要说明的是，谈论或参与有争论的记忆行为不一定是认知缺陷或记忆缺失造成的，而是因为记忆可以动态地、互动地表现出来，其确切的动机取决于说话人所处的交际环境中的人际目标。本文从互动语言学的角度考察了互动中一系列与记忆相关的表达，有助于对负面认知（negative epistemics）的理解。另外，由于语料来自汉语普通话，本研究还有助于扩大有关话语记忆研究的语言范围（Edwards et al.，1992）以及会话互动中的认识域和认识状态的研究（Heritage，2012）。

二 文献综述

如前所述，学界对记忆、认知、社会互动、文化和语言之间相互关系的研究兴趣由来已久。此外，在许多领域也有类似的趋势，都要求在研究记忆的社会互动方面以及在实际交际环境中的使用模式上作出更多努力。例如，在心理学中，与标准的认知心理学实践不同的是，话语心理学坚持将记忆和遗忘作为固有的社会活动来对待（Middleton & Edwards，1990：1）。话语心理学的研究者提倡"共同记忆"、纪念活动的社会实践、个体记忆的社会基础和背景、记忆与遗忘的修辞组织（rhetorical organization）、社会制度的记忆与遗忘，以及社会实践在我们生活中的延续等研究主题（Middleton & Edwards，1990）。正如 Billig（1997、2001：213）所指出的：记忆的过程可能是一个具有高度修辞性或有争议性的过程，因此记忆申述（memory-claim）可能会完成各种各样的互动过程。

话语心理学（discursive psychology，DP）既大量借鉴了常人方法论（Ethnomethodology，EM，Garfinkel，1967）的原则（该方法论强调完成日常活动的局部程序和过程）；又借鉴了会话分析（conversation analysis，CA）理论（该理论认为对话是人类社交活动产生的发源地），强调会话行为的有序性和互动产生的效果（参见 Sackset al.，1974；Goodwin，1981）。同时，会话分析领域开创性的研究集中在对认知获取、认知优先、认知责任的社会基础以及行为中知识的动态性等方面（Stivers et al.，2011；Heritage，2012）。更重要的是，会话分析（如 Goodwin，1987）的研究表明，一些经常被忽视的现象，例如遗忘（表现出不确定性或记忆缺失）也可以作为日常对话中的互动资源。Goodwin（1987）指出，说话者可以通过表达对相关事物的不确定性来凸显这一事物。更有趣的是，Goodwin 指出，遗忘还可以以多种方式重构正在进行的互动参与框架（例如，在索引诸如知道和不知道的听话人"话语身份"时）。常人方法论和会话分析的影响引发了多个应用领域的研究。正如 Muntigl 和 Choi（2010）的研究所表明的那样，遗忘的表现作用被认为是夫妇治疗中的一种认知资源，他们的研究指出，这种认知资源可以让说话人在治疗过程中实现避免问责、改变立场、追究责任、表现抗拒等目的。

鉴于人类记忆的广泛性和记忆通常以语言形式实现的事实（Chafe，1973、1994；Middleton & Edwards，1990；Edwards & Potter，1992），有关记忆和回忆的研究一直在语言学研究领域占据突出位置就不足为奇了（Pishwa，2006）。事实上，语言学领域已经出现了研究人类记忆的多种方法。一些研究讨论了记忆作为基本语义和文化概念的作用（参见 Wierzbicka，2007），同时，其他大多数研究则集中在"记得"和"忘记"类动词的句法上。例如，许多语法学家的研究兴趣是探索"记得"等动词的语义属性是否以及在多大程度上决定了它们的句法行为（特别是补语类型），这些分析多基于独立的句子（Van Valin & Wilkins，1993；Fanego，1996；Zalizniak，2007），或基于书面语料库的语料（Goddard，2007；Schalley & Kuhn，2007）。

以更强的互动性为导向的话语分析基于口语和书面语语料库的语料以及将互动特征识别为核心因素来解决当前语言研究的不足，这与话语心理学对心理学研究的促进有着相似的作用。例如，Tao（2001、2003）的研究表明，美式英语中"记得"和"忘记"表达的话语模式与语法学家在许多领域所描述的截然不同，具有很强的固化特征。基于用法的研究表明，虽然辨认这些动词句法模式很重要（Goddard，2007），但是对常见的话语模式的忽视将会错过这样一个事实，即许多话语模式实际上具有诸如获取注意和话轮管理等高度特定互动功能的语用负载形式（如 Tao，2003）。下面的例子说明了这一点，说话人在话轮开始时使用一个独立的记忆标记来吸引听话人的注意,而在话轮结束时使用一个更大的惯用语将话轮让渡给听者。

（1）委员会
GU：**Remember**, we did something earlier. We have a similar sentence. And we kind of softened it a bit.
I think we made an (Inaudible).
Jack, **do you remember**?（Tao,2003,例6）

本研究将继续探讨"记得"和"忘记或没记住"表达在会话语篇（discourse）中的使用问题。本文的研究重点是从汉语中探究记忆存在争议的例子,例如发话者（speaker）如何坚持认为记得某些东西,而受话者（recipient）却并不这么认为；说话者如何坚持记住某事而听话者不记得,或者相反的情况,以及说话者的记忆如何显得具有选择性或矛盾性。本研究将展示以辩论、扩充、修正、交替等形式在社会交际中经常出现争议性记忆,有助于解决目前语言学中缺乏与记忆消极认知有关的系统分析的问题。这里采用的基于形式的方法（如第3节所述）也为分析互动中有关记忆的内容提供了一个新的角度。最后,通过使用汉语语料,本文希望引入非西方语言语料可以为日益丰富的关于互动在理解认知相关语言现象中的作用作出贡献。

三 研究方法

（一）互动语言学

如上所述,虽然语义学（semantics）、语篇语用学（discourse pragmatics）和普通语言学（general linguistics）领域都不乏对语言中的记忆表达的研究,但很少有人分析与记忆相关的语言现象的互动功能（只有Laury & Helasvou [2016] 出现过对芬兰语会话中有关共同记忆的分析）。本文采用了互动语言学的方法,同时结合了会话分析浮现语法（Emergent Grammar, Hopper, 1988）的原理和方法。互动语言学假定话语和语法之间存在着一种密切的关系,语法似乎是从语言的反复使用中浮现出来的,语法是日常交际中的一种资源（Ford，1993；Ochs et al.，1996；Ford & Thompson，1996；Couper – Kuhlen & Selting，2001；Ford et al.，2002；Thompson，2002）。这意味着，以互动中的形式为出发点，将使我们能够观察到一系列在标准词汇或语法研究中可能无法同时观察到的语言现象。

（二）研究范围

目前的研究在许多方面不同于前两部分提到的一些以前的研究。

首先，与话语心理学（Edwards & Potter，1992；Edwards，2004）以及常人方法论和会话分析（Goodwin，1987）不同，本研究的重点是更长记忆和遗忘过程及其在社会互动中的作用。本研究有一个可从语言学角度定义的重点，即语言的显性词汇语法（lexico – grammatical）形式（汉语中相当于）"记得"和"忘记"在会话中使用。为对比说明本文所采取的不同方法，我们可以用 Edwards & Potter（1992：444—445）的英语用例进行简要说明，原作者将该例当作话语记忆的例子进行分析：

（2）外出后的家庭对话

Son： （to his sister）You were damaging my things weren't you?
　　　..I wish Katie wouldn't touch my metal spade.
Mother：Why not?
Son： It's dangerous for her.

该例中，说话者在讲述过去的事件时没有明显地使用"记得"和"忘记"的表达，根据定义将排除在我们的分析之外。

其次，在重点关注显性的"记得"或"忘记"表达的同时，我们只分析那些与记忆有关的争议的案例。争议的形式在词汇上表现为反义词（antonyms），在句法上表现为不同的对话者（interlocutors）（有时是同一说话者）相互对立的连续对话中的简短结构单元。我们注意到，汉语中虽然有"背"这样的书面形式，是"通过记忆来学习"的意思，但是我们将把分析限制在汉语对话中常见的无"背"形式，分析范围如表1所示。

表1   汉语有关"记忆"的词汇和句法单位

"记得"的词汇范围：

记：记、记得、记住、记着、有印象

"忘记"的词汇范围：

忘：忘、忘记、忘了

两种类型句式表达式的否定形式：

不记得、没印象、没忘（记）、记错、记不清楚

正如将在第4部分的摘录中说明的那样，除了上述两种对立的表达，争议表现的另一个特点是通过一系列的对话互动序列呈现出不同的记忆观点在时间上的反复的过程。这与一些研究存在差异，例如 Muntigl 和 Choi（2010）的研究重点是简单的对记忆（事件）的否认。下面的例子很能说明 Muntigl 和 Choi 的研究结论。

  （3）夫妻治疗

8 Ther：how uh ((clears throat)) (2.8) how'tcha go about resolving this.

9 Doug：I knew you were gonna ask tha：t.

10 →   I was thinking, geez **I don't remember** how we resolved it. (Ex. 1. b)

在例（3）中，最后一段是一个关于记忆的否定句。在谈及记忆问题之后，说话者停顿了一下，问他的妻子："你还记得吗？"实际上是把发言权让给了他的妻子，并认定她是知情的受话者。换句话说，这个例子中有一种不记得的情况，但没有因此引起争议。就本研究而言，像这样简单地表现出不记得是不够的，需要某种形式的争论序列。

关注语言形式以及某些形式的争论的一个好处是，它使我们能观察语言手段是如何用于互动并由互动塑造的。笔者认为，这一互动语言学视角是会话分析和话语心理学中研究中所谓基于行为的方法。这种方法似乎也与维特根斯坦等哲学家的观点产生了共鸣，他们认为意义就是

使用。正如维特根斯坦所说："人们无法猜测一个词是如何发挥作用的，除非从这个词的使用中了解它的用法。"（Wittgenstein, 1953: 340）有趣的是，维特根斯坦在他的《哲学研究》（*Philosophical Investigations*）中特别提到了"记忆"一类的词，比如："我们否认的是，内在过程向我们提供了'记忆'这个词的正确用法，但这种内在过程及其后果又阻碍了我们理解这个词原本的用法。"（Wittgenstein, 1953: 305）

论文的其余部分将重点调查诸如"记得"和"忘记"（以及它们的等价词）等词在实际话语行为中的使用情况，以及会话参与者的争议性记忆如何构成否定认知系统的一部分，等等。

（三）语料

本文语料来自面对面对话和电话情境下的各种汉语录音/视频会话。面对面的对话语料是由笔者和学生收集的，而电话对话则来自美国语料共建会所开发的 CallFriend 语料库（Canavan & Zipperlen, 1996）。本研究的目的是探讨互动中记忆争议模式的多样性，因此，我们的重点将放在记忆争议的类型而不是使用标记上。我们还将语料样本从较大的语料库中限制在 25 个对话上（18 个面对面的对话和 7 个电话对话，总计约 119014 个字）。这些样本语料是从多个华语地区使用者的广泛背景中挑选出来的，[①] 包括成人与成人之间以及成人与儿童之间的互动，语料中共有 114 个词语，其中包括"记/记得"60 个，"印象"16 个，"忘"38 个[②]，这些词语有 40 个（35%）被用于某些争议语境。接下来要分析的四种类型代表了在这组语料中发现的最明显的争议模式（或者是广义上所说的"功能"）。

四 对话中记忆争论的语境和作用

对语料的分析表明，虽然记忆争论可能会出现在对事实分歧的语境中，从潜在方面表达负面认知，但它却通常用于相当理想的社会互动活

[①] 这部分数据由邱新福收集。
[②] 注意这些数字包括了所有相关形式的肯定和否定情况。

动，而不一定用于表达冲突或对抗。也就是说，在日常对话中，记忆/遗忘表达有更广泛的社会互动功能，而不是像预期的那样简单地标记记忆状态或索引认知能力。总的来说，在我们的语料中有四种关于记忆争论的突出类型：对话者之间的争论；同一个人的选择性（或矛盾）记忆；成年人代替孩子会话的记忆争论；母子记忆争论。这里再次说明，由于本研究的重点是展示记忆可以被运用的方式，所以在接下来几个部分我们将只展示具有代表性的单个案例研究。

（一）对话者之间的记忆争议

例（4）涉及两个说话人对他们中的一个（M2）在来美国之前的英语教学经历展开的争论。其中，M1 和 F 是一对夫妻，M2 是第二位男性说话人，他们都是美国大学的研究生，（双方）住在附近的居民区。在参与对话录音的过程中，他们见过几次面，并意识到他们可能在中国有很多共同的经历，甚至可能以前见过面。对话中争议的焦点是，M2 在本科阶段是否曾在著名的英语培训学校（针对美国标准英语考试如托福和GRE 等）担任英语教师，M2 对此一直否认。

由于这段对话相当长，为了便于跟踪和理解，我们将其分成了几个部分。这个例子从 M1 向 M2 提出一个问题开始，询问他在中国的教学经历。他的陈述以一个相当引人注目的事实开始：一个年轻的大学生在一所著名的学校担任讲师。

(4) 三位在美国的中国研究生回忆他们来美国之前在中国的英语学习和教学经历

1　　M1：　　**上那个记得那时候上大课**[①]，
　　　　　　　有一个说 19 = 岁的一个北大的学生是 − −
　　　　　　　那是谁啊？不是你吗？

2　　F：　　　..@@@@

[①] 每个标点线大致表示 Chafe（1987、1994）和 Du Bois 等．(1993) 定义的语调单位。然而，在某些情况下，较长的行被分成多行。此外，行编号对应于说话者话轮。有关转录符号的完整列表，请参见附录一。

3　M2：　那是－－
4　M1：　**我有印象，我有印象**.
5　M2：　但我没在那儿上. 我在－－
6　M1：　19 岁的北大学生，他就是说在－－
7　M2：　那应该是－－我－我－－但是，
8　M1：　<@ 就是你！@ >！
9　M2：　但是我没上－－－
→　　　　**我不记得**我上过大课.
10　F：　@@@
11→ M1：　绝＝对上过. 这－－绝对**我不会记错**.
12　M2：　我在讲什么我都不知道，@@
13　F：　@@@

　　在 M1 进行初步询问后的交流中，M2 最初的反应是含混不清的（第 3 行）。然而，M1 以对事实重复的肯定陈述继续追问（"我有印象，我有印象"，在第 4 行），M2 对此直接否认（第 5 行）。在第 6 行，M1 不断提醒 M2 是年轻英语教师的确定事实，此时，M2 稍微让步，并承认了事情的可能性，但仍有迟疑（"那应该是我，但可能不是我"）。然而，M1 不给 M2 让步的机会，在第 8 行做出了另一个强有力的肯定陈述（"就是你"）。在 M1 不断施压来迫使 M2 承认这件事的情况下，M2 仍在试图反驳。此时 M2 诉诸记忆缺失：他不记得自己教过任何大课，尽管他暗示自己可能在那里教过（在第 9 行中，他说"我不记得我上过大课"）。但是 M1 再次通过重复的肯定（第 11 行"这绝对我不会记错"）来保证他对自己的记忆具有无可争议的准确性，M2 对此再次否认（第 12 行）。

　　在这几轮交流中，可以看到 M2 总体上要么表现出一种含混不清的态度，要么直接否认所发生的事情，与此同时，他通过不情愿地或有条件地承认发生的事情（教小型语言课程，而不是做大型讲座）表明他有让步的迹象。随着 M2 对部分事实的承认，M1 继续提供更多的详细情况来使 M2 更难否认这一事实。下面是紧跟在前面的对话之后的对话内容。

14	M1：	@@@19岁**我就记得**当时说
		19岁的一个北大，
15	M2：	当时是19岁．
16	M1：	北大的学生，然后就是说在＝－－在那边给我们上－－
17	M2：	当时不－－不小心给漏出去了这个事情，
		原来只－因为－－招聘的时候秘书知道，
		结果秘书一时口快就说得谁都知道了．@@@
18	F：	@@@，不－－那－－但是－－的确是很－－－
19	M1：	那－那－^那我听过你的课，@@@@
20	M2：	@@@@，
21	F：	哦＝＝
22	M1：	正儿八经的老师哦．

M1补充了细节后，M2在第17段最终做出让步并给出了关于这一经历的更多细节。M2讲述了他的年龄是如何泄露给学生和工作人员后，F和M1都发表了后续评论，表达了他们的钦佩之情。值得注意的是，在第19行和第22行，M1提到他一定上过M2的课，M2应该是他的老师。

M1总共使用了5次有关记忆的表达，而M2使用了1次有关记忆的表达外加一系列的句法否定来反驳M1描述的记忆的内容。现在的问题是，为什么发话者（M1）不遗余力地提出和反驳理应在M2知识领域（Heritage，2012）中的某些东西，为什么M2坚决否认这些被认为是积极的经历？此外，虽然争论已经进行了几轮，而对话双方持续的笑声（以@表示）可以证明他们之间似乎没有察觉到任何敌意，这又是何原因？

为了解答这个疑惑，我们认为应在讨论中引入两种文化观念。一是作为教师有一种备受尊敬的社会特质，正如中国有句俗话说，"一日为师，终身为父"。孔子还有著名的"师道尊严"言论。换句话说，把某人认作老师就是表达了高度的尊重。事实上，"老师"一词包含着崇高的敬意，正如You（2014）所指出的，它已成为一个适用于"各行各业"的通用术语，这是当代中国一个值得注意的社会语言学现象。

第二个有助于理解当前问题的文化观念是"谦逊"，这是中国文化中一种被高度重视的美德。Gu（1990）在研究汉语礼貌方式时，确定了中国人的贬己尊人准则（Self - denigration Maxim），其中包括两个分准则：a) 贬低自我；b) 赞扬他人。从这个角度来看，M1 对记忆真相的追问可以视为对第二条子准则的遵循，即可以提升 M2 的地位，因为如果记忆是真实的，那么 M2 将被认定为是值得 M1 所尊重的人。相比之下，M2 的反驳和持续否认可以视为遵循第一条子准则：试图阻止自我地位被提升以赢得更多尊重。这就解释了为什么在这个例子中，关于记忆内容真相的持续争论不但没有被（对话双方）理解为敌意，反而常常引发笑声。事实上，完全相同的论点并没有在 22 行结束；它在另外 20 个对话者的话轮中也在继续出现，为节省篇幅，此处省略。

然而，关键的问题是，如何才能确定以下两点：1）上述所谓的礼貌准则是参与者共同遵守的；2）互动双方的动机不是出于礼貌准则之外的其他原因（例如，出于隐私的原因透露或隐瞒 M2 的年龄）。答案在于上述解释得到了互动双方自身行为的证实，刚才提到的持续笑声和 M1 在第 22 行中的肯定性陈述（"正儿八经的老师哦"）表明主要的分歧在于是否可以将 M2 确定为 M1 的老师，而不是 M1 的年龄或其他事情。更有趣的是，在该对话的最后，M1 的女朋友 F 对两名男性参与者说：

43　　F：　　有意思．你们两个别－－
　　　　　　不要在这里拉关系了．
44　　M2：　　@ @ @ @ @
45　　F：　　把我落在这里了．

F 将 M1 和 M2 的"争议"称为"拉关系"，这确实是对整个对话部分争议本质的一个简要概括，表明该争议确实旨在对话参与者之间形成一个积极的（M1 方面）和恰当的（M2 方面）社会关系。该对话中，M2（第44 行）对这一明确特征的一连串的笑声可以视为他表示认同的标志。

（二）同一个人选择性（或矛盾）的记忆

在我们的语料中发现的第二个显著模式为同一说话人的矛盾行为，如下例所示。这段对话发生在说话人 Cali 在美国留学休假期间去北京看望她的父母时，会话发生时她的母亲正陪她去拜访住在同一栋公寓的邻居（分别是 HU 和 WF）。拜访期间，他们走到邻居家起居室的一架钢琴前，话题由此转移到弹钢琴上。

（5）母亲和女儿拜访同一栋楼的邻居

1　MOM：　…Cali 一会儿给我们弹一个？
2　CALI：　..（ ）**我都忘了**！
　　　　　我都好久了．
3　WF：　…对，Cali 她会弹，哈．
4　HU：　（0）对．
5　CALI：　［我以前学电子琴．］
6　HU：　［＜X 电子琴．X＞］
7　WF：　［＜X 电子琴，哈？X＞］
8　CALI：　（0）我记得那个时候弹，
　　　　　左手和弦．

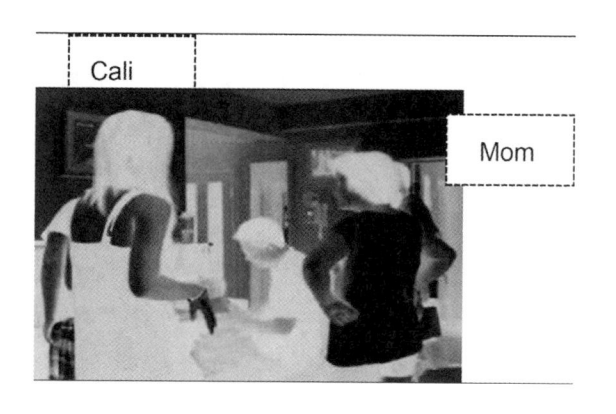

9　MOM：　嗯．
10　CALI：　（0）就是三个按下去就行了．
　　　　　［＜X 这也可能．X＞］
11　MOM：　..我就这么弹的．
12　WF：　…（ ）差不多．
13　MOM：　..就一个右手．
14　WF：　…嗯

15 MOM： …（ ）好，一会儿我们弹一个．
16 CALI： （（走上前弹钢琴））

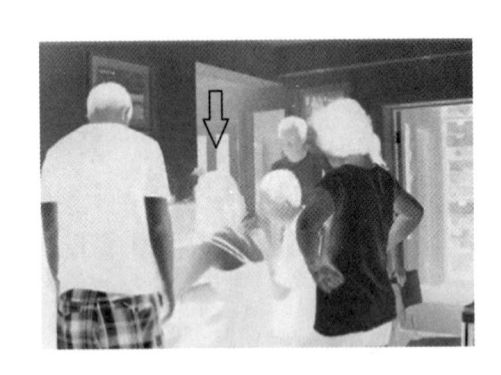

在这段对话中，与前面的例子不同的是，关于记忆的争议不是通过两个说话者之间话轮不断转换来实现的，而主要是在同一说话人不同的话轮中出现以及间接地与其他会话者对话实现的。首先，当 Cali 的妈妈让 Cali 在大家面前弹钢琴时，这让 Cali 处于一个相当矛盾的境地，这可能有其他原因，但是至少有一个原因是如她所说的，她已经很长一段时间没有练习过弹奏钢琴了；另一个原因是，如果她听从妈妈的建议，而且真的能弹得不错的话，似乎像是在邻居面前炫耀她的技能。换句话说，Cali 在这里面临着既需要服从母亲的要求，又不能显得炫耀自己的矛盾。然而，无论是哪种情况，直接拒绝弹奏是一种不被其他会话参与者所接受的反应，需要一些互动行为来缓和。拒绝弹奏之所以不受期待主要与她母亲的面子有关，因为尤其是在公共场合拒绝母亲，是不太可能被在场的人所认可的。

Cali 的解决办法是策略性地利用她的记忆或表明她的记忆状态。在第 2 行，她说自己完全不记得怎么弹了，因为已经好久没弹过了（"我都忘了，我都好久了"）。这样，她就可以婉拒母亲的催促。但是在第 3—4 行，邻居们说现在想起来 Cali 以前确实会弹钢琴，并和她母亲一起敦促她试一试——这样可能是为了表达对她才华的称赞。面对来自母亲和邻居的额外压力，Cali 将之前有关记忆的表达转移到要求较低吸引力也较低的电子琴上，她说学过弹电子琴（第 5 行），记得弹电子琴时的简单动作,如左手和弦(第8行"我记得那个时候弹左手和弦")。为了强调电子琴弹奏起来比较简单且手指容易移动,她解释说只需要同时按三个键(第10行),她的母亲抓住这个机会认可Cali的描述是正确的,并再次敦促她做一个示范。Cali这个时候听从母亲的提议,走到钢琴前弹奏了一小段音乐,满足了母亲和邻居们的要求,同时又没有将她自己置于对钢琴很熟悉或者完全不能弹奏的尴尬境地。

该例中,Cali使用了一种选择性记忆描述策略,说自己对高难度的技能(弹奏钢琴)并不熟悉,但是了解低难度(弹电子琴)的技能。这一策略似乎很好地解决了她在特定环境下面临的由母亲和邻居所施加的实际困境。

在讨论了不同说话人和同一说话人记忆不一致的情况后,将继续讨论下面两种截然不同的模式,即有关成人与儿童之间的互动。

(三) 成年人代表孩子的记忆争论

首先,我们会看到,成年人可以通过在孩子身边和彼此之间玩记忆游戏,试图向孩子灌输文化价值观。下面这段会话内容的背景是在海外的叔叔和他妹妹(或姐姐的孩子的母亲)之间的电话对话。汉语中有一套详尽的亲属称谓系统,用于称谓不同类型的亲属关系。母亲的兄弟被称为"舅舅",是"舅"的一种重叠形式,意思有别于父亲的兄弟称呼"叔叔",但在英语等语言中没有这种表达区别。然而,这种复杂的亲属称谓系统是要让孩子们知道如何通过尽可能使用适当的亲属称谓来表达对老人、长辈、上级的尊重(Liu, 1981)。需要注意的是,在这个特殊例子中,舅舅一直在美国生活,而且孩子还很小,因此舅舅不清楚孩子是否能记住他以及是否知道该如何恰当地来称呼他。

(6) 海外的舅舅(UCL)与在中国的姐姐(MO)及她的孩子(HB)通话①

---

① 由于这个例子来自LDC CALLFRIEND汉语普通话项目(Canavan & Zipperlen, 1996),其中只录制音频,因此不清楚孩子的确切年龄,而且LDC说话者信息文档不包含关于这个孩子的具体信息。从母亲随后的谈话中获得的信息来看,她声称孩子开始发出"舅舅"这样的词语,因此我们可以推断孩子大约在幼儿园前的年龄,可能刚刚开始用有限的话语表达形式说话。

1　MO：　Haobo，你叫舅舅．叫舅舅．

2　HB：　舅

3　UCL：　@@Haobo 哦，

4　MO：　大点声．叫舅舅．

5　MO：　想不想舅舅？讲啊．
　　　　　会说想，@@想舅舅了．
　　　　　现在反正自己挺爱说的了．

6　UCL：　@@哎他-
　　　　　他是不是都忘了我，
　　　　　忘了我长啥样，
　　　　　肯定的哈？

7　MO：　**没忘**，一来电话咱（（们））老拿照片看．
　　　　　问他舅舅，
　　　　　完了把照片给撕坏了，
　　　　　把你的影集那个都给（（胡噜））的@@不像样了．
　　　　　@@还说舅舅打吧，（（他就XX））．
　　　　　那意思，
　　　　　舅舅没在家，不怕．@@
　　　　　谁也不怕．

8　UCL：　哦．

　　在这段对话中，母亲首先鼓励孩子 HB 用正确的亲属称谓"舅舅"来称呼他的舅舅，孩子听从了母亲的要求，但是仅能用一个音节"舅"来称呼电话另一端的舅舅。由于母亲不满意，所以她在第 4 行中敦促 HB 更大声地叫出亲属称谓，确保舅舅能够听到。母亲在第 5 行进一步敦促 HB 明确地回答他是否想念舅舅，并告诉舅舅他想舅舅了。然而，即使母亲把这句话说了出来，HB 也没有反应，因为这对他来说似乎太复杂了（可能是受孩子的年龄和语言发展的阶段限制）。舅舅表达了 HB 可能不记得他了的顾虑（第 6 行"他是不是都忘了我"），推断 HB 一定忘了自己的长相。他的姐姐断然否认了这一点（第 7 行"没忘"）。为了证明她所说的真实性并提高她话语的可信度，这位母亲自说自话地在接下来的几行中提供大量细节来证明她说的是真的。这些细节包括每当舅舅打电话时 HB 都是如何看舅舅的照片的,以及他是如何弄坏舅舅的照片和影集的,甚至指出 HB 并不在乎他可能会因弄坏东西而受到舅舅的惩罚,因为他意识到舅舅并不在身边。所有这些细节都可以表明舅舅在家庭中是一个经常出现的话题,所以会一直在孩子的记忆中,因此 HB 是不会把他的舅舅忘记的。

简言之,在这个例子中可以看到,儿童对近亲的记忆受到了成年人的怀疑、肯定和强化。这一过程是为了确保维持和充分展示正常的家庭关系,这是儿童习得语言和文化的社会化过程的一部分(Ohs & Schieffelin,1984、2012)。

(四)母亲和孩子之间的争论记忆

最后一个例子涉及母子之间的互动。这个例子比前一个例子更能引起记忆争论,在下面的例子中将会看到,记忆争论的目的是惩罚不良行为,进而鼓励良好的行为。

母亲(MOM)和两个年幼的孩子,一个男孩(BOY)和一个女孩(GRL)在外面玩,孩子们在争夺一些塑料玩具,从母亲的话语来看,这并不是他们兄妹之间第一次发生冲突。

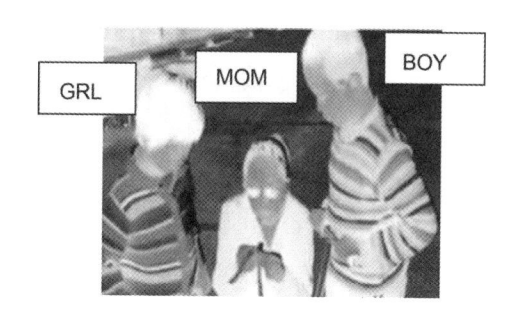

(7)母亲和两个孩子在外面玩.(数据来自邱新福)

1　GRL：　　我想要,＜X 我想 X＞--,
2　BOY：　　比我的少吗?
　　　　　　因为你的已经都 waste 掉了.
3　MOM：　　@@那不是 waste 掉了,是玩儿坏了.

4　BOY： 对呀,然后这是我的.
5　　　　 ((GRL：用她的鞋来踢她哥哥。))
6　MOM： 嗯哼＝＝.行了,一会儿,一会儿就打起来了啊.
　　　　　我告诉你.打起来又要哭了.
7　　　　 (GRL/BOY：用鞋互相踢对方。)
8　**MOM**：**你记不记得你们两个小的时候抢的那个,**
　　　　　那个小椅子,最后是个什么下场?
　　　　　你爸是不是把椅子扔垃圾箱了?
9　BOY： **哈?我不记得了.**
10　MOM： **你不记得了?**
　　　　　 我还抱甜甜下去看了.
　　　　　 ((目光转向女孩)) 甜甜,你还记着吗?
11　GRL： 我那...((摇头)) 不高兴了都是.
12　MOM： 然后扔垃圾箱了.
13　GRL： [((摇头))]
14　MOM： [我抱你下去看,]
　　　　　在垃圾箱躺着哪.
　　　　　..() 是不是啊＝?
15　GRL/BOY：...((沉默))
16　MOM： ...() 你爸说了,以后再抢,抢什么扔什么.
　　　　　看你们还抢不抢?
　　　　　...() 后来消停了一阵子,不抢了.
17　GRL： ...()((点头))

随着兄妹之间的争斗升级(从第 1 行到第 5 行),母亲最开始在第 6 行给出了口头警告,却引发了兄妹间更激烈的争斗(第 7 行),母亲觉得需要采取更多的行动来制止这次争斗。最后,母亲不是通过直接的批评或命令方式,而是让兄妹去回忆过去的类似事件("你记不记得你们两个小时候抢的那个小椅子,最后是个什么下场")。那个时候,爸爸很生气,把那把小椅子扔了出去。当母亲催促孩子们回忆那段经历时,男孩断然拒绝了(第 9 行),表明他跟过去的不良行为无关,因此他与母亲的认知立场不一致。由于男孩拒绝回忆那段经历，母亲继续讲述男孩与妹妹有关的一个细节——女孩是如何被带到楼下看那个垃圾箱的（第10行），这一行为导致母亲向女儿核实是否记得那件事（"甜甜，你还记着吗"）。第11行中女孩并没有完全否认说自己不记得了，但也没有直接表示自己还记得，这可以从她的犹豫和一句断断续续的回应中看出（"我那不高兴了都是"）。低沉的音调，再加上摇头的动作，表明女孩不愿意回忆这个痛苦的事件，尽管如此，这仍然可以视为与她母亲存在部分认知一致，也是一个比男孩断然否认更合意的回答，母亲也趁机开始继续讲述更多细节（比如女孩是如何被带到垃圾箱附近并看到椅子躺在垃圾箱里的）。面对这些生动但相当痛苦的细节，也是无可辩驳的证据，两个孩子都决定保持沉默（第15行）。其实他们可以用各种方式来拖延，但沉默显然是一种比明确拒绝回忆更缓和的回应形式。在第16行中，母亲不断地讲述更生动的细节，这一次是严肃的父亲曾经说的话，他警告说，未来兄妹之间的任何争斗都将以灾难性后果告终：任何引起争斗的物品都将被扔进垃圾箱，所有这些痛苦的记忆强加在他们身上之后，两个孩子最终都屈服了，默默地点头表示同意。

在这一段会话中，我们看到的是母亲用以往的记忆和指令迫使孩子记起过去的事情，以此给他们进行了一场道德教育并表达对他们社会行为的期望。换句话说，不良行为都会有后果，重复错误是不对的。随着时间的推移，在母亲进行教育的接收端，孩子们选择以不同的方式来表明自己的记忆状况（或记忆缺失），以回应母亲的道德教育：（男孩）最初的拒绝否认了重复犯错的责任（因为承认以前曾经发生过类似的事件就等于承认自己在重复犯错）；（女孩）不情愿地承认了部分事实；最后（两个孩子）与母亲在认知立场上的明显一致，表明了他们理解母亲的用意，或至少是被动地接受批评（包括对所谓暴力事件发生后一段安静时间内的默认的理解）。最终结果也从多个角度证明了母亲的策略在操纵记忆语言方面的有效性：让两个孩子都参与直接的记忆核查，提供不良事件的（可怕）细节，并通过事件讲述树立权威的父亲形象。

五 讨论和结论

现在讨论一下根据第 4 节中语料所发现的一些一般性问题。第一个问题是记忆争论的性质，单纯的认知倾向的定义方法可能自然地会将认知能力作为默认因素：将遗忘归因于记忆的缺失和限制，这一点毫无疑问会在日常生活中发生（我们的语料也证明了这一点），记忆限制确实是反对将自然语言作为语言分析语料的经典论点（Chomsky，1965：3—4）。然而，正如引言和文献综述部分所讨论的，有关说话者声称记得或不记得过去的经历，以及记忆如何完成各种互动任务（Edwards & Potter, 1992；Billig, 1997、2001），日常方法论、话语心理学和会话分析的研究者都从多种复杂的角度进行了分析。但是，通过前文分析过的具体例子，是什么可以让我们能够有信心断言，记忆或记忆缺失不是由于认知限制，而是由互动驱动的呢？作者认为，一个有力证据是例子中说话人的行为，或是在整个互动过程中主要说话人自身的矛盾行为。例如：在第一个例子（例4）中，M2 从最初否认到最终承认了过去的教学经历；在第二个例子（例5）中，Cali 最初说不会弹奏钢琴，到最后还是弹了钢琴；第三个例子（例6）是由成年人围绕着孩子展开的，因此可以说，虽然孩子无法说出他那个年龄能够说出复杂的句式，但是母亲代替孩子进行回答；最后一个例子（例7）展现了孩子们的反应阶段——从完全否认到部分承认，到最后被动承认。

第二个问题是记忆争论和跨语言差异的语用问题。尽管从会话参与者的行为中获得了有力的证据，使我们能够将记忆争论例子更多地看作互动驱动，而不仅仅是一种认知缺失，但我们应该如何准确地描述这些对话的语用学特征呢？简言之，这些例子说明了两种类型的一般模式：1) 礼貌（有关尊重和谦逊）与成年人之间的互动关系；2) 成人对参与社会文化的新成员（孩子）的道德或行为教育和文化实践。当然，这些模式并不是汉语中消极传信现象的全部，但它们确实提供了一个与以往以英语语言为研究基础的话语心理学和会话分析结论有用的对比。英语语言的典型会话例子通常包括法庭盘问、政治辩论、敌意辩论等。例如：规避法律责任往往是以记忆缺失为借口，政治询问也是如此，这一点被广泛报道和为大众所知（Edwards & Potter，1992：51—53）。此外，正如Edwards & Potter（1992：9）所说："就会话实践而言，记忆和归因是同一事物的两个方面：在谈话或文本中描述（话语记忆）是逃避、辩护和其他责任（日常因果归因）的一种主要方式。"

同样，Muntigl & Choi（2010）记录了在夫妻治疗过程中，"不记得"是如何作为一种认知资源来避免问责、改变立场、归咎责任和表现抗拒的。换句话说，尽管英语社会交往中有关记忆的话语交际无疑可以在更理想的社会活动中找到，但迄今为止在许多以英语为背景的研究中，消极记忆的使用表现出一种强烈的消极或对抗倾向；而在汉语的例子中，大多数情况下，我们看到的是广泛的积极或合作倾向。

当然，基于这些有限的语料，不能断言汉语中的记忆争论言语活动不存在对抗性行为，也不能断言英语中所有的争论记忆都是负面的；但汉语中的例子至少表明，在特定环境下，一些有争论的记忆可以帮助构建非对抗性甚至是可取的社会行为。显然，在对跨语言争论记忆使用倾向得出明确结论之前，我们需要基于不同语境进行更系统的跨语言互动研究。

综上所述，本研究证实了以往的研究结果，即："记得""不记得"并不是简单的认知缺失的问题，相反，它可以在对话互动的过程中，以否认已有知识的形式展开，用于广泛的互动行为和社会文化实践。与此同时，本研究也指出了一些以前未被广泛关注的新现象，特别是在不同社会形态下的争论记忆类型，以及潜在的、不一定是对抗性的行为和语用意义。不可否认，这项研究在很多方面都有局限性，特别是"不知道"和"不记得"这两种结构都可以用来表示知识不足，但关于它们在会话中的用法和功能的比较目前还很缺乏（Beach & Metzger，1997）。目前大多数研究是基于典型的印欧语言，本文希望通过对汉语普通话这一不同于典型印欧语的语言的研究，从结构特征和社会文化习俗两个方面，将记忆作为跨社会文化背景的社会互动研究工具，从跨语言的角度引起学界应有的重视。

参考文献

Amberber Mengistu,"Introduction". In Amberber Mengistu（ed.）*The Lan-*

guage of Memory in a Crosslinguistic Perspective, 1 – 12 Amsterdam: John Benjamins, 2007.

Beach Wayne A. & Metzger Terri R. , "Claiming insufficient knowledge". *Human Communication Research*, Vol. 23, No. 4, 1997, 562 – 588.

Billig Michael, "Discursive, rhetorical, and ideological messages". In Wetherell Margaret, Taylor Stephanie & Yates Simeon J. (eds.) *Discourse Theory and Practice: A Reader*, 210 – 221. London: Sage Publications, 1997/2001.

Canavan Alexandra & Zipperlen George, *CALLFRIEND Mandarin Chinese – Mainland Dialect*. Philadelphia: Linguistic Data Consortium, 1996.

Chafe Wallace, "Cognitive constraints on information flow". In Tomlin R. (ed.) *Coherence and Grounding in Discourse*, 21 – 51. Amsterdam / Philadelphia: John Benjamins, 1987.

Chafe Wallace, "Language and memory". *Language*, Vol. 49, 1973, 261 – 281.

Chafe Wallace, *Discourse, Consciousness, and Time: The Flow and Displacement of Conscious Experience in Speaking and Writing*. Chicago: University of Chicago Press, 1994.

Chomsky Noam, *Aspects of the Theory of Syntax*. Cambridge, Massachusetts: MIT Press, 1965.

Couper – Kuhlen Elizabeth & Selting Margret (eds.) *Studies in Interactional Linguistics*. John Amsterdam: Benjamins, 2001.

Du Bois John W. , Schuetze – Coburn Stephan, Cumming Susanna & Paolino Danae, "Outline of discourse transcription". In Edwards J. & Lampert M. (eds.) *Talking Data: Transcription and Coding in Discourse Research*, 45 – 89. Hillsdale / New Jersey: Lawrence Erlbaum Associates, 1993.

Edwards Derek & Potter Jonathan, *Discursive Psychology*. London: Sage Publications, 1992.

Edwards Derek, "Discursive psychology". In Fitch K. & Sanders R. (eds.) *Handbook of Language and Social Interaction*, 257 – 273. Mahwah / New Jersey: Lawrence Erlbaum Associates, 2004.

Edwards Derek, Potter Jonathan & Middleton David, "Toward a discursive psychology of remembering". *Psychologist*, Vol. 5, 1992, 56 – 60.

Fanego Teresa, "English *remember* and role and reference grammar: on van valin and wilkins (1993)". *Lingua*, Vol. 99, No. 1, 1996, 1 – 10.

Ford Cecilia E. & Thompson Sandra A., "Interactional units in conversation: syntactic, intonational, and pragmatic resources for the management of turns". In Ochs Elinor, Schegloff Emanuel A. & Thompson Sandra A. (eds.) *Interaction and Grammar*, 134 – 184. Cambridge: Cambridge University Press, 1996.

Ford Cecilia E., Fox Barbara & Thompson Sandra A., *The Language of Turn and Sequence.* Oxford: Oxford University Press, 2002.

Ford Cecilia E., *Grammar in Interaction: Adverbial Clauses in American English Conversations.* Cambridge: Cambridge University Press, 1993.

Garfinkel Harold, *Studies in Ethnomethodology.* Englewood Cliffs / New Jersey: Prentice – Hall, 1967.

Goddard Cliff, "A 'lexicographic portrait' of forgetting". In Mengistu Amberber (ed.) *The Language of Memory in a Crosslinguistic Perspective*, 119 – 137. Amsterdam: John Benjamins, 2007.

Goodwin Charles, "Forgetfulness as an interactive resource". *Social Psychology Quarterly*, Vol. 50, No. 2, 1987, 115 – 131.

Goodwin Charles, *Conversational Organization: Interaction between Speakers and Hearers.* New York: Academic Press, 1981.

Gu Yueguo, "Politeness phenomena in Modern Chinese". *Journal of Pragmatics*, Vol. 14, 1990, 237 – 257.

Heritage John, "Epistemics in action: action formation and territories of knowledge". *Research on Language & Social Interaction*, Vol. 45, No. 1, 2012, 1 – 29.

Hopper P. J., "Emergent grammar and the a priori grammar postulate". In Tannen Deborah (ed.) *Linguistics in Context*, 117 – 134. Norwood / New Jersey: Ablex, 1988.

Laury Ritva & Helasvuo Marja – Liisa, "Disclaiming epistemic access with 'know' and 'remember' in Finnish". *Journal of Pragmatics*, Vol. 106,

2016, 80 – 96.

Liu Charles A. , "Chinese kinship terms as forms of address". *Journal of Chinese Language Teachers Association*, Vol, 16, No. 1, 1981, 35 – 45.

Middleton David & Edwards Derek, "Introduction", In Middleton David & Edwards Derek (eds.) *Collective Remembering*, 1 – 22. London: Sage Publications Ltd. , 1990.

Muntigl Peter & Choi Kwok Tim, "Not remembering as a practical epistemic resource in couples therapy". *Discourse Studies*. Vol. 12, No. 3, 2010, 331 – 356.

Ochs Elinor, Schegloff Emanuel A. & Thompson Sandra A. , "Introduction". In Ochs Elinor, Schegloff Emanuel & Thompson Sandra A. (eds.) *Interaction and Grammar*, 1 – 51. Cambridge: Cambridge University Press, 1996.

Ochs Elinor. & Schieffelin Bambi B. , "Language acquisition and socialization: three developmental stories". In Shweder Richard A. & LeVine Robert A. (eds.) *Culture Theory: Essays on Mind, Self, and Emotion*, 276 – 320. Cambridge / UK: Cambridge University Press, 1984.

Ochs Elinor. & Schieffelin Bambi B. , "The theory of language socialization". In Duranti Alessandro, Ochs Elinor & Schieffelin Bambi (eds.) *The Handbook of Language Socialization*, 1 – 21. Malden / Massachusetts: Wiley – Blackwell, 2012.

Pishwa Hanna, *Language and Memory*. Berlin: Mouton de Gruyter, 2006.

Sacks Harvey, Schegloff Emanuel & Jefferson Gail, "A simplest systematics for the organization of turn – taking for conversation". *Language*, Vol. 50, 1974, 696 – 735.

Schalley Andrea C. & Kuhn Sandra, "A corpus – based analysis of German (sich) erinnern". In Amberber Mengistu (ed.) *The Language of Memory in a Crosslinguistic Perspective*, 181 – 207. Amsterdam: John Benjamins, 2007.

Stivers T. , Mondada Lorenza & Steensig Jakob, *The Morality of Knowledge in Conversation*. Cambridge: Cambridge University Press, 2011.

Tao Hongyin, "A usage – based approach to argument structure: 'Remember' and 'forget' in spoken English". *International Journal of Corpus Linguis-*

tics, Vol. 8, No. 1, 2003, 75 – 95.

Tao Hongyin, "Discovering the usual with corpora: the case of remember". In Simpson, Rita & Swales John (eds.) *Corpus Linguistics in North America: Selections from the 1999 Symposium*, 116 – 144. Ann Arbor: University of Michigan Press, 2001.

Thompson Sandra A., "'Object complements' and conversation: towards a realistic account". *Studies in Language*, Vol. 26, No. 1, 2002, 125 – 164.

Van Valin Robert & Wilkins David, "Predicting syntactic structure from semantic representations: Remember in English and its equivalents in Mparntwe Arrernte". In Van Valin R. (ed.) *Advances in Role and Reference Grammar*, 499 – 534. Amsterdam: John Benjamins, 1993.

Wierzbicka Anna, "Is 'remember' a universal human concept? 'Memory' and culture". In Amberber Mengistu (ed.) *The Language of Memory in a Crosslinguistic Perspective*, 13 – 39. Amsterdam: John Benjamins, 2007.

Wittgenstein Ludwig, *Philosophical Investigations*. Oxford: Blackwell, 1953.

Yates Frances, *The Art of Memory*. London: Routledge and Kegan Paul, 1966.

Ye Zhengdao, "'Memorisation', learning and cultural cognition: the notion of bèi ('auditorymemorisation') in the written Chinese tradition". In Amberber Mengistu (ed.) *The Language of Memory in a Crosslinguistic Perspective*, 139 – 180. Amsterdam: John Benjamins, 2007.

You Chenghong, "Analysis on the generalization of the address term 'teacher' in Chinese from the perspective of sociolinguistics". *Theory and Practice in Language Studies*, Vol. 4, No. 3, 2014, 575 – 580.

Zalizniak Anna, "The conceptualisation of remembering and forgetting in Russian". In Mengistu Amberber (ed.) *The Language of Memory in a Crosslinguistic Perspective*, 97 – 118. Amsterdam: John Benjamins, 2007.

全称量化表达式的（交互）主观性：
汉语会话中"复数名词+都"的语用解释[*]

一 引言

一项颇具影响力的词频统计显示，"都"是汉语口语使用频率最高的副词之一，位列所有汉语词汇总排名的第26（北京语言学院，1986）。语言学家通常是从形式语义和句法角度进行考察，几乎只关注其语义辖域和量化功能。例如，吕叔湘等（1980）将"都"视为一种标识全体的全称量词，其范围包括一个句子中"都"后面的所有部分，这是学界普遍接受的一种观点。许多其他学者也提出了类似的看法，其差异主要体现在理论方向和描述细节上，但值得注意的是，关于互动话语中"都"的分析，以及关于会话者在自然语境中如何使用"都"的分析与研究目前还是空白。本文采用互动语言学方法试图解答以下问题：第一，在特定的话语语境中，说话人如何以及为什么使用"都"？第二，在自然会话中，"都"有助于达到哪些社会互动效果？第三，如何通过社会互动更好地理解"都"作为一个常见量词的性质？本研究将说明话语语用学的方法可为研究汉语和其他语言中看似客观的表达式带来新的启示。

二 研究综述

研究者通过多种理论方法对"都"这一高频副词进行了广泛的研究。

---

[*] 本文系与吴海平合作，原文刊于 *Journal of Pragmatics*, Vol. 128, 2018, 1–21。

由于相关文献研究较多，本文仅简要概述其中最具代表性的研究。

首先，最有影响力的很多研究均来自传统的语法描述，主要关注语义辖域和语义范围指向，例如，吕叔湘等（1980），马真（1983），王还（1988），兰宾汉（1988）和徐杰（1985）等学者最早提出"都"具有三层语义：1）范围副词，用来概指实体（以下简称"都1"），如例（1）所示；2）传达"甚至"义，表强调语气（以下简称"都2"），如例（2）所示；3）标识完成体，表"已经"义（以下简称"都3"），如例（3）所示。

"都1"："全部，每一个"

(1) 他们全家都在工厂上班。

"都2"："甚至"

(2) 我都忘了今天是母亲节。

"都3"："已经"

(3) 现在都中午12点了，咱们快去食堂吃饭吧！

一些学者（如徐以中、杨亦鸣，2005；王红，1999；蒋严，1998）并不认同"都"的这种分类，他们认为"都1"（"全部，每一个"）是基本义，"都2"（"甚至"）和"都3"（"已经"）是从这个基本义中衍生而来的。尽管这些分类存在差异，但都认同指称实体，或所谓的"全称量词"功能，正如形式语法学家（比如 Lee，1986；蒋严，1998；潘海华，2006）所描述的那样，这是"都"的语义核心。

值得注意的是，最近对"都"的研究已经超越了形式语法和语义的框架，例如，许多研究都借鉴了量化中的主观性和客观性的概念（张谊生，2003；徐以中、杨亦鸣，2005；黄文枫，2010）。张谊生（2003）认为，要在一个句子中恰当地使用"都1"，中心名词不仅在语义上应该是复数，还应该指代出主观上能感知到的数量之大，如例（4）所示。他观察到，如果一个 NP（名词短语）被用来表示少量实体（通常用一个表示少量的词来修饰，例如"少数"），即使它是复数的形式，也不能用"都"进行普遍量化，如例（5）所示。黄文枫（2010）进一步将这一观点扩展到时间状语的范畴，并认为"都"倾向于量化那些表示主观感知到的时间之长或频率之高的时间状语（例如"时常""一直"），而非短时间或低频率的时间状语（例如"偶尔""有时"）。

（4）多数同学都不同意这个方案。
（5）*少数同学都不同意这个方案。

值得一提的研究进展还包括对"都"语法化和主观化过程的研究。张谊生（2005）试图追溯"都"的历史演变，发现"都"是从名词或动词演变而来，经范围副词，最终演变为可用来表达"体"（aspect）的语气副词。他还认为，由于"连"在"连……都……"结构中的同现，"都"的功能已经由全称量化转变为主观情绪的强化。虽然前面所提的研究指出了"都"的某些表达式的主观性质，但没有任何研究对此类表达式的自然对话语料、互动语境，或社会互动功能进行过考察。

总之，关于"都"的表达式，以往研究取得了很多有用的研究成果。然而，大多数的研究是基于自造语料或书面文本，关于"都"在自然口语话语中是如何使用的问题，已有研究几乎从未触及。其次，尽管上述方法存在差异，但大多数研究认为"都"的语义核心是对某一个 NP 进行穷尽式列举或全称量化，然而，它是否适用于自然会话仍是一个问题。正如下文第六节将要说明的那样，它通常是不适用于自然会话的。因此，对"都"在汉语自然会话互动语境中的用法进行研究至关重要。

三 极端情况表达式的概念

如上所述，所谓的全称量词"都"特点是对指称实体进行汇总，使整体陈述接近于一种排他性的概括或表述，另一个类似的概念是说话者在谈话中所做的概括，被称为极端情况表达式（Extreme Case Formulations, ECFs）。在会话分析文献中，ECFs 被定义为围绕如"从不""总是""全新""永远""每个人""所有""没有""最好""完全""绝对"等这样的极端表达式而构建的绝对范畴的表达。(Pomerantz, 1986; Sacks, 1992),看一下 Pomerantz (1986) 给出的英语例子:

(6) (a) People do it all the time.
    (b) Everybody who meets him likes him.
    (c) Whenever he's around he's utterly disparaging of our efforts.

ECFs 有时被认为是形象表达式的一种,这种表达式长期以来以"非实指导向"著称,即话语和现实之间存在差异(Norrick, 2004; Edwards, 2000)。这种现象也被其他学者描述为"非真实性"(Kreuz & Roberts, 1995),"反事实性"(McCarthy & Cater, 2004)和"相对精确性"(Drew, 2003)。尽管 ECFs 确实表意很弱,但它们通常不会对听话者的理解构成挑战。[①] 这一结论表明,会话者看重的是 ECFs 的互动内容,而非其事实的准确性(Edwards, 2000)。事实上,正如 Edwards (2000) 所指出的那样,正是 ECFs 对事实描述的不准确性使得互动和以结果为导向的内容可以被听到,从而使互动任务得以完成。

关于概括的功能,Scheibman (2007) 指出,在英语对话中,概括用来表达发话人的主观性(主要是发话人的个人评价)和交互主观性(涉及受话人的评价)的立场和态度。她进一步提出,由于概括具有扩展性或包容性,会话参与者会利用它们来巩固说话人的立场,表达彼此间的一致性,以及认可观点,Edwards (2000) 也提出了类似的观察结果。然而 Pomerantz (1986) 和其他学者(比如 Sidnell, 2004)却认为,ECFs 可用来使一个人在诸如抱怨、指责、辩护和辩解等对抗行动中的地位合法化。简言之,在使用 ECFs 的会话语境中,既有和谐语境,也有对抗语境。

基于对概括和 ECFs 的已有研究,本文旨在进一步阐明副词"都"在

[①] 参见 Couper-Kuhlen & Thompson (2005) 的案例,其中说话人采用让步式修复收回夸大的言论。

汉语自然会话中的（极端）概括功能。分析发现，"都"表达式的概括通常有助于构建一种极端表达，并且可以说主要发挥三种功能：1）作为一种建立和谐关系的手段，在会话参与者之间建立一致立场；2）在会话参与者之间达成共识或建立共同已知的现实；3）面对质疑时，缓和（明显的）冲突或捍卫某一方的立场。这些功能将在接下来的主要章节中予以说明。最后将提出这三个主要的话语功能和语体分布，与一个和谐的连续统相一致（从最不和谐到最和谐的说话者关系或立场），同时将进一步指出，尽管"复数名词+都"的表达式功能有所差异，但交互主观性可以统一所有格式的基本用法。

四　语料和类别分布

（一）语料

本研究的语料来自中国电视台互动类电视节目以及自然会话的语料库，总计超50万字。自然会话语料来自家庭成员和朋友之间55小时的汉语日常会话，这些会话由第一作者历时四年（2009—2013）录制成视频和音频，话题大多是关于家庭生活和其他平常的主题。媒体语料来自一档名为《锵锵三人行》的电视访谈节目，该节目已在使用汉语的地区广泛播出。

在当前汉语口语的语料库中，我们发现了20395个含"都"的例子，涵盖了前面描述的三种主要使用类型（"都1""都2""都3"）。为了快速搜索频率最高的"都"的表达模式，我们从当前语料库中随机选择了800个"都"的例子（包括"都1""都2""都3"）用于初始观察，然后基于主观性（第5节）和语体分布（见"结果"一节），对涉及"都1"的500个例子进一步编码。

（二）复数NP定义

根据NP的形态特征对"都"的表达式进行编码时，无论是复数标记形式还是表示复数实体的概念形式，我们都将NP编码为复数形式。汉语中复数标记的方式包括数词、复数词缀"们"，以及"这些""那些"的复数指示词，等等。例（7）中有复数指示词的例子（"那些朋友"），例

(8)中可以看到概念上的复数形式("所有的人")。

(7)那些朋友都说,你们神经病,我们不用地沟油不会好吃。
(8)所有的人见到我们的真人都会说你比电视上脸瘦一些。

其他的所有形式,包括疑问句("谁+都",等等)和"每+都"都不算复数名词形式。"都2"和"都3"的例子归入"其他"的类别。

从表1中可以看出,恰好有一半的例子是"复数NP+都"的组合。

表1　　汉语会话语料库中"都"的表达式的使用频率

主题类型	样本数	(%)
复数NP+都	400	50.0
疑问词+都	136	17.0
每……都……	43	5.4
其他	221	27.6
总计	800	100.0

鉴于"复数NP+都"的表达式出现频率极高,并且以往大多数文献也关注到这种句法组合,本文将专门探讨这一种模式。与其他类型"都"的表达式的比较研究将另撰文详述。

接下来将采用基于话语的研究方法,从社会互动的角度来研究已证实的模式,即说话人如何以及为什么在会话语篇中使用全称量词这种表达式。

尽管最近一些研究已经开始探讨主观性和客观性作为语义和感知领域的问题(张谊生,2003;徐以中、杨亦鸣,2005;黄文枫,2010),但由于"都"被普遍认为是表示客观意义(数量)的全称量词,所以在谈及这一点之前,首先要阐明(交互)主观性和客观性这一问题。

五　(交互)主观性和客观性

许多功能学家发现区分客观性和主观性是描述语言表达指称意义和

语用意义的有效方法。例如，Lyons（1981：237）将客观解释视为与事实相关或是某个表达的命题内容。另外，主观解释被定义为表达发话者"自己的观念和态度"。Halliday 和 Hasan（1976）提出的语言系统中的概念成分和人际成分，以及 Traugott（1982）提出主观性（说话者的参与程度）和交互主观性（指与受话者和受话者面子关系）（Traugott & Dasher, 2002；Traugott, 2003）都表达了类似差异。简言之，客观解释和主观解释之间的差异可作为理解语言表达意义的一般框架。

在分析会话中"都"的表达模式时，我们发现客观量化通常用具体的指称或命题来表达，语义域相对清晰，而主观量化通常用一般的指称和不可验证的、夸张的或模糊的语义域来表达。从这个角度可以看出，以往研究大多集中在"都"的命题内容上，因此出现了量词标签。然而，在实际的谈话中，量化常常被认为是相当模糊和主观的，并且数量能否被证实并不是说话人主要关心的问题。换句话说，说话人使用所谓的量化手段主要是出于互动的需要。下面两个例子分别表明了客观用法和主观用法的对比。

(9) 朋友之间关于 W 过去的生活经验的聊天
01 　　W：然后在那边差不多六七个月．
02 　　　　所以我们刚好67，87 年在那边．
03 　　O：哦:::．
04 →　W：我先生跟我儿子都在，
05 　　　　所以我那时候 – 我先生他一天到晚去叩门．
06 　　O：@@@
(10) 在前一位说话人讲述了她儿子喜欢讲故事后
　　　　W：小孩儿都喜欢听故事，我跟你说．

例（9）中，由于所指对象（"我先生"和"我儿子"）是具体的，而且语义域很明显局限于他们，并且是在过去的特定时间范围内，因此这里的"都"可以被认为是一种客观用法。然而例（10）却提供了一个不同的例子，因为所指对象是模糊的（"所有的小孩儿"），并且对"小孩儿都喜欢讲故事"做了一个整体性的陈述，尽管看似合理，却很难予以证实。总的来说，例（10）中的量化表达本质上传达的是说话人的个人观念。

当然，说话人可以在主观量化和客观量化之间自由转换，详见例（11）。在此例中，当听到前一位说话人讲述她的孩子非常喜欢参与家庭烹饪活动时，W首先用"都"给出一个主观的概括（第35行），然后又用包含了另外两个"都"的具体例子来支持这一看法（第37—38行）。

（11）在前一位说话人讲述一个孩子参与家庭烹饪活动后
35： → W：小孩都喜欢干这个．
36： 我那次去小春他们家那个，
37： → 她还专门儿让他们家那三个孩子都来包
38： @．@ 都来包饺子@

在阐明客观量化和主观量化之间的差异后，我们还想说明，虽然例（10）和例（11）中的第一个"都"是一个表达主观性的很好的实例，但其中也涉及强烈的交互主观性因素。当考察更大的会话语境时，就能很好地说明这一点，关于更大语境和对例（10）更详细的分析，详见"在第二位置显示认同的提升"一节中的例（14）。在这两种情况下，语境反映出说话人使用基于"都"的概括来支持前一个说话人的观点：在例（10）中，前一个说话人讲述了儿童喜爱讲故事的一个经历，在例（11）中，前一个说话者回忆起她的孩子喜欢参与不适合他年龄的家庭烹饪活动。因此，下一个说话人用"都"做回应的两种使用情况都表现出了交互主观性的特征，即表达对前一个说话人的关心或与前一个说话人之间的融洽关系。事实上，即使是例（11）中表面上的客观用法，也在一定程度上有助于在下一个说话人和前一个说话人之间建立一致立场。由于主观性和交互主观性相关语用功能的交叉性，本文将交替使用"主观性"和"交互主观性"的术语。

将客观性和（交互）主观性之间的差异当作一个连续统，本研究将根据积累的扩充文本和语境因素对这两个范畴进行编码。也就是说，如果有相对明确的语义域的具体指称或命题，我们会把"都"的例子编码为客观性；如果没有，将会编码为主观性，这种情况常见的是具有一般指称和不可验证的、夸张的或模糊语义域的例子。通过对语料库中较小样本("复数 NP + 都"这一表达中"都1"的 500 个例子)的调查发现,在会话语篇中,大多数"复数 NP + 都"的例子表现出主观性特征,其中相对较少的部分可以被视为倾向于客观性。在我们的语料库中,两种语体中的情况确实如此。如表 2 所示,在日常对话中,"复数 NP + 都"的主观用法占 70%,在电视访谈节目中出现的比例(71.6%)也大致相同。

相比之下,以往的研究主要集中在"都1"(全部,每一个)的客观用法上。研究者似乎都同意全称量化表达式"都1"主要用于客观描述的观点;而"都2"(连)和"都3"(已经)则更加主观化(张谊生,2003、2005;徐以中、杨亦鸣,2005;黄文枫,2010)。例如,徐以中、杨亦鸣(2005)提出从主观性的角度考察"都"的功能,发现"都1"主要用于表达"客观性","都2"主要用于表达"主观性","都3"既有客观性用法,也有主观性用法。与之相比,本次调查为"都1"表达式主观性用法的存在和主导地位提供了强有力的量化依据。我们认为,即使是最客观的"都1",其主要功能也不仅仅是提供指称对象的全称量化表达。相反,它通常传达说话人对他人言论的主观态度。

在确定"复数 NP + 都"这一表达式被高频使用且(交互)主观性用法占主导地位后,接下来将更详细地探讨(交互)主观性用法并考察它们在语篇中的互动功能。

六 互动功能

对语料的研究表明,"复数 NP + 都"的表达式主要用作一种话语修辞手段,用以阐明说话者的主观立场,寻求共同点,交流观点,或用来说服对方。特别是以下类型在语料中很常见。

表 2　汉语会话中"复数 NP + 都"的表达式的主观和客观用法

类别	普通对话		媒体谈话	
主观	175	70%	179	71.6%
客观	75	30%	71	28.4%
总计	250	100%	250	100%

（一）作为建立和谐关系的手段，在会话参与者之间建立一致立场

用"都"表达式进行概括通常出现在立场一致的语境中。本小节将考察说话人如何使用"复数 NP + 都"来展示并创建他们之间的一致立场。

1. 创建一个组内身份

在社交互动中，说话人往往会对人进行分类，并且赋予被分类的群体有价值的特征或刻板印象。在这个过程中，人们获得了他们的"社会身份"，有时被定义为"个体对自己所属某类社会群体的认知，以及这个群体成员身份对于他的情感和价值意义"（Tajfel，1972：292）。涉及成员身份的分类行为在会话分析领域（比如 Sacks，1972、1992；Schegloff，2007；Stokoe，2012）和最近的互动语言学领域中（Mayes & Tao，2019）得到了广泛的讨论。正如接下来要展示的那样，虽然中国文化的特征通常是集体主义或以群体为导向的，但集体主义或群体内身份不仅存在于人脑中，还会在互动会话中得以体现。通过调动过去的共同经历并为进一步谈话奠定基础，"都"的概括性表达有助于在会话者之间建立人际联系，并得到共同参与者的积极回应。

下面的例（12）选自访谈节目，是一个恰当的例子。在该段会话之前的谈话中，脱口秀主持人窦文涛可能是为了表达他的热情，说中国台湾地区电影导演蔡明亮适合做他节目的嘉宾，正如窦文涛所说，两人都只迎合小众观众。这段会话从蔡明亮对窦文涛多少有些自嘲的陈述发起挑战开始（第10行），作为回应，窦文涛通过强调他的脱口秀和蔡明亮电影都处在边缘，用"复数 NP + 都"的表达式（第17、19行）来解释自己的观点。

(12) 媒体人士在讨论他们是如何处在时间和空间边缘的
10　蔡：你们应该是大众吧．
11　窦：［没有啊．你看，哎，你们::,
12　梁：［（你错了．）我们::::．［哎呀你不了解，真是．
13　窦：　　　　　　　　　　　　　　［你的电影，
14　　　观众::: 不算太多,
15　　　［我们的播出时间呢也在半夜,

16 蔡：[啊::.
17→窦：咱们这个都是在这个::边缘,
18 梁：对::.
19→窦：啊[都是在时间和空间的边缘.
20→蔡： [不是都可以,都,都,都有影响力.
21 窦：哎::@@@.
22 梁：[有影响力.
23 蔡：[@@@@

该例中有趣的是，第一人称代词从常规的"我们"（第12、15行）转换成第17行中具有包括性的"咱们"。Taylor & Dubé（1986）发现，包括性自我表征的使用通常使与他人的关系和相似性成为会话的核心。此外，积极的情感暗示可以通过使用第一人称复数代词自动和自然地被激活。窦文涛通过讲述他自己和受话人之间的相似性（即他们工作的边缘性），策略性地将他们归类至一个群体，这个群体的特征是"边缘性"；在另一个意义上与市侩流行文化形成了鲜明的对比。

这种群内身份得到了受话人蔡先生的进一步支持。请注意，窦文涛关于相似性的两个主张（第17、19行）是以一种看似消极的方式传达的，因为"边缘"在主流社会中是不受重视的。然而，鉴于会话者对流行文化一直持批判的态度，"边缘化"很难被理解为是对他们工作的恶意评价，蔡明显赞同这一立场，并通过使用一个积极术语"有影响力"（第20行），再次用"复数名词＋都"的表达式重述了窦文涛的概括来明确表达他们的立场。在将窦文涛创造的消极（或实际上隐含的积极）身份转变为明显的积极身份过程中，蔡明亮参与了他们群内身份的共同构建，这也的确得到了所有会话者的认可（第21、22行）。

2. 在第二位置显示认同的提升

虽然前面的例子呈现了在同一说话人话轮中表达认同的用法，但一致和同盟关系也可以在第二或回应的位置展现出来（Sacks et al., 1974）。说话人可能会通过对"都"表达式进行概括的方式来回应叙述、评价或陈述，以展示他（她）和前一位说话人持有共同立场，如前所述，具有该功能的大多数例子属于"极端表达"（ECFs）的范畴（Pomerantz,

1986；Sacks，1992）。正如 Edwards（2000）所指出的那样，ECFs 是表达同盟关系和认同关系提升的理想选项。

下面这段日常会话中，主要说话人春讲述了发生在一所大学化学实验室的悲剧，一名研究助理在火灾中丧生（第18、19行）。作为回应，王对实验室助理表示了同情，说如果她那天休息的话，悲剧可能就不会发生了（第24、25行），然后她用了"都"这一表达式对这类人做了一个概述（第27行）。

（13）最近发生在一所大学的实验室事故，该事故与其中一些说话者有关

18　春：新年::: 新 – 新年还没到，
19　　　然后就一个人烧［死了.
20　林：　　　　　　　　　［二十九那天，是吧.
21　谭：.hhh
22　王：天::: 啊:::.
23　林：那天（...）本应该是休息的时 – （..）日子.
24　王：其实你说她要休息多^好:: 啊，
25　　　就躲^过一劫^::.
26　林：就是.（（轻声））
27→ 王：这些人都是太^::［忙:: 了.
28　童：　　　　　　　　［她那个::，
29　　　（...）
30　童：那她这个事儿发生了，她是在学校吗？

通过将指称对象的范围从特定的个人（实验室助理）扩展到某一类人（即那些冒着健康甚至生命危险工作的人），说话人暗示这样的事故并不罕见。此外，说话人通过概括的"延展性和包括性"（Scheibman，2007）强化了自己的立场，与其他对主人公表示同情的会话参与者保持立场一致（第23、26行）。

本研究语料库中也有以下情况：在受话人明显缺乏所需知识的前提下，也可以用"都"表达认同。下例开头处，作为临时照料春的儿子的

人，刘讲述了一个关于男孩如何恳求她讲更多故事的情节（第 15—17 行）。母亲春用强调的评论确认了这一点来回应刘的叙述（第 18 行），并讲述了另外一个事件来进一步说明她儿子对于故事的热爱（第 19、20、22 行）。对于刘与春的讲述，王总结说孩子们都喜欢听故事（第 24 行）。

(14) 给孩子们讲故事
15　刘：.hh 这，还想，还想再说.
16　　　我说不行了@@@@.
17　　　阿姨没故事讲了 [@@@@.
18　春：　　　　　　　[@他可::喜欢听故事了.
19　　　他要是，你要给他看书给他讲故事的话，
20　　　一整天::：.
21　刘：=嗯嗯.
22　春：=他都不带闹的.
23　刘：嗯.
24→王：小孩儿都喜欢听故事，我跟 [你说.
25　春：　　　　　　　　　　　　　[对.
26　　　可喜欢的不得了呢.

与例（13）相似，第 24 行中用"都"进行的概括将论述一个特定的男孩转移到对所有孩子的普遍评论上来。尽管事实上说话人在评价她"认知领域"之外的人时缺乏认知权威性（Kamio, 1997; Heritage & Raymond, 2005），但其依旧做了概括，因为她既不是母亲也不是对主人公最为了解的监护人。另外，通过扩大评价对象的范围，王暗示主人公的行为实际上是所有孩子都存在的普遍行为，从而展现出她和讲述人观点一致。除了全称量词"都"的使用，话轮末尾的韵律重读的话语标记"我跟你说"（第 24 行）也进一步强化了她的评论（陈一、刘丽艳，2010）。

从上述讨论可以看出，说话人通过表达正在陈述的内容很常见（例如，"这些人都太忙了"）或是一种普遍倾向（例如，"孩子们都喜欢故事"）来显示他（她）非常认同前一位说话者的陈述。"都"的概括表

达具有语义上的扩展性、语用上的一致性和序列上的回应性等特性,这些特征使这种表达多少有些程式化,同时也使这种表达几乎不受受话人的质疑或批判的影响。

总之,"复数 NP + 都"用法的两个子类型(在同一个说话者的话轮中创造一个群内身份,在第二位置表达认同回应)都展示了说话人对于另一说话人的观点和立场持肯定态度,故均可视为一种较强的合作或协商手段。接下来将考察"都"的另一种主要用法,即在服务于各种互动功能时,为进一步开展对话建立一个共同基础。

(二) 用于投射观点的背景化手段

交流是一种集体活动,已有研究表明,会话行为必然建立在共同的认知基础上(Clark & Brennan, 1991; Clark & Marshall, 1981; Lewis, 1969; Schelling, 1960)。正如本节将要阐述的那样,用"都"表达式进行概括是会话者建立共同基础的一种手段,即建立共有知识、共同信念和共同假设,即使所谈论的信息可能不为参与者共知,但它本身也是通过用"都"表达式进行概括描述的。本研究语料中最突出的例子是"我们都知道"这一表述,该表述假定了会话者之间共有的某些知识,在这个共同基础上,说话人可以进一步投射他的观点。例(15)说明了"我们都知道"的这种用法。[①]

(15) 对酒精过敏的明星
3   李:林志玲可能还挺喜欢那英的,
4   就拿着::杯酒就去敬那英.
5   <VOX>那英姐::我敬你一杯酒::,<VOX>
6 →   然后,然后,她其实,林志玲不能喝,
7 →   这我们都知道,
8 →   她一喝以后全身都过敏,
9   跟我那,[反应一样.

[①] "都"的这个例子,虽然是不同于其他情况的极端表达,没有涉及复数形式,但通过和前面的副词"全"组合,表达出了"全部"的意思。

10　窦：［啊:::，［模特都一个毛病．

在例（15）中，主要说话人李讲述了一则关于两位明星的逸事，其中一位因向长者敬酒而产生严重过敏反应。在她的叙述中，李增加了一个对理解重点至关重要的细节（第 6—8 行，"林志玲不能喝，这我们都知道，她一喝以后全身都过敏"）。她用"这我们都知道"将该事件描述为参与者之间的共有知识（第 7 行）。然而，陈述的情况或事实可能并不为所有参与者所知。具体来说，一个明星的健康状况不太可能被不熟悉她的人知道。然而，没有一个会话参与者质疑这一说法的准确性。相反，他们支持前一个说话人，这可以从窦文涛将名人的所述特征评论为模特的共有特征看出。

1. 对行为解释提供信息基础

尽管前面的例子说明了说话人可以通过使用"都"的表达对观点进行投射，但有时"都"的概括表达是为了解释说话人的行为活动。它们通常以社会刻板印象（即一个群体对另一群体的共有观念）的形式出现（Tajfel，1981）。这些承载着评论的概括表达解释了人与人之间的相似性与差异性，以及人们为什么会做出如此行为。在讨论刻板印象的功能时，一些学者认为刻板印象之所以有用在于它的简单性，因为这有助于简化我们所处的社会世界（Hausmann et al.，2008），并且在介绍背景信息时，简单性对进一步讨论重点信息是必需的。

下面的例子阐释了"复数 NP + 都"的这种用法。在例（16）中，一对夫妇（谭和王）正在抱怨王的课程所需的相关硬件和软件太过昂贵以至于他们不得不使用盗版程序，在描述他们使用盗版前，谭用了一个"都"的表达式来说明这种行为在中国非常普遍。

（16）使用盗版软件程序的根本原因

5　王：那些软件，
6　谭：然后还有 -
7　王：买的都是八百美元．
8　　　［学生买都是四百美元．
9　林：［嗯::？

10　　谭：然后还不给::.
11　　　　老师也不提供.
12　　林：是::吗？
13→　谭：然后反正@不过那些人都盗版嘛，@
14　　　　咱就去网上找盗版@@的嘛. @

需要注意的是，这一抱怨的序列提到了一个敏感的话题，即说话人参与到了一个不恰当的行为中，这不可能得到受话人的公开同情或认同。在说明了软件很贵并且没有其他办法得到它后（第10、11行），谭用了"反正"作为开头讲述了下一段话，依据吕叔湘等（1980）的观点，"反正"常用来说明一种情况或一种原因，它在语义上与"既然"相似但语气更强。因此，以"反正"开头的话语为说话人的后续行为提供了一种解释。接下来"都"陈述的内容是对那些人普遍使用盗版软件的贬损性刻板印象（第13行，"然后反正，不过那些人都盗版嘛"），这作为一条证据来说明说话人使用盗版软件的合法性，其背后的逻辑是：既然那些人都使用盗版软件，那他们使用盗版也没有什么可指责的。同样，这种解释通过明显的标记"嘛"提出（第13行），被认为是说话人和受话人都知晓的原因（Chappell，1991）。

2. 加强说话人的论证力并说服受话人的说服手段

在很多情况下，尤其是在谈话节目中，"复数 NP + 都"的表达式的另一个相关功能是用于说服他人。这种用法被归入"都"的"提供背景"功能，因为"都"的表达内容总是作为已知信息的一部分或共同基础，并在此基础上进一步进行互动投射。换句话说，用"都"表达式进行的概括性内容被整合为它们即将引发的对话中的初步或准备行为。请注意在这些情况下，"都"可以被视为与其他成分比如连词和副词一起组合来达到表达的修辞效果。下面根据所涉及的信息类型来讨论了几种类别。

1）提出假设来强化立场

假设性信息是指不真实的或想象的情况，这种类型的场景可用来提出一个观点或推进说话人的目标，见例（17）。在这种情况下，说话人用一个"都"的表达式假设了一个极端情况，用来支持她反对所讨论的"不遵守交通规则"的行为。

182 ☞ 上篇 词汇·语法研究

(17) 违反交通规则的行为并不明智
1　李：聪明，对不对.
2　窦：真是聪明.
3　李：然后懂得变通，
4→　　但问题是如果大家都这样的话，
5→　　你就会出现大家都不守规矩的情况.

从以讽刺的方式提到某个司机利用交通规则做出"明智"的行为（第1、2行），到提出这个活动潜在的不良后果（第4、5行，"如果大家都这样的话，就会出现大家都不守规矩的情况"）的假设性说法（借助第4行中连词"如果……的话"），① 说话人强调并拓宽了所涉及的话题范围，从而强化了她的论证观点。

2）呈现让步信息

另一种常见的模式是用"都"的表达来呈现让步信息，以此来强化说话人的真实观点。这通常表现在两个阶段：a）首先，说话人用"都"表达式进行概括来承认对手的优点或表达不同的观点；b）说话人提出自己的观点，而这个观点往往不同于"都"概括中陈述的观点。

下面的例子说明了这种模式，其中对话人表达了他们对中国作家冰心的不同看法：虽然其中一个对话者郅批判冰心的作品很浅薄，因为这些作品忽视了严肃的社会性主题，比如仇恨（第2—4行），而徐却不同意郅的观点，并认为文学作品有必要存在不同的类型（第10—12行）。

(18) 不同品位和不同的文学作品
2　郅：它是应该是爱应该在这恨之后，(.)
3　　　而不是说我根本就不知道世间有恨．(.)
4　　　这个差别很大.
5　窦：嗯::　啊:::.
6→　徐：不过，不过，我-你讲得都对，
7　　　只是最后一个我的愿望跟你有点不同，

────────
① 在此对匿名评审专家提出的意见表示感谢。

8	这几行字是个小插曲,
9	可是冰心常在,
10→	.hhh 这个人类呀 – 我们都知道辣的东西好吃,
11→	都知道有很很, (很贵的食物像) 什么鲍::鱼呀, 鱼翅::呀什么什么,
12	但是照::样有人喜欢 (.) Hello Kitty 冰激凌.

在第 6 行中,说话人徐首先承认了另一位说话人提出的观点是有价值的("你讲得都对"),然后用一个限制标记"只是",转向了一个不同的观点(第 7—9 行)。第 10 行和第 11 行也出现了类似的策略,说话人提到人们对于"什么食物美味"的一般认知,他从一个泛称主语"人类"开始,然后可能预料到受话人也许会有不同意见,于是回到一个更小的主语"我们"(第 10 行)。用"我们都知道"这句话,说话人将陈述的事实(例如,"辣的东西好吃,很贵的食物像什么鲍鱼呀,鱼翅呀")作为会话参与者之间共有的知识,并为参与者分享他即将提出的观点准备了一个共同的基础。而他的真实观点是由对比标记"但是"和"照样"引出的,这就表达出他的真实观点与人们通常认为的或相信的观念是不同的(第 12 行,"但是照样有人喜欢 Hello Kitty 冰激凌")。

以上两例中,"都"的表达式往往与相关的连词和副词一同使用,这有助于为说话人表达真实观点创造让步立场。换句话说,通过认识到事情的另一面,将"都"表达式进行概括性陈述作为一种修辞手段,有助于为说话人的观点营造一种客观感并增强说服力。

3)错误观点的概括表述

在本研究语料中发现的一个类似但略有不同的情况是,说话人在试图说服受话人时并不会直接陈述他(她)的观点,而是引用大多数人普遍持有的观点作为谈话背景(这可以唤起会话者之间的共同基础),然后提供依据来证明共同观点的谬误,从而提出自己的真实看法。

例(19)清楚地阐明了这种模式。会话者在猜测中国电影多次未能获得奥斯卡金像奖的原因时,说话人梁引用了一个共同的观点,将中国电影的失败归因于西方人的歧视和西方霸权(第 2、3 行)。然后他援引伊朗作为反例证明了这一说法的谬误(第 4—7 行)。

(19) 中国电影和奥斯卡金像奖
1　梁：对，而我们还可以比较什么呢，像这一回，
2→　　大家都说中国电影冲奥屡冲不进，
3→　　是不是西方人歧视，西方霸权，
4　　　你如果要讲这个话，没有比伊朗好讲的，
5　　　现在美国差点要跟伊朗打仗的，
　　　　((此处省略两句话))
6　　　忽然来了一个伊朗电影，就像你刚才讲的，
7　　　平均64岁的那些白人男人选了这个片，
8　　　当作是他们的最佳外语片.

"都"这一概括表达（第2、3行）是一种间接引用，它引用了某人在过去可能说过的话，然而间接引语的"发布者"是由一个相当模糊的指代词"大家"来表示的，说话人没有列举所报道的话语的具体来源，而是暗示要么作者无法确定，要么所呈现的词语不能作为所说内容的字面解释。梁把集体代称"大家"说出来，就代表了这是一种许多人持有的普遍观点，无论哪种猜测听上去都是真的。

正如对间接引语的研究所指出的那样，间接引语的功能主要是作为背景或辅助信息提供未被强调的信息（Philips, 1986：162；Mayes, 1990：358）。第2行和第3行的间接引语为受话人提供了一个背景，这个背景使他们理解说话人的重点，即有些民族主义的观点（第2、3行）是错误的，伊朗电影的反例（第6—8行）即是证明。

本节提出了在说服性话语中三个主要语境是如何使用"都"的表达式的，即用"都"进行表达的概括表述是如何被用来表达假设主张、让步信息或错误观点的。由于用"都"进行表达的概括表述总是出现在焦点信息之前的前置成分中，所以它们构成了背景信息，支撑并辅助说话人想要传递给受话人的观点。从这个意义上说，用"都"进行表达的概括表述可以被看作供说话人用来强化论点并说服受话人的修辞手段。

（三）作为缓解（明显）冲突立场的缓和手段

就说话人的立场而言，若前面所述例子的性质本质上是和谐的话，

那么本研究语料也表明,基于"都"的概括有时也会出现在冲突的会话中。尽管明显的冲突有时以幽默的方式呈现,因此这些冲突的性质并不严重,但幽默的效果往往是以牺牲参与者的共同立场为代价的,所以这些例子直接看来并不那么和谐,同时也对受此影响的共同参与者提出了一个有待解决的互动条件。在此情况下,共同参与者通常使用一个基于"都"的概括表述来减轻对自己的负面影响,并化解明显的分歧。这种说服用法背后的逻辑是,当前说话人所表达的是常见惯例,因此可以化解分歧。这些例子使人联想起会话分析研究中许多关于极端表达式(ECFs)的功能的研究(比如 Pomerantz, 1986;Sidnell, 2004)。下面将进一步探讨如何使用基于"都"的概括来缓解参与者之间的(明显)冲突问题。

看以下例子,在上文中,主要说话人"俊"谈到他和他的同学在大学一年级军训期间经常耍的小聪明,即他们穿着衣服睡觉以节省午夜紧急集会的时间。这个例子开头处,其中一位受话人"唐"用戏谑性的语调质疑叙述者遵守军事规则的能力(第 1 行)。王随后的话语虽然不完整,但显然也将主人公的行为归因于他能力的欠缺(第 5 行)。

(20) 大学生在军事训练营里的生活
1　唐: =＜HI＞合着你都::训练一年,到最后还这么干啊?
　　　　＜/HI＞
2　　(0.7)
3　俊:有人啊,有人这么干啊.
4　　(0.8)
5　王:他可能动作［(比较-).
6　俊:　　　　　［我跟你讲,我们是,
7→　　我们-我们那时候都是::很-,
8→　　因为那时候(×)嘛,大家［心理都不平衡,闹.
9　唐:　　　　　　　　　　　　［对.
10　　(1.3)
11　王:哦::::.

面对这些质疑,俊解释了主人公的行为(第 7 行,"我们-我们那时候都是很")。尽管在"很"之后中止陈述，但他提到了一个历史事件并阐述了事件发生后人们的普遍心态（第8行，"因为那时候嘛，大家心里都不平衡，闹"）。通过这个解释，说话人将主人公的不服从和叛逆行为归因于他们的反社会情绪，而不是他们能力的欠缺。通过将这种类型的行为描述为每个人日常的常见行为，说话人证明了自己的行为是合理的，并减轻了对他产生的任何负面影响，这一立场确实得到了受话人的认可（第9行，"对"，第11行，"哦"）。

下面的例子将说明"都"是如何表达一个人隐含分歧的。在之前的对话中，李提到由于地下埋藏着丰富的历史文物，她的家乡有许多考古发掘点。作为回应，王开玩笑地建议李干脆在自家后院挖掘宝藏。

```
(21) 保护古代遗迹
3      王：@@你看我说吧，你自己在家后院儿挖一挖．
4      李：@那倒是．@
5      现：@@@@
6      邹：对呀．
7      王：兴许能挖出个啥来呢．
8      李：因为我们那儿（  ）
9      谭：不让（乱）挖．
10→   李：我们那儿人现在都特别那个，
11→      文物意识，保护意识特重．
12       就是之前的时候不行．［就大概－（（故事继续））
```

为回应王的这种毫不严肃的提议，李最初通过笑着说"那倒是"表达了她对于这个友好笑话的理解（第4行），但是用原因标记"因为"（第8行）作为开场发表了意见，被认为是一种信息共享手段（宋作艳、陶红印，2008）。李为接下来的话语提供了背景信息，在她结束话轮前，另一位对话者谭进行了插话，投射出李想要表达的内容（第9行，"不让乱挖"）。在李通过重复"我们那儿"来恢复话轮后，她说如今她家乡的人们都非常清楚保护古代文物的必要性（第10、11行），这表明她对王的提议持保守态度。李并没有直接反驳王的提议，而是提到了她的同乡思想观念上的变化，从而含蓄地暗示出王的提议不可行。因此，在这里使用"都"的概括有助于缓和对话者所持立场中任何可以感知到的分歧。

七 讨论和结论

（一）结果

本文旨在研究会话语篇中"复数 NP + 都"的表达式的用法。就语义内容而言，"复数 NP + 都"表达了指代人、事件和物体类别的概括或陈述。它们经常引发群体中共同的文化或社会观念（比如，"我们都知道辣的东西好吃"）、思想观念（比如，"人们越来越意识到保护历史文物的重要性"）以及群体中的普遍行为（比如，"都用盗版"）。鉴于这些普遍主张具有主观性和包括性特征，因此可作为社交互动的手段。

关于客观性和主观性的分类，主观性很明显在这些表达式的使用中起到了主导作用，这印证了很多前期研究的结果，即语言不是对世界客观描述的自主系统，而是一种表达说话者意图的手段（Traugott & Dasher, 2002; Scheibman, 2002; Kärkkäinen, 2003、2006; 吴杰, 2004; Englebretson, 2007; Du Bois & Kärkkäinen, 2012）。在我们分析的许多自然语料中，量化是模糊的、假设的或不可验证的——符合主观评价的所有特点。会话者的回应还表明，参与者并不会争论话语的主观性，他们也很少把量化作为谈话的重点。

最后，从会话互动中"复数 NP + 都"组合的话语语用模式来看，这种表达既发生在立场一致的语境中，也发生在（表面上）对抗的语境中。它的用法主要有三种通用模式：1）作为建立和谐关系的手段在共同参与者之间建立立场一致的关系；2）作为投射观点的（背景）手段；3）作为缓和手段来缓解（明显的）冲突立场。

（二）不同类型功能分布

本文对"都1"用法的500个例子小样本（其中两个子类型各250个例子）（日常对话和媒体访谈节目）进一步分析后发现，话语功能在不同子类型中的分布频率颇为有趣，如表3所示。

表 3　　"复数 NP + 都"在不同语体中的话语功能分布

功能类型	对话（%）	媒体（%）	总计（%）
建立和谐关系	58/23.2	70/28.0	128/25.6
创设背景（常见背景创设）	106/42.4	59/23.6	165/33.0
创设背景（用于说服性话语）	66/26.4	104/41.6	170/34.0
缓解	20/8.0	17/6.8	37/7.4
总计	250/100.0	250/100.0	500/100.0

$X^2 = 23.25$, $df = 3$, $p < 0.05$.

从表 3 中可以看出，两种创设背景的功能占比最大，加起来占总语料的 67%；其次是建立和谐关系功能（25.6%）；缓解功能在语料中占比最小，为 7.4%。这两种子类型的显著区别体现在日常对话中，为交谈创设背景（42.4%）似乎是最常用的，而在媒体访谈节目中，为说服（41.6%）创设基础功能的占比远超其他功能。

本文未能详尽描述各语体之间的差异，下面做一下简短讨论。关于创设背景功能的主导地位，我们认为，因为说话人需要确保在会话继续之前达成共识，所以无论在何种会话语境下，创设背景功能在人际交往中总是必不可少的（Brown & Yule, 1983; Clark & Wilkes - Gibbs, 1986; Chafe, 1994; Thompson & Hopper, 2001 等）。然而，与普通的谈话相反，媒体访谈节目却展现出了更多用于说服话语的用法。我们认为这与此种话语语体的性质和目的有关，从所分析的访谈节目语料来看，各方经常展开辩论性的谈话，说服其他各方或"听到此谈话的听众"是该节目的主要目的（Heritage, 1985; Hutchby, 2006）。因此，说服功能在高度互动的媒体访谈节目中占据重要地位也就很容易理解了。

关于缓解功能在主要功能中使用频率最低的情况，我们认为其原因是：真正的冲突对话在通常情况下并不常见。正如语料所示，在某种程度上，当确有冲突发生时，它们通常以幽默的方式呈现，即使在媒体访谈节目中，尽管各方可能会进行明显冲突的谈话，但这些冲突很少是争斗性的或对抗性的，例如在政客们有截然不同的想法且政治风险极高的政治竞选辩论中（示例分析详见：Benoit & Wells, 1996; Clayman, 1995; Clayman & Heritage, 2002）。

简言之,"复数 NP + 都"的表达式的类型分布模式反映了普通会话的进行方式;由于媒体访谈节目惯例化的特征,日常会话和媒体访谈节目呈现出略有差异的特征。

(三) 功能连续统和交互主观性问题

如 7.1 所述,会话互动中"复数 NP + 都"的表达式的功能繁多,我们要关注的是,是否有一个统一的解释,本文对此持肯定态度,这一点可以用我们称为"和谐的连续统"的概念来说明。作为一个语用概念,和谐通常被理解为与和谐的人际关系有关,并且和谐需要在人际互动中积极维护和管理(Spencer – Oatey,2000)。从这个角度看,与"都"相关的概括表达式所呈现的内容可以理解为是一个和谐人际关系的连续统。如图 1 所示,在连续统的左端表示的是最认同的回应,因此是最和谐的关系,而在另一端是(明显)冲突的谈话例子,因此是最不和谐的关系,中间则是创设背景的情况。

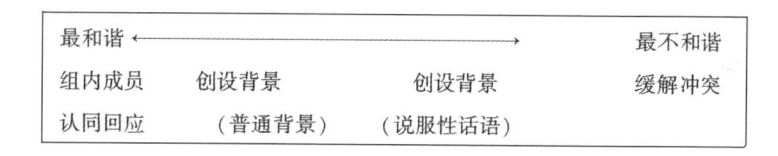

最和谐 ←		→	最不和谐
组内成员	创设背景	创设背景	缓解冲突
认同回应	(普通背景)	(说服性话语)	

图 1　会话中"复数 NP + 都"表达式的语用连续统

此外,如图 1 所示,建立和谐关系的不同模式是交互主观性的一般趋势。交互主观性通常表现为思想、观点或立场的一致(Varela et al.,1992;Zlatev et al.,2008)或经验主体间关于经验—概念内容的共识(Verhagen,2005、2008)。就"复数 NP + 都"组合而言,无论一开始(或和谐程度)是完全一致的关系,还是立场有些冲突的群内身份,说话者通过使用这一表达式试图将共同观点或立场聚集在一起,其目的在于在参与者之间建立或增强和谐关系,而不是制造隔阂。我们认为这就是在日常互动中基于"都"的概括用法的语用本质所在。

最后,我们试图解决本文开头提出的问题:说话人是如何以及为什么在特定话语语境中使用"复数 NP + 都"的表达式的?在自然会话中,

"都"表达式的社会互动效应是如何实现的？希望上一段落中所讨论的统一解释能为这些问题提供一个前瞻性的答案。最后，来讨论一下社会互动的要求如何帮助我们更好地理解"都"的量词性质。需要强调的是，虽然涉及"都"的所有表达式中都含有量化成分是无可否认的，但只关注"都"和类似表达式的量化功能的分析是不够的，因为这种方法可能会导致忽略重要的相关语义问题（话语量化的不可验证性）、说话人的角色（无论是回应人还是主要说话人），以及所涉及结构的序列位置（无论是在第一行为还是第二行为中产生）等问题；当然，还有量化和概括的基本互动动机。虽然本研究仅限于对单个句法结构（复数 NP + 都）中的单个量词（"都"）的研究，但希望通过将社会互动视角引入对一个广泛研究的主题分析中，从而为传统上被认为是自主或有限语用关联的词汇语法现象提供新的研究视角。

参考文献

北京语言学院语言教育研究所编：《现代汉语频率词典》，北京语言学院出版社 1986 年版。

陈一、刘丽艳：《话语标记"我跟你说/讲"》，《中国语言学报》2010 年第 14 期。

黄文枫：《"都"量化时间副词现象研究》，《世界汉语教学》2010 年第 3 期。

蒋严：《语用推理与"都"的句法/语义特征》，《现代外语》1998 年第 1 期。

兰宾汉：《副词"都"的语义及其对后面动词的限制作用》，《语言教学与研究》1988 年第 2 期。

吕叔湘主编：《现代汉语八百词》，商务印书馆 1980 年版。

马真：《关于"都/全"所总括的对象的位置》，《汉语学习》1983 年第 1 期。

潘海华：《焦点、三分结构与汉语"都"的语义解释》，中国语文杂志社编《语法探索与研究》（十三），商务印书馆 2006 年版。

宋作艳、陶红印：《汉英因果复句顺序的话语分析与比较》，《汉语学报》2008 年第 4 期。

王还：《再谈谈"都"》，《语言教学与研究》1988 年第 2 期。

王红：《副词"都"的语法意义试析》，《汉语学习》1999 年第 6 期。

徐杰：《"都"类副词的总括对象及其隐现、位序》，《汉语学习》1985 年第 1 期。

徐以中、杨亦鸣：《副词"都"的主观性、客观性及语用歧义》，《语言研究》2005 年第 3 期。

张谊生：《范围副词"都"的选择限制》，《中国语文》2003 年第 5 期。

张谊生：《副词"都"的语法化与主观化》，《徐州师范大学学报科学版》2005 年第 11 期。

Benoit William L. & William T. Wells, *Candidates in Conflict*. Tuscaloosa: University of Alabama Press, 1996.

Brown Gillian & George Yule, *Discourse Analysis*. Cambridge: Cambridge University Press, 1983.

Chafe Wallace, *Discourse, Consciousness, and Time: The Flow and Displacement of Conscious Experience in Speaking and Writing*. Chicago: University of Chicago Press, 1994.

Chappell Hilary, "Strategies for the assertion of obviousness and disagreement in Mandarin: a semantic study of the modal particle ME". *Australian Journal of Linguistics*, Vol. 11, No. 1, 1991, 39–65.

Clark Herbert H. & Susan E. Brennan, "Grounding in communication". In Lauren B. Resnick, John M. Levine & Stephanie D. Teasley (eds.) *Perspectives on Socially Shared Cognition*, 127–149. Washington, D. C.: American Psychological Association, 1991.

Clark Herbert H. & Deanna Wilkes-Gibbs, "Referring as a collaborative process". *Cognition*, Vol. 22, 1986, 1–39.

Clark Herbert H. & Catherine R. Marshall, "Definite reference and mutual knowledge". In Aravind K. Joshi, Bonnie L. Webber & Ivan A. Sag (eds.) *Elements of Discourse Understanding*, 10–63. Cambridge: Cambridge University Press, 1981.

Clayman Steven E., "Defining moments, presidential debates, and the dynamics of quotability". *Journal of Communication*, Vol. 45, 1995, 118–146.

Clayman Steven E. & John Heritage, "Questioning presidents: journalistic deference and adversarialness in the Press Conferences of Eisenhower and Reagan". *Journal of Communication*, Vol. 52, 2002, 749 – 775.

Couper – Kuhlen Elizabeth & Sandra A. Thompson, "A linguistic practice for retracting overstatements 'Concessive Repair'". In Auli Hakulinen & Margret Selting (eds.) *Syntax and Lexis in Conversation*, 257 – 288. Amsterdam & Philadelphia: John Benjamins Publishing Company, 2005.

Drew Paul, "Precision and exaggeration in interaction". *American Sociological Review*, Vol. 68, No. 6, 2003, 917 – 938.

Du Bois John W. & Elise Kärkkäinen, "Taking a stance on emotion: affect, sequence, and intersubjectivity in dialogic interaction". *Text Talk*, Vol. 32, No. 4, 2012, 433 – 451.

Elise Kärkkäinen, *Epistemic Stance in English Conversation: A Description of Its Interactional Functions, With a Focus on I Think*. Amsterdam & Philadelphia: John Benjamins, 2003.

Elise Kärkkäinen, "Stance taking in conversation: from subjectivity to intersubjectivity". *Text Talk*, Vol. 26, No. 6, 2006, 699 – 731.

Edwards Derek, "Extreme case formulations: softeners, investment, and doing nonliteral". *Research on Language and Social Interaction*, Vol. 33, No. 4, 2000, 347 – 373.

Englebretson Robert, *Stancetaking in Discourse: Subjectivity, Evaluation, Interaction*. Amsterdam: John Benjamins, 2007.

Halliday Michael Alexander Kirkwood & Ruqaiya Hasan, *Cohesion in English*. London: Longman, 1976.

Hausmann Leslie RM, John M. Levine & E. Tory Higgins, "Communication and group perception: extending the 'Saying is Believing' effect". *Group Process & Intergroup Relations*, Vol. 11, No. 4, 2008, 539 – 554.

Heritage John, "Analyzing news interviews: aspects of the production of talk for an overhearing audience". In Gail Jefferson & Teun Van Dijk (eds.) *Handbook of Discourse Analysis*, Vol. 3, Discourse and Dialogue, 95 – 117. London: Academic Press, 1985.

Heritage John & Geoffrey Raymond, "The terms of agreement: indexing epistemic authority and subordination in talk – in – interaction". *Social Psychology Quarterly*, Vol. 68, No. 1, 2005, 15 – 38.

Hutchby Ian, *Media Talk: Conversation Analysis and the Study of Broadcasting*. Maidenhead: Open University Press, 2006.

Kamio Akio, *Territory of Information*. Amsterdam: John Benjamins, 1997.

Kreuz Roger J. & Richard M. Roberts, "Two cues for verbal irony: hyperbole and the ironic tone of voice". *Metaphor Symbolic Act*, Vol. 10, No. 1, 1995, 21 – 31.

Lee Thomas H. – T. , *Studies on Quantification in Chinese*. Ph. D. Thesis, University of California, 1986.

Lewis David, *Convention: A Philosophical Study*. Cambridge, Massachusetts: Harvard University Press, 1969.

Lyons John, *Language, Meaning and Context*. London: Fontana Paperbacks, 1981.

Mayes Patricia, "Quotation in spoken English". *Studies in Language*, Vol. 14, 1990, 325 – 363.

Mayes Patricia & Hongyin Tao, "Referring expressions in categorizing activities: rethinking the nature of linguistic units for the study of interaction". *Studies in Language*, Vol. 43, No. 2, 2019, 329 – 363.

Mc Carthy Michael & Ronald Carter, " 'There's millions of them': hyperbole in everyday conversation". *Journal of Pragmatics*, Vol. 36, 2004, 149 – 184.

Norrick Neal R. , "Hyperbole, extreme case formulation". *Journal of Pragmatics*, Vol. 36, 2004, 1727 – 1739.

Perdue Charles W. , John F. Dovidio, Michael B. Gurtman & Richard B. Tyler, "Us and them: social categorization and the process of intergroup bias". *Journal of Personality and Social Psychology*, Vol. 59, No. 3, 1990, 475 – 486.

Philips Susan U. , "Reported speech as evidence in an American trial". In Deborah Tannen & James Alatis (eds.) *Languages and Linguistics: The Interdependence of Theory, Data and Application*, 154 – 179. Washington, D. C. : Georgetown University Press, 1986.

Pomerantz Anita, "Extreme case formulations: a way of legitimizing claims". *Human Studies*, Vol. 9, 1986, 219 – 229.

Sacks Harvey, "On the analyzability of stories by children". In John Joseph Gumperz & Dell H. Hymes (eds.) *Directions in Sociolinguistics: The Ethnography of Communication*, 325 – 345. New York: Holt, Rinehart and Winston, 1972.

Sacks Harvey, *Lectures on conversation* Vol. 1. In Gail Jefferson (ed.) Oxford: Basil Blackwell, 1992.

Sacks Harvey, Emanuel A. Schegloff & Gail Jefferson, "A simplest systematics for the organization of turn – taking in conversation". *Language*, Vol. 50, 1974, 696 – 735.

Schegloff Emanuel A., "A tutorial on membership categorization". *Journal of Pragmatics*. Vol. 39, No. 3, 2007, 462 – 482.

Scheibman Joanne, *Point of View and Grammar: Structural Patterns of Subjectivity in American English Conversation*. Amsterdam & Philadelphia: John Benjamins, 2002.

Scheibman Joannne, "Subjective and intersubjective uses of generalizations in English conversations". In Robert Englebretson (ed.) *Stancetaking in Discourse: Subjectivity, Evaluation, Interaction*, 112 – 138. Philadelphia: John Benjamins, 2007.

Schelling Thomas C., *The Strategy of Conflict*. Oxford: Oxford University Press, 1960.

Sidnell Jack, "There's risks in everything: extreme – case formulations and accountability in inquiry testimony". *Discourse & Society*, Vol. 15, No. 6, 2004, 745 – 766.

Spencer – Oatey Helen, "Rapport management: a framework for analysis". In Helen Spencer – Oatey (ed.) *Culturally Speaking: Managing Rapport through Talk across Cultures*, 11 – 45. New York: Continuum, 2000.

Stokoe Elizabeth, "Moving forward with membership categorization analysis: methods for systematic analysis". *Discourse Studies*, Vol. 14, No. 3, 2012, 277 – 303.

Tajfel Henri, "Social categorization, English manuscript of 'La Cate'gorisation Sociale'". In Serge Moscovici (ed.) *Introduction à la Psychologie Sociale*, Vol. 1, 272 – 302, Paris: Larousse, 1972.

Tajfel Henri, "Social stereotypes and social groups". In John C. Turner & Howard Giles (eds.) *Intergroup Behaviour*, 144 – 167. Oxford, United Kingdom: Blackwell, 1981.

Taylor Donald M. & Lise Dube, "Two faces of identity: the 'I' and the 'We'". *Journal of Social Issues*, Vol. 72, 1986, 81 – 98.

Thompson Sandra A. & Paul J. Hopper, "Transitivity, clause structure, and argument structure: evidence from conversation". In Joan Bybee & Paul Hopper (eds.) *Frequency and the Emergence of Linguistic Structure*, 27 – 60. Amsterdam: John Benjamins, 2001.

Traugott Elizabeth Closs, "From propositional to textual and expressive meanings: some semantic – pragmatic aspects of grammaticalization". In Winfred P. Lehmann & Yakov Malkiel (eds.) *Perspectives on Historical Linguistics*, 245 – 271. Amsterdam: John Benjamins, 1982.

Traugott Elizabeth Closs, "From subjectification to intersubjectification". In Raymond Hickey (ed.) *Motives for Language Change*, 124 – 139. Cambridge: Cambridge University Press, 2003.

Traugott Elizabeth Closs & Richard B. Dasher, *Regularity in Semantic Change*. Cambridge: Cambridge University Press, 2002.

Varela Francisco J., Evan Thompson & Eleanor Rosch, *The Embodied Mind: Cognitive Science and Human Experience*. Cambridge, Massachusetts: MIT Press, 1992.

Verhagen Arie, *Constructions of Intersubjectivity: Discourse, Syntax, and Cognition*. Oxford: Oxford University Press, 2005.

Verhagen Arie, "Intersubjectivity and the architecture of the language system". In Jordan Zlatev, Timothy P. Racine, Chris Sinha & Esa Itkonen (eds.) *The Shared Mind: Perspectives on Intersubjectivity*, 307 – 331. Amsterdam: John Benjamins, 2008.

Wu Ruey – Jiuan Regina, *Stance in Talk: A Conversation Analysis of Mandarin*

Final Particles. Amsterdam & Philadelphia: John Benjamins, 2004.

Zlatev Jordan, Timothy P. Racine, Chris Sinha & Esa Itkonen, "Intersubjectivity: what makes us human?". In Jordan Zlatev, Timothy P. Racine, Chris Sinha & Esa Itkonen (eds.) *The Shared Mind: Perspectives on Intersubjectivity*, 1 - 14. Amsterdam: John Benjamins, 2008.

Song Zuoyan & Hongyin Tao, "A unified account of causal clause sequences in Mandarin Chinese and its implications". *Studies in Language*, Vol. 33, No. 1, 2009, 69 - 102.

汉语口语会话中的名词连用[*]

传统研究认为，名词短语（NPs）是短语类单位，具有内部结构层次且可在上位句法单位中发挥作用。本文拟从话语层面对与 NP 相关的模型进行考察。基于汉语会话语料重点考察可充当相邻话轮构建单位的多个 NP 连用现象，可以得出多种型式：1）用于相互注视与共同关注的手势协同指称；2）旨在缓解冲突立场和自我疏离的代词重复（第一人称单数）；3）用于渐进式指称识别或阐释的各种 NP 形式；4）表明共同立场和互相定位的多个 NP 连用；5）用于劝说、例证、阐释以及一致立场或相互定位的多词项列举结构。以上模型具备显著的互动功能，同时超出了小句层面的句法范畴。因此，这些型式可以用来证明会话语法或互动语法的存在，也可以用来解释在语境中和基于会话结构的互动视角考察 NP 等句法概念时需要考虑的问题。尽管这些模型从传统语法上看是非常规的，但它们可以引发人们思考有关互动和语法的形式、形成和动态性等重要问题。

一 引言

作为语言单位，名词短语传统上划归于短语层面，与其他同类短语同时使用，用以构建诸如小句和句子等更大的语言单位（Chomsky，1957、1965）。受传统方法的影响，研究者通常会对名词短语的内部结构

---

[*] 原文出自 Tsuyoshi Ono & Sandra A. Thompson 主编的 *The "Noun Phrase" across Language: An emergent unit in interaction Amsterdam*, John Benjamins Publish Company。

进行分析，如将其切分为中心语和诸如修饰语、限定词的层次分析，或者考察其在更大句法单位（如主语和宾语）中的作用（Van Valin & LaPolla, 2002：第2章）等。就意义或功能而言，名词短语通常与小句等单位形成对比，因此 Van Valin 和 LaPolla（2002：53）提出："名词短语用于指代，小句用于表述。"

尽管上述方法揭示了 NP 的重要特征，但也存在几大主要局限。首先，句法理论很少涉及实际的语言使用模型，所以一些基于直觉或人为设计语料的研究可能并不能贴切地反映自然话语中的实际情况（例如，有关 NPs 描述，详见 Ono & Thompson［1994］）；其次，由于大多数流行的理论句法模型关注的是句法功能，而非会话互动，所以尽管功能语法已有相当多的文献研究了非结构性问题，如指称选择（referential choice）（Fox, 1987 等）和信息流（flow of information）（Chafe, 1987、1994；Du Bois, 1980、1987）等，都在很大程度上涉及名词实体，但要全面理解这些单位仍有大量工作需要去做。本文拟考察会话互动中一些较少讨论且超出小句句法范畴的 NP 单位模型及其可能完成的互动任务。本文的最终目的是证明，当在语境和基于互动语篇的结构中考察句法概念（如 NPs）时，话语层面的语法或互动中的语法是存在的，虽然这些语法有时是非常规的，它们应当可以引发我们对有关互动和语法的形式、构建和动态特征等重要问题的关注。

二　范围与语料

本文所考察的 NP 连用现象指的是三个及三个以上的 NP 同时在紧邻的互动位置（如相邻语调单位和/或同一言者话轮）中使用，且不具备小句层面紧密的句法特征。由于这些模型在句法上具有非常规性却又在互动中反复出现，这里采取"三个"作为该单位 NP 连用的最小数量（更多论述参见4.2）。例（1）为本文拟描述的模型中的一种。

(1) 美国华裔游客 M 和中国的东道主 F 谈论中国地理和古代历史的特点
　　1　F：　因为汉族人，

2		.. 认为自己了不起,
3		叫一个大汉族主义,
4		啊.
5	M：	是啊.
6	F：	那边的人,
7		都是不是夷啊就是,
8		... 就是胡子啊.
9		<@ 是不是? @ >
10	M：	[@]
11	F：	[@]
12→	M：	<@ 蛮子. @ >
13→	F：	<@ 蛮子,
14→		夷一类的. @ >
15→	M：	<@ 山人. @ >
16		[<@是吗@ >]?
17	F：	[<@ 啊@ >]. [@]
18	M：	<@ 这样子的. @ >
19	F：	很多,
20		.. 这个
21		... 嗯,
22		.. 蔑称是吗? （GEO）

此例中，箭头所指的第 12—15 行，可以看到四个连续的 NP，每个 NP 都是独立的语调单位（intonation unit, IU; Chafe, 1987; Du Bois 等, 1993）。这些 NP 似乎不符合任何句法结构，理由：1）在第 6—9 行，F 的话轮中有一个最接近前置小句的结构（那边的人要么是野蛮人，要么是胡子，是不是?），该话轮在此处已完成；2）在这四个 NP 语调单位之后，由于第 16 行是附加疑问句，所以也没有适用这些 NP 单位的句法位置。鉴于此，会话中这类 NP 可认为是独立的单位。（Helasvuo, 1997、2001；Ono & Thompson, 1994；Tao, 1992、1993、1996）。

本文将讨论独立的 NP 和一些与小句关联不够紧密的 NP 结构，例如下面的例（2）（3），重点关注多个（即三个及以上）NP 连用单位，而不是单个 NP 单位。

在口语话语文献中，已有诸多研究关涉语调单位的类型问题，特别是对各种语言中的依附性（句法关联）和非依附性（句法独立）NP 型语调单位进行了分析，以表明语言在其语调单位的句法构成上可能具有不同倾向。许多基于英语的研究表明，小句型语调单位是口语话语的常态（Chafe，1987；Croft，2009；Ono & Thompson，1995）或者是互动的核心（Thompson & Couper-Kuhlen，2005；Thompson，2019）。这些研究率先关注到某些非英语语言和语境中 NP 型语调单位在数量方面的显著性。例如，Iwasaki（1993）、Iwasaki 和 Tao（1993）以及 Tao（1993、1996）指出，NP 型以及非小句型语调单位在日语和汉语互动话语中非常活跃，在以色列希伯来语（Izre'el，2005、2018）、萨萨克语（Wouk，2008）和瓦尔达曼语（Croft，2007）研究中也有类似发现。类似的研究有时是从跨语言的角度展开，涉及 NP 语调单位在叙事和会话语篇中的具体功能。代表性的研究有：Tao（1992）对英语会话中的指称和谓语性 NP 型语调单位的研究；Tao（1993、1996）对汉语会话中语调单位各类功能的论述（引入指称对象、识别、列举等）；Ono & Thompson（1994）对英语会话中谓语性（相对于指称性）NP 型语调单位进行了全面考察，并特别指出其在日常会话语法中的独特地位，以及借助谓词性 NP 来完成特点描述、评估、归因、识别、标注等互动功能；Helasvuo（1997）指出，在芬兰语中，通过丰富的格标记（case marking），独立的 NP 型语调单位有助于建立主题和连接指向等。此外，Laury & Helasvuo（2015）对芬兰语中脱离关系从句的 NP 研究表明，该类型的 NP 型语调单位可用作各种指称表达、发挥协商功能，并且还具备不同的话语连接指向（后向连接和前向连接，参见 Ono & Thompson［1994］）；Matsumoto（1997、1998、2003）则描述了日语中独立 NP 型语调单位的各类指称和互动用法。

然而，除个别研究外（Tao，1993、1996；Lee，2010a、2010b），大多数现有研究并未对单个 NP 型语调单位与多个 NP 型语调单位进行区分，从而忽视了多重结构所引发的问题。以往大量的会话研究表明，连续使用多个指称形式的重述可能与对视、共同注意（Goodwin，1979、1980）或行为（如评价）投射（Ford & Fox，1996）有关。然而，这些研究并未格外关注多重 NP 连用在互动中作为一个结构单位的特征。本文试图解决这一问题，并指出，在某些语境下，至少在汉语口语中，NP 连用具有一定程度的统一性，用以完成各种互动任务，除此之外，类似的互动效果无法通过别的途径达成。鉴于此类单位通常不符合严格的小句句法，但又在互动层面上表现出很强的连贯性与统一性，所以本文称其为"多项 NP 语符列"（multiple - NP strings）。

本文语料来自面对面和电话情境下的各种录音/视频的汉语日常对话。面对面的对话来自作者及合作者在过去 20 年搜集的语料，电话对话来自美国语料共建会（LDC）开发的 CallFriend 语料库（Canavan & Zipperlen，1996）。本文的语料样本包括 25 组对话（18 组面对面对话和 7 组电话对话，总计约 119014 字）。每组对话时长由 30 分钟至 1 小时以上不等。

三 多项 NPs 连用模型

通过分析汉语会话语料发现，多项 NPs 连用现象至少存在于五种语境中。首先，重点介绍每种模型的主要特征以及它们之间的关系。然后，将该模型作为一个整体来探讨 NP 在互动中的语法性质。先介绍具有基本相同的 NP 形式的连用模型，再描述其他具有不同 NP 形式的模型。

（一）用于对视和共同关注的多 NP 连用模型

在此类模式中，具有几乎相同形式的 NP 被用以确保听者的对视和共同关注（Goodwin，1979、1980）。此类情况通常出现在新话轮或序列的开头（Schegloff，2007），即新话题的开端。此外，对话发起人通常会反复指向环境中的某个实体，以吸引对话者的目光和注意，如例（2）所示。

例（2）中，两对大学毕业生夫妇在租来的大学公寓里举行朋友聚餐。HM 和 HF 分别代表男主人和女主人，GM 和 GF 分别代表男客人和女客人。当女性发话者在准备饭菜时，男主人（HM）引起了宾客夫妇，尤其是男宾客（GM）的注意，此后男主人开始抱怨他的公寓出现了各种各样的问题。在此之前，发话者一直在谈论如何充分使用公寓安装的炊具，这引发了他们对居住过的不同公寓的讨论。

(2) 在租来的大学公寓厨房里举行聚餐时的谈话
1　　HM：　　((一边将右手指向厨房碗柜区，一边凝视 GM。
　　　　　　　　在相互凝视那一刻开始说话))①
2　　　　　　　我们这个，
3　　　　　　　…(.4) 房子，
4　　　　　　　好像不太好.
　　　　　　　((女性说话者间的后台聊天：省略))
5　　→　　　<X 就 X>这个，
　　　　　　　((指向橱柜一角，屏幕上部分被 GM 挡住))
6　　→　　　.. 这个，
7　　→　　　… 这个上面啊，
　　　　　　　((指示性手势清晰可见))
8　　　　　　　这个上面特别 = <X 这个 X>脏.
9　　GF：　　对对对.
　　　　　　　我们的也是.　　　　　　　　　　　　(CALPER)

这段对话中，男主人（HM）首先将话题转移到谈论公寓质量上。由于厨房里有许多其他活动同时进行，而且女性说话者并没有面对他，他通过使用多 NPs 指代形式来吸引其他参与者的注意（第 5—6 行中的"这个"，第 7 行中的"这个上面"）。除指代形式外，从第 5 行到第 8 行整段都使用指示性手势（pointing gesture）。

在下一例中，将看到，尽管多项 NPs 可以笼统归类到一个更大的句法框架中，但若通过在单独语调单位中隔离每个名词的方式来打破这种模型，可以说更多是为了确保能达到互相注视和共同关注的目的，而不是出于句法方面的考虑。

---

① 转写中的描述（括号内容）表示手势的内容。其他转录惯例，参见附录一。

| (1) 第5—6行中的NPs | (2) 第7行中的NP | (3) 第8行中的叙述 |

图1：男主人指向橱柜一角，并在使用NP语调单位开启新序列时保持指示性手势。在第5—6行，男主人HM的手势（在屏幕上被近景中男客人GM遮挡住一部分，在图1a中略有显示），然后在第7行（图1〔2〕）处，男主人指示性手势清晰可见。在第8行（图1〔3〕）中，他用重复的指示形式作为主语/话题（"这个地方特别脏"）进行陈述时，保持了这一指示性手势。

例（3）中，V正在拜访两位住在首尔一所韩国大学国际学生宿舍的朋友。H（发型师）正在宿舍里帮她的室友C（顾客）理发。V一边走来走去，一边观察她们理发，时不时试图和她们说话，并且把她们作为谈话内容（特别是C高中时代乱七八糟的旧发型）展开会话。由于H和C正在梳理头发，因此对V来说，要吸引她们的注意力有一定挑战性，因为H和C必须停止正在做的事（梳理头发）来与她对视，并回应她。我们发现，V使用了多种策略来确保达到互相注视和共同关注的目的，其中策略之一即是使用辅以手势的多个指示性NP，如例（3）中第13—17行和图2（1—3）所示。

(3) 梳理头发时的谈话，地点：某国际学生宿舍
1　C：　这样子就可以了.
2　V：　我记得－－
3　C：　...这样子就可以了.
4　V：　我记得－－
5　　　　原来C－－
6　　　　上高中的时候，
7　H：　((目光转向V))

8	V:	不是没有刘海吗?
9	H:	嗯.
		((目光回到 C 的头发上))
10	V:	没有刘海的话不是得全往后梳吗?
11	H:	嗯.
12	V:	然后她上面经常有,
13	→	那些－－
		((右手在 C 的头上移动, 表示混乱))
14	→	那些－－
		((右手在 C 的头上移动, 表示混乱))
15	H:	((目光从 C 的头部转移到 V))
		((凝视 V, 开始微笑))
16	→V:	那些,
		((右手在 C 的头上移动, 表示混乱))
17	→	乱七八糟的呀,
18	H:	((目光移回到 C 的头发上))
19	V:	然后就很难看.
20		然后就,
21		然后告诉她,
22		然后再梳,
23		还是那个样子.
24	C:	哎,
25		我－
26	V:	就改不了. (HAIR)①

---

① 感谢 Jee Won Lee 为笔者提供了这段录音.

(1) 第13行 (V: 左; H: 右)　　(2) 第14行 (H注视着V)　　(3) 第15—17行 (H注视并微笑)

图2　V用手势和多个指示NPs来吸引H的注意

在例（3）中，第13、14和16行箭头标示的地方同样采用了多个指示性NP，且这些单位都以截断或非终端语调结束。多个NP可松散地出现在一个更大的句法框架中，即作领属动词"有"的宾语。这一点可图示为（4）：

她经常**有**｛那些（第13行）— 那些（第14行）— 那些（第16行）— 乱七八糟的呀（第17行）｝①。

然而，我们有理由相信，这些重启的、重复的、以多语调单位分布的指示性NP型式更多的是用于相互注视及共同关注，而非用来满足严格的句法要求。

第一，Goodwin（1979、1980、1986等）对美式英语会话的研究表明，以停顿和重新开始的形式进行自我修复是发话者在话轮开始时凝聚共同注意力的常用策略。② 尤其是当受话者很难看到发话者，或者当受话者并未通过回应显示已接收信息时，就会采取这一策略。我们的汉语语料同样印证了这一型式，由于受话者H站在右侧，和C（坐在中间）进行身体活动，所以H的视线主要集中在C的头发上。

第二，发话者V早在同一序列的第2行和第4行同样以停顿和重启的自启修正策略，通过诉诸记忆（"我记得"，详见Tao，2001、2003、

---

① 人们也可以认为，这些用例是多模态名词短语（Keevallik，2020）或具身句法（embodied syntax，Keevallik，2013），因为作修饰语的指示型式和手势描述的隐含的中心词——它们共同构成了单独且完整的多模态单位。

② 参见Ford & Fox（1996）对言者用于不同互动目标的重启和重述对额外选项的选择（如代词与完整NP）的讨论。

2016）来吸引 H 的注意。在这两处，V 都成功地将 H 的目光从 C 的头发吸引到自己身上，这一点可由例（3）第 7 行和第 15 行看出。

"记忆"序列如下：

    V：我记得（第 2 行）—我记得（第 4 行）—（（H：目光凝视）（第 7 行））

指代序列如下：

    V：她上面经常有，｛那些（第 13 行）—那些（第 14 行）—（（H：凝视））（第 15 行）—那些（第 16 行）—乱七八糟的呀（第 17 行）｝。

  第三，V 在第 17 行对名词形式的表述显示出一些有趣的变化：在第 13—14 和第 16 行中，相同的指称形式以简单指示语（"那些"）表达，而在第 17 行却通过使用习语（"乱七八糟"）和名词化助词"的"成了一个更详细、更具评价性的形式（或是表达评价，Goodwin & Goodwin, 1992；Pomerantz, 1984）。这一附加说明是在 H 看向并凝视 V（即与 V 显示对话题共同的关注）后说出的。此外，在 V 说出那个评断意味很重的成语（"乱七八糟"）之前，H 凝视并冲 V 微笑，似乎是期待 V 能够表达一个评价或某种描述。H 的微笑显示出她与 V 对 C 的旧发型描述的一致立场。

  对上述三点进行总结，我们认为，这种具有非终端语调并和身体动作配合使用的不完整的句法（即缺少中心词的指示代词式的单个 NP 语调单位），充分认证了以往研究中所提到的投射功能（Helasvuo, 2001：37；Keevallik, 2013），此种行为为寻求相互注视和共同关注提供了良好的协调机制。

  简言之，发话者与共同会话参与者的互动行为以及跨语言的互动倾向表明，此处所分析的多指称 NP 单位，是互动中用以设计系列行为的策略。

(二) 用以缓解立场冲突和自我疏离的代词重复（第一人称单数）

第二种常见的多 NP 连用模型与代词有关。人称代词，尤其是第一人称单数形式，经常在谈话中重复使用，来表示说话人的犹豫不定。根据 Lee（2010a：54—55）的研究，在汉语会话中，第一人称单数形式的重复在所有人称代词的使用中是最频繁的（Scheibman, 2002），在所有人称代词重复模式中也被证明是最频繁的。在 Lee 统计的语料中，第一人称重复占 61%，而第二人称和第三人称分别占 15% 和 24%。Lee 还指出，25% 的第一人称重复涉及三个或更多连续重复标记。

Lee（2010a、2010b）认为，第一人称代词重复在互动中是协商相互冲突立场的一种缓和手段。她指出，当说话人意识到要说的话或许比较敏感（Lerner, 2013）或有可能冒犯到受话者时，使用例（4）中的方法可起到缓解作用（Lee, 2010：199）。

(4) 一位来自中国台湾的说话人正在回忆他在中国大陆的旅行经历以及他对中国大陆和中国台湾的看法。为保持一致性，转录稍做了修改。

```
1      A：现在大陆＝,
2  →   ...（0.8）我说＝,
3  →   我,
4  →   我,
5  →   我感觉,
6      我看到,
7      20 年前的台湾.            (CNTW)
```

上例中，可以显示出说话人犹豫不定态度的就是对多个第一人称单数代词（有时在惯用语，如第 2 行和第 5 行）的重复使用。其原因可能在于，在谈话时，来自中国台湾的发话者误以为大陆是一个不太现代化的地方，但他不想冒犯来自中国大陆的受话者。当然，这里的缓和不仅通过连续使用多个第一人称单数代词来实现，还通过引语（quotative）标记"说"（第 2 行）和认知标记"感觉"（第 5 行）来完成。引语"说"

在这里可以解释为"认为"的意思。说话人在谈话后部分（大约八行之后）对 B 的明确呼吁可以证明这一点。

(5)（续接例4）
13 → A：我我希望这个没有＝，
14 　 B：((交叉双臂))
15 　 　　((挥手))
16 　 A：(0.2) 冒冒犯的意味，
17 　 B：((交叉双臂))

（CNTW）

说话人 B 具有大陆背景，通过挥手和交叉双臂表示理解对方（第14—15 行和第 17 行）。

然而，缓和不一定专门针对受话者，有时说话人也希望能够脱离自己可能拥有的某些个人特征。这可从例（6）中得到印证。在该例中，女性说话人对自己反复观看同一部电影的行为表现出了轻微的厌恶，她自己对这种行为都无法接受。

(6) 一位女性朋友坐在她男性朋友开的车里谈论她最喜欢的电影
1 　 M：正儿八经儿的电影哪个值得保 - 保存？
2 　 F：... 我也不知道.
3 　 M：... 那个怪片子.
4 　 　　... 在＝ - <Barnes and Noble>，
5 　 　　.. 不是站板儿有一栏叫 Archives 吗？
6 　 F：... 欸，
7 　 　　我自己都觉得我自己奇怪.
8 　 M：.. 艺术部.
9 　 F：有一些片子我^就是能 - -
10 　 　　... 你 - 你看，
11 → 　 ... 我 - -

```
12  →        ...（0.4）我--
13  →        ..我,
14           ...<Sound of Music>
15           我从小到大,
16           至少看过有^七遍.
17   M:..    那个片子--
18   F:      至^少=.
19   M:...   已经算经典片了.
20           ..那片子.         (CALPER-P2-711)
```

例（6）中，这位女性说话人自嘲自己有一种怪异的习惯，即把某些电影看很多遍。在第 11—13 行（第 15 行继续）中，她反复使用第一人称代词，表达出一种犹豫不定和自我疏离的态度，这可以从她把自己描述成"我自己都觉得我自己奇怪"（第 7 行）中得到印证。然而，在这个特定的例子中，受话者通过表达当前讨论的电影《音乐之声》是一部经典，因此值得反复观看，试图将这一现象解释为合理的。同一对话中也有用多个第一人称单数代词表达自我疏离态度的例子。

本节可以看到，第一人称单数代词可以多次重复使用，既可以用来设计受话者的缓和特征（Sack、Schegloff & Jefferson，1974），也可作为发话者表达自我疏离和自我怀疑的手段。

（三）用于渐进式指称识别的多种 NP 形式

前面讨论了两种基本相同的 NP 形式模型，现在我们继续讨论包含不同 NP 形式的模型。我们在汉语会话中发现的第三种 NP 连用类型是逐渐限制指称范围，呈现出逐步指称的过程，即在进一步谈论指称之前，谈话双方协调确定指称（或称"指称锚定"，详见 Tao，1996：第 5 章）。

例（7）的指称范围是为了进入大学而参加入学考试的学生，箭头所指的是一系列复杂的 NP：首先，第 2 行是名词化成分（或者说是没有动词和中心名词的紧缩关系从句）；然后，第 3 行是带有连接状语的名词，其后是另外两个名词化成分/紧缩关系从句。用指称术语来说，说话人首先表达了得分 400 分的考生这一类别范围（第 2—3 行），然后她将其缩小到 400 分填报职业院校的考生（第 4—5 行），每一步都使指代范围更加精确。

(7) 说话人谈论她们孩子参加的高考
1　　B：...（1.1）写信的时候，
2　→　　...（1.7）^四＝百分以上的，
3　→　　...（.5）就是考生啊，
4　→　　..^达到四百分以上的，
5　→　　...报职业高中的，
6　　　　...（.6）还有好^多，
7　　　　..就没有，
8　　　　..根本就投档不出去，
9　　　　...^没法投＝.　　　　（JIAOYU）

由此可见，为了限制汉语会话中的指称范围，发话者往往会使用多种形式的 NP 语符串。Kim（2005）在英语口语基础上，将一些指称范围缩小、渐进性确认的模型看成一种追溯性阐述类型。重要的是，在英语（Kim，2005）和汉语口语（Tao，1996）中，此类模型经常以连续多项 NP 语调单位的形式出现。

（四）用于立场协商和互相定位的联合产出式多 NP 模型

尽管如 3.3 小节所示，发话者可以产出一系列用于指称识别的 NP，但在联合指称识别和标准的扩展/表征过程中，参与者合作的情况也并不少见。诚如众多研究（Clark & Wilkes-Gibbs，1986；Geluykens，1988；Tao，1992、1993、1996 等）所强调的那样，指称构建是会话参与者的协作过程。宽泛地说，交际本身就是完全协作的过程。发话人与受话人互相影响、互相协商，以达成指称的共同认知基础（common grounds）。

在指称构建的初始和后续阶段，都可以用多 NP 形式进行多方协作，这一点将在接下来的两个小节中分别讨论。

1. 指称构建

联合指称的初始阶段通常发生在指称对象第一次被引入对话时，如例（8）所示。

  （8）北京某研究机构多名研究生在聚餐时的对话
  1 → H：今天那个女孩儿，
  2   叫=，
  3 P：一毛钱粥。
  4 → H：那个，
  5 → Y：杨筠，
  6 → H：她，
  7   …她上楼上来叫，
  8   <Q 姚新 Q>，
     姚新不在.   （GRAD）

此例中，第一位发话者 H 在发起关于来访者 Yang 的话题时遇到阻碍，即想不起 Yang 的名字。在第 5 行，Y 加入对话协助 H 进行名字搜索。随后，H（第 7 行）基于该指称形式，并采用代词形式继续谈论故事的主人公。这种连续使用多种指称形式的方式——第 1 行中的完整 NP，第 4 行的指示词，第 5 行的不同说话人说出的专有名词，最后第 6 行和第 7 行的代词——展示了完全协作的指称过程和搜索共同背景的互相定位。

2. 指称阐释

与刚刚讨论的建立指称对象的联合行为不同，联合阐述指称对象通常出现在初始发话者提到某些实体或以某些方式描述该实体之后，使下一位发言人可以跟进并表明立场。

在本文开头所讨论的第一个例子中，就有此类用例。回顾例（1）第 1 行至第 9 行，初始发话者 F 陈述了她所认为的中国古代汉族人的种族主义，并以"夷""胡子"这两个标记非汉族群体的贬义词作为例证。在完成该序列后，男性发话者先是笑了一下，以显示他对这些术语的传统使用的了解（Stivers，2008），以及与主发话者立场一致。接着，M 在第 12

行和第 15 行发出两个额外的替代词("蛮子""山人"),其中第一个词被对话者 F 接受并重复使用(第 13 行)。

(9)美国华裔访客 M 和中国大陆的东道主 F 谈论中国地理和古代历史的特点

  6 F:那边的人,
  7   都是不是夷啊就是,
  8   ...就是胡子啊.
  9   <@是不是?@>
  10 M:[@]
  11 F:[@]
  12 → M:<@蛮子.@>
  13 → F:<@蛮子,
  14 → 夷一类的.@>
  15 → M:<@山人.@>
  16   <@是吗@>?   (GEO)

类似用例还可在例(10)的同一对话中找到,只是这次是女性发话者阐释男性发话者的指称形式。在对话之前,女性发话者描述了中国风景如画的旅游胜地桂林的一些有趣的地理特征。男性发话者表示,他认识的一些西方美术史评论家不相信中国画是现实主义绘画,因为这些作品的结构十分抽象。然后他给出了例(10)中的评论。

(10)谈论中国山水画的特征及其与传统绘画的关系

  1 M:..如果他到这个=,
  2   ...桂林那边去转悠转悠的话,
  3   也许他得啊,
  4   ...(.5)嗯,
  5   ..修改修改=,
  6 → [他的]说法.
  7 → F:[他的],

8		M：[2@哦@]？
9	→	F：[2 他的][3 论点].
10		M： [3@]
11	→	F：[4 他的^论]调儿.
12		M：[4<@是啊.]
13		是啊@>. (GEO)

上例中，女性发话者在第 9 行和第 11 行使用了两个额外的词语来说明 M 过于中立的观点。值得注意的是，F 使用的后一个词语"论调儿"是一个带有负面色彩的评价词。

此类会话可以被看作另一种使用替换词语的回溯性阐释（Kim, 2005），该类型同样涉及多 NP 语调单位。此外，还可借助 Goodwin (2013) 所提出的人类行动和知识的合作性、转换性组织框架来分析此类 NP 连用现象。Goodwin 认为，发话者通常会将彼此的话轮和行为作为基础，并将它们转化为新的行为。Du Bois（2007）提出的"立场三角"概念也体现了类似观点。Du Bois 指出，发话者通过以对话共鸣为特征的对话者间的行为序列，即跨话语亲和力的催化与激活，来表达所讨论的话语对象的立场以及对彼此接触和认同的立场。

由此来看，上例中的受话者（例［1］/［9］中的 M，例［10］中的 F）表现出语法音律结构上的一致性，即与主要发话者以相同的韵律—句法方式（即作为单个 NP 型语调单位）进行的指称活动（指称和阐释/刻画）保持一致，从而将相同的活动类型扩展到更长的长度，同时也将原本为说话者 M 单方面的指称活动转化为双方的联合构建行为。

不仅如此，他们通过使用与前一发话者密切相关的词语（"夷""胡子"vs"蛮子""山人"）或升级词语（"观点"vs"论调"）进一步表现出主要发话者对所讨论的话语对象，即中国种族主义和艺术观点的正面或负面立场（Stivers，2008）。

同理，在一个使用多项 NP 单位进行指称阐述的语境中，发话者通常使用它们来共同创造幽默。在这种语境下，受话者会以使用额外 NP 的方式来表示他（她）对初始发话者所描述内容的理解，并以幽默的方式表达。请看下例。

(11) 某研究所的两位同事在办公室聊天，谈论他们孩子的足球迷行为

1　　W：... 谁站哪个位置，
2　　M：(0) <@那也就是说那些球员她都能背下来了？@>
3　　W：...^当=然了！
4　　M：...［<@哎哟］喂@.@>
5　　W：　　　［她那个］--
6　　　　　那个床上面那个，
7　　　　　那个，
8　　　　　那个，
9　　　　..国安整个儿--
10 →　　..全体的那个［照片儿=，］
11 →　M：　　　　　　　［<@全家福啊.@>］
12　　　　　　　　　　［<@噢=噢=噢=.@>］
13 →　W：［全家福=.］
14　　　　...(.5) <X 一共 X>^两个，
15 →　M：...(.4)［两种版本］，
16 →　W：　　　　［一个全家福.］
17　　　　..不是，
18 →　　..全家福一个，
19　　　　..还有一个是((此处删除了长修饰符))特写.

（PKOffice）

上例中，女性发话者通过展示女儿挂在卧室墙上的国安足球队的照片，讲述了作为球迷的女儿是多么热爱国安足球队。女性发话者最初用普通词语"全体的照片"来描述球队照片（第10行），而男性发话者则使用更常用的习语"全家福"。这不仅说明他理解她的认识立场，也表明他对这名青少年粉丝行为的情感评价的认同感（affinity）。由于"全家福"通常用于描述真正的家庭照片，所以在使用时用笑声来表达（在文本中由@表示），最终达到了幽默的效果。值得注意的是，这一习语在接下来第13、16和18行被反复使用。同样，在第15行，当听到W说出数

字"两"(第14行)时，M说出"两种版本"，由于W的意思是说两张不同的照片，而不是同一张照片的两个版本，所以听话者的理解是错的。但由于"全家福"这个词本身常用于出版物和电影等正式场合，所以还是有助于产生幽默效应。

由上述两个例子可知，多项NP语符叠用作为一种格式，使会话参与者中的初始发话者和受话者在联合指称识别和阐释过程中进行协作，无论是初始指称建立阶段还是后续阶段都是如此。在此语境下，相关活动不仅包括指称、描述或阐述，还包括行为和立场一致，有时还会达到幽默效果。

(五) 用于列举结构的多项NP连用现象

本文所讨论的最后一种模型是列举结构（list construction）或列举（lists），即在相邻话轮构建单位（在同一个发话者话轮或相邻话轮中）产生的一组形式上相似、功能上相关且隶属同一会话主题的项目（Tao, 2019）。长期以来，此类会话模式一直被视为一种跨语言的、反复出现的互动模式，它具备多种形式特征和功能（Jefferson, 1990; Lerner, 1994; Sánchez-Ayala, 2003; Selting, 2007; 综述请参 Tao, 2019）。列举最为显著的一个特征是所谓的三分性，即列表结构中项目的首选数量是三，尽管也存在少于或多于三的情况。值得注意的是，列举结构的构成组件通常（但不完全）是NP，如例（12）所示。

(12) 朋友在谈论以前海外生活经历
1　　Z：我在———
　　　　((省略两个语调单位))
2　　　...在印尼待过———
3　　　...很长时间啊.
4　→　马来西亚,
5　→　新加坡,
6　→　...和印尼,
7　→　..菲律宾.
8　→　...这一类呀,

9   都 <X 住了 X >.   （THAI）

根据汉语会话中列举结构的多模态产出模式，Tao（2019）指出了汉语会话中列举结构的两大主要功能：1）增强说服、例证和澄清的修辞效果；2）促进话语构建、追踪和对话者元互动。这两种功能，尤其是第一种，同样适于分析本文语料。如例（12）中，当发话者 Z 试图展示她在海外的生活经历时，体现了例证和澄清功能；这反过来也有助于建立说服的修辞效果，也就是让她这种论述更具可信度。

此外，与上一小节中的指称阐释一样，列举通常也由多名发话者共同参与，[①] 通过列举的联合构建以完成互动任务，这与第 3.4 节中描述的指称阐释模式十分相似。典型用法如例（13）。

（13）说话者在讨论申请人在选择大学时的趋势

1		C：.. 他是说，
2		.. 今年考 =，
3		.. 大学的，
4		B：.. Uh hum.
5		C：... 就是 =，
6		... 所谓，
7		.. 外字^热.
		((省略 13 个语调单位))
8		C：... 想 .. 上那个，
9		... 什么，
10	→	.. 外^经 =啊，
11	→	A：.. 外 [^贸 =啊]，
12	→	C： [外语] 呀，
13	→	A：外 [2 语 2] 呀，
14	→	C： [2 外贸 2] 啊. （JIAOYU）

---

① 参见 Tao（2019）有关手势的联合产出的讨论。

一听到初始发话者 C 在第 10 行中使用了简称"外经"（"外经"是指"对外经贸"，语素"外"表示"外国的"或"国际的"之意）来表达"涉外热"这一类说法（Mayes & Tao，2019），受话者 A 在第 11 行使用了另外一个简称"外贸"。后续几行，他们通过重复（第 12 和 13 行，以及第 11 和 14 行）和（部分）重叠（第 11—14 行）的方式，共同产出多个话轮（Lerner，2002）。通过联合生成列举结构，达到了例证和澄清的修辞效果，随着每个说话者之后的每一次添加，修辞效果进一步加强。此外，通过共同使用列举结构，会话参与者将会话行为转换为序列扩展，显示出对所讨论的对象评估的一致立场。

然而，有时第二位发话者可能只是重复前一个发话者的用词，而没有使用新的或其他的表述，这符合 Sacks（1992）所提出的"理解表达"（claim of understanding），而不是"理解阐释"（demonstration of understanding）（详见 Heritage，2007）。例（14）即属此类情况。

（14）两个研究生谈论在理想的地方找工作的困难
1　　　C：.. 最近几年有的工作，
2　　　　　... 都是很 =，
3　　　　　... 很偏远的地方.
4　→　　　... 内布拉斯加.
5　→　B：...（ ）内布拉斯［加］.
6　→　C：　　　　　　　［亚利桑那］.
7　→　B：... 内布拉斯加.　　　　（LA）

上例，住在洛杉矶的发话者 C 总结说工作大部分在"偏远"地区（第 1—3 行），并举出"内布拉斯加"的例子（第 4 行）。随后，在 C 另外列举了"亚利桑那"的前后，B 重复了 C 的初始指称形式，并未采取新的或其他表述。尽管如此，该例与例（13）中列举结构的例证与澄清功能仍可以明显看出。

根据定义，列举结构包含多个实体，它们往往由 NP 充当，具有清晰的结构，并可用于多种互动任务。诚如 Jefferson（1990）所言，由于列举要求包含多个实体，所以常被用作促进联合产出、合作和立场协商的表达格式。

四 总结与讨论

前文中，考察了作为相邻话轮结构单位的多 NP 连用的五种结构形式，具体包括：1）用于对视和共同关注的多 NP 连用；2）用以缓解立场冲突和自我疏离的代词重复（第一人称单数）；3）用于渐进式指称识别或阐释的各种 NP 形式；4）用于立场协商和互相定位的联合产出式的多 NP 连用；5）用于劝说、例证、阐释以及一致立场或相互定位的多词项列举结构。在这些结构形式中，前两种具有相同或几乎相同的 NP 形式，其余的结构 NP 形式并不相同，有些是由同一个发话者产生的，有一些则是联合产生的。

除结构形式外，上述多项 NP 语符叠用还具备某些互动价值趋向。总的来看，多项 NP 语符叠用所呈现的多为中性或积极互动意义：要么促成与共同关注相关的动作，要么用来表达指称识别、行动一致和（或）立场一致；很少呈现消极互动意义（如少用于分歧或争辩等行为）。

基于此处讨论的模型，可以提出一系列针对 NP 连用的位置、格式、（互动）过程、性质和功能等问题，这些问题将在以下三个小节中予以讨论。

（一）多 NP 单位的位置、互动过程与性质

根据调查，多项 NP 语符叠用可出现于互动过程中的多个不同位置。但问题是是否有可能以某种连贯的方式将这些组块式单位的位置、互动过程，以及功能统筹起来？

早期研究（如 Ono & Thompson，1994；Tao，1992）将（独立的）NP 型语调单位分为指称性和表述性两大类。Ono 和 Thompson（1994）进一步确定了一系列与位置和指向相关的特征，以区别这两个类别，如指称性 NP 一定不出现在话轮结束位置，而表述性 NP 则往往在此位置出现；指称性 NP 为前瞻指向，而表述性 NP 则是回溯指向，等等。本文所描述的 NP 连用现象也具备这种倾向性。例如：模型 1（指称重复）、模型 3（渐进式识别或阐释）以及模型 4 第一个子类型（指称形

式的联合产出）可被看作指称性 NP 型语调单位，而模型 4 第二个子类型 4.2（联合阐释）和模型 5（列举）可被看作近似于表述性 NP 语调单位。

Matsumoto（2003：71）采取三分图式的方法将日语会话中的 NP 型语调单位进行了概念化，如图 3 所示（最左边的类别标签为本文作者所加）。

小句前［独立的、话题的等］
小句内［单语调单位的 NP、多语调单位的 NP 等］
小句后［后置的、重复的 NP 等］

图 3　NP 型语调单位概念化的三分图式

虽然此图有助于理解 NP 型语调单位的不同类型和功能，但它主要是围绕小句展开的，这就会在解释本文处理的语料，尤其是分析常见的联合产出模型时遇到问题。因此，需要将 Ono & Thompson（1994）和 Matsumoto（2003）的观点进行整合，从而提出新的分析模型。为此，我们提出了基于序列特征、联合产出和单位属性的多 NP 语调单位模型，如图 4 所示。

初始确认阶段［1. 指示词；2. 代词；3. 渐进式指代］
联合指称阶段［4.1 联合建立产出］
后指称合作/阐释阶段［4.2 联合阐述；5.（联合）列举］

图 4　多 NP 单位的互动空间

换言之，我们可从会话指称连续使用中看到多项 NP 语符叠用的过程：从指称开启到指称建立，再到指称阐释，其协作程度随着这一过程的推进也逐步增强。这表明，NP 型语调单位的性质不仅在其形式（形态句法、韵律和手势）特征方面有所不同，在其序列位置以及联合参与度方面也有所不同。这有望为对话语篇中 NP 型语调单位（及其连用）的分类提供一种相对精细的分析方法。

对互动中多项 NP 语符叠用的讨论可能引发另一个普遍性的问题：NP 的共现数量是否会影响互动？为什么会有三个或多于三个的 NP？相关数字是否适用于互动语法研究？

（二）作为互动格式的多 NP 单位

由于传统研究主要是通过其内部结构和个体句法作用来考察 NPs，所以 NPs 的数量和连用从来不在句法学家的研究内容之列。在互动语篇研究中，越来越多的人意识到项目数量呈现出的形式很有意义。例如，如上所述，人们观察到的列举结构绝大多数是三部分（见 Selting［2007］对"三项"［three-partedness］概念不同内涵的全面考察），这种格式就可以作为互动的重要资源（Jefferson，1990；Tao，2019）。此外，Lerner（2002：236）在讨论诸如联合产出或话轮共享等合作参与时指出，合作产出在互动中具有独特作用。比如与另一个发话者联合实施请求行为，与常见的仅由一个发话者实施请求效果是不同的。下面还有一些与该议题相关的其他特征。

首先，从整体上而不仅仅是从列举结构上看，多个 NP 单位有利于表达更高的共同参与度，因为在一个结构中某个项目被重复的数量越多，受话者得到的参与合作行为的机会就越多。以指称阐释为例，一旦主要发话者对某一实体做出陈述或描述，就为受话者创造了一个提供其他实体或者条件相关的实体的机会，这个实体通常是主要发话者所描述实体的近义词，Ono & Thompson（1995）描述了 NP 型语调单位的类似属性，称其为会话中的句法图式（a schema in syntax in conversation）。如果一个 NP 使用恰当，那么一系列的 NP 使用都是恰当的（Ono & Thompson，1995：232）。从互动的角度来看，合作行为正是在该图式的第二部分的活动中发生的。

这也可解释多 NP 单位和那些 NP 项目较少（即两个或更少）的结构之间的一些差异，如所谓的错位结构：左移位（left dislocation）、右移位（right dislocation）、增额、悬挂话题等（Pekarek Doehler、De Stefeni & Horlacher，2015），这些移位结构大体来说是基于单个 NP 项目，很少涉及多项 NP 单位。可以推测，数量或密度上的差异并不是完全随机的：项目的数量之多是进一步扩展过程的必要条件和表现，而数量较少的项目却很少有这样的情况。因此，例（15）和（16）中给出的两个所谓的"右移位"案例只得到了受话者最低限度的回应。

（15）朋友之间的电话交谈
1   B：大概可能日本那边呢，
2   出问题了．
3   就是说他们那边可能经济不景气，
4 →   他们那边．
5   A：嗯哼．   （LDC）

上例中，右移位标记位于第4行（"他们那边"），表示与第3行中出现了同一指称对象。

（16）朋友之间的电话交谈
1   A：欸，
2   不过美国一切都很好啦，
3   我很喜欢这个国家，
4 →   这个美国，
5   B：嗯．   （LDC）

例（16）中，右移位标记位于第4行"这个美国"，与第2行和第3行的指称对象一致。

在这两种情况下，由于这些序列要么具有告知特征（例［15］是关于日本的经济），要么是主要发话者的个人感受（例［16］），受话者参与较少，所以适合用单个的 NP 单位。由于这些结构用来表述主要发话人事件，具有较强的简单结构（表现为单项 NP 型语调单位）和短暂过程（较少的话轮转换）的特征。

例（6）中有一个有趣的对比，也就是我们在"用以缓解立场冲突和自我疏离的代词重复（第一人称单数）"一节中提到的第一人称单数的代词重复。当女性发话者多次使用代词重复以实现自我疏离后，男性发话者则采用右移位结构对女性发话者的自嘲行为进行辩护。这一点出现在文本的最后一行，见例（17）。

　　（17）一位女性朋友坐在她男性朋友开的车里谈论她最喜欢的电影

```
15      F：我从小到大，
16          至少看过有^七遍.
17      M：..那个片子－－
18      F：至^少＝.
19      M：...已经算经典片了.
20  →      ..那片子.                （CALPER－P2－711）
```

　　我们再一次看到个人观点与单个语调单位（作为移位项目）存在相关性，与扩展的多单位存在非相关性。

　　其次，正如前文所示，项目数量越多，互动过程越复杂/越长，反之亦然，所使用的材料数量和结构所承载的语用义（pragmatic force）之间可能存在象似关系（iconic relationship，Haiman，1983）。在这里，语用义可以通过建立相互凝视、吸引注意力、协商立场等行为来实现，理论上它是可以通过任何数量的语言和其他符号资源来实现的。然而，许多研究发现，当发话者在受话者缺乏注意力的情况下采取行动来吸引其注意力，或者由于参与者或环境因素而难以组织谈话时，重启话语可能有助于促成听者集中注意力（Ford & Fox，1996；Goodwin，1979、1980），使用 NP（包括指示词形式）的多次重启可以显示更持久的语用义，更有可能完成互动任务。[①]

　　最后，来看一下互动价值倾向，也就是在中立性到积极性的互动活动中使用多 NP 语符列的较强倾向。中立性表现为引起相互注视和共同关注以及建立共同背景；积极性指的是活动一致、立场一致，等等。依据 Vygotsky（1962，引自 Lantolf & Thorne［2007：202］）所提出的推测，共

[①] 出于有所不同的原因（动作投射），可参阅 Ford & Fox（1996）关于选择代词（"他"）和选择完整 NP（"这个家伙"）以及采用该选项的连贯重述互动序列之间细微差别的讨论。

享知识程度越高，形式越简，这一相关性可能是由象似性促成的（Haiman，1983）。这里的"形式越简"（less bulkiness）是由 NP 本身（通常结构上不太复杂），而不是 NP 单位的多次重复实现的。还要注意的是，共享性不一定就是积极性，但有理由相信，共享性的增加能促进互相定位，并最终产生更强的积极性。正如"指称阐释"一节所述，在使用多 NP 单位来共同创造幽默感的情形下，积极性达到最高程度。在这一背景下，共享性和积极性不仅表现出来，而且体现在受话者具有创造性和幽默的其他表述上。

简言之，多项 NP 单位连用不仅为发话者提供了使用更多项目和参与合作行动的资源，还为其创造了在幽默和娱乐的效果中明确表达积极情感联系的条件。

（三）多项 NP 单位是否为互动中语法的特征

目前研究自然地引出一个问题，那就是这些模型可以算作语法吗？从传统理论句法的视角来看，由于这些模型的组成部分并不具备区别于大多数已知句法构造的结构特征，所以其语法地位无法确立。但从会话互动层面看，它们具有的叠合形式可以发挥独特的互动功能。因此，借用 Pekarek Doehler、De Stefani & Horlacher（2015）的说法，笔者建议将它们称为"互动语法模型"（patterns of grammar – in – interaction）。（关于互动和语法的早期概念化问题，参阅 Schegloff［1996］和 Ochs、Schegloff & Thompson［1996］）

由于多项 NP 单位结构不同，统一程度不一，任何试图将其状态进行统一处理的尝试必然会引起不同反应。例如，尽管列举很容易被认为是一种具有可识别特征的重复活动类型，因此更有可能被认定为互动语法，然而其他形式（如联合使用的多指称形式），就很难被分析者认定为语法结构。

实际上，这有助于阐明传统句法结构和互动语法特征间的一个重要区别：项目的可操作范围越大，"语法"就表现得越松散。由于互动语法的结构可以用来处理实体的多个方面，并通常涉及共同参与者间的合作，因此具有可识别的格式，这个格式一旦被识别，就有很大的可操作范围。如此一来，它们就可以用于更大的单位和更加复杂的过程中。用相对简单的结构来表达简单的概念和事件——这是标准的句法指称研究中常见的类型。

Ono 和 Thompson（1995）提出的"会话中的句法"概念（syntax in conversation）可以用来解决这里所面临的互动语法与句法结构传统的概念化问题。Ono 和 Thompson 在分析美式英语会话中反复出现的句法模式时，提议以图式和结构的方法来分析会话语法（即语法结构）的特征。他们将对话中的语法描述为"对一些结构上平行的表达进行图式化，即实例化"（Ono & Thompson，1995：220），还进一步指出，"语法的实现受具体语境制约"（Ono & Thompson，1995：221），并希望能够以此概括那些不够严格的实现过程。Fox（2007）也持有同样的观点，认为互动中的语法在结构上具有可修复性、可扩展性和可追溯性。本文中的多 NP 语符列也具有以上特征。

互动语法的另一个重要特征就是浮现性（Hopper，1987、1998），即在会话中的实时互动过程中涌现出来，这也证实了句法具有语境局限性（Ono & Thompson，1995：221）、动态性和灵活性（Fox，2007）。此处所描述的重复出现的结构只浮现于说话者之间的互动中，诸多偶发因素会影响其最终形式和构成。例如，本文所讨论的 NP 连用的第一种类型中，多个辅以指示性手势的指示词形式最终会形成多 NP 语符列。然而，假如受话者采用了相互注视的方式予以回应，那么发话者可能只使用一次后就不再使用了，这种情况下多项 NP 连用就无法形成。同样，诚如 Jefferson（1990）及 Tao（2019）所言，即使像列举结构这样的最容易识别的固化格式，也不能确保每次都必定生成三个列举项，同时，也不存在任何只有用 NP 才能实现列举的要求。这些恰恰是互动语法具有浮现性的特征和证据，也完全符合图式运作方式的要求（Ono & Thompson，1995）。

因此，笔者认为，多项 NP 连用是话语层面上反复出现的形式，需要将其视为会话中的常规用法，因为其格式有助于完成用其他方法无法轻易完成的独特的互动任务。同时，正如研究中讨论的许多其他类型的互动语法模式一样，这些结构在实例化过程中的灵活性和偶然性的影响因素是完全可以预期的。

五 结论

通过本文研究，笔者希望说明的是，仅从内部结构和在更大的结构单位（如小句）中的句法功能来描述 NP 等句法单位是不恰当的，互动语料可为 NP 研究提供新的研究思路。本文借助互动语料，揭示了 NP 连用的现象，即三个及三个以上的 NP 连用，在整个互动过程中以独特方式所发挥的作用。汉语语料中常见的结构包括（几乎）相同形式重复和不同形式的叠加（由同一个发话者和/或受话者叠加）。总体而言，由于多 NP 语符列要么促成了与联合注意相关的行为，要么促进了指称识别、活动一致和/或立场一致，体现了参与者在互动中中性或积极性的一面。

这些使用模型提出了与互动和语法相关的重要问题。尽管 NP 连用看起来是多样的、松散的，且依赖于互动的，但它们却可以用来完成独特的互动任务。本文所分析的模型表明，只有在真实的互动中才能观测到大规模浮现的语法结构，而真实互动有必要成为研究句法结构（如 NP）的一种手段。

参考文献

Canavan Alexandra & George Zipperlen, *CALLFRIEND Mandarin Chinese – Mainland Dialect*. Philadelphia PA: Linguistic Data Consortium, 1996.

Chafe Wallace, "Cognitiveconstraints on information flow". In Russel S. Tomlin (ed.) *Coherence and Grounding in Discourse* [Typological Studies in Language 11], 21 – 51. Amsterdam: John Benjamins, 1987.

Chafe Wallace, *Discourse, Consciousness, and Time: The Flow and Displacement of Conscious Experience in Speaking and Writing*. Chicago, Illinois: The University of Chicago Press, 1994.

Chomsky Noam, *Syntactic Structures*. The Hague: Mouton, 1957.

Chomsky Noam, *Aspects of the Theory of Syntax*. Cambridge Massachusetts: The MIT Press, 1965.

Clark Herbert & Catherine Marshall, "Definite reference and mutual knowledge". In Aravind K. Joshi, Bonnie L. Webber & Ivan A. Sag (eds.) *Elements of *Discourse Understanding*, 10 – 63. Cambridge: Cambridge University Press, 1981.

Clark Herbert H. & Deanna Wilkes – Gibbs, "Referring as a collaborative process". *Cognition*, Vol. 22, No. 1, 1986, 1 – 39.

Clark Herbert H. & Susan E. Brennan, "Grounding in communication". In Lauren B. Resnick & John M. Levine (eds.) *Perspectives on Socially Shared Cognition*, 127 – 149. Washington DC: American Psychological Association, 1991.

Croft William, "Intonation units and grammatical structure in Wardaman and in cross – linguistic perspective". *Australian Journal of Linguistics*, Vol. 27, No. 1, 2007, 1 – 39.

Croft William, "Intonationunits and grammatical structure". *Linguistics*, Vol. 33, No. 5, 2009, 839 – 882.

Du Bois John W., "Beyond definiteness: the trace of identity in discourse". In Wallace Chafe (ed.) *The Pear Stories: Cognitive, Cultural, and Linguistic Aspects of Narrative Production*, 203 – 274. Norwood, New Jersey: Ablex, 1980.

Du Bois John W., "The discourse basis of ergativity". *Language*, Vol. 63, No. 4, 1987, 805 – 855.

Du Bois John W., "The stance triangle". In Robert Englebretson (ed.) *Stancetaking in Discourse: Subjectivity, Evaluation, Interaction* [Pragmatics & Beyond New Series 164], 139 – 182. Amsterdam: John Benjamins, 2007.

Du Bois John W., Stephan Schuetze – Coburn, Susanna Cumming & Danae Paolino, "Outline of discourse transcription". In Jane A. Edwards & Martin D. Lampert (eds.) *Talking Data: Transcription and Coding in Discourse Research*, 45 – 89. Hillsdale New Jersey: Lawrence Erlbaum Associates, 1993.

Ford Cecilia E. & Barbara A. Fox, "Interactional motivations for reference formulation: he had. this guy had a beautiful, thirty – two O: lds". In Barbara A. Fox (ed.) *Studies in Anaphora* [Typological Studies in Language 33], 145 – 168. Amsterdam: John Benjamins, 1996.

Fox Barbara A., *Discourse Structure and Anaphora*. Cambridge: Cambridge University Press, 1987.

Fox Barbara A. , "Principles shaping grammatical practices: an exploration". *Discourse Studies*, Vol. 9, No3, 2007, 299 – 318.

Geluykens Ronald, "The interactional nature of referent – introduction". *Chicago Linguistic Society*, Vol. 24, 1988, 141 – 154.

Goodwin Charles, "The interactive construction of a sentence in natural conversation". In George Psathas (ed.) *Everyday Language: Studies in Ethnomethodology*, 97 – 121. New York, NY: Irvington, 1979.

Goodwin Charles, "Restarts, pauses, and the achievement of a state of mutual gaze at turn – beginning". In Don H. Zimmerman & Candace West (eds.) Special Double Issue on *Language and Social Interaction*, *Sociological Inquiry*, Vol. 50, No. 3 – 4, 1980, 272 – 302.

Goodwin Charles, "Gesture as a resource for the organization of mutual orientation". *Semiotica*, Vol. 62, No. 1 – 2, 1986, 29 – 49.

Goodwin Charles, "The co – operative, transformative organization of human action and knowledge". *Journal of Pragmatics*, Vol. 46, No. 1, 2013, 8 – 23.

Goodwin Charles & Marjorie Harness Goodwin, "Assessments and the construction of context". In Charles Goodwin & Allesandro Duranti (eds.) *Rethinking Context: Language as an Interactive Phenomenon*, 147 – 190. Cambridge: Cambridge University Press, 1992.

Haiman John, "Iconic and economic motivation". *Language*, Vol. 59, No. 4, 1983, 781 – 819.

Helasvuo Marja – Liisa, *When Discourse Becomes Syntax: Noun Phrases and Clauses as Emergent Syntactic Units in Finnish Conversational Discourse*. Ph. D. dissertation, University of California, Santa Barbara, 1997.

Helasvuo Marja – Liisa, "Emerging syntax for interaction: noun phrases and clauses as a syntactic resource for interaction". In Margaret Selting & Elisabeth Couper – Kuhlen (eds.) *Studies in Interactional Linguistics* [Studies in Discourse and Grammar 10], 25 – 50. Amsterdam: John Benjamins, 2001.

Heritage John, "Intersubjectivity and progressivity in references to persons (and places)". In Tanya Stivers & Nicholas J. Enfield (eds.) *Person Reference in Interaction: Linguistic, Cultural and Social Perspectives*, 255 –280. Cambridge: Cambridge Univesity Press, 2007.

Hopper Paul J., "Emergent grammar". *Berkeley Linguistics Society*, Vol. 13, 1987, 139 –157.

Hopper Paul J., "Emergent grammar". In Michael Tomasello (ed.) *The New Psychology of Language: Cognitive and Functional Approaches to Language Structure*, 155 – 175. Mahwah New Jersey: Lawrence Erlbaum Associates, 1998.

Iwasaki Shoichi, "The structure of intonation units in Japanese". In Soonja Choi (ed.) *Japanese/Korean Linguistics*, Vol. 3, 39 –53. Stanford California: The Center for the Study of Language and Information (CSLI), 1993.

Iwasaki Shoichi & Hongyin Tao, "A comparative study of the structure of the intonation unit in English, Japanese, and Mandarin Chinese". Paper presented at the *Annual Meeting of the Linguistics Society of America*, Los Angeles, California, January 9, 1993.

Izre'el Shlomo, "Intonation units and the structure of spontaneous spoken language: a view from Hebrew". In Auran Cyril, Roxanne Bertrand, Catherine Chanet, Annie Colas, Albert Di Cristo, Cristel Portes, Alain Reynier & Monique Vion (eds.) *Proceedings of the IDP05 International Symposium on Discourse Prosody Interfaces*, 1 –20, 2005. < http: //www. tau. ac. il/ ~ izreel/publications/IntonationUnits_ IDP05. pdf >

Izre'el Shlomo, "Unipartite clauses: a view from spoken Israeli Hebrew". In Mauro Tosco (ed.) *Afroasiatic: Data and Perspectives* [Current Issues in Linguistic Theory 339], 235 –259. Amsterdam: John Benjamins, 2018.

Jefferson Gail, "List – construction as a task and a resource". In George Psathas (ed.) *Interaction Competence*, 63 –92. Washington DC: University Press of America, 1990.

Keevallik Leelo, "The interdependence of bodily demonstrations and clausal syntax". *Research on Language and Social Interaction*, Vol. 46, No. 1,

2013, 1 – 21.

Keevallik Leelo, "Multimodal 'noun phrases'". In Sandra A. Thompson & Tsuyoshi Ono (eds.) *The 'Noun Phrase' across Languages: An Emergent Unit in Interaction* [Typological Studies in Language 128], Amsterdam: John Benjamins, 2020.

Kim Haeyeon, "Retroactive elaboration as non – error repair in English conversation". *Language Research*, Vol. 41, No. 4, 2005, 785 – 806.

Lantolf Jame & Thorne, Steve L., "Sociocultural theory and second language learning". In Bill van Patten & Jessica C. Williams (eds.) *Theories in Second Language Acquisition*, 201 – 224. Mahwah New Jersey: Lawrence Erlbaum Associates, 2007.

Laury Ritva & Maria – Liisa Helasvuo, "Detached NPs with relative clauses in finnish conversation". In M. M. Jocelyn Fernandez – Vest & Robert D. Van Valin Jr. (eds.) *Information Structuring of Spoken Language from a Crosslinguistic Perspective*, 149 – 166. Berlin: De Gruyter Mouton, 2015.

Lee Jee Won, *Repetition of Personal Pronominal Forms in Mandarin and Construction of Stance in Interaction*. Ph. D. dissertation, UCLA, 2010a.

Lee Jee Won, "Systematic repetition of the first person singular pronoun *wo* in Mandarin conversation: negotiation of conflicting stance in interaction". *Chinese Language and Discourse*, Vol. 1, No. 2, 2010b, 183 – 219.

Lerner Gene H., "Responsive list construction: a conversational resource for accomplishing multifaceted social action". *Journal of Language and Social Psychology*, Vol. 13, No. 1, 1994, 20 – 33.

Lerner Gene H., "Turn – sharing: the choral co – production of talk – in – interaction". In Celia E. Ford, Barbara A. Fox & Sandra A. Thompson (eds.) *The Language of Turn and Sequence*, 225 – 257. New York, NY: Oxford University Press, 2002.

Lerner Gene H., "On the place of hesitating in delicate formulations: a turn – constructional infrastructure for collaborative indiscretion". In Jack Sidnell, Makoto Hayashi & Geoffrey Raymond (eds.) *Conversational Repair and Human Understanding*, 95 – 134. Cambridge: Cambridge University

Press, 2013.

Matsumoto Kazuko, "NPs in Japanese conversation". *Pragmatics*, Vol. 7, No. 2, 1997, 163 – 181.

Matsumoto Kazuko, "Detached NPs in Japanese conversation: types and functions". *Text*, Vol. 18, No. 3, 1998, 417 – 444.

Matsumoto Kazuko, *Intonation Units in Japanese Conversation: Syntactic, Informational, and Functional Structures* [Studies in Language Companion Series 65]. Amsterdam: John Benjamins, 2003.

Mayes Patricia & Hongyin Tao, "Referring expressions in categorizing activities: rethinking the nature of linguistic units for the study of interaction". *Studies in Language*, Vol. 43, No. 2, 2019, 329 – 363.

Ochs Elinor, Emanuel A. Schegloff & Sandra A. Thompson, "Introduction". In Elinor Ochs, Emanuel A. Schegloff & Sandra A. Thompson (eds.) *Interaction and Grammar*, 1 – 51. Cambridge: Cambridge University Press, 1996.

Ono Tsuyoshi & Sandra A. Thompson, "Unattached NPs in English conversation". *Berkeley Linguistic Society*, Vol. 20, 1994, 402 – 419.

Ono Tsuyoshi & Sandra A. Thompson, "What can conversation tell us about syntax?". In Philip W. Davis (ed.) *Descriptive and Theoretical Modes in the Alternative Linguistics* [Current Issues in Linguistic Theory 102], 213 – 271. Amsterdam: John Benjamins, 1995.

Pekarek Doehler, Simona, Elwys De Stefani & Anne – Sylvie Horlacher, *Time and Emergence in Grammar: Dislocation, Topicalization and Hanging Topic in French Talk – in – Interaction* [Studies in Language and Social Interaction 28]. Amsterdam: John Benjamins, 2015.

Pomerantz Anita, "Agreeing and disagreeing with assessments: some features of preferred/dispreferred turn shapes". In J. Maxwell Atkinson & John Heritage (eds.) *Structures of Social Interaction: Studies in Conversation Analysis*, 57 – 101. Cambridge: Cambridge University Press, 1984.

Sacks Harvey, *Lectures on Conversation*, Vol. II. Malden, Massachusetts: Blackwell, 1992.

Sacks Harvey, Emanuel A. Schegloff & Gail Jefferson, "A simplest systematics for the organization of turn – taking for conversation". *Language*, Vol. 50, No. 4, 1974, 696 –735.

Sánchez – Ayala Ivo, "Constructions as resources for interaction: lists in English and Spanish conversation". *Discourse Studies*, Vol. 5, No. 3, 2003, 323 –349.

Schegloff Emanuel A., "Turn organization: one direction for inquiry into grammar and interaction". In Elinor Ochs, Emanuel A. Schegloff & Sandra A. Thompson (eds.) *Interaction and Grammar*, 52 – 133. Cambridge: Cambridge University Press, 1996.

Schegloff Emanuel A., *Sequence Organization in Interaction: A Primer in Conversation Analysis*. Cambridge: Cambridge University Press, 2007.

Scheibman Joanne, *Point of View and Grammar: Structural Patterns of Subjectivity in American English Conversation* [Studies in Discourse and Grammar 11]. Amsterdam: John Benjamins, 2002.

Selting Margret, "Lists as embedded structures and the prosody of list construction as an interactional resource". *Journal of Pragmatics*, Vol. 39, No. 3, 2007, 483 –526.

Stivers Tanya, "Stance, alignment, and affiliation during storytelling: when nodding is a token of affiliation". *Research on Language and Social Interaction*, Vol. 41, No. 1, 2008, 31 –57.

Tao Hongyin, "NP intonation units and referent identification". *Berkeley Linguistic Society*, Vol. 18, 1992, 237 –247.

Tao Hongyin, *Units in Mandarin: Discourse and Grammar*. Ph. D. dissertation, University of California, Santa Barbara, 1993.

Tao Hongyin, *Units in Mandarin Conversation: Prosody, Discourse, and Grammar* [Studies in Discourse and Grammar 5]. Amsterdam: John Benjamins, 1996.

Tao Hongyin, "Discovering the usual with corpora: the case of '*Remember*'". In Rita Simpson & John Swales (eds.) *Corpus Linguistics in North America: Selections from the 1999 Symposium*, 116 –144. Ann Arbor Michigan: University of Michigan Press, 2001.

Tao Hongyin, "A usage – based approach to argument structure: 'Remember' and 'Forget' in Spoken English". *International Journal of Corpus Linguistics*, Vol. 8, No. 1, 2003, 75 – 95.

Tao Hongyin, "Disputed memory and the social interactive functions of remembering/forgetting expressions in Mandarin conversation". *Journal of Pragmatics*, Vol. 106, 2016, 184 – 202.

Tao Hongyin, "List gestures in Mandarin conversation and their implications for understanding multimodal interaction". In Xiaoting Li & Tsuyoshi Ono (eds.) *Multimodality in Chinese Interaction*, 65 – 98. Berlin: Mouton De Gruyter, 2019.

Thompson Sandra A., "Understanding 'clause' as an emergent 'unit' in everyday conversation". In Tsuyoshi Ono, Ryoko Suzuki & Ritva Laury (eds.) *Usage – based and Typological Approaches to Linguistic Units*, Special issue of *Studies in Language*, Vol. 43, No. 2, 254 – 280. Amsterdam: John Benjamins, 2019.

Thompson Sandra A. & Elizabeth Couper – Kuhlen, "The clause as a locus of grammar and interaction". *Discourse Studies*, Vol. 7, No. 4 – 5, 2005, 481 – 505.

Vygotsky Lev S., *Thought and Language*. Cambridge, Massachusetts: The MIT Press, 1962.

Van Valin Jr., Robert D. & Randy J. LaPolla, *Syntax: Structure, Meaning, and Function*. Cambridge: Cambridge University Press, 2002.

Wouk Fay, "The syntax of intonation units in Sasak". *Studies in Language*, Vol. 32, No. 1, 2008, 137 – 162.

泛指意义的第二人称代词"你"的对话互动功能研究

一 引言

人称代词及替换表达等指称形式因其所发挥的多种功能（如沟通思想、构建身份、协商会话者之间的社会关系等）引起了语言学、会话分析、哲学和人类学等众多与语言相关领域的研究人员极大兴趣（Wales，1996；Xiang，2019）。作为一种特殊的指称形式，人称泛指表达（如泛指第二人称或泛指任何人/每个人，而非字面意义上的受话者的指代词）通常是从语义属性的角度进行考察的（参见 Berry，2009 对英语"you"的相关研究综述）。因此，许多颇具影响的研究探讨了指称范围（referential domain）的类别（即指称的特指性，如"单指受话者"还是"兼指受话者及其他人"，Sacks，1965/1992、1966/1992）与指称所表达意义的种类（例如，道德或真理的表述、生活戏剧或情境插入，Kitagawa & Lehrer，1990；Laberge & Sankoff，1979）之间的区别；也有研究将这些泛指表达区分为隐喻性（受话者是否包括在指称范围内）和规范性（受话者是否认可或认同该命题）（Rubba，1996；Bolinger，1979a）。会话分析学者们还探究了一些问题，例如，哪些序列特征有助于确定英语中诸如"you"这类代词的语义（Sacks，1965/1992），以及在多方会话中，如何界定话轮转换过程中"you"的指称对象的边界（Lerner，1995）。然而，这些研究显然未对发话者何时，以及为何使用泛指表达这一问题进行探究（但关于这方面的最近研究可参见 Suomalainen & Varjo，2020 等）。借用 Bolinger（1979b：290）的说法则是："为何使用代词？"或"为何重复该代词？"从会话互动的角度来看，这意味着需要对这类具有泛指表达的互动动因及功能进行探讨。也就是说，会话者何时会使用这类泛指的非字面用法？这些泛指用法实施了何种社会行为？

在汉语语言学界，除对汉语第二人称单数代词"你"的标准用法和引申用法进行描述外（通常称为"泛指""虚指"以及最近提出的"移指"，参见吕叔湘 1985：1.2 节；方梅，2009；张磊，2014；Xiang, 2019 等），对其在语篇和语法领域的功能研究也取得了令人瞩目的成果。张磊（2014）的口语语料表明，有一半数量的"你"并不实指受话者，这表明对其引申用法进行研究是非常必要的。Biq（1991）是最早对汉语会话中"你"的功能进行的研究的学者之一，他指出，除指代受话者的规范用法外，汉语中的第二人称代词的单数形式还具有另外三种功能，基于"你"的灵活指称范围，Biq（1991）对这三种功能分别进行了命名和阐释。第一种功能为非人称用法，即代替不定代词，在语篇情景（discourse scene）中，赋予受话者一个主要的"演员"角色，如"几百门功课都念通了，你才有资格当一个医生"（第 309—310 页）；第二种功能称为戏剧性用法，即发话者在所描述的情景（described situation）中赋予自己一个假定的角色进行表演，并改变指称框架（the frame of reference），如"你不好好干活，让你穷下去"（第 311 页）；第三种为元语言用法，即"你"并无命题意义，仅用作呼语来吸引注意力，如"你比如说"（第 315 页）。上述功能都具备"作为增强受话者对所述内容参与度的手段"的特征（第 320 页）。该观点印证了 Siewierska（2004）和 Berry（2009）对英语第二人称代词"you"的泛指用法的研究结果，以及 Laberge & Sankoff（1979）对法语不定代词的描述。此外，Hsiao（2011）重点研究了间接引语中第一人称代词"我"和第二人称代词"你"之间明显的自由互换，说明了这些代词在会话参与者视角以及最终达成交互主观性方面所发挥的作用。最后，Kuo（2002）对中国台湾地区三位市长候选人的电视辩论进行了研究，结果显示，当辩论从关注团结（与观众/选民达成一致立场）转向关注对抗性（在辩论中直接攻击对手）时，候选人会从使用更多泛指代词（非人称）转而变为使用更多定指代词（人称）。

对以往文献的回顾可以看出，尽管之前关于汉语第二人称单数代词的研究已经揭示了语篇中非定指或泛指的有趣用法，但除 Kuo 的政治演讲研究外，很少有学者明确探讨会话者在日常互动语境中何时以及为何选用不同类型的第二人称代词形式这一问题。本文将在该背景下考察汉语言谈会话中具有泛指意义的第二人称单数代词出现的不同会话序列语境及其协助构建的社会活动。本文采用互动语言学（Couper‐Kuhlen & Selting，2018）的研究方法，该方法将语法视作会话者用于构建社会互动所采用的一整套资源中的一部分，且同时也在语言使用中被塑造。作者建议从社会互动的视角对表面上具有语义特殊性的第二人称的指称问题进行研究，以便更全面地了解其自然规律及潜在的使用原则。

二 语料及方法

本文所用语料是通过音频或视频录制的各类汉语面对面会话语料和电话录音语料。面对面的会话语料是作者及合作者们在过去 20 年中收集的，电话录音语料源于语言数据共建会（LDC）开发的 Call Friend 语料库（Canavan & Zipperlen，1996）。以上语料库中的一部分样本，即来自不同子语料库的 7 段会话（包括 6 段面对面会话和 1 段电话会话），总录制时长约 6 小时，都有详细转写。

语料中收集到用于泛指的第二人称代词 160 例，这些例子中第二人称代词的用法基本属于 Biq（1991）界定的前两类，即非人称用法（近似"不定指用法，在所描述情景中赋予受话者一个演员角色"）和戏剧性用法（"发话者在语篇情景中赋予自己一个角色，并改变指称框架"）。而 Biq（1991）提出的第三类，即元语言用法（用作呼语以引起注意）则被排除在外。依据 Biq 的分类，元语言类的第二人称主要包含"你说""你看""你想""你知道"等语言形式，这类用法与其他两类有较大差别，故排除在本研究之外。

除在少数情况下有必要指出某些术语的差异外，本文一律采用更广泛的术语来表达 Biq（1991）提出的"非人称"用法和"戏剧性"用法，这些术语是"泛指、任指、不定指或引申"，而不是"定指、直指、特指或命题"。

尽管泛指用法与定指用法可从理论上进行区分，但在自然语料中，对特指标记的识别往往需要仔细审视其所处的局部互动语境。这一观点将通过例(1)进行说明。

(1) Y 讲述了他在中国香港的公交车上丢失钱包并在警方的帮助下将其找回的经历

1   Y: 嗯. [①]
2   ...结果他说,
3   ...那么好.
4 →   ..你跟我们一起走
5   ...(1.4) 那么就去追那辆巴士 [去] 了.
6   T: [@@]
7   OV: ...(0.6) 他这个是――
8   ...什么目的呢.
9   Y: ...目的就是 [说],
10 → OV: [怕你],
11   ...骗了他.
12 → Y: ...不是怕你骗他.
13 →   ...他帮你解决问题啊.
14 → T: 你钱包丢了嘛.
15 →   不给你把那个钱包 [弄回来]?
16   Y: [钱包] 就是什么都――

此例中,主要发话者 Y 正在向其学校里的同事 T 和一名海外游客 OV 讲述他过去在中国香港的一辆巴士上丢失钱包,以及求助于警察并找回钱包的经历。在第 4 行中,第二人称单数代词"你"是警察对故事叙述者,也即讲述故事中的主人公 Y 的称呼,用在 Y 转述警察的话语之中;

---

① 此处采用的转录系统依据 Du Bois 等(1993)和 Du Bois(2006)的研究。每个标点行大致代表 Chafe(1987、1994)界定的一个语调单位(Du Bois et al., 1993; Du Bois, 2006; Tao, 1996)。行数基本与语调单位相对应;但为了节省空间,部分语调单位被归入同一行。关于完整的转写惯例说明,参见附录一。

第10行中第二人称"你"则是OV对同一叙述者/主人公Y的称呼。因此，第4行和第10行中的"你"可以清楚地辨别出是典型的指示用法。但对于其他用例，如第12和13行（"不是怕你骗他"和"他帮你解决问题啊"）和第14、15行（"你钱包丢了嘛"和"不给你把那个钱包弄回来"）中"你"的用法，如果脱离语境，就无法断定"你"是泛指还是定指，因为这些话语中的词汇语法特征并不能帮助判定"你"所指代的身份，因此，为了判定"你"的指称用法，我们需要考察参与角色与会话参与者之间的关系（或Goffman，1981；Goodwin & Goodwin，1990所说的参与框架）。从上述视角来看，这些"你"都是泛指而非定指，因为这些话语的受话对象OV是未参与到所讲述的故事的访客，他在这段会话前并不知晓此事。此外，这些话都是故事叙述者/主人公Y（第12—13行）和他的同事T（第14—15行）说出的。T作为一名当事人，在会话全程中展现出他对该事件的了解。鉴于此，我们有理由认为，这些例子中的第二人称代词都不应该理解为定指（指代访客OV），而必须理解为泛指，或者说是Biq（1991）所说的非人称用法，即"在所描述事件中给受话者分配了一个角色"。

在描述了相关的类别以及在确定该类别时需要考虑的因素之后，下面来讨论语料中所观察到的初步结论。

三 会话中的通用宽泛模式

考察会话语料时，作者很快注意到一些明显的模式：1）连用；2）受局部条件限制的普遍性；3）主要发话者的角色。这些模式将在下文详细说明，并在第5节进行阐释。

（一）连用

语料调查显示，具有泛指用法的第二人称单数代词往往并不单独出现，而是更倾向于在相邻的多个实例中出现。[1] 如果将同一位发话者产出

---

[1] 针对丹麦语（Nielsen et al. 2009）和芬兰语Finnish（Suomalainen & Varjo, 2020；Helasvuo & Suomalainen, this volume）的研究也有类似的结果。

的语调单位（Chafe，1987、1994；Du Bois，1993；Tao，1996）或话轮构建单位作为计数基础，并将"连用"（clustering）定义为在五个或少于五个的连续语调单位中存在两个或多个标记相邻出现，就会发现，泛指的第二人称单数代词的连用要多于单用。因此，在例（1）中，我们可以发现由四个标记（分别出现在第12—13行和第14—15行）形成的两个连用。下面例（2）显示了同一位发话者在5个语调单位（第1、3、5、6、7行）中6个标记的连用情况。

（2）一家研究所的两名同事坐在一台电脑前聊天，谈论电脑屏幕保护程序的用法和选项

```
1 →   M：  这屏幕保护就是说[你 - -]
2     W：              [也 - -]
3 →   M：  你 - -
4     W：  也没人去^换它.
5 →   M：  只要你过一会儿就这个，
6 →        .. 你到那儿你以为机器是^关着的呢，
7 →        .. 然后结果你一^碰就，
8          ...<@ = >
9          <@ 实际，机器是开着的.@ >
```

表1显示了语料中第二人称单数代词连用的概况。

表1　　　　　　　　泛指的第二人称代词连用情况

	连用	连用中的标记数量	单用标记数量	总数
HK	10	23	3	26
GEO	12	22	24	46
CALPER - K3	12	33	13	46
OfficeChat	7	17	8	25
JIAOYU	0	0	1	1
DinnerParty	2	6	1	7
LDC - 11	2	4	5	9
Total	45	105/66%	55/34%	160/100%

由表 1 可知，大多数（160 个中有 105 个，占比 66%）标记都属于连用，而 34% 的标记在定义的相邻单位跨度中并未与其他标记共同使用。

（二）受局部条件限制的概指性

语料中表泛指的第二人称单数代词的第二个显著特征是，尽管指称对象难以确定，但话语中的泛指意义通常是受局部条件限制的，而并非严格意义上普遍适用的道德和真理的表述（此处采用了 Laberge & Sankoff［1979］和 Kitagawa & Lehrer［1990］中的术语）。这里所说的"局部条件限制"是指：首先，并不强调所陈述内容适用于所有可能的人（或物品或事件）以及适用于任何时间——这是有别于真正的普遍性陈述（universal statement）的特征；其次，与真正的普遍性陈述不同的是，话语所表达的话题与当前对话序列中所讨论的话题密切相关。换句话说，它们具有一定的概指性，但并不是完全不受限制的普遍性陈述。按照 Sacks（1975）的说法，最好将会话中的陈述视作"受限的陈述"。因此，在例（1）的第 14—15 行，尽管发话者 T 的表述"你钱包丢了嘛，不给你把那个钱包弄回来？"确实包含了一些常识性逻辑（找回丢失的重要个人物品，并通过执法部门的帮助来做这件事的合理性），具有广泛的适用性（如适用于在类似场合中寻回其他物品等），但这种普遍性受到许多方面的限制。笔者将简要阐述其中的部分限制性。首先，这是关于找回丢失的钱包的陈述，而不是关于类似钱包的一般性用途或质量的陈述；其次，这是关于寻回钱包的陈述，而不是关于类似购买钱包等方面的陈述。这样的限制性还有很多。同样，在例（2）中，尽管第二人称指称是关于电脑屏幕保护程序的工作原理的，但它并非关于类似电脑屏幕保护程序的设计原理或与屏幕保护程序相关的能源消耗/节约的可能性，等等。综上所述，尽管这些泛指陈述是为了表达某种概指，但它们并不强调对诸如全体人员（或所有物品或事件）或任何时间的适用性，并且在陈述所涉及的主题时受到其他各方面的限制，因为可能有无限的方式来对相关实体进行一般性陈述（Sacks，1975）。这种通过使用第二人称代词建立的受局部条件限制的概指并不是偶发的，而是受到语境驱动的。它们被设计用来阐述一个观点，并用于解决会话互动过程中某个特定时刻的偶发因素（contingency），这一点将在后文中具体论证。

鉴于此，有必要重新回顾一些以不定指的第二人称表达来划分指称类型和范围的早期文献。Laberge & Sankoff（1979）在讨论法语中"on"（one）"tu/vous"（you）等不定代词时讨论了"情景插入"（situational insertion）和"道德与真理的表述"的区别。根据作者的观点，前者是指将个人经验上升到任何人都可以通过插入一个不定指施事来参与的情景中，而后者则是普遍观点的反映（第430页），在篇章中被认为更具普遍性和说服力。与之类似，Kitagawa & Lehrer（1990）区分了英语中"you"的非人称用法（即涵盖全体人员的普遍性用法）和模糊用法（受限于某些人群的用法）。按照以上文献的区分标准，在调查语料后发现，汉语会话中几乎所有的泛指第二人称单数代词都可以十分准确地确定为"情景插入"或"模糊"用法，而不属于更广泛的"道德与真理的表述"或（严格定义上具有普遍适用性的）"非人称"用法。下文中的例（3）也说明了这一点。

（3）一位来自美国的访问学者（M）与一位当地的女性（F）讨论中国近代史

1　F：　要不然＝，
2　　　..如果中＝，
3　　　..^政府不投资的话，
4　　　..那么一家一户的农民谁也做不了.
5　M：　..是啊.
6 →　F：　可你^政府过去也^政府也穷，
7　　　全国都穷.
8 →　　　^那你说这个，
9　　　..（H）^恶性循环，
10 →　　你从哪儿开始？
11　M：　@
12　F：　@

该例中可以看到，与第二人称代词相关的指称范围从"中国政府"扩展到了"整个国家"，尽管这些指称范围确实很大，但此处描述的内容远不具有永恒性且不能覆盖全体人类，即 Kitagawa & Lehrer (1990) 所定义的真正的"非人称"，相反，它仅针对某个特定时间段（中国"文化大革命"期间），并仅限于中国本土。此外，在场景中插入受话者和/或不定指的施动者（Laberge & Sankoff, 1979）的目的是将该经验普及，以阐明当前发话者在这段话语中所提出的观点。

（三）主要发话者的角色

通过语料观察可以发现，自然会话中的泛指表达与主要发话者的角色有关。会话分析学家提出，在日常会话中，就话轮分配而言，每位会话者通常都拥有同等的掌控话轮的权利，而不会被规定产出话轮的数量或分配先验角色（Sacks、Schegloff & Jefferson, 1974）。然而，在会话流程的进展中，会话者不断地根据一系列因素来协商会话者的地位，这些因素包括会话的当前主题或关注的主题、谁拥有认知权威（epistemic authority）或责任（Heritage, 1984、2012），以及谁愿意或有权担任主要发话者的角色等。在这方面可以发现，由于在互动中协商的结果，一些会话者可能最终抢夺了发言权，并主导了整个对话（或部分对话）。这一现象的一个必然结果是泛指表达的使用：通常作为或试图成为主要发话者的一方往往比其他会话者更倾向于频繁地使用泛指表达。以下两项证据可以支持这一观点。

第一项来自会话，即在整段会话中通常会有一位被自然公认的主要发话者[①]。在编码的语料库中，有两段对话被认为符合此类条件：第一段对话来自 HK，整段对话（节选）围绕着一名发话者（Y）讲述他丢失钱包并在警察的帮助下找回的经历展开（见例1）；第二段对话来自 GEO，这段对话中，一位海外访问学者向一位当地联络人询问有关中国地理和近代史的各种问题（见例3）。表2显示了这些主要发话者及其他会话参与者与泛指表达之间的关联。

[①] "通常会有一位公认的主要发话者"，并不是指会话者角色以及参与者之间的任何其他类型的关系总是预先确定和固定不变的，相反，任何实际地位的确定以及关系的建立都应该被理解为一种临时的、协商的产物或"结果"，它是实际会话进程中会话者在动态的互动场景中协商的结果（Sacks、Schegloff & Jefferson, 1974）。

表 2　　　　　泛指表达与主要发话者角色的关联

语料	主要发话者	非主要发话者	总计
HK	17（65%）	9（35%）	26（100%）
GEO	29（63%）	17（37%）	46（100%）
总计	46（64%）	26（36%）	72（100%）

尽管这一趋势（64% vs. 36%）可能不像其他情况那么显著，但仍可以在这些语境中看到这些表达与被识别的主要发话者之间紧密关联。非主要发话者的贡献将在第四节探讨这类语言惯例实施的各类社会活动时进行阐述。

第二项证据源于语料库中的其他会话片段，这些会话与之前的例子刚好相反。在这些会话片段中，会话者角色在整个互动过程中是动态变化的，即由于会话各方自由地进行交流，所以并不存在明显主导会话的会话者；即使在部分会话片段中某位会话者试图成为主要发话者来主导会话，也通常是临时现象并且出现在有限的会话序列中，这是大多数日常互动的典型情况。

表 3　　　　　泛指表达在非主导性会话中的分布

语料库	会话者 A	会话者 B/他人	总计
CALPER – K3	21（46%）	25（54%）	46（100%）
Office Chat	12（48%）	13（52%）	25（100%）
JIAOYU	1（100%）	0（0%）	1（100%）
Dinner Party	4（57%）	3（43%）	7（100%）
LDC – 11	2（22%）	7（78%）	9（100%）
总计	40（45%）	48（55%）	88（100%）

表 3 中 45% 和 55%（如果只考虑前两个高标记频率的谈话，则为 46% 和 54%）的比例说明，会话者之间的差异远没有表 2 所呈现的那组明显，且表 2 中的主要发话者可以被清楚地辨识出来。

综上所述，初步观察显示，在汉语会话语料中泛指的第二人称单数代词有三种显著的特征：第一，多个标记会在相邻单位中连续出现；第二，受局部条件限制的概指并非真正的普遍性陈述；第三，与主要发话者角色之间的关联紧密（如果主要会话者角色是动态协商确立的，则缺乏这种关联）。

那么，为何会出现这些规律性特征呢？后续小节将说明这些特征并非随机出现的，而是与它们密切相关的互动活动的表现。

四 互动活动：何时以及为何会话者会使用第二人称的泛指表达？

对本研究主要问题的简要回答是，由第二人称单数代词构成的泛指表达被设计为一种特殊而有效的修辞手段，用以吸引受话者讨论一些超乎寻常的、复杂的，有时甚至是有争议的话题。从互动活动的角度来看，这些泛指表达被用来完成相对具有挑战性的任务，包括：a）复杂的告知活动；b）劝说活动；c）争论活动。下文将依次考察这些活动模式。

（一）复杂告知活动

告知活动涉及受话者知道也可能不知道的相关信息或事实陈述（Labov & Fanshel, 1977; Heritage, 1984、2012; Goodwin, 1996）。在某一特定的会话片段中，当前会话话题涉及相对复杂的事件状态及发话者认识领域事件（A-event）时，复杂的告知活动就会发生（Labov & Fanshel, 1977: 100）。此时，认为自己处于并展现出已知（K+）认识状态的发话者向其他处于未知（K-）认识状态的参与者告知相关信息（Heritage, 1984、2012）。

例如，在上文的例（2）中我们看到，对于电脑屏幕保护程序以会话中描述的工作方式进行工作的这一事实，首先对于处于K-认识状态的会话者W是不熟悉的，但对于处于K+认识状态的会话者M却是熟悉的。其次，该告知活动涉及的不仅是一些简单的事实，而是一系列变化的状态（从可修改的显示图案到为个人用户制定的设计，随着时间的推移屏幕会从锁定状态变为显示状态，还可以进行用户干预，如触摸设备的某些区域，等等）。

同样，在前文讨论过的例（3）中，男性海外访客M向一直生活在北京的女性会话参与者询问"文化大革命"期间人们的生活状况。这位被认为拥有并展现出 K+认识状态的女性通过她的回答向访客 M 解释了当时关于"政府投资"以及"一家一户的农民（无法）投资"的复杂情况。

当然，复杂告知活动的产生不仅是因为需要交流历史或技术方面的知识，还可能因为需要交流无限多的其他主题事项，比如过程和产品。下面这个关于烹饪的例子就是日常互动中常见的一类复杂的告知活动。

（4）美国某大学的两名中国研究生在讨论中国地区的特色美食和烹饪步骤

1 → F： 你想陕西最有名的凉皮是哪儿的？
2 → 　 你知不知道？
3 　 M： ((此处省略 1 个长语调单位))
4 　 　 [就是拉皮吗，]
5 　 F： [不一样不一样差得远了，]
6 　 　 ((此处省略 21 个关于 F 讲述凉皮制作方法的语调单位))
7 　 F： 面皮儿是这样，
8 → 　 .. 你把一坨面，
9 　 　 就像和面，
10 　 　 像包 - .. 包饺子面一样，
11 → 　 ... 和完以后你放在水里洗.
12 　 M： (0) 那不就变成变成面筋了，

该例中，F 使用了两个泛指的第二人称代词（第 8 行和第 11 行），让受话者参与到描述一种在陕西地区很有名的特色凉皮的制作过程中。由于 F 来自该地区，并在该会话片段中进行了扩展性讲述，可以被认为是对这一特定主题上具备 K+状态的主要发话者；此外，制作这种食品的过程比较复杂，对于对该食物不熟悉的会话者 M 而言尤为如此。

简言之，复杂的告知活动（此处只讨论了少数示例）是发话者使用泛指的代词实施的常见社会活动之一，在这种社会活动中，发话者认为自己处于并展现出 K+的认识状态，而受话者处于 K-的认识状态。在互动的过程中,一旦会话者之间出现明显不对等的认识状态,且告知行为涉及相对复杂的主题事项时,复杂的告知活动就会发生。

然而,需要强调的是,同其他任何类型社会活动一样,复杂的告知活动绝不是单方面的,处于K-认识状态的受话者也可以使用第二人称泛指表达来实施各类社会活动。在复杂告知活动中,非主要发话者实施的一类常见行为是表达对共同参与者的理解(Sacks,1969/1992;Heritage,2007)。也就是说,在收到主要发话者提供的信息后,受话者也可以使用替代的和类似的表达来实现一系列的互动目的:表示信息收悉、表达对信息的理解、表明一致立场。为了说明这一点,接下来将介绍非主要发话者在回应话轮中通过使用泛指表达实施的两类略有不同的活动。下面例(5)中,非主要发话者进行了相对简单的回应;例(6)中则进行了更详细的回应。

(5)会话参与者与例(4)相同,M观看了一位法国电影导演亲自解释他执导的电影中选定的场景,以及他是如何选择拍摄角度的,之后M分享了他的看法

1 → M: (TSK)反正那个片子吧,
2 就是,
3 ...你经他那么一讲,
4 → ...(0.4)[你就--]
5 → F: [你就]明白了.
6 → M: ..你就觉得有点味道,
7 F: 嗯.

该例中,在M讲述了自己观看电影导演的专业解释后,但还未通过被截断的泛指表达("你就--")陈述他的观点前,F就插入话轮,并用一个同样的泛指表达提供了自己对M的后续话语的猜测("你就明白了")。此例中,受话者的回应既快速又简短。相比之下,下面例(6)中非主要发话者的回应更为详尽。

(6)一位来自美国的访问学者(M)与一位当地女性(F)讨论

中国的防洪问题

```
1    F:   黄河有的地方=,
2         就是人家^讲的天河.
3         就是,
4         ..^河在=,
5         ...比这个=..^地面要高.
6         ((此处删减9次言者变更))
7    M:   (H)..嗯%,
8         ...(0.4)^淹死了,
9    F:   ..很多很多人.
10   M:   ((此处删减由M的9个语调单位))
11        ..证明这个,
12        ..黄河的问题之^大.
13 → 　    ..你这^拔一块堤的话,
14        一死就是呵@,
15        ..一百万.
16   F:   <X>
17   M:   了不得的事情.
```

此例中的会话参与者与例（3）相同。在该例中，一位当地的会话参与者 F 正在解答一位海外男性访客 M 提出的关于中国地理和近代历史的各种问题。这段会话的话题是防洪，特别是黄河沿岸地区的防洪问题。由于其特殊的地理构造，黄河在历史上曾造成严重的洪水问题。在 F 描述了该问题相关背景信息以及中国政府为解决这一问题所做的努力后，M 在第 13 行用泛指表达（"你这拔一块堤的话"），描述了具体伤亡人数（"一百万"）的严重情况，表明了他对这些问题所造成的严重后果的理解。通过这一方式，M 不仅表明他对 F 告知的信息的接收，还表明了他对当前所讨论的问题带来的严重性的理解，而且在评价该话题时展现出与 F 的立场一致，可参见 Du Bois（2007）"立场三角"（Stance Triangle）的概念。

类似上述例（5）和例（6）的语料表明，在复杂告知这类活动中，尽管大多数涉及第二人称泛指表达的陈述都是由主要发话者产出的，但受话者同样会选择使用泛指表达，即便他们希望达成的社会互动目的是很不相同的。笔者认为，正如表 2 数字所示，这便是尽管第二人称泛指表达与主要会话者角色之间有紧密的联系，但这种联系也并非绝对仅限于主要发话者的原因之一。

（二）劝说活动

第二种经常出现第二人称泛指表达的活动类型是劝说活动（persuasion）。泛指表达通常出现于存在某种分歧的序列中，交际双方可能都试图展现出 K＋的认识状态，其中一个会话参与者试图通过投射出更强的认识状态（称为"K＋＋"）来胜过对方。然而，会话的另一方可能会最后默认或口头表示愿意妥协，从而达成双方一致的立场。

前文讨论的例（1）的序列中可以看到，发言者 OV 首先询问警察为何需要带着受害者去追赶已离开的公交车，然后提出是否是因为警察对受害者不信任的问题。为了反驳 OV 的错误假设，会话参与者 Y 和 T 都立即做出回应，用包含第二人称泛指表达的话语内容做出他们的解释，两人分别在各自的回应话轮中使用了两个第二人称泛指表达。下面是发话者 T 在该会话片段中使用的最后两个该标记（语料节选自例（1））：

```
14  T：你钱包丢了嘛.
15     不给你把那个钱包弄回来?
```

在两名知情的会话参与者解释后，OV 没有再继续追问，这意味着他接受了这些解释并认同了他们的立场。

例（7）是明确表达妥协的另一个例子。该例中，住在北京一所大学同一间宿舍的三位女生正在讨论与中国学生职业前景相关的教育项目。M 与 L 在对于他们国家求职的年轻人来说，正式学位和人际关系哪个更有用这一观点上存在分歧，M 在这段谈话中强调人际关系远比单纯的学位更有用，她在第 2 行（"你怎么说呢"）、第 4 行（"就是现在世界上 MBA 都不是说你特别好的"）、第 6 行（"你可能这个知识上学习根本没有太多的"）以及第 15 和 16 行（"你随便拨出来一个人"，"你不是－..不是这里头就是那里头")多次使用了涉及第二人称泛指表达的陈述,L 在第 9 行的回应话轮中也使用了一个第二人称泛指表达("但是你要拿文凭")。然而,最终在第 12 行,L 通过另一种表述方式重述 M 的核心观点"就是认识人"表达了对 M 的认同,M 也在第 13 行用肯定标记"对"予以回应,表达了与 L 的一致立场。

(7) 室友就影响中国大学生职业前景的因素进行交谈和争论
1　　L：　对,我觉得挺棒的,清华.
2 →　M：　不,不,你怎么说呢,
3　　　　　其实中国所有的,
4 →　　　　就是现在世界上 MBA 都不是说你特别好的,
5　　　　　尤其在中国来讲的话,
6 →　　　　...你可能这个知识上学习根本没有太多的
7　　　　　[用处,最主要--]
8　　R：　[嗯是.]
9 →　L：　[对.]但是你要拿文凭.
10　　M：　不,最主要的是人际关系.
11　　L：　...(0.5)哦,
12　　　　　[就是认识人.]
13　　M：　[那里头]对,
14　　　　　那里头,
15 →　　　...你随便拨出来一个人,
16 →　　　...(0.3)你不是-..不是这里头就是那里头.

在劝说活动中,会话的主题可以很复杂也可以不复杂;然而,这类活动最显著的特征是会话参与者会通过陈述个人观点来表达不同立场,并通常会提供支持性证据来说服对方。对方最终会以含蓄或明确的方式进行妥协。

(三)争论活动

在本文语料中,最后一类经常出现第二人称泛指表达的会话类型是争论活动（argumentation）。争论活动在很多方面与劝说活动类似，例如，交际双方都试图通过投射出更强的认识状态（K++）来胜过对方，但与劝说活动不同的是，在被识别出的争论序列中，交际双方并未像在劝说活动中那样最终达成一致立场，未在最终达成和解。

例（8）即为一个典型的例子。该例中的两位会话参与者与例（4）相同，这两位在美国某大学留学的中国研究生对一位不在场的第三方同学的生活方式（喜欢节俭，根本不愿意花钱出去吃饭）进行了友好的争论。

(8) 两名研究生正在对两名不在场的第三方的生活方式进行讨论

1	M：	他们，..那天他俩就是，
2		..说你到哪吃，
3		我说到Westwood，
4		<Q 哎哟多贵啊. Q>
5		...他俩是F2嘛.
6	F：	哦=，[那就是] 两人花，
7	M：	[所以就-]...就肯定不舍得吃了那样的.
8	F：	(0) 对.
9		...(0.3) 他们也确实紧张，
10		..你想想.
11 →M：		...(0.4) 哎你想想也紧张不到哪去.
12	F：	...紧张是紧张，
13		但是..所有的[中国人在这儿] 都想存钱.
14 →M：		[你吃能-，就吃--]
15 →		你吃还能吃多少钱?
16	F：	问题是所有的人都要存钱.
17		..都要给自己留后路.
18		...[你像--]
19	M：	[我就--] 我就现在就快没后路了.
20		@@@ [@]，
21	F：	[你=]，你一个人花的还少.

22　M：　啊＝.
23　　　　…（0.5）不..要不然，也X－－
24　F：　（0）哎李学军怎么吃那么点钱啊？
25　M：　存也存不－－
26　　　　他交学费.

该例中，围绕着争论的中心问题是食物成本是否证明被谈到的第三方选择不出去吃饭（根本不出去）是合理的。女性发话者F肯定了这一观点，因为她认为他们的资源有限，而且还要像其他人那样存钱，但男性发话者M则认为这说不通，因为他们在食物上的花费并不多，毕竟这方面的消费总是有限的。M通过在第14行和第15行使用两个泛指表达（"你吃能－，就吃－－你吃还能吃多少钱？"）直接与F进行争论，并试图说服她接受自己的立场。然而，并未有迹象表明会话双方在这个特定的争论序列结束时已达成共识——事实上，他们对立的观点从不同的角度贯穿整段对话。具体来说如下：

——第9—11行。F：他们也确实紧张。——M：你想想也紧张不到哪去。

——第16—19行。F：问题是所有的人都要存钱。——M：作为一名中国学生，我没存多少钱，我现在就快没后路了。

——第21—25行。F：因为你是单身，你一个人花的还少。——M：我是单身，但还是存不多。

——从话轮转换的情况看，第13—14、18—19和20—21行中，会话者之间多次出现话语重叠，这反映出双方都在竞争认识权力（Vatanen，2018；Vatanen、Endo & Yokomori，2020）。

他们在争论没有结束的情况下将分歧暂时搁置，继续谈论其他话题（主要关于学费和他们自己的消费习惯）。

上述例子说明，劝说活动和争论活动为两个明显不同的活动类别。前者以会话中一方通过改变立场来向另一方妥协的方式结束，后者则不以达成立场一致的方式结束。笔者在语料中还发现了处于上述两种类别之间的第三种类型，即分歧序列以一方妥协的方式结束，但双方并未表达一致的立场，如例（9）所示。

例（9）中的会话参与者与例（2）相同，两人为北京一所研究机构里的同事。该例中，他们就可能影响交响音乐会指挥的重要因素这一音乐问题展开了有趣的讨论。M 的观点是，指挥家的角色很重要，因为处于该位置的人在乐曲的不同阶段通过分别指挥不同的演奏者来控制节奏，而 W 则坚持认为，乐谱在规定演奏者在乐曲的不同阶段的演奏方式上起主要作用。尽管在整个序列中，分歧一直明显存在，但该序列的结束方式明显有别于上述例子中典型的劝说活动和争论活动的结束方式。

（9）研究所的同事们正在争论影响交响乐音乐会演出效果的重要因素

1	M：	还有一种指挥里边儿有一种信息，
2		可能是^乐器.
3		...（0.5）因为什么呢，
4		<@ 那个 =@ >，
5		...但是现在我想呢，
6		就说，
7		交响乐队吧，
8		..你比如说大提琴在这儿，
9		小提琴在这儿，
10	W：	那是［固定位置.］
11	M：	［他，他，］
12		对呀，
13 →		所以他冲着你，
14 →		那肯定是你^奏.
15	F：	...［嗯］.
16	M：	［那］他要该大提琴了，
17 →		他就嗯一点你，
18		..然后就怎么着，
19	W：	(0)［不 =］.
20	M：	［但是］，
21 →		那你 -，
22		那那个谱 =子里边儿，

23		就说那个=,
24		...咱们都不懂啊,
25		..<@就说@>,@
26		..^哪个地方,
27		..该谁上,
28 →		..你^不点我,
29		我也知道该我上了,
30		[那块儿].
31	M:	[那倒是].
32	F:	是不是.
33	M:	..不过那个,
34		对.
35		因为^我怎么回事呢,
36		我小时候,
37		参加宣传队儿,

例（9）中，立场上的分歧在整段会话中一直明显存在，例如第11—18行，M通过使用三个泛指表达（如"所以他冲着你""那肯定是你奏"），指出了指挥家分别指挥单个演奏者的方式。然而，从第19行开始，W首先通过明确的不认同标记（disagreement token）"不"，表达了相反的观点，接着在第28、29行用泛指表达阐述了该观点（"你不点我""我也知道该我上了"）。在W表达了相反立场后，M在第31行使用固定表达"那倒是"表现出妥协或让步（Couper-Kuhlen & Thompson，2009；Lindström & Londen，2014）。此外，当W紧接着在第32行使用另一个确认核实表达"是不是"之后，M在第34行用肯定回应标记"对"强化了他的确认。如果该序列到此结束，那么可以说这是一个典型的劝说活动，因为M在序列结束处两次明确地对W的立场表达了认同。然而，在这段谈话的结尾部分，M既使用了肯定标记，也表达出对W立场的抵抗，而且抵抗程度似乎比妥协程度更明显。

从用词上看，M的抵抗立场（resistance stance）体现在两处。第一处在第33行，M用转折标记"不过那个"来表达抵抗；第二处在第35

行，M紧接着在其后使用了一个原因从句"因为我怎么回事呢"，原因从句后置通常用于对非偏好的或被高度标记的命题做出解释（Ford，1994；Song & Tao，2009），接着他开启了一段较长的故事讲述，讲述了自己在一个青年表演剧团中的经历，在那里，导演挑选了一些演员来进行不恰当的音乐表演。M对所有内容的讲述显然是为了证实他的观点，也是为了继续向持对立观点的会话者证明指挥家对于音乐演奏起着重要的作用。

此外，一些对比性的韵律线索也表明M的一致立场弱于其抵抗立场。Praat软件（Boersma & Weenink，2021）生成的图表显示，转折表达"不过（那个）"（见中间方框）比认同标记"那倒是"音高更高（见底部线条，270.1Hz vs. 230.6Hz），音强更强（见中间线条，89.62dB vs. 84.22dB）；与第二个肯定标记"对"相比，尽管二者的音高水平大致相同（270.1Hz vs. 271Hz），但转折表达"不过（那个）"的音强（89.62dB）远比肯定标记"对"（84.7dB）的音强高得多。

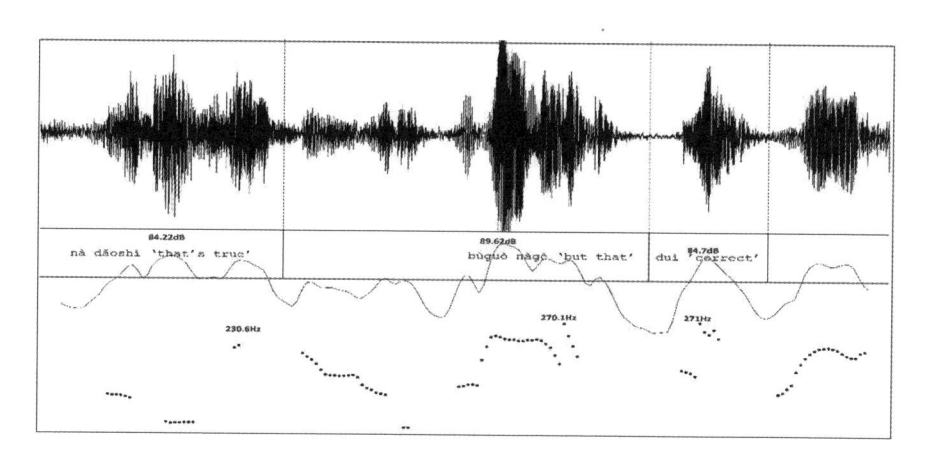

图1　韵律线索显示出M较弱的和解立场
（开头和结尾的方框）和较强的分歧立场（中间方框）

通过例（9）可以看出，还存在一些介于劝说活动和争论活动之间的例子。此时，会话者可能展现出较弱的认同立场，但仍继续做出某种程度的抵抗。综合来看，复杂的告知、劝说和争论这三种互动活动，应该被视为密切相关的而非独立的类别，原因很简单，会话参与者总是可以通过不同的方式（表达认同、进行挑战、保留和解等）进行回应来改变互动的性质，从而改变参与框架。此外，一些活动也很容易演变为另外一种类型的活动，特别是本研究分析的三种相似的类型之间，例如，复杂的告知活动可以被构建为劝说活动，而劝说活动可以发展成争论活动①。一个相关的问题是，由于本文语料库的大部分谈话是在朋友和熟人之间进行的，所以大部分会话的氛围可以被认为是亲密的或友好的，但实际上泛指表达还可以被用于更多对抗性的场合，这时可能需要以更加负面的视角来考察它们的功能，例如可能涉及 Sacks（1965/1992：167）在英语语料中观察到的"攻击""警告"和"建议"这类情况。即便如此，这些例子也不应被视为可以反驳本文以下观点的反例：第二人称泛指表达是一种特殊的修辞手段，它是根据会话的主题性质和进行互动的方式而为互动中超乎寻常的场合设计的。

另外，通过观察劝说活动、争论活动，以及介于这两种活动之间的社会活动的相关语料可以发现，在这些语境中，第二人称泛指表达与会话者角色之间并未呈现出强烈的对应关系。这是因为并不存在自然主导会话的主要发话者（任何会话参与者都可以试图临时成为主要发话者），且会话双方（至少在会话开始的阶段）会采取不同立场——在此前提下，正如本文 4.1 节中讨论的，非主要发话者在复杂的告知活动的回应话轮中的作用也导致了泛指表达在不同会话者之间具有较强但非绝对的相关性（如表 2 和表 3 中的数字所示）。

本文讨论了第二人称泛指表达经常出现的三类会话互动活动，即复杂的告知活动、劝说活动和/或争论活动。这三类活动明显不同但又密切相关。此外，还观察到一些相关的次要规律性特征，包括非主要发话者会在回应主要发话者时使用第二人称泛指表达，以及存在介于不同类别之间的例子。在第 6 节进行总结前，我们将对现有汉语会话语料中表泛指的人称代词"你"表现出的规律性特征进行讨论。

---

① 出于这种原因和其他相关原因（如单一用法），本研究没试图对这些活动类别的出现的次数进行精确统计，而是重点对它们进行定性分析。

五　讨论

本研究首先探讨了通过语料观察到的第二人称泛指表达的以下三个规律性特征：1）相邻单位中多个泛指表达的连用；2）相对于真正的普遍性陈述的受局部条件限制的普遍性；3）与主要发话者角色的关联性（如果主要发话者角色是动态协商确立的，则不存在此种关联性）。在讨论了泛指表达的一些主要互动用法后，下面将对最初观察到的这三类倾向性做出解释。

（一）连用优先

我们注意到，第二人称泛指表达也会单独出现，但大多数情况下是相邻单位中的多例连用，这一倾向性在其他语言中也被观察到（参见Nielsen等［2009］关于丹麦语的相关研究，以及Suomalainen & Varjo［2020］和Helasvuo & Suomalainen［2022］关于芬兰语的相关研究）。这可以通过刚才讨论的三类会话互动活动中的一些共同因素来进行解释。这三类活动（复杂的告知活动、劝说活动和争论活动）的特征大致是超乎寻常的、具有挑战性的，有时甚至是容易引起争议的，相比之下，日常交流中的话题和会话行为是实施日常互动任务的常规活动。为了让会话参与者参与这种超乎寻常的互动过程——有时甚至抱着胜过会话另一方的意图，发话者（尤其是原本就主导会话并临时主导会话的主要发话者）需要采用一些有效的策略来实现他们的互动目的，而多次使用第二人称泛指表达来指称受话者，便是帮助发话者实现这一目的的直接方式。

首先，第二人称代词的表达可以最低限度地引起受话者的注意（Biq，1991）、操纵受话者的视角（或多次使用第二人称代词来操纵多种视角）来实现交互主观性（Hsiao，2011）。无论该代词的实指意义有多大，发话者都可以用直接的方式与受话者建立一致或对立关系（Kuo，2002）。根据Sacks（1965/1992：349）的观点，至少在英语中，第二人称指称可以从受话者扩展到更大的范围，或者如他所说，"you"可能指"受话者自己"或"受话者及他人"。因此，正如Sacks（1965/1992：166）所言，由不定指的第二人称代词构成的表达是操纵发话者视角的一种有效手段（参见 Laberge & Sankoff［1979：430］关于泛指陈述的属性的讨论，以及 Scheibman［2007：131—132］的观点，即发话者为了扩展其个人经历、获取同情以及构建一个真正的普遍性陈述而吸引其他会话参与者的注意）。

其次，尽管以往文献表明，这些泛指表达单独使用时是"有效"且"强大"的，但借用 Sacks（1965/1992：348）描述类似现象①时使用的术语来说，当多个泛指表达大量使用时，它们就形成了"组合"（build-ups）。正如前面的例子所示，在相邻的话轮结构单位中的大量出现的多个泛指表达往往从不同角度和不同方面展示出所讨论主题的复杂性或争议性。因此，当多个泛指表达大量使用时，就会增加讲述、劝说和争论的修辞效果，更不用说 Sacks（1965/1992）所描述的其他潜在的更具对抗性的活动/情境，如言语攻击和警告等。

（二）受限的概指

现在让我们考察一下受局部条件限制的概指而非道德与真理的宽泛陈述的特征。如前面的例子所示，会话语料中的第二人称泛指陈述往往不强调全人类或永恒性，相反，他们在陈述讨论的话题时受到各方面的限制。笔者认为，如果综合考虑广义的常人方法论/会话分析/人类学语言学/语用学文献中的一些原则，可对此做出解释。

第一，在会话分析领域，Sacks（1975：59）曾指出，相对于指称范围更广的陈述（如 Sacks 在该文献中指出的主语"everyone"。但即使是像"everyone"这样的主语，在某些语境中的指称范围也是有限的）"受限的陈述"（limited statement）的事实"更容易被证实"，这一点也同样适用于汉语语料。他进一步提出，"人数的表述或主语的选择可能对陈述的可接受性有一些重要影响"（Sacks，1975：60），从这个角度看，第二人称单数代词可能是建立概指性陈述最稳妥的一个主语选项，因为它的所指范围从一开始就受到了限定（仅限于单数人称）。

第二，人类学/互动语言学研究成果已经表明，对人进行指称时存在偏好情况。除 Sacks & Schegloff（1979）提出的最简化原则（minimaliza-

---

① 即儿童在构建复杂的句法结构串时使用多个第二人称泛指表达。

tion）和受话者设计原则（recipient design）外，Brown（2007）和 Hanks（2007）还提出了关联的偏好原则。该原则规定（在指称会话中的第三方时）"某些情况下，会话者会明确地将指称对象直接与当前会话参与者联系起来"。因此，类似于"my sister（我妹妹）"和"your friend（你的朋友）"这类用于联结互动中的当前发话者（"I"［我］和"you"［你］）的表达，常用于指称互动中的第三方。尽管这种关联的偏好原则是针对第三人称指称类别提出的，但因为定义中的"泛指"是直接来自第二人称单数代词，所以也间接地适用于本文所讨论的第二人称泛指表达。虽然第二人称代词在不同语言中可能有不同的地位，第二人称和第三人称的指称也可能用于实施不同的行为，但鉴于发话者试图通过第二人称代词使受话者参与进那些超乎寻常的互动事件这一事实，这种偏好性也适用于第二人称代词。

　　第三，在常人方法论领域，Garfinkel（1967：6）及其合作者的研究指出，在日常社会活动中，指示性表达的使用和指示性行为的构建主要是为了完成当前的社交任务。这时，人们必须充分利用他们在社会领域中的各种资源来完成社交任务。在语用学领域，Sperber & Wilson（1995）的关联理论（Relevance Theory）试图从当前的相关性和值得受话者注意两个方面为言语交流中发话者作出的积极作用的限制条件做出解释。与此相关的是，Du Bois（1980：233）提出了一个"好奇心原则"（curiosity principle，同样主要针对第三人称指称），即："如果一个指称识别的对象足够接近受话者并可以满足受话者的好奇心，那么该指称就可以被视为是可识别的。"尽管在本文的语料中，第二人称指称并不完全是为了满足受话者的好奇心或者仅仅是值得受话者的注意，而是出于更为积极的目的，那么可以说，这些原则中隐含的当前关联性和模糊的容忍度本质仍然适用。

　　因此，有关人类交际的各项研究所发现的关于指称和社会互动的所有趋势，包括普遍性陈述中对主语选择的偏好，通过当前会话者进行指称，对当前问题和相关性的关注，利用可用材料的需要，再加上在实时展开的会话中对模糊性的概指性容忍度，都会影响会话参与者对第二人称单数代词的使用，第二人称单数是一个指示表达的主要例子，可在自然会话中用于组织足够概括但又不太宽泛的陈述。通过使用第二人称单数代词构建话语，发话者为会话参与者"既提出了一项任务，又提供了一种资源"（Learner，1995：282），让会话者参与到认识立场的交互主观性协商中，并解决当前最紧迫的交际任务。换句话说，通过使用第二人称代词构建受局部条件限制的概指性陈述不是偶然的，而是发话者在语境的驱动下，将其设计为一种特殊且有效的修辞手段，用以处理会话者在当前会话互动中面临的偶发因素。

（三）与主要发话者角色的关联（如果主要发话者角色是动态协商的，则不存在这种关联）

鉴于前面几节所描述的泛指第二人称单数代词的互动用法，它们与主要（或试图获得主导权的）发话者角色之间的紧密关联已阐释清楚。同时，正如本文在描述使用这类泛指表达所实施的社交活动的过程中所指出的，这种可观察到的趋势可以被理解为一种变量，也就是说，在主要发话者可以被自然确定的语境中，且整体互动环境不是竞争性或容易引发争论的情况下，主要发话者比非主要发话者使用的第二人称泛指表达更多，因为他们试图利用这些有效的语言手段使会话者参与超乎寻常的互动过程（参见第5.1节）。同样，在这类语境中，非主要发话者也可以利用这种手段进行回应，来表明他们对告知内容的收悉和理解，并表明一致立场。

另外，在更具竞争性和容易产生争论的语境中，会话双方出于竞争因素都有动力与权力来利用这一有效手段，这也导致了在这类场合或在某段谈话中，泛指表达呈现出更加平均分布的趋势。

简言之，以第二人称单数代词为中心的泛指陈述可以作为一种有效修辞手段被会话参与者用于要求很高的语境中，使用数量上的差异或平均分布反映了会话者动态协商和构建的参与框架的不同（Goffman，1981；Goodwin & Goodwin，1990）。

六 结论

本文旨在解决会话参与者何时以及为何使用指称范围具有概指性和模糊性的第二人称泛指表达，该问题在以往文献中尚未得到充分探讨。

语料分析显示，第二人称泛指表达出现的会话语境在某些方面是不同寻常的，其特殊性体现在会话片段涉及一些相对复杂或有争议的话题，且会话参与者经常会出现立场不一致，或具有争论性的对立立场的情况。这些语境及其相关的互动需求使这类泛指表达呈现连用（相邻单位中多个标记多次出现）、受限的概指性（足够概括但又不太宽泛的陈述）和主要（或试图获得主要）发话者地位的规律性特征。总之，第二人称泛指陈述常作为一种特殊且有效的修辞手段，用于不同寻常的互动场合。

最后，本研究表明，表面上被认为是一种特殊的语义指称问题的第二人称泛指表达实际上可以通过基于会话行为的研究方法进行补充性考察。只有将泛指表达置于会话互动的语境中，其在语篇中的真正规律性特征以及对应的社会活动才能得以直接考察。

参考文献

吕叔湘：《近代汉语指代词》，学林出版社 1985 年版。

方梅：《北京话人称代词的虚化》，吴福祥、崔希亮编《语法化与语法研究（4）》，商务印书馆 2009 年版。

张磊：《口语中"你"的移指用法及其话语功能的浮现》，《世界汉语教学》2014 年第 4 期。

Berry Roger,"You could say that：the generic second - person pronoun in modern english". *English Today*, Vol. 25, No. 3, 2009.

Biq Yung - O,"The multiple uses of the second person singular pronoun *Ni* in conversational mandarin". *Journal of Pragmatics*, Vol. 16, No. 4, 1991, 307 - 321.

Boersma Paul & David J. M. Weenink, *Praat*：*Doing Phonetics by Computer*, 2021.

Bolinger Dwight,"To catch a metaphor：*you* as norm", *American Speech*, Vol. 54, No. 3, 1979a, 194 - 209.

Bolinger Dwight,"Pronouns in discourse", In Talmy Givon（ed.）*Discourse and Syntax*, 287 - 309. New York：Academic Press, 1979b.

Brown Penelope,"Principles of person reference in Tzeltal conversation", In Nick J. Enfield & Tanya Stivers（eds.）*Person Reference in Interaction*：*Linguistic, Cultural and Social Perspectives*, 172 - 202. Cambridge：Cambridge University Press, 2007.

Canavan Alexandra & George Zipperlen, *CALLFRIEND Mandarin Chinese – Mainland Dialect*. Linguistic Data Consortium, Philadelphia, 1996.

Chafe Wallace, "Cognitive constraints on information flow". In Russell Tomlin (ed.) *Coherence and Grounding in Discourse*, 21 – 51. Amsterdam: John Benjamins, 1987.

Chafe Wallace, *Discourse, Consciousness, and Time: The Flow and Displacement of Conscious Experience in Speaking and Writing*. Chicago: University of Chicago Press, 1994.

Couper – Kuhlen Elizabeth & Sandra A. Thompson, "Concessive patterns in conversation". In Elizabeth Couper – Kuhlen & Bernd Kortmann (eds.) *Cause – Condition – Concession – Contrast: Cognitive and Discourse Perspectives*, 381 – 410. Berlin & New York: De Gruyter Mouton, 2009.

Couper – Kuhlen Elizabeth & Margret Selting, *Interactional Linguistics: An Introduction to Language in Social Interaction*. Cambridge: Cambridge University Press, 2018.

Du Bois John W., "Beyond definiteness: the trace of identity in discourse", In Wallace L. Chafe (ed.) *The Pear Stories: Cognitive, Cultural, and Linguistic Aspects of Narrative Production*, 203 – 274. Norwood, New Jersey: Ablex, 1980.

Du Bois John W., *Transcription in Action: Resources for the Representation of Linguistic Interaction*, 2006.

Du Bois John W., "The stance triangle". In Robert Englebretson (ed.) *Stancetaking in Discourse: Subjectivity, Evaluation, Interaction*. Amsterdam: Benjamins, 2007.

Du Bois John W., Stephan Schuetze – Coburn, Susanna Cumming & Danae Paolino, "Outline of discourse transcription". In Jane Edwards & Martin Lampert (eds.) *Talking Data*, 45 – 89. Hillsdale / New Jersey: Lawrence Erbaum Associates, 1993.

Ford Cecilia E., "Dialogic aspects of talk and writing: *because* on the interactive – edited continuum". *Text*, Vol. 14, No. 4, 1994, 531 – 554.

Garfinkel Harold, *Studies in Ethnomethodology*, Englewood Cliffs, New Jersey: Prentice - Hall, 1967.

Goffman Erving, *Forms of Talk*. Oxford: Basil Blackwell, 1981.

Goodwin Charles & Marjorie Harness Goodwin, "Context, activity and participation". In Peter Auer & Aldo di Luzio (eds.) *The Contextualization of Language*, 77 - 99. Amsterdam: John Benjamins, 1990.

Goodwin Marjorie Harness, "Informings and announcements in their environment: prosody within a multi - activity work setting". In E. Couper - Kuhlen & M. Selting (eds.) *Prosody in Conversation: Interactional Studies*, 436 - 461. Cambridge: Cambridge University Press, 1996.

Hanks William, "Person reference in Yucatec maya conversation". In Nick J. Enfield & Tanya Stivers (eds.) *Person Reference in Interaction: Linguistic, Cultural and Social Perspectives*, 149 - 171. Cambridge: Cambridge University Press, 2007.

Heritage John, "A change - of - state token and aspects of its sequential placement". In J. M. Atkinson & J. Heritage (eds.) *Structures of Social Action: Studies in Conversation Analysis*, 299 - 345. Cambridge: Cambridge University Press, 1984.

Heritage John, "Intersubjectivity and progressivity in person (and place) reference". In Nick J. Enfield & Tanya Stivers (eds.) *Person Reference in Interaction: Linguistic, Cultural and Social Perspectives*, 255 - 280. Cambridge: Cambridge University Press, 2007.

Heritage John, "Epistemics in action: action formation and territories of knowledge". *Research on Language and Social Interaction*, Vol. 45, No. 1, 2012, 1 - 29.

Hsiao Chi - hua, "Personal pronoun interchanges in Mandarin Chinese Conversation". *Language Sciences*, Vol. 33, No. 5, 2011, 799 - 821.

Kitagawa Chisato & Adrienne Lehrer, "Impersonal uses of personal pronouns". *Journal of Pragmatics*, Vol. 14, No. 5, 1990, 739 - 759.

Kuo Sai - Hua, "From solidarity to antagonism: The uses of the second - person singular pronoun in Chinese political discourse". *Text*, Vol. 22,

No. 1, 2002, 29 - 55.

Laberge Suzanne & Gillian Sankoff, "Anything *you* can do". In Talmy Givon (eds.) *Discourse and Syntax*, 419 - 440. New York: Academic Press, 1979.

Labov William & David Fanshel, *Therapeutic Discourse: Psychotherapy as Conversation*. New York: Academic Press, 1977.

Lerner Gene, "On the place of linguistic resources in the organization of talk - in - interaction: 'second person' reference in multi - party conversation". *Pragmatics*, Vol. 6, No. 3, 1995, 281 - 294.

Lindström Jan Krister & Londen, Anne - Marie, "Insertion concessive: an interactional practice as a discourse grammatical construction". *Constructions*, Vol. 1, No. 3, 2014, 1 - 11.

Marja - Lisa Helasvuo & Karita Suomatainen, "Between me and you: creating reference with first and second forms in Finish". 2002. https://sisu.ut.ee/sites/default/files/proowin/files/heasvuo.pdf.

Nielsen Søren Beck, Christina Fogtmann Fosgerau & Torben Juel Jense, "From community to conversation - and back: exploring the interpersonal potentials of two generic pronouns in Danish". *Acta Linguistica Hafniensia: International Journal of Linguistics*, Vol. 41, No. 1, 2009, 116 - 142.

Rubba Jo., "Alternate grounds in the interpretation of deictic expressions", In G. Fauconnier & E. Sweetser (eds.) *Spaces, Worlds, and Grammar*, 227 - 261. Chicago: Chicago University Press, 1996.

Sacks Harvey, "You", In Gail Jefferson (ed.) *Lectures on Conversation* Vol. 1, Part II, Lecture 6, 163 - 168. Cambridge / Massachusetts: Blackwell, 1965/1992.

Sacks Harvey, "You", In Gail Jefferson (ed.) *Lectures on Conversation* Vol. 1, Part III, Lecture 11, 348 - 353. Cambridge / Massachusetts: Blackwell, 1966/1992.

Sacks Harvey, "Sound shifts; showing understanding; dealing with utterance completion; practical mysticism". In Gail Jefferson (ed.) *Lectures on Conversation* Vol. 2, Part II, Lecture 9, 137 - 149. Oxford: Blackwell,

1969/1992.

Sacks Harvey, "Everyone has to lie". In M. Sanches & B. Blount (eds.) *Sociocultural Dimensions of Language Use*, 57 – 79. New York: Academic Press, 1975.

Sacks, H. & Schegloff, E. A., "Two preferences in the organization of reference to persons in conversation and their interaction". In G. Psathas (ed.) *Everyday Language: Studies in Ethnomethodology*, 15 – 21. New York: Irvington, 1979.

Sacks Harvey, Emanuel Schegloff & Gail Jefferson, "A simplest systematics for the organization of turn – taking for conversation". *Language*, Vol. 50, No. 4, 1974, 696 – 735.

Scheibman Jordan, "Subjective and intersubjective uses of generalizations in English conversations", In Robert Englebretson (ed.) *Stancetaking in Discourse: Subjectivity, Evaluation, Interaction*, 111 – 138. Amsterdam: John Benjamins, 2007.

Siewierska Anna, *Person*. Cambridge: Cambridge University Press, 2004.

Suomalainen Karita & Mikael Varjo, "When personal is interpersonal: organizing interaction with deictically open personal constructions in Finnish everyday conversation". *Journal of Pragmatics*, Vol. 168, 2020, 98 – 118.

Song Zuoyan & Hongyin Tao, "A unified account of causal clause sequences in mandarin Chinese and its implications". *Studies in Language*, Vol. 33, No. 1, 2009, 69 – 102.

Sperber Dan & D. Wilson, *Relevance: Communication and Cognition* (2nd edition). Oxford: Blackwell, 1995.

Stivers Tanya, N. J. Enfield & Stephen C. Levinson, "Person reference in interaction", In Nick J. Enfield & Tanya Stivers (eds.) *Person Reference in Interaction: Linguistic, Cultural and Social Perspectives*, 1 – 20. Cambridge: Cambridge University Press, 2007.

Tao Hongyin, *Units in Mandarin Conversation: Prosody, Discourse, and Grammar*. Amsterdam: John Benjamins, 1996.

Vatanen Anna, "Responding in early overlap: recognitional onsets in assertion sequences". *Research on Language and Social Interaction*, Vol. 51, No. 2, 2018, 107 – 126.

Vatanen Anna, Tomoko Endo & Daisuke Yokomori, "Cross – linguistic investigation of projection in overlapping agreements to assertions: stance – taking as a resource for projection". *Discourse Processes*, Vol. 58, No. 4, 2020, 308 – 327.

Wales Katie, *Personal Pronouns in Present – Day English*. Cambridge: Cambridge University Press, 1996.

Xiang Xuehua, "Personal pronouns in Chinese discourse". In Chris Shei (ed.) *The Routledge Handbook of Chinese Discourse Analysis*, 147 – 159. London: Routledge, 2019.

汉语、英语和韩语中基于"什么"疑问表达式扩展用法的跨语言研究[*]

一 引言

本文调查了一种普遍存在却鲜少研究的语言现象,即英语、汉语、韩语中"what"疑问形式在多种语义和语用方面的扩展用法。所谓扩展用法,即发话者使用疑问形式不是为了提问或者引出受话者的回答,而是为了表达怀疑、不确定、不信任以及不赞同等其他互动功能。下面英语例子中的"what"可以说明这一点,在例(1)中,what 用于表达典型的疑问义,而在例(2)和例(3)中,分别用于表示不确定和怀疑。

(1) **What** is the final score in volleyball called?
排球比赛的最后比分是多少?(网络)
(2) I mean he scored **what**, 129 this year? Something like that?
我是说他今年得了,呃,129 分?是这样吗?(网络)
(3) He scored **what**? That many points?!
他得分多少?这么多分?!

这样的扩展用法在其他语言中也很常见。比如,在汉语中,我们会说:

---

[*] 本文系与 Heeju Lee、苏丹洁合作,原刊于 *Chinese Language and Discourse*, 2017, Vol. 8, No. 2, 137–173。

(4) 我今天要去了解一下，拿点资料**什么**的。

例（4）中的"什么"表达"诸如此类"的概括义，即"等等"。同样，在韩语口语中，可以说：

(5) A: 전공 영어 상식 뭐 이렇게 봤-었-거든.
cenkong yenge sangsik **mwe** ilehkey pwa – ss – ess – ketun
我们参加了一些主要科目的考试，比如英语、通识教育什么的。

此处的"mwe（什么）"用来表达泛指。

通过观察多种语言中的相关例子，本文提出如下问题："what（什么）"在不同语言中有哪些扩展用法的范围和类型？在历时演变中，各语言间是否存在共同的扩展模式？回答上述问题有助于我们了解世界语言中常见的一类词汇，也有助于揭示语法化和语言共性的模式。

目前很少有研究能够充分回答上述问题，主要原因有两点：首先，没有一种相对统一的关于扩展用法的系统分类可以应用于不同的语言或基于语料库的研究中。由于不同语言在很多方面都存在差异，因此它们的扩展用法可以朝着不同的方向发展（例如模糊指称与不赞同）。那么以更精确的方式对这些扩展用法进行定义，以便对不同的语言进行有意义的比较和概括就显得较为迫切了。其次，大多数既往研究基本上都是基于孤立的句子，而不是基于自然会话语料，而问题是许多扩展用法都是受语境和互动限制的，只有全面考察互动语篇的语境，才能充分揭示它们的功能。下文将对此进行说明。

为了弥补现有研究的不足，本研究使用汉语、英语和韩语的电话会话语料，归纳出一个综合性的分类系统，用于扩展用法的跨语言分析。本文对这三种语言的分类以及归纳出的分类系统有望能为"what（什么）"表达式的跨语言研究奠定基础，并为其他疑问形式（如 where、who、how 等）及其扩展用法的研究开辟道路。

本研究采用了基于语料库的方法（corpus – driven approach）（Tognini – Bonelli, 2001），即本文的分类完全来源于这三种语言语料库中的实际语料。尽管基于语料库的方法可能会遗漏语料中未包含的类型，但这种方法的独特优势在于其分类法和分类系统是真实的,并且得出的频率数据能够反映通过其他方式无法获取的自然趋势。

二 相关研究综述

(一)总体研究与基于英语的研究

对现有文献的调查表明,很少有人对实际话语中"what"疑问形式的扩展用法进行研究。Brinton(1996、2008)是少数关注"what"和其他语用标记(例如 why、like、now、only)演变的学者之一,他在研究中讨论了"what"的语用发展历程。Brinton 指出,"what"是从表示直接疑问的疑问代词/副词/形容词发展到表示间接疑问的复合词,再发展到语用标记的。也就是说,"what"是从单一的疑问意义演变为语篇意义和互动意义的。Brinton 认为,当"what"用作语用标记时,一般位于句首,而当"what"用作疑问代词/副词/形容词时,它的句法位置是自由的。

Blake(1992)总结了古英语和中古英语中"what"的三种人际功能:1)预示话轮转换;2)引起受话人的注意(如 know what);3)表明说话人的态度,如"惊喜、惊讶、不耐烦、得意或鼓励"。Quirk(1985:819)等人在研究当代英语时讨论过"what"的"惊讶"义。

一些关于语法化的文献除了对疑问句进行了一般性的研究外,也对其扩展的语法功能进行了研究。例如,Traugott(1982)提出了一个假设,即语法化可能是从"弱主观"到"强主观"的演变,而不是反向演变的。他以疑问词(where、why 等)为例论证了这个假设,并描述了其演变的过程:疑问(命题)>补语(语篇)>语用标记(表达)。同样,Heine & Kuteva(2006)对欧洲语言中疑问形式的调查发现,疑问形式演变成补语、状语和关系从句标记经历了四个阶段:1)表示疑问;2)引入非限制性补语/状语从句;3)引入限制性补语/状语从句;4)引入带有中心词的关系从句。他们认为,疑问形式的发展表明其疑问功能逐渐扩展到了其他功能(即句法关系)。

由于这些假设大多基于历史语料,所以有必要考察当代自然会话语料以对其进行补充。

近年来,一些类型学研究开始从跨语言视角探索与"what"相关的语言表达。如，Enfield（2003）以口语语境中的互动特征为导向研究了"what – d'you – call – it"，但由于 Enfield 的研究并非基于自然发生的会话，所以仍需要考察日常的社会互动是如何在会话中形成"what"表达式的。

会话分析（Conversation Analysis）对疑问形式（包括"what"表达式以及与该形式相关的修补序列）的非疑问性质进行了大量研究。例如，Schegloff（1997：516）注意到了"what"形式在开启修补（what、when）、推动讲述（where、when）以及预讲述（Guess what/who [X]、Y'know what [X]）的作用，因为发话人会"根据受话人的回应"来预示"将要讲述一则消息或者一个故事"。Hayashi 等（2013：25）发现说话人使用"what do you mean?"来"将前一话轮作为一个问题的来源，预示着可能的分歧或争议将要产生"。同样地，根据对 21 种语言（包括英语、汉语、西班牙语、法语、荷兰语和其他语言）的调查，Enfield 等（2013）发现，在日常会话中，使用疑问词（通常是 what）是一种公开开启修补的常用策略。然而，他们对"what"表达式的研究和 Dingemanse 等（2014）、Dingemanse & Enfield（2015）和 K – H Kim（1993、1999）等的研究一样，大部分都用于表达单一的疑问（关于 Drew [1997] 中相关性的讨论，见第 6.3 节），而跨语言语境中"what"表达式的扩展用法在这些研究中鲜少涉及，这个问题将是本研究的重点。

（二）基于汉语的研究

下面将讨论相关的汉语文献，许多汉语语法学家注意到了单一的疑问用法和非疑问用法之间的差异。例如，丁声树等（1961）的研究是早期语法研究的著名文献，对汉语疑问形式的任指用法和非指称用法进行了探讨。赵元任（Chao，1968：651 – 657）认为："所有疑问代词，跟其他疑问形式一样也可用于表达不确定的含义。"赵元任也指出了"什么（what）"的另外两种非疑问用法：一种是他所说的"列举"用法，表达"诸如此类"的含义；另一种用法表达否定，如"什么睡觉了?! 晚饭还没吃哪"。

还有一些汉语语法学家详细考察了疑问词的不定用法（Li & Thompson，1981；吕叔湘，1982、1985；Li，1992）以及疑问词如何被用来表示惊讶（周蓉，2007）、抱怨（王海峰、王铁利，2003）和周遍性（朱德熙，1982；陆俭明，1986）（他们认为疑问词表达在所涉及的范围内没有例外，并且通常与"也"和"都"等副词连用）。汤廷池（1981）为了厘清汉语中非疑问用法的范围，提出了六个子范畴：任指、虚指、照应、修辞、感叹、其他。

尽管迄今为止汉语的相关文献大多基于孤立的或给定的句子，但有的研究已经在话语研究方面作出了有价值的探讨。例如，Biq（1990）研究了"什么"在汉语会话中用作模糊限定语（hedge）的几种方式，包括她在文中所称的互动模糊限定语（interactional hedge）（填充标记）、指称模糊限定语（referential hedge）（否定标记）和表达模糊限定语（expressive hedge）（缓和否定语气）。谢富惠（2005）的后续研究解释了会话中"什么"的三种扩展用法：列举、构建或保持话轮和模糊限定。邵敬敏、赵秀凤（1989）也在语料库中发现了八类非疑问用法。在一项更全面的研究中，王海峰、王铁利（2003）提出：在自然发生的会话中，"什么"很少用于提问；它更常用于表达否定、怀疑和不确定的立场，以及进行替代、话题管理和话轮转换等话语功能。虽然这些发现很有价值，但其使用的语料库规模和标记用例的数量通常都很小。例如，王海峰、王铁利（2003）的研究仅基于137例"什么"的用例，因此其研究得出的频率需要进一步验证。

与跨语言研究一样，基于汉语的研究也存在不同的研究者使用不同的术语的问题，因此很难进行比较研究。例如，谢富惠（2005）一方面引用了 Biq（1990）的术语"模糊限定语（hedge）"，并用这个术语对"什么"被语法化为认知标记的情况进行分类；另一方面，他将 Biq（1990）研究中"模糊限定语"的子类（指称模糊限定语）归为另一个范畴，即"列举（listing）"类。此外，谢富惠（2005）所使用的"列举（listing）"一词有时也称为"填充标记（filler）"。如本文开头所述，使用术语的不一致会导致在语言内部和不同语言之间很难进行有意义的比较。

（三）基于韩语的研究

韩语文献和汉语、英语文献相似，大多数早期的研究都是基于孤立的句子，然而近期的研究倾向于通过多样化的口语和书面语语料来关注语法化的过程。C‑H Kim（2000）和 M‑H Kim（2005）分别根据文学作品和口语语料库（即电视剧或新闻的半自然语料和独白或自然会话的自然语料）指出，自18世纪以来，韩语疑问词已经演变成间接疑问标记和无定的标记，在某些情况下还演变成了话语标记。通过研究语料库中的语料，M-H Kim 发现93%的"mwe（什么）"标记用作话语助词，委婉地表达说话人的认知立场，弱化说话人的语气，或填补话语之间的停顿。

在另一项关于"mwusun（什么）"的研究中，M-H Kim（2006）发现，26.2%的"mwusun"用作话语标记，或者表示说话人对所指对象的不确定，或者通过缓和说话人在话语中的消极语气来避免做出威胁面子的行为。[①] 通过考察访谈语料和独白语料，J-A Lee（2002）同样发现，"mwe"已经从一种寻求信息的形式演变为一种话语标记，它具有如下四种功能：连接前后话语、前景化信息、列出说话人大致思考的内容，以及作为填充词填补话语间停顿。

还有一些关于韩语疑问形式功能的研究是基于会话分析的方法。K-H Kim（1993、1999）提出："mwe"可用于确定前一话轮中特定问题的来源（如当说话人不确定会话参与者指的是什么时会使用"mwe"）。他还指出："mwe"可以作为他人发起的修补策略投射说话人的消极行为（如表示不赞同），说话人不仅指出前一话轮的问题来源，而且表现对其不赞同。

最近，Koo & Rhee（2013）讨论了表达不满的句末助词（SFPD：sentence-final paticles of discontent）的新范式。他指出尽管这些新兴的句末助词"-tam""-lam""-kam""-nam"有不同的语法化途径，但它们都是从疑问词演化而来的。

Nam & Cha（2010）以及 Cha（2010）的研究关注的是韩语语篇中的疑问形式。Nam & Cha（2010）将"mwe"称为话语标记，研究了 Sejong 口语语料库中"mwe"的非疑问用法。该研究将"mwe"视为一个立场标记，认为当它出现在从句边界位置的特定句尾时，用于表达说话人的消

---

① 在这项研究中，我们考察了两个"what（什么）"类标记，即韩语中的"mwe"和"mwusun"，这两个标记在英语中都表示"what"。"mwe"是疑问代词，"mwusun"是疑问限定词。3.2节将详细描述这两个标记的区别。

极立场；当它出现在一个从句的任意位置时，用于项目列举、举例和反问。尽管他们的研究模式值得关注，但仍有待进一步验证。例如，由于分类困难，该研究放弃了语料库中40%的用例。相比之下，本文的研究是基于语料库的，并且处理了语料中的所有疑问形式的用例。在另一项研究中，Cha（2010）重点研究了影响"mwe"表达立场（主要是消极的）的韵律和非韵律因素。

总的来说，韩语研究已经在这一领域，特别是关于相关标记是如何逐渐演变并分布在不同的口语体裁中的研究，取得了实质性进展。然而，与汉语和其他研究一样，韩语文献也存在术语不一致、结论不相容，以及语料抽样规模和编码透明度较小的问题。

因此，通过上述简要回顾，我们发现尽管现有文献为研究"what（什么）"表达式扩展用法提供了很多宝贵的见解，但这些研究仍存在局限性。第一，由于目前大多数研究都聚焦个别语言，因此跨语言研究（尤其是基于互动语篇语料的跨语言研究）相对较少；第二，怎样合理划分"what（什么）"和其他疑问形式标记扩展用法的范围和类型，学界还没有形成共识；第三，如前所述，既往研究很少使用大规模的互动口语语料。尽管有些文献使用了书面语语料库，但语料的数量和范围通常很有限。本研究将通过考察三种语言和大量实际口语会话例子来解决上述问题。

三 语料和研究方法

（一）语料

三种语言的研究语料都来自自然会话语料库。汉语研究使用CallFriend汉语会话语料库，包括100个无讲稿的电话会话（60份官方电话记录的转写和40个我们研究团队自己转写稿），规模超过23.3万字，每段会话时长为5—30分钟。每个会话参与者均为中国汉语母语者（Canavan & Zipperlen，1996a）。在该语料库中，"what（什么）"共出现了1654次，我们删除了其中34个不清楚的例子（如转写材料所示），选择了其余1620个例子进行编码。

韩语研究使用CallFriend韩语会话语料库（Canavan & Zipperlen，

1996b)。与汉语的电话会话语料库类似，CallFriend 韩语语料库也包括 100 个电话会话，会话参与者之间关系密切（如家庭成员或亲密的朋友），每次通话长约 30 分钟。他们虽然都是在韩国本土长大的韩语母语者，但是录音发生地在美国或加拿大。该语料库规模大约有 29 万词。我们对其中 1776 个 "what（什么）" 标记（包括 "mwusun" 和 "mwe"）进行了编码分析。

英语研究使用的是 Switchboard 语料库（Godfrey et al.，1992）。该语料库包括大量电话会话语料，会话参与者来自美国各地，他们相互并不熟悉。该语料库中共有 2099 个 "what" 标记（包括 1945 个 "what" 和 154 个 "whatever"），本研究对其进行了编码分析。

（二）非疑问用法及相关问题

本文的研究重点是发话人使用 "what（什么）" 表达式的疑问形式并不是为了提问或引发受话人回应的情况。这意味着任何非问题形式的 "what（什么）" 表达式都包含在本研究内。"what" 表达式在汉语中的基本形式是 "什么"，在英语中的基本形式是 "what" "whatever"，在韩语中的基本形式是 "mwe" "mwusun"。

韩语的 "mwe" "mwusun" 虽然都与英语中的 "what" 相似，但两者在形态句法上却存在不同。作为疑问代词，"mwe" 虽然可以独立使用，但它与助词或后缀结合使用以及以多种形态方式组合使用的情况更常见。本文研究了 "mwe" 的所有形态变体及其缩略形式（如 mwe‐lul→mwe‐l 或 mwe‐nun→mwe‐n）。另外，"mwusun" 还可以作为疑问限定词出现在名词前，如 "Mwusun umsik cohahay‐yo?（你喜欢什么食物？）"。

首先需要澄清 "what" 表达式和 "疑问形式" 这两个术语的差别，虽然最实用的做法是将词作为识别疑问形式的基本单位（什么、what/whatever 和 mwe/mwusun），但在实际语篇中，词汇往往并不是单独出现的，而是与其他词汇（如汉语中的 "什么的" 或英语中的 "or what"）和/或形态形式（如韩语中的 "mwe‐ci"［什么+句尾标记］）组合在一起使用的。因此，尽管本研究的编码策略是基于三种语言中每种语言 "什么" 的词汇形式，但与许多其他研究者一样，我们也认为在语言的使用中，词可能并非意义的最佳单位（见 Sinclair，1991、1996）。此外，尽管本文使用的是"疑问形式"一词，就像有些文献使用"疑问代词（interrogative pronoun）"一样，但本研究的对象实际上是其非疑问用法，所以为便于阐释，本文使用"疑问形式"一词。

另外需要讨论一个更普遍的问题，即本文采用的方法是一种基于形式的方法（form-based approach），其中疑问代词（如英语中的"what"及其在其他语言中的对应词）是我们进行初步调查的基础。这种方法既有优势也有缺陷，优势之一是可以相对快速地从不同语言的语料库中识别出我们需要研究的标记，并考察它们的功能。缺陷是一种特定语言的各种形式都可能有多种功能，而这些功能在另一种语言却没有。另外，被我们确定为扩展用法的会话或语用功能可能表现为多种形式，这都不利于开展跨语言的比较研究。然而，我们认为很有必要采用这种基于形式的方法，因为对于任何语料库驱动的跨语言比较研究而言，有形的形式都有助于直接确定研究范围，所以通过这种方法可以进一步揭示各语言中相同的以及不同的模式。当然，这并不妨碍其他研究从不同的角度来解决这个问题。例如，一种以活动或功能为中心的方法，也可以调查多种语言中的多种形式。

最后，如前所述，本文的编码系统是语料库驱动的，我们首先识别出所有并非用来引发受话人回应的"what（什么）"的例子，然后分别将这些例子区分为不同的范畴。当出现模糊义时，我们使用明确的标准来对其进行区分。通过该程序，最终将范畴系统分为八种类型：1) 任指，2) 无定指，3) 不赞同，4) 一般扩展，5) 填充，6) 感叹，7) 缓和，8) 回避。同样，这些类型并不是一个有限的集合，而仅仅是跨语言研究的起点，这也为在语料库的基础上研究一种复杂的话语语法现象奠定了基础。下一节将通过这三种语言的例子来定义和阐释这些范畴。

四　功能性编码范畴

本节将首先通过汉语和韩语语料来说明这八种功能范畴，由于英语的例子与汉语和韩语的例子在很大程度上存在差异（第五节和第六节中将详细介绍），本节随后将对涉及"what"和"whatever"这两个标记的范畴在英语中的应用进行讨论。

（一）分类（以汉语和韩语语料为例）

1. 任指

任指范畴指的是"what（什么）"表达式与英语代词"whatever"的标准用法在意义上基本相同的情况，指代包含所有的项目，见汉语例（6）和韩语例（7）—（8）。

（6）B：现在北京的话，什么都有。

在下面的韩语例子中，"mwusun"表示"whatever"，"iyu（原因）"后接助词"tun"和从属名词"kan"，意思是"无论什么原因"。

（7）A：그렇게 설그할 때 무슨 이유-든 간-에 잘 경청-을 해-야-지.
Kulehkey selkyoha – l ttay **mwusun** iyu – tun kan – ey cal kyengcheng – ul hay – ya – ci
当牧师传道时，无论出于什么原因，你都必须仔细听。

这类似于其他语言学家所说的"包括式"用法（朱德熙，1982；陆俭明，1986）。

任指"mwe（什么）"用例如下所示：

（8）A：뭘 읽어-도 기발-한 생각-은 떠오르-는 것-도 없-고.
mwe – l   ilke – to   kipalha – n sayngkak – un tteolu – nun   kes – to
无论我读什么书，脑子里都没有任何关于学习的好主意。

"mwe – l"与"ilke – to"中的助词"– to（甚至）"组合在一起，表示"无论什么"。"mwel ilke – to"的直译是"甚至我无论什么都读"。还要注意这里的"mwe"和宾格助词"lul"组合在一起，形成缩写形式"mwe – l"。

2. 无定指

在这个范畴中，"what"表达式本质上与不定代词"something"的意思相同，指的是不确定或未知的实体。例如：

(9) 你那边呢，随便注册一个<u>什么</u>公司。

在汉语中，"什么"的用法有一种程式化的结构，通常表现为"X1 什么 X2 什么"和"什么 X1 X2 什么"，大概意思是"X2 无论什么 X1"。例如，"你想吃什么就买什么"（Li & Thomppson，1981：530）。在这种结构中，"什么"的程式化用法被编码为无定指类。

任指和无定指的用法有时很难区分，一般的经验是，除非有某种成分表任指范围，否则"what（什么）"表达式都将被视为无定指，而不是任指。因此，下例中"what（什么）"表达式的用法之所以被归为无定指而非任指，是因为其指示范围受到修饰成分"挣钱"的限制，从而被限制在特定范围内。

(10) 现在就是<u>什么</u>挣钱做<u>什么</u>呀。

在韩语中，"mwusun（什么）"也可以用来表示无定指的意义，如下例所示。

(11) 무슨 얘기-를 하-다-가 이제 케이터링하-는 얘기-가 나-왔-어.
mwusun yayki – lul ha – ta – ka icey keyithelingha – nun yayki – ka nao – ass – e
（我们）在谈论一<u>些</u>事情，然后（我们）开始谈论餐饮的事情。

下面的例子展示了"mwe（什么）"的无定指用法，表示"一点东西"。

(12) 근데 뭐 좀 마시-고 일하-지?

Kuntey **mwe** com masi – ko　 ilha – ci?

顺便问一下，我们为什么不喝点东西然后工作呢？

3. 不赞同

下面讨论"不赞同"的用法，在这一范畴中，"what"表达式表示说话人对话语中所表达的命题持不赞同的观点或否定立场。"不赞同"用法分为直接不赞同和间接不赞同两类。在直接不赞同中，疑问标记附加在词汇项上，直接表示说话人的否定立场。相反，在间接不赞同中，"what"表达式使用的是疑问语气，其功能类似于反问句。下面从直接不赞同的例子进行说明。

在汉语中，直接不赞同通常采用在重复的成分前添加"什么"的形式，如例（13）。

(13) A：两千块钱对吧？
　　　B：什么两千，三千多，现在是。

在本例中，说话人B重复说话人A所说的"两千"一词，并在其前面加上"什么"，表示对"两千"持否定立场。"什么"用来引用说话人A的话，并强调说话人B的不赞同，即不是"两千"而是"三千"。

韩语"mwusun"中同样存在重复使用有问题的目标成分，表示不赞同前一说话人的说法。在例（14）中，前一说话人A表示她将于12月返回韩国；在这个例子中，她说她在美国剩下不到三个月的时间了。说话人B使用"mwusun"标记表示她不赞同说话人A计算时间的方式，该标记强调了说话人A所说的日期（"十五号"）是错误的。

(14) A：삼 개월-도　 안 되-지. 지금-부터-는..
　　　　 sam kaywel – to　 an toy – ci cikum – pwuthe – nun
　　　　 我从现在开始还有不到三个月的时间了。
　　　B：그런-가
　　　　 kule – n – ka?
　　　　 是这样吗？

A：그치. 지금 벌써 구-월 보름-이-니까.
kuchi cikum pelcce kwu – wel polum – i – nikka
是的，因为已经九月十五号了。

B：무슨 보름-이-냐.
mwusun polum – i – nya
什么十五日。
지금 오늘-이 지금 구월 십일-이-구만.
cikum onul – i cikum kwu wel sip il – i – kwuman
现在，今天是，现在是九月十号。

A：응.그렇구나. 삼 개월-도 안돼-지.
ung kuleh – kwuna sam kaywel – to an toy – ci
是的，我知道了，我还有不到三个月。

下面的例子展示的是"mwe"表"不赞同"的用法。

(15) B：무섭게 생겼어.
mwusepkey sayngky – ess – e
你的表情看起来很吓人（在影像中）。

A：허허허
hehehe
哈哈哈
뭐-가 무섭게 생겼어. 원래 그렇게
mwe – ka mwusepkey sayngky – ess – e wenlay kulehkey
什么吓人的表情。我一直都是这样。
생겼지.
sayngky – ess – ci

B：몰라. 아니야.
molla ani – ya.
我不知道。不（你在影像中看起来不一样）。
((B 特别指出了 A 的外貌变化))

这段对话的参与者是住在美国不同地区的表亲。在这段对话之前，说话人 A 询问说话人 B 是否看到了发送给 B 的 A 家人的视频。在交流中，"mwusepkey sayngkyesse（你的表情看起来很吓人）"来源于 B 先前的评价，A 重复了这段话，并使用了"不赞同"标记"mwe – ka"。

如果直接不赞同主要表现为直截了当的拒绝，那么间接不赞同则主要表现为一种怀疑的态度，类似于反问句，但并没有削弱其隐含的否定义。例（16）是一个表示间接不赞同的汉语例子。

(16) 1. A：这个吃苦么这个不必谈
　　 2.　　 这个有什么好？
　　 3. B：那我这个我不把他摆
　　 4.　　 给你们，我给那个哪？

该例中，说话人 B 是说话人 A 的儿子，他在北美工作，把自己的儿子留给了他在中国的父亲（说话人 A）照料。说话人 A 非常不高兴，并抱怨为照顾孙子付出了巨大的艰辛。通过说"这个有什么好？（谈论艰辛）"（第 2 行），父亲暗示没有必要谈论"艰辛"，重要的是停止"艰辛"本身，儿子（说话人 B）回应说，他别无选择，只能把孩子留给父母。韩语对应例子如下所示。

(17) B：무슨　소리 하-는-거-야=　네-가　잘　몰라서　하-는-
mwusun soli ha – nun – ke – ya ney – ka cal molla – se ha
– nun
你在说什么？你这样说是因为你不了解韩国。
한국-이　훨씬　더　문란하다니까　　　지금，
hankwuk – i hwelssin te mwunlanha – ta – nikka　cikum
我想说的是，现在韩国人太多了。

此前，说话人 A（一位在美国读研究生的韩国人）说，她想回到韩国，因为她认为美国人对她来说"太多了"。在该例中，说话人 B 对 A 的话作出了回应，他用了一个反问句"你在说什么？"来质疑 A 的整个话语，不赞同"韩国比美国好"。请注意，这种以反问句形式出现的"不赞同"用法在韩语中通常表现为程式化的"组块（chunk）"。其他程式化形式包括"mwusun mal‐ha‐nya?""mwusn soli‐ya?""mwusun yayki‐ha‐nun ke‐ya?"等，表示"你在说什么?"。

显然，直接不赞同和间接不赞同之间只是程度的差异，因此我们在编码中将这两种类型都归为同一个范畴。

4. 一般扩展

"一般扩展"一词来源于 Overstreet & Yule（1997）的研究，指的是英语中的"and so on""etcetera"或"or something"（另见 Overstreet，1999、2005），这些形式通常用于举例说明一组相似的单位，也可称为"总结性短语（summarizing phrases）"（Crystal & Davy，1975：113）"概括性列举完成语（generalized list completer）"（Lerner，1994）和"模糊范畴标识语（vague category identifiers）"（Channell，1994）。

"what（什么）"表达式可以用来扩展列举的范围（Jefferson，1990）。本研究对列举的定义是：一个列举应至少包含两个项目，或者，如果项目少于两个，则必须有一些特殊表达式表明这些项目具有列举性质。在这种情况下，"what（什么）"表达式可以位于列举前（用于引发），也可以位于列举后（用于扩展）。① 在下面汉语例子中，"什么"出现在列举前：

(18) B：营养好一点的，什么鱼呀，鸡呀。

韩语中也有类似的例子。以下分别是"mwusun"位于列举中间位置和"mwe"位于列举前位置的实例：

(19) A：영어, 스페인어, 독일어, 일본어, 프랑스어, 이집트어, 한국어,
yenge supheyine tokile ilpone phulangsue iciptue hankwuke
중국어, 베트남어, 그 다음 무슨 힌두어 이런 몇?

---

① 尽管引用的文献认为有必要区分如何开启列举和如何完成列举（这种区分可能在互动上很重要），但这不是本文研究的目的。

cwungkwuke peythuname ku taum **mwusun** hintwue ilen myech
언 어-들-에 대해서 뭐 한-대.
ene – tul – ey tayhayse mwe ha – n – tay
（他们说他们将）研究几种语言，如英语、西班牙语、德语、日语、法语、埃及语、韩语、汉语、越南语，然后是什么印地语。

在这个例子中，说话人列举了与研究主题相关的几种语言，"mwusun"出现在所列语言的中间。在下面的例子中，说话人列举了几个大城市来强调奥斯汀市的整洁，"mwe"出现在了列举前。

(20) A：대도시 뭐 엘에이, 필라델피아 같-은 데-보다 훨씬
taytosi **mwe** eyleyi phillateyphia kath – un tey – po- ta hwelssin
깨끗하-지.
kkaykkusha – ci
（奥斯汀）比什么洛杉矶和费城等大城市整洁得多。

5. 填充

在日常会话中，说话人可能出于各种认知和互动原因，需要一些时间来整合观点、搜索特定词，并在会话进展中不断形成自己的表达方式（例如，参见 Goodwin, 1979），从而导致话轮或话语之间出现停顿。在这个过程中，可以使用各种语言项目来填补这个停顿。说话人可以使用"what（什么）"表达式作为问题来源，词汇搜索或表达方式的占位符，这种功能我们称为填充功能。请注意，占位符所指的实体可能（也可能不）在后面的语境中出现，"what（什么）"表达式指代的可能是名词性的单位，也可能是小句单位。

下例中，"什么"表达式的所指内容是一个名词，出现在了后面。

(21) B：他让你留下那本
就是那个<u>什么</u>签签证的那指南啊什么

在这个例子中，紧跟在"什么"之后的名词性实体是"签证指南"。"what（什么）"表达式所指的实体也可以是由动词短语表示的动作。例如：

(22) A：他们经常那个，<u>什么</u>，在这边儿，用那个，遥控照相呢

"什么"出现在副词"经常"之后、动词短语"用那个遥控照相"之前。

在下面的韩语例子中，说话人使用"mwe"将并没有明显错误的"make a phone call"毫无原因地更正为"make a phone"。"mwe"填补了第一个词项"make a phone call"和随后更正的形式"make a phone"之间的停顿。

(23) A：그래서 전화통화-도 뭐 전화-도 자주 하-고 이러-더라-고.
kulayse cenhwathonghwa – to **mwe** cenhwa – to cacwu ha – ko ile – tela – ko
所以（他们）经常打电话，什么（给彼此）打电话。

有时说话人会遇到临时想不起一个人名字的情况，看下例。

(24) 叫黄<u>什么</u>的夫妇

这一范畴中的"mwusun"和"mwe"标记通常与单个指示成分如"i（这个）""ku（那个）""ce（那儿）"，以及相关的指示组合如"i – ke（s）（这个东西）""ku – ke（s）/ce – ke（s）（那个东西）""ilen（这种）"或者"kulen/celen（那种）"等连用。还可以与其他形式搭配形成程式化的搜索表达，例如"ceki mwe – ya（那是什么）""mwe – tela（那

曾是什么)""mwe‐la‐l‐kka（我该怎么解释)""mwe‐ci（那是什么)"等。

6. 感叹

"what（什么)"表达式也可以用来表示说话人不相信、惊讶、怀疑等强烈的语气。说话人通常使用"what（什么)"表达式来回应前一位说话人，表达对其观点的质疑。它通常表现为独立的形式，并有突出的韵律模式，如音量和高音较高，或上升的语调曲拱（韵律在开启修补和表达惊讶的情感方面的作用，参见 Selting, 1996)。

下例是汉语中的一个独立形式。请看：

(25) B：他死了
　　 A：什么？

在本研究的韩语语料中，只有"mwe"可用于"感叹"，"mwusun"则不能。以下是一个"mwe"的例子。

(26) A：야 근데 너-의 리얼 레터-는 지금 누가 읽-고 있-을 거-야.
　　　　ya kuntey ne‐ui liel leythe‐nun cikum nwuka ilk‐ko iss‐ul ke‐ya
　　　　嘿，顺便说一下，你给我写的信，别人正读着呢。
　　 B：뭐? 못 받-았-어?
　　　　nwe most past‐ass‐e
　　　　什么？你还没有收到（我的信)？
　　 A：못 받-았-다-는 말-이-야.
　　　　mos pat‐ass‐ta‐nun mal‐i‐ya
　　　　我是说我还没有读（你的信)。

在这个例子中，说话人 A 告知 B 他的信投递有误，说话者 B 对此表示很惊讶。B 在产出"mwe"时的音高和音量都提高了。

7. 缓和

"what（什么)"形式也可以作为缓和语气标记（down‐toner)

(Quirk et al., 1985),用以弱化陈述内容,或表达说话人对"what(什么)"引入内容不置可否的认识立场。例如:

(27) B:工资少,也没有<u>什么</u>奖金。

在这个例子中,说话人提到奖金时,在前面加了"什么",表明说话人对微薄的工资不太满意。

下面的韩语例子也有类似的用法。

(28) A: 올 때 애들-이랑 다 연락하-고 왔-어?
   o – l ttay aytul – ilang ta yenlakha – ko o – ass – e
   当你去(加拿大)的时候,你给所有的朋友打电话(道别)了吗?

   B: 삼-개월 어학연수 가-는데 무슨 뭐 그럴 필요 없-잖아.
   sam – kaywel ehak. yenswu ka – nuntey **mwusun mwe** kule – l philyo eps – canha
   嗯,你知道,参加语言课程只有三个月,什么(给所有人打电话说再见)好像没有必要。

说话人 B 虽然表现出不想打电话告别,但同时用"mwe"和"mwusun"两个词来弱化他的反对立场。

在韩语中,尤其是"mwe"可以表明说话人不置可否的态度,并弱化夸耀的语气,如下例所示。

(29) A: 요새 비지니스-는 좀 어떠-세-요?
   yosay picinisu – nun com ette – sey – yo
   你最近生意怎么样?

   B: 뭐 여긴 뭐 이 회사-는 꾸준히 잘 되-죠.
   mwe yeki – n **mwe** i hoysa – nun kkwucwunhi cal toy – cyo
   嗯,到目前为止,这家公司实际上经营得相当不错。

在某些情况下，使用"what（什么）"表达式可以引入一段（明显的）引述，这种引述的间接性可以弱化说话人的认识权威（epstemic authority）（Heritage，2012），并使说话人在一定程度上与陈述的内容保持一定的距离。该子范畴编码为"缓和"类。

在下面的韩语例子中，说话人大致引述了女儿的话，因此"我该怎么做"这句话的确切表述就值得质疑了。

(30) A: 딸내미-가 돈 없-다-고 뭐 어떡하-지 그랬-더-니,
ttalnaymi – ka ton eps – ta – ko **mwe** ettekha – ci ku-lay – ss – te – ni
女儿说什么"我该怎么办？"因为她没有钱

"what（什么）"表达式也能表示说话人（无论是对表达的观点，还是对数字、年龄、大小等其他方面）的不确定性和猜测。下例也是一个"缓和"类的子范畴。

(31) A: 可可能一个星期什么没有信什么

以下韩语例子说明了这种不确定性和猜测。

(32) A: 도시-가무슨 우리나라 남대문-서부터 명동 바닥
tosi – ka **mwusun** ulinala namtaymwun – sepwuthe myen-tong patak
정도 밖에 안 되-니까,
cengto pakkey an toy – nikka
蒙特利尔市的面积大约只有韩国从南大门市场到明洞地区那么大

(33) A: 한 뭐 여섯 일곱 시간 정도 자-는데,
han **mwe** yeses ilkop sikan cengto ca – nuntey
（我）每天大约睡六七个小时

8. 回避

本研究的编码系统中,最后一类扩展用法被称为"回避"用法,其中"what(什么)"表达式表达了说话人不愿提及的不合意的内容。

在下面的汉语例子中,说话人 A 曾是国内一名教师,目前在北美做兼职管家。说话人在第二行中"回避"了"管家"这个词,并在第三行中再次回避(即用"什么"代替)。"管家"在中国是一个不太体面的工作,这一点我们可以从后面的谈话中看出。

(34) A: 也不像以前在国内。
你要在国内想出去当个<u>什么</u>。
呃呀,<u>什么</u>当一个都觉得挺不好意思的。
在这好像大家都习以为常了。
好像谁都要从这地方开始似的。

在韩语中,只有"mwe"可用于"回避"。在下面的例子中,说话人 A 强调她多次打过电话,因此指责听话人没有接听她的电话。但为避免对受话人进行明确地责备,A 在电话中使用"mwe"表达其消极的立场。

(35) A: 몇　　번-이나　전화했-는데　　완전　애브리타임　뭐.
myech　pen – ina　cenhwahay – ss – nuntey wancen　ay-pulithaim　**mwe**
我给你打了很多次电话,但是你每一次都完全什么(不理我的电话)。

至此,我们已描述了扩展用法的八个常见范畴,以及其中一些范畴的子范畴。需要注意的是:每个重复标记都被算作一个独立的实例。这里的"重复",是指"what(什么)"表达式出现了至少两次且中间没有任何其他内容插入,或者出现在距离很近但不相邻的话语单位中,而且通常在同一个话轮中出现,如例(34)中的汉语例子所示。

(二) 英语语料的应用分类

英语中存在"what""whatever"两个相关标记，这与汉语和韩语的不同之处在于，后者是一种复合形式，通常有任指和专有的功能，而这两种功能在汉语和韩语中是通过一个"what（什么）"标记来表达的，所以要对这两个标记分别进行编码。

此外，英语中的"what"和"whatever"都可以用作关系从句结构中的关系化标记，与真正的疑问用法一样，这种关系化标记也不属于扩展用法的范畴，尽管这种语法化用法通常被一些研究视为疑问用法的扩展（Heine & Kuteva, 2006）。

对英语语料的编码与前文4.1.1到4.1.8中讨论的范畴相同，下面简要地展示一些例子，不作深入讨论。

a. 任指：指包含所有项目

(36) but I think it is. I think it'd show up no matter **what**. If you doing it, then it's going to show up.
但我想是的。我想无论如何它都会出现的。如果你这么做，它就会出现。

(37) and if he has to learn just by kinesthetic, we're supposed to teach **whatever** way that that child has to have it, learns the best way.
如果他必须通过身体知觉来学习，我们应该教会那个孩子可以使用的任何学习方式，以最好的方式来学习。

b. 无定指：指不明确或未知的实体

(38) And I don't know if that's just a pure volumes number or, or **what**, but, uh. Sometimes I think the jury is ignorant in the facts of law.
我不知道这只是卷宗的数量还是什么，但是。有时我觉得陪审团对法律事实一无所知。

（39）figured on a **whatever** basis how much it costs to actually support them for a year.
无论如何需要计算出他们一年的实际花费。

c. 不赞同：表达说话者的反对意见。语料中大部分"不赞同"的例子都是间接的，以反问形式出现。

（40）it's like, you know, God, **what** are they doing.
这就像，你知道的，上帝啊，他们在干什么。

（41）and I said, **what** is with this mower, I can't even push it around the yard.
我说，这台割草机怎么了，我甚至无法在院子里推动它。

d. 一般扩展：扩展到未提及的项目

（42）So our stuffing, was, um, lot of times was, uh, like sausage or **what** not.
因此我们的馅料，嗯，很多时候，像香肠之类的。

（43）there were always E P A people and what not were always telling us that, uh, farm chemicals and **what** not were destroying our water system and all that.
总是有环保人士之类的告诉我们，呃，农用化学品之类的东西正在破坏我们的水系统，等等。

e. 填充：填充对话中的空白

（44）Well, I tell you what, I'm a kind of, uh, a history nut. I'm trying to think back now,
好吧，告诉你那什么吧，我是一个，呃，历史迷。我现在正在试着回想。

（45）He was, he was a, a, **what** do you call it, abuser.

他是，他是，一个，一个，你所说的施虐者。

f. 感叹：对一些难以置信或不可思议的事情的回应

(46) A：What would you have these people do if they were brought in?

B：**What**, into the service?

A：Well, yeah.

A：如果这些人被带进来你会让他们做什么？

B：什么，去服务吗？

A：是的。

(47) B：so he, uh, he had to stay home.

A：Oh, **what** a shame.

B：Yeah, yeah, it really was.

A：因此他，呃，他必须待在家里。

B：哦，太遗憾了。

A：是，是，确实是。

g. 缓和：缓和陈述语气或削弱权威性

(48) A：and many have not been tested yet.

B：Hm, well, it's only been **what** a year? Two years?

A：Uh, a couple of years, yeah.

B：Huh – uh.

A：还有很多人没有测试。

B：嗯，好吧，仅仅过了大概多少，一年？还是两年？

A：呃，好多年了。

B：嗯。

(49) A：so that was part of, I guess, his character building or **whatever**, but,

B：I think it adds a, probably adds a little bit of depth.

A：我猜那是他性格发展的一个方面，或者什么，但是，
B：我想它增加了，可能增加了一点深度。

h. 回避：代替敏感或消极的事物，语料中未找到此类例子。

（三）总结

本节中讨论了"what（什么）"表达式扩展用法的八个功能范畴。本研究是基于语料库进行的分类，因此是语料库驱动的。下一节将描述跨语言语料库中观察到的普遍趋势。

五　研究结果

下面将从几种常见的统计分布模式开始，对典型的疑问用法和扩展用法进行比较，从而展示研究结果。

（一）总体研究结果

表1　　　　　　　　汉语和韩语中的疑问用法与扩展用法

	疑问用法	扩展用法	总计
汉语	344（21%）	1276（79%）	1620（100%）
韩语（合计）	241（14%）	1535（86%）	1776（100%）
mwusun	118	268	386
mwe	123	1267	1390

在汉语和韩语的例子中，非疑问用法占比最高。在汉语中，"什么"的单一疑问功能仅占其使用量的1/5（21%），而非疑问功能占其使用量的4/5（79%）。在韩语中，这一趋势更加显著：86%的例子是非疑问用法。这证实了王海峰、王铁利（2003）关于汉语疑问形式中存在大量扩展用法的论述。

与汉语和韩语相比,英语中"what"形式的扩展用法较少(13%)。如表2所示,在英语中,"what"和"whatever"的关系化标记(关系从句:RC)占比最高。

表2　　　　　　　　　　英语中的疑问用法与扩展用法

	What(N)	Whatever(N)	总计(N)	(%)
疑问用法	573	0	573	27.3
关系从句	1129	56	1185	56.5
扩展用法	183	97	280	13.3
其他	60	1	61	2.9
总计	1945	154	2099	100

(二) 扩展用法的子范畴

接着讨论扩展用法的具体范畴,表3和表4展示了这三种语言中扩展用法的子范畴。

表3　　　　　　　汉语和韩语中扩展用法子范畴的分布

	汉语(N)	汉语(%)	韩语(N)	韩语(%)
a. 任指	89	7.0	2	0.1
b. 无定指	269	21.1	184	12.0
c. 不赞同	103	8.1	137	8.9
d. 一般扩展	281	22.0	78	5.1
e. 填充	332	26.0	339	22.1
f. 感叹	4	0.3	2	0.1
g. 缓和	188	14.7	784	51.1
h. 回避	10	0.8	9	0.6
总计	1276	100	1535	100.0

如表3所示,汉语中有四个范畴比较突出:b)无定指,d)一般扩展,e)填充,g)缓和。这些范畴的实例在语料库数据中各占10%以上,

在频率上彼此非常接近，排列顺序如下：

填充（26%）＞一般扩展（22%）＞无定指（21.1%）＞缓和（14.7%）

韩语中有三种范畴的比例超过 10%，排列顺序如下：

缓和（51.1%）＞填充（22.1%）＞无定指（12.0%）

与汉语有所不同，韩语中的"缓和"用法在数据中占了很大比例。

英语中，需要首先将"what""whatever"这两个标记分别进行独立统计。结果显示（与预期一致），它们表现出不同的趋势。

表4　　　英语中 what 和 whatever 扩展用法的子范畴

范畴	What (N)	What (%)	Whatever (N)	Whatever (%)	总计 (N)	总计 (%)
a. 任指	12	6.6	59	60.8	71	25.4
b. 无定指	3	1.6	1	1	4	1.4
c. 不赞同	31	16.9	0	0	31	11.1
d. 一般扩展	15	8.2	14	14.4	29	10.4
e. 填充	96	52.5	0	0	96	34.3
f. 感叹	20	10.9	0	0	20	7.1
g. 缓和	6	3.3	23	23.7	29	10.3
h. 回避	0	0	0	0	0	0
总计	183	100	97	100	280	100

如表4所示，在"what"的例子中，三种主要范畴的排列顺序是：

填充（52.5%）＞不赞同（16.9%）＞感叹（10.9%）

在"whatever"的例子中，三种主要范畴的排列顺序是：

任指（60.8%）＞缓和（23.7%）＞一般扩展（14.4%）

如果将这两个标记结合在一起统计，那么排列顺序就是：

填充（34.3%）＞任指（25.4%）＞不赞同（11.1%）＞一般扩展（10.4%）＞缓和（10.3%）

基于前文整合的数据，下表总结了三种语言的分布模式。

汉语：填充（26%）＞一般扩展性（22%）＞无定指（21.1%）＞缓和（14.7%）
英语：填充（34.3%）＞任指（25.4%）＞不赞同（11.1%）＞一般扩展（10.4%）＞缓和（10.3%）
韩语：缓和（51.1%）＞填充（22.1%）＞无定指（12.0%）

图 1　汉语、英语和韩语的总体趋势

这表明，汉语和英语有显著的相似性，前四个主要范畴中有三个是相同的，它们的排列顺序也相近。另外，汉语和韩语一样，"what（什么）"的扩展用法比疑问用法更为突出。下一节将对这一模式和其他模式进行讨论。

六　讨论

根据目前所描述的几种模式，需要解决以下问题：不同语言之间有哪些相似性和差异性，以及它们总体上具有哪些发展趋势。

（一）汉语/韩语 vs. 英语

如上一节所示，在汉语和韩语中，大部分"what（什么）"表达式（79%—86%）为非疑问（和非语法）用法，而英语中这个比例只有 13.3%。我们认为，产生这种巨大差异的原因是：在英语中，"what"和"whatever"被语法化出一种特殊的语法功能：关系化。在 Heine & Kuteva (2006) 所描述的四个演变进程中，该功能被视为语法化的最后阶段：

表示疑问＞引入非限制性补语/状语从句＞引入限制性补语/状语从句＞引入带有中心词的关系从句

鉴于这种普遍的语法功能，即使像 Brinton (1996) 和 Traugott (1982)，以及 Quirk 等人 (1985) 所描述的那样，这些标记不断演变为语用标记，但是它们的语用用法的频率仍然较低。

另外，汉语和韩语都不使用"what（什么）"表达式作为关系从句的开头（或标记），因此，"what（什么）"表达式可以自由扩展到比英语语言中频率更高的语用领域。英语中复合形式"whatever"的存在也说明，英语比其他两种语言更注重其周遍性和语法功能。

(二) 汉语/英语 vs. 韩语

"扩展用法的子范畴"一节表明，汉语和英语的相似之处在于，扩展用法的前四个子范畴中有三个是相同的，并且排列顺序也类似：填充类最高，任指和一般扩展类居中，缓和类居于高频率类型的末端。另外，韩语中"缓和"类的频率极高，占所有扩展用法的50%以上。我们推测，这可能是由于在发展扩展功能中的前几个功能时，汉语和英语可以采用其他方式，而韩语则严重依赖疑问形式。

通过观察韩语中"what（什么）"表达式的"缓和"用法发现，除"缓和"功能外，它们还具有其他多种功能，此处称为"缓和+"功能。在会话过程中，"mwe"的话语用法用于表达话语意义（例如，类似于英语会话中的"well"和"by the way"）。"mwe"可能（也可能不）与相关的话语助词或连词共现，并且大多数情况下位于话轮起始位置或第二个位置。当与这些助词或连词连用时，"mwe"表达的话语意义与并列的助词或连词类似。如前所述，Nam & Cha（2010）发现了"mwe"与其他话语助词和连词搭配使用的情况，语料库中存在此类例子，如：

a. "mwe"的搭配用法

(50) "Mwe"与话语助词"kulccey（呃）"搭配，功能近似于"呃"

    A：왜 이렇게 다운 됐-냐?
        way ilehkey tawun tway – ss – nya
        你为什么如此难过？
        몸 때문에 그렇-겠-지.
        mom ttaymwuney kule keyss ci
        我猜是由于你现在的身体状况所致。
    B：뭐 글쎄 꼭 몸 때문에 그러-나.
        mwe kulccey kkok mom ttaymwuney kule – na
        呃，不仅是因为我的身体状况（还因为我的研究生生活）。

(51) "Mwe"与连词"kuntey"搭配，功能近似于"顺便说一句"

A：근데 뭐 혜경이 유치원 보낸-다-며?
kuntey **mwe** hyeykyengi yuchiwen ponay – n – ta – mye
顺便说一句，我听说你要把Hyekyung送进幼儿园是吗？

在例（51）中，连词"kuntey（但是）"表达的是"by the way（顺便一说）"的语篇意义，与mwe连用有助于表达与其相同的语篇意义。

（52）"Mwe"与疑问表达式"ettekey（顺便说一句）"搭配，功能近似于"顺便说一句"

A：어떻게 뭐 밥-은 항상 한식 해 먹-나?
ettehkey **mwe** pap – un hangsang hangsik hay mek – nya
顺便说一句，你经常吃韩餐吗？

b."mwe"的独立用法

（53）"Mwe"类似话语标记"well"的功能（Schiffrin，1986）

A：그러면 너 어떡할 거-야?
kulemyen ne ettekha – l ke – ya
你（毕业之后）打算去哪儿？

B：뭐 어플라이-를 해 볼 거-야.
mwe ephullai – lul hay po – l ke – ya
嗯，我会尝试申请（研究生）。

（54）"Mwe"表"by the way"或表话题转换

A：아휴 아……
ahyu ahhhh
唉……

B：그렇게 답답해?
kulehkey taptap – hay
你有这么担心（你的学习）吗？

((4.3秒停顿))
B: 뭐 너네 이제 미드텀 다 끝났-지?
　　mwe neney icey mituthem ta kkuthna – ss – ci
　　你的期中考试结束了？
A: 미드텀 없었어.
　　mituthem eps – ess – e
　　我没有期中考试。

在例（54）中，说话人B在话轮的起始位置使用"mwe"，以在开启新话题之前引起听话人的注意。

前面韩语例子中的"缓和"功能在汉语和英语中通常采用其他形式。例如，在英语中，话语标记（如"well"）、连词（如"so""then""and"，甚至包括"because [cause]"）都与韩语"mwe"或"mwusun"的部分功能相似。

在汉语中，类似的话语标记，如指示词/连词"那"、话轮起始语"嗯""哦/噢"（Tao, 1996），其他连词如"然后""结果"和"因为"，与韩语"mwe"或"mwusun"有相似的功能。

换言之，汉语和英语在"缓和"用法方面有更多的备选形式，但韩语中的"what（什么）"表达式除有"缓和"功能以外，还有很多其他功能。尽管韩语中有大量对应的连词或语篇助词来表达多种语篇意义，但在这些语境中，"what（什么）"表达式通常可以代替连词或话语助词。所以，只有在特定语境中才能辨别出"what（什么）"表达式确切的话语意义。

（三）三种语言的共同属性

三种语言中扩展用法的一个共同特点是：大多数非疑问用法属于消极范畴，编码出一些有标记的立场，如不确定、不明确、不赞同和不信任等。早期的文献，如 K – H Kim（1993、1999）、Nam & Cha（2010）以及 Cha（2010）对此也有研究。这种消极立场主要是通过不赞同、回避、缓和等扩展用法来表现的；较低程度的消极立场是通过填充、一般扩展、不定指、感叹等用法来实现的。所有这些用法都以不同的方式、在不同程度上缓解了对所指代事物或事件的表述。我们认为，这种趋势的特点是主观化程度的增强（Traugott，1989、2010）。

所谓主观化程度增强，是指疑问本身既可以是客观的（在寻求信息时），也可以是主观的（在提出疑问时），然而，其用法逐渐形成一种倾向性态势，也就是我们在跨语言语料中观察到的，主观化用法所占比例最大，说话人大量的主观判断和个人偏好在日常话语中以疑问形式反复出现。

尽管本文无意对主观化的增强机制进行全面的研究，但可以推测的是，主观化之所以会增强，是因为社会互动中倾向于使用疑问词的普遍趋势。具体来说，疑问形式通常用于表示信息不明确、态度不确定，或者类似的情况。这种消极倾向会使听话人消极地理解会话内容。鉴于其消极的语用关联，我们自然会认为疑问形式（如疑问代词和出现疑问形式的更大语法范畴）朝着消极而非积极的方向发展，因此，这里描述的大多数扩展用法都具有模糊和负面的性质，这与 Haspelmath（1997）关于疑问形式和无定指用法之间关联性的推测非常一致。虽然 Haspelmath 承认这种关联性是传统研究无法解释的一个难题，但他支持疑问形式和无定指都具有表示"信息差（information gap）"的特征的观点。从社会互动的视角来看，疑问形式表示说话人不明确的态度或消极的认识立场，所以导致了相关标记和话语消极意义的扩展。

这一分析进一步得到了（或者部分得到了）基于会话序列的研究的支持。例如，Drew（1997）的研究表明，"what?"在英语中，与其他形式（如 sorry? pardon?）连用，可以用作下一话轮的修补启动语（NTRI：Next Turn Repair Initiator）。研究指出，下一话轮的修补启动语可以在以下两种情况中出现：1）修补话轮与前一话轮的所指似乎并没有关联时；2）尽管修补话轮与前一话轮的主题有关联，但不宜作为前一话轮的回应时。Drew（1997）还指出：有时这些形式的使用可能仅仅是因为当前说话人没有听到前一说话人的话。所有这些情况都证明了疑问用法在会话互动中的消极特征，这为研究跨语言特性的语用发展奠定了互动基础。

总之，本研究证明了这三种语言的发展模式既有相似性也有差异性。这种多样性主要与类型学特征有关，如疑问形式是否具有突出的语法功能，或疑问形式和其他词汇形式分别承担了多少相关的话语功能。与其他所有疑问形式扩展用法表达的语用内涵相比，消极的语用内涵占比最高，通常表现为保持距离、不确定、不赞同或不信任。

七　结论

通过调查三种语言的自然会话语料，本文研究了"what（什么）"疑问形式及相关形式的扩展用法，并从语料中初步归纳出了一个分类和编码系统，从跨语言的视角分析"what（什么）"表达式的非疑问用法。调查表明，不同语言之间即有相似性，也有差异性。

最后，简要讨论一些延伸问题。首先本研究对语言类型学有借鉴意义。虽然基于孤立句子和词汇语法形式的标准的语言类型学研究已经取得了丰硕的研究成果，但利用包含自然口语语篇在内的语料库数据对其进行补充研究仍然很有必要，基于自然语篇的类型学研究可以是一个富有成效的尝试。本文归纳出的分类法和分类系统为此作出了贡献，填补了过去在这个方面的研究空白。如果没有大型的对比语料库，就很难归纳出一个实际的分类系统，并进行跨语言研究。然而，我们也承认这种方法存在局限性，例如：1）研究的起点依赖于形式；2）没有运用会话分析式的方法细致地考察每个标记在不同语境中的用法；3）考察的语言数量较少。这些问题有待进一步解决。

最后，本文研究的是疑问形式中的一种，即"what（什么）"表达式。然而，有证据表明，许多其他疑问形式（where［哪儿］、who［谁］、how［如何］等）也有类似的扩展用法，这些形式也值得深入研究。

参考文献

丁声树、吕叔湘、李荣等：《现代汉语语法讲话》，商务印书馆1961年版。

陆俭明：《周遍性主语句及其他》，《中国语文》1986年第3期。

吕叔湘：《中国文法要略》，商务印书馆1982年版。

吕叔湘：《近代汉语指代词》，学林出版社1985年版。

谢富惠：《在互动中使用"什么"》，《大同大学通识教育年报》2005年第

1 期。

邵敬敏、赵秀凤:《"什么"非疑问用法研究》,《语言教学与研究》1989 年第 1 期。

汤廷池:《国语疑问句的研究》,《师大学报》1981 年第 26 期。

王海峰、王铁利:《自然口语中"什么"的话语分析》,《汉语学习》2003 年第 2 期。

周蓉:《疑问代词"什么"各用法之间的关系新探》,《语文学刊》2007 年第 14 期。

朱德熙:《语法讲义》,商务印书馆 1982 年版。

Biq Yung-O., "Question words as hedges in conversational Chinese: a Q and R exercise". In Lawrence B. Bouton & Yamuna Kachru (eds.) *Pragmatics and Language Learning*, Monograph Series, Vol. 1, 141 – 157. Urbana-Champaign: University of Illinois, 1990.

Blake Norman F., "*Why* and *what* in Shakespeare". In Toshiyuki Takamiya & Richard Beadle (eds.) *Chaucer to Shakespeare: Essays in Honour of Shinsuke Ando*, 179 – 193. Cambridge: D. S. Brewer, 1992.

Brinton Laurel J., *Pragmatic Markers in English: Grammaticalization and Discourse Functions*. Berlin & New York: Mouton de Gruyter, 1996.

Brinton Laurel J., *The Comment Clause in English: Syntactic Origins and Pragmatic Development*". Cambridge: Cambridge University Press, 2008.

Canavan Alexandra & George Zipperlen, "CALLFRIEND Mandarin Chinese – Mainland dialect". *Linguistic Data Consortium*, Philadelphia, 1996a.

Canavan Alexandra & George Zipperlen, "CALLFRIEND Korean". *Linguistic Data Consortium*, Philadelphia, 1996b.

Cha Jihyeon, "Interaction of prosody and discourse function: based on the Korean discourse marker *mwe* in the sentence-final position". *Language Facts and Perspectives*, Vol. 25, 2010, 227 – 256.

Channell Joanna, *Vague Language*. Oxford: Oxford University Press, 1994.

Chao Yuan Ren, *A Grammar of Spoken Chinese*. Berkeley & Los Angeles: University of California Press, 1968.

Crystal David & Derek Davy, *Advanced Conversational English*. London: Longman, 1975.

Dingemanse Mark & Nick J. Enfield, "Other – initiated repair across languages: towards a typology of conversational structures". *Open Linguistics*, Vol. 1, 2015, 96 – 118.

Dingemanse Mark, Joe Blythe & Tyko Dirksmeyer, "Formats for other – initiation of repair across languages: an exercise in pragmatic typology", *Studies in Language*, Vol. 38, No. 1, 2014, 5 – 43.

Drew Paul., "'Open' class repair initiators in response to sequential sources of troubles in conversation". *Journal of Pragmatics*, Vol. 28, No. 1, 1997, 69 – 101.

Elena Tognini – Bonelli, *Corpus Linguistics at Work*. Amsterdam: John Benjamins, 2001.

Enfield Nick J., "The definition of what – d'you – call – it: semantics and pragmatics of recognitional deixis". *Journal of Pragmatics*, Vol. 35, No. 1, 2003, 101 – 117.

Enfield Nick J., Mark Dingemanse, Julija Baranova, Joe Blythe, Penelope Brown, Tyko Dirksmeyer, Paul Drew, Simeon Floyd, Sonja Gipper, Rósa S. Gísladóttir, Gertie Hoymann, Kobin H. Kendrick, Stephen C. Levinson, Lilla Magyari, Elizabeth Manrique, Giovanni Rossi, Lila San Roque & Francisco Torreira, "Huh? what? – a first survey in 21 languages". In M. Hayashi, G. Raymond & J. Sidnell (eds.) *Conversational Repair and Human Understanding*, 343 – 380. New York: Cambridge University Press, 2013.

Godfrey John J., Edward C. Holliman & Jane McDaniel, "SWITCHBOARD: a telephone speech corpus for research and development". *International Conference on Acoustics, Speech, and Signal Processing (ICASSP)*, 517 – 520, 1992.

Goodwin Charles, "The interactive construction of a sentence in natural conversation". In G. Psathas (ed.) *Everyday Language: Studies in Ethnomethodology*, 97 – 121. New York: Irvington Publishers, 1979.

Haspelmath Martin, *Indefinite Pronouns*. Oxford: Clarendon Press, 1997.

Hayashi Makoto, Geoffrey Raymond & Jack Sidnell, "Conversational repair and human understanding: an introduction". In Makoto Hayashi, Geoffrey Raymond & Jack Sidnell (eds.) *Conversational Repair and Human Understanding*, 1 – 40. Cambridge: Cambridge University Press, 2013.

Heine Bernd & Tania Kuteva, *The Changing Languages of Europe*. Oxford: Oxford University Press, 2006.

Heritage John, "Epistemics in action: action formation and territories of knowledge". *Research on Language and Social Interaction*, Vol. 45, No. 1, 2012, 1 – 2.

Jefferson Gail, "List – construction as a task and a resource". In George Psathas (ed.) *Interaction Competence*, 63 – 92. Washington, D. C. : University Press of America, 1990.

Kim Chung – Hyo, *Kwuke – ui Uimwunsa – wa Pwucengsa Yenkwu* [*A Study on Interrogative and Indefinite Words in Korean*]. Seoul, Korea: Pakiceng, 2000.

Kim Kyu – hyun, "Other – initiated repair sequences in Korean conversation: types and functions". *Discourse and Cognition*, Vol. 6, 1999, 141 – 168.

Kim Kyu – hyun, "Other – initiated Repair Sequences in Korean Conversation as Interactional Resources". *Japanese/Korean Linguistics*, Vol. 3, 3 – 18. Stanford: CSLI Publications, 1993.

Kim Myung – Hee, "Kwuke uimwunsa – ui tamhwa pyoci – hwa" [Pragmaticalization of interrogative words in korean]. *Tamhwa – wa Inci*, Vol. 12, No. 2, 2005, 41 – 62.

Kim Myung – Hee, "Kwuke uymwunsa 'mwusun' uy tamhwa pyoci kinung" [Discourse functions of wh – word mwusun]. *Tamhwa – wa Inci*, Vol. 13, No. 2, 2006, 21 – 42.

Koo Hyun Jung & Seongha Rhee, "On an emerging paradigm of sentence – final particles of discontent: a grammaticalization perspective". *Language Sciences*, Vol. 37, 2013, 70 – 89.

Lee Jeong – Ae, *Kwuke Hwayongpyoci – ui Yenkwu* [Research on Pragmatic Marker in Korean]. Seoul, Korea: Welin, 2002.

Lerner Gene H. , "Responsive list construction: a conversational resource for accomplishing multifaceted social action". *Journal of Language and Social Psychology*, Vol. 13, No. 1, 1994, 20 – 33.

Li Audrey Y – H. , "Indefinite *what* in Mandarin Chinese", *Journal of East Asian Linguistics*, Vol. 1, No. 2, 1992, 125 – 155.

Li Charles N. & Sandra A. Thompson, *Mandarin Chinese: A Functional Reference Grammar.* Berkeley: University of California Press, 1981.

Nam Kilim & Jihyeon Cha, "Usage patterns and functions of discourse marker *mwo*". *Hangul*, Vol. 288, 2010, 91 – 119.

Overstreet Maryann, "And stuff *und so*: investigating pragmatic expressions in English and German". *Journal of Pragmatics*, Vol. 37, 2005, 1845 – 1864.

Overstreet Maryann, *Whales, Candlelight and Stuff Like That: General Extenders in English Discourse.* Oxford: Oxford University Press, 1999.

Overstreet Maryann & Geroge Yule, "On being inexplicit and stuff in contemporary American English. *Journal of English Linguistics*, Vol. 25, 1997, 250 – 258.

Quirk Randolf, Sidney Greenbaum, Geoffrey Leech & Jan Svartvik, *A Comprehensive Grammar of the English Language.* London & New York: Longman, 1985.

Schegloff Emanuel A. , "Practices and actions: boundary cases of other – initiated repair". *Discourse Processes*, Vol. 23, No. 3, 1997, 499 – 545.

Schiffrin Deborah, *Discourse Markers [Studies in Interactional Sociolinguistics, 5].* Cambridge: Cambridge University Press, 1986.

Selting Margret, "Prosody as an activity – type distinctive cue in conversation: the case of so – called 'astonished' questions in repair initiation". In Elizabeth Couper – Kuhlen & Margret Selting (eds.) *Prosody in Conversation: Interactional Studies*, 231 – 270. New York: Cambridge University Press, 1996.

Sinclair John, "The search for units of meaning". *Textus: English Studies in Italy*, Vol. 9, 1996, 75 – 106.

Sinclair John, *Corpus, Concordance, Collocation.* Oxford: Oxford University Press, 1991.

Song Zuoyan & Hongyin Tao, "A unified account of causal clause sequences in Mandarin Chinese and its implications". *Studies in Language*, Vol. 33, No. 1, 2009, 69 – 102.

Tao Hongyin, *Units in Mandarin Conversation: Prosody, Discourse, and Grammar*. Amsterdam: John Benjamins, 1996.

Tao Hongyin, *Working with Spoken Chinese*. Center for Advanced Language Proficiency Education and Research (CALPER) Publications, Pennsylvania State University, State College, PA, 2011.

Tognini Bonelli Elena, *Corpus Linguistics at Work*. Amsterdam: John Benjamins, 2001.

Traugott Elizabeth Closs, "(Inter) subjectivity and (Inter) subjectification: a reassessment". In Kristin Davidse, Lieven Vandelanotte & Hubert Cuyckens (eds.) *Subjectification, Intersubjectification and Grammaticalization*, 29 – 71. Berlin & New York: De Gruyter Mouton, 2010.

Traugott Elizabeth Closs, "From propositional to textual and expressive meanings: some semantic – pragmatic aspects of grammaticalization". In Winfred Lehmann & Yakov Malkiel (eds.) *Perspectives on Historical Linguistics*, 245 – 271. Amsterdam: John Benjamins, 1982.

Traugott Elizabeth Closs, "On the rise of epistemic meanings in English: an example of subjectification in semantic change". *Language*, Vol. 57, 1989, 33 – 65.

下 篇

话语语法构式及多模态研究

从主句到话轮扩充

——"我觉得"在普通话会话互动中的浮现*

一 引言

复句的一种表现形式是主句和补语从句的组合。会话语篇中的主句通常以第一人称单数代词加认知动词的形式出现,例如英语中的"I think"(Thompson & Mulac, 1991a、1991b; Scheibman, 2001),相当于汉语中的"我觉得"。一般来说,汉语中的动词"觉得"可以用来表达说话人的感觉或观点,如以下两例所示(吕叔湘,1980)。

(1) 我觉得热。
(2) 我觉得应该去一趟。

上例中,"(我)觉得"充当主句,后跟宾语补足语(Thompson 2002,以下简称"补语")。

过去几十年的实证研究表明,带补语的动词如"认为"和"知道"在很大程度上被语法化为认知或道义表达式。① 陶红印(Tao, 1996)指出:"对于通常被认为是典型的'零回指'语言的汉语而言,这类结构中

---

* 原文刊于 Emergent syntax for Conversation: Clausal Patterns and the organization of action, 2020: 151–182。

① 关于此方面的一些样本研究,参见 Thompson & Mulac, 1991b; Biber 等, 1999; Diessel & Tomasello, 2001; Thompson, 2002; Tao, 2003; Maschler, 2012; Laury & Helasvuo, 2016。

的第一人称代词很少被省略，这证明了认知结构的稳定性。"黄宣范（Huang，2003）分析了汉语中带补语的主要动词，包括"觉得"，认为会话参与者会将随后的话轮指向补语从句，而不是带补语的主句。方梅（2005）同样从语法去范畴化和语义虚化的角度讨论了汉语中包括"觉得"在内的几个认证义动词，认为这些动词正在由补语谓词转变为语用标记。

Endo（2010）对主句"我觉得"进行了更全面的考察。她将"我觉得"分为两种功能类型——认知型和非认知型，并对"我觉得"的认知用法进行了分析，认为其认知用法与话轮位置，也就是话轮首、话轮中和话轮尾相关。尽管韵律不是其研究重点，但作者仍注意到了"我觉得"在程式化表达中常见的韵律特征，如音调下降和音节减少。

最近的研究专门考察了"我觉得"在会话分析框架中的用法。例如，Lim（2009、2011）提出了"我觉得"的两种互动用法：1）使说话人提前预判到受话人可能会对命题提出反驳；2）开启联合评价。

虽然以往研究对"我觉得"的句法和语篇特征提供了有价值的见解，但本文将关注"我觉得"在小句组合背景下的功能转换。笔者特别调查了在已有的相关文献中尚未涉及的会话互动中的新现象。具体来说，汉语中的"我觉得"进一步发展出了一种会话组织功能，类似于 Goodwin（1996）用术语"预期索引"（prospective indexical）来表示引起对方的注意，这有助于对当前话轮的扩展。本文首先对这一新兴现象在其连续语境中的评价和认知用法进行描述，然后将展示从句复合体是如何从（交互）主观性手段进一步发展到发挥话轮扩展功能的。总体而言，本文旨在从句法结构、会话组织、韵律标记和语言使用中的频率效应等四个方面对这一发展过程进行实证分析。本文的研究也证实了许多其他语言中关于"认为/觉得"及与之类似的动词方面的发现，如 Kärkkäinen（2003）关于英语的研究和 Lindström 等（2016）关于欧洲和其他地区的几种语言的研究。

二 语料

本研究使用的语料来自六段朋友间的对话，会话参与者大多是年轻的成年人。本文根据会话分析惯例（Jefferson，2004）对语料进行了转写，转写中将其修改为每行代表一个语调单位（Du Bois et al., 1993）。谈话时长从50分钟到2小时不等，关于每段对话的详细信息见表1。

表1 本研究数据来源

序号	文件名	时长	人数	性别	年龄
1	CCMMZM	2小时	4	4女	27—33
2	EVANZTYC	2小时	4	3男1女	27—33
3	SSKLM	1.5小时	3	2女1男	23—25
4	LJWHJJ	50分钟	2	2女	24—27
5	LLM	50分钟	2	2男1女	26—32
6	ZYLK	50分钟	2	2女	20—22

在8小时的谈话中，共有269个"觉得"的用例。其中，出现频率最高的"觉得"的主语类型是第一人称单数代词"我"，共计226次。如表2所示，第二人称单数代词和第三人称单数代词，即"你""他/她"，分别与"觉得"搭配使用21和22次，其余11个例子以复数代词（即"我们""你们""他们"）作为主语。这一分布与 Endo（2010）的研究结果一致，即"觉得"的主要主语类型是第一人称单数代词；同时也与最近许多跨语言的研究结果一致，这些研究主要分析了会话中频繁出现的带补语的谓词，例如"think""guess""remember""know"等。[1]

表2 "觉得"主语类型的分布

主语类型	频次	比例（%）
第一人称单数（"我"）	226	82.9
第二人称单数（"你"）	21	6.7
第三人称单数（"他/她"）	22	7.0
复数（"我们""你们""他们"）	11	3.4
总计	269	100%

* 据调查，在"我"和"觉得"之间出现助词和副词的用法有36例（占226个用例的15.9%），例如"我会觉得""我真的觉得""我也觉得""我有的时候觉得"，这些例子也都包括在其中。

---

[1] 参见 Thompson & Mulac, 1991a、1991b; Scheibman, 2001; Thompson, 2002; Tao, 2001、2003a; Kärkkäinen, 2003、2007; Lindström et al., 2016; Laury & Helasvuo, 2016; Maschler, 2012、2017。

显然，在本研究的语料中这个小句组合具有以下典型的句法构型。

"我"＋"觉得"＋补语

图1 复杂小句的标准句法构型

接下来的几节将对此结构如何从内部主观心理表达发展到交互主观性表达，进一步发展成话轮扩展手段的过程进行阐释。

三 "我觉得"的主观用法

作为一个认知动词，或者 Quirk 等（1985）和 Biber（1988）提出的"个人动词"（private verb），"觉得"的字面意思是"感觉、认为"。所以"觉得"补语从句中所表达的命题涉及说话人的个人或私人视角，涉及精神状态、个人感受、感觉或者观点，以及以上情况的多种表达（参见 Englebretson［2007：12］关于立场性质的研究）。一些早期的研究中对"我觉得"的认知用法和非认知用法进行了区分。例如，Endo（2010）将个人观点（认知用法）与个人感觉和情感（非认知用法）区分开来。与此类似，Lim（2011）认为，"我觉得"既是提供模糊观点的认知立场标记，也是表示个人情感的情感立场标记。

本文提出，无论是哪种标记，这两种用法本质上都传达了发话人的主观表达，以表达对正在谈论的实体或命题的立场、观点或感受（Thompson & Hunston，2000），而不是对命题的客观陈述。因此，笔者认为"我觉得"主要是一个评价标记（如 Hunston & Sinclair，2000；Thompson，2002；Du Bois，2007）。

除与评价立场相关联之外，"我觉得"还具有认知功能，即降低或疏远说话人对其评价的承诺。如下所述，这种功能发生在不同的构式中，"我觉得"处于评价之后的位置。评价性立场标记和认知立场标记之间的形式区别如图2所示。

> 评价性立场：
> "我觉得"＋补语从句
> 认知性立场：
> 从句＋"我觉得"

图 2　"我觉得"的评价性用法和认知性用法格式：主观域

接下来将讨论两种主观的用法。

(一) 评价用法

"我觉得"可以引出广泛的评价，评价范围可从发话人的个人或私人领域到公共领域。

例（3）中，"我觉得"用来表达说话人的内心状态。Jing 是一名来自中国农村的女大学生，她向在大城市长大的女性朋友 Jiawei 讲述了自己的童年经历。

(3) 两位女同学回忆中国农村的童年生活（LJWHJJ_03）
1　　Jing：　我们农村的孩子很朴素的，
2　　　　　就坐在一起聊天啊，
3　　　　　然后去玩玩那个什么游戏啊
4　　Jiawei：我突然间我好有优越感，
5 →　　　　我觉得我在参加变形计 hh,
6　　　　　听他们农村的人在讲大山里面的故事，

在这段对话中，Jing 描述了她在农村的童年生活，这对 Jiawei 来说是完全陌生的，她在一个拥有现代电子设备的大城市长大。Jiawei 被 Jing 的经历震惊了，在第 4 行，她开玩笑说突然有了一种优越感。为了解释这种感觉，Jiawei 用"我觉得"介绍了对自己目前内心状态的评价——她觉得这就像是在参加真人秀节目"变形计"（第 5 行），在这一节目中，两个具有完全不同背景的青少年互换位置，并与对方的家人一起生活一个月。听到"我觉得",Jing 成功地理解了补语从句的非现实性。

语料中,21 个"我觉得"用于对发话人私人或个人领域的评价,占总出现次数的 9%。其中大多数,也就是 182 个用例(81%)用于公共领域的评价。也就是说,被评价的实体或事件状态与说话人自身无关,而与外部世界的某些东西相关。请看例(4)。

(4) 两个朋友谈论步枪(EVANZTYC_017)
1　　ZT：　　那个是不是后坐力特大,
2 →　Evan：　我觉得那个后坐力很大,((点头))
3　　　　　　而且它不是说,
4　　　　　　它是用手端着,

在例(4)中,ZT 和 Evan 正在谈论步枪。当 ZT 询问步枪是否有极大的后坐力(第 1 行)时,更了解枪支的 Evan 给出了肯定的回答(第 2 行)。这个回答是一个以"我觉得"开头的评价形式,作为其立场对象的"后坐力"属于外部世界,而不是发话人的内心世界。

(二) 认知用法

认知通常被理解为与说话人的知识和信念有关：认知立场标记表达了一个人对所说内容的承诺或信心的程度(如 Palmer, 1986；Coates, 1990；Bybee et al. 1994)。然而,一些学者运用互动的研究方法,开始将这一语义定义转向认知标记所完成的互动功能,如增强或减弱言语行为的言外之力(Holmes, 1982、1984)以及关注受话人的需求等(Kärkkäinen, 2003)。

对于"我觉得"的例子,本文采用了包容性的视角：语义方面,少量的例子确实表现出认知功能,即降低发话人对表达的确定性；互动方面,"我觉得"反映了对受话人的适应情况,即对会话参与者相关知识状态的有意调整,以及对自己所展示立场的即时协商；结构方面,认知义的"我觉得"具有独特的格式,即"我觉得"出现在评价之后。请看下面两个例子。

例(5)为一段三人会话,Susie 和 SK 就读于同一所大学——北京大学，而第三名参与者 LM 来自另一所大学：

(5) 三位朋友在讨论学校 BBS 上的热门论坛（SSKLM_012）
1　　Susie：北大的未名未名是：，
2　　　　　Love 版，
3→　　　　最（.）比较火我觉得.
4　　SK：　Love 版，
5　　　　　我好久没上了.

在此之前，LM 一直在谈论他们大学在线论坛（BBS）上最受欢迎的板块。然后，Susie 接过了这个话题，并向 LM 介绍了她所在大学最受欢迎的论坛。第 1 到第 3 行提供了 Susie 对未名论坛的零散评价，在第 1 行进行了重复（即未名，BBC 的名字），在第 3 行进行了重述。在第 3 行，她以"最"开头，并在短暂停顿后将其修改为"比较火"。这一重述将最初的评价，即"LOVE 版是未名上最受欢迎的"，降级为"LOVE 版是未名上相对受欢迎的"。降级过程以"我觉得"结束，表明了她陈述的主观性，从而进一步降低了 Susie 的认知承诺。

如果不仔细分析参与框架，就无法充分理解这一系列互动行为。由于 Susie 和 SK 都是同一所大学的学生，所以可以假设他们对被评估的实体——他们所在大学的 BBS——拥有共同的认知获取权限。因此，Susie 的认知降级行为是针对她的北大校友 SK 的认知状态进行的，听起来没有过分的自信。此外，话轮尾的"我觉得"提供了另外一个可能的话轮结束处，也为受话人提供了另外一个回应的机会。

例（6）是另一个"我觉得"被用来降低说话人的认知承诺的例子。三个朋友正在谈论他们共同的朋友与一位严厉的教授的关系；在这次谈话前，MM 一直在谈论她们系里一位严厉的教授——Eason，他经常在博士资格考试中给学生不及格。

(6)（CCMMZM_020）
1　　ZM：　Zijin 是 Eason 的学生啊，
2　　Susie：对，

```
3                那（.）Zijin 有没有觉得岌岌可危呀，
4      MM：       Zijin 有，
5  →             我觉得有.
```

第 1 行中，ZM 在确认他们共同的朋友 Zijin 是否是严厉的 Eason 教授的学生。在同一个系学习的 Susie 进行了确认（第 2 行），然后转问 MM，询问 Zijin 是否没有安全感（第 3 行）。MM 比其他两位参与者更了解 Zijin，她首先在第 4 行给出了一个肯定的答案"Zijin 有（觉得不安全）"，这涉及对 Zijin 可能感受的评价。然而在第 5 行，MM 立即用"我觉得"修改了自己的回答，这实际上是将她的断言限制在自己的猜测上，以降低对她之前表明立场的确定性。

综上所述，主句组合"我觉得"主要用于说话人对与自身或外部世界有关的实体或事件状态的主观评价。此外，非典型的、后置的"我觉得"具有认知标记的作用，降低了说话人对其陈述的承诺。Kärkkäinen（2003）在研究英语语料时认为，英语中的对应项"I think"可以标示从部分不确定到高度不确定的整个范围；主要重音的位置（即是否在"think"上）表明了话语中所传达的认知立场的具体程度。在本文的例子中，与评价性陈述相关的"我觉得"的位置起到了这样一个作用，即后置的"我觉得"强调说话人的降级承诺，而前置的"我觉得"则表现出更多的确定性。值得注意的是，"我觉得"的认知用法应该被视为一个动态的互动过程，而不是固定不变的认知程度，在这个过程中，发话人的立场会基于所有会话参与者的认识状态而进行仔细调整，并对发话人自己所展示的立场进行即时协商，从而降低自己的立场表达。

四 "我觉得"的交互主观性用法

虽然大多数例子都表达了说话人的主观评价立场，但也有一些具有强烈交互主观性的倾向。广义地说，交互主观性是指人们观点之间的共有理解（参见 Duranti，2010）或可能的一致立场，例如 Schegloff（1992）及 Gillesbie 和 Corish（2010）的研究。但是此术语也有一些不同的解释，例如，Mori 和 Hayashi（2006）将交互主观性定义为对一个客体的共同定义达成一致，而 Heritage（2007）将交互主观性解释为共同的认知指称，就指称而言，有时被认为与互动的推进性相冲突。本研究从受话人对先前话语中所表达的发话人立场的理解，或一致立场关系的角度来探讨交互主观性。

在序列组织方面，值得注意的是，大多数交互主观性的表达都出现在第二位置（Schegloff, 2007），以回应前一个发话人的话轮。在语料中发现，说话人经常通过使用"我觉得"来展示共同的评价，并建立与前一说话人的一致立场。这种带有"我觉得"的评价有两个突出的结构特征：1）补语通常不完整或根本没有补语；2）常常依赖于前一个发话人话轮中的副词和指称形式，如附加的"也"和指示代词"这样"。语料中有13个"我觉得"的交互主观性例子，其中有8个用例与"也"或"这样"搭配，这种用法如图3所示。

<blockquote>
说话者1：话轮
说话者2："我"＋状语＋"觉得"＋（指示语）
</blockquote>

图3 "我觉得"的交互主观性用法

换句话说，认知动词后面没有补语从句，未表达出来的评价是从较大的会话序列中推断出来的。下文中的两个例子可说明此用法。

(7) 三个亲密的朋友在讨论自制咖啡（CCMMZM_033）
（在这段会话之前，CC 一直在描述她是如何在家里煮咖啡的。）
1　CC：　然后就自己泡咖啡，
2　MM：　好喝吗？
3　CC：　比外面买的咖啡好喝无数倍，
4 →　Susie：我也觉得，
5　CC：　对，

在这段会话中，CC 评价说，她自制的咖啡比咖啡厅里的咖啡"好一百万倍"（第 3 行），Susie 通过使用"我也觉得"指明了一个共同的立场（第 4 行），表达了与 CC 的观点一致。CC 用肯定标志"对"（第 5 行）认同了这种一致立场（Stivers, 2008）。

在例（8）的第 5 行和第 7 行，有多个"我觉得"的用例，都带有两个交互主观性标记。在这个片段之前，Evan 表达了他的观点，如果一个人想保持良好的身材，就必须经常锻炼并注意饮食。

(8) YC, ZT 和 Susie 就"锻炼"交换意见（EVANZTYC_021）

```
1      Susie：  我觉得，
2              我可以理解，
3              但是对我而言:,
4              还是^ too much,
5  →   YC：    我觉得，
6      ZT：    hhh.
7  →   YC：    我觉得也是这样我会跑步但是:,
8      Susie： 对对对，
```

在会话的开始，Susie 表达了她对 Evan 所说的定期锻炼的认同，但她认为这个锻炼量对她个人来说太大了（第 1—4 行）。然后，YC 表现出对 Susie 立场的强烈认同：在他的话轮开启（第 5 行）和 ZT 的笑声（第 6 行）之后，YC 重新开始了他的评价（第 7 行），这最初被认定为与 Susie 的观点一致，因为指称形式"这样"回指了 Susie 先前的立场，这个评价立即在同一语调单位表达出来（第 7 行）。YC 以连词"但是"结束了他的话轮，但没有具体说明此连词暗示的相反立场。随后，Susie 用"对，对，对"占据了话轮（第 8 行），表明自己与 YC 的立场是一致的。请注意，在第 7 行（第 5 行也是），即使在"我觉得"（第 7 行）之后仍有会话继续的情况下也没有使用补语。YC 在这里的评价处于第二位置，用于回应开头另一位发话人 Susie 提供的观点。这些会话特征体现了"我觉得"的交互主观性用法的跨说话人、跨话轮和回应性的特性。

五 "我觉得"和话轮扩展

前文已经阐释了"我觉得"的主观用法（评价用法和认知用法）和交互主观性用法。这些用法都涉及某些形式的评价——一些评价出现在后续的宾语补语中，另一些评价出现在"我觉得"之前的从句中，还有一部分评价出现在前一个发话人的话轮中。然而，语料中还有一种独特的使用模式，即"我觉得"主要用于通过投射即将到来的多单位语句来扩展说话人当前的话轮。

当出现在话轮首或话轮中（详见下文分析）时，"我觉得"标志着说话人有需要说明的观点或要讲述的事件，这些观点和事件的讲述需要多个话轮单位。在这种用法的典型例子中，"我觉得"纯粹是一种扩展话轮的手段，没有太多的评价性立场。不过，还有一些例子可以观察到一些评价的痕迹：可以认为这些情况正处于从（交互）主观性用法向话轮组织用法转变的过渡阶段。尽管残留着一些评价立场，但这种类型的"我觉得"与（交互）主观用法明显不同，因为评价（如果有的话）不是在"我觉得"之后立即出现的，而是出现在几个话轮单位之后，见例（9）。

（9）三位大学同学在讨论 Li 的歌唱组合粉丝的经历（LJWHJJ_001）

```
1      Susie：  那你是他们的什么粉丝协会的吗？
2      Li：     我不－没有那么脑残，（（摇头））
3      Jing：   十几年应该是那种程度吧，
4      Li：     没有那么脑残啦，
5              我觉得那个还蛮脑残的，
6              那个，
7  →           我觉得，
8              就是怎么讲，
9              没有那么夸张啦，
10             我很受不了就是那种就是跟着，
11             ^我爱你我爱你::，（（模仿那些疯狂的粉丝））
```

在例（9）的会话之前，Li 谈到了她作为一个歌唱组合的狂热粉丝的经历。这引发了 Susie 的提问，即 Li 是否曾经参加过他们的粉丝俱乐部（第1行）。在 Li 否认后，Jing 对 Li 的否认表示怀疑（第3行），她根据 Li 追星情况猜测 Li 一定是曾经的铁杆粉丝，这就引出了 Li 的进一步澄清（第4—11行）。Li 首先再次进行了否认（第4行），然后对那些疯狂的粉丝作出评价，与他们保持距离。扩展话轮"我觉得"出现在第7行，以投射一个多单位的语句，她首先强调自己并不像典型的粉丝那样疯狂（第9行），然后表达了对一些粉丝行为的态度（第10-11行）。可能有人会质疑，第10行确实涉及某种评估。虽然有这种可能，但我们应该注意到它与"我觉得"之间的距离和出现的话语的数量：一个模糊表达（即，"怎么讲"第8行）和重复否认（第9行）。"我觉得"是在一个独立的语调单位中产生的（详见"'我觉得'的韵律整合"节），而且没有紧随其后的评价，这让说话人有机会扩展她的话轮。

"我觉得"的这种用法可以被认为是最不典型的，是"新兴的"用法，之所以如此，主要有如下几点原因：1）它作为一种表达人的心理活动或私人情感的范式，与"我觉得"的词汇语义关系不大；2）没有和"我觉得"直接相关的评估迹象；3）观察到此用法只在语言创新首先发生的口语中出现（Chafe, 1982）。

下面的例（10）说明了此用法，在该段会话中，CC 正在描述她在中国农村的一次实地考察（10.1—10.6），与之前的言论相同，她主要表达了农村人容易为琐碎的事情争论不休的观点。

（10）实地考察与农村生活（CCMMZM_002）
  1 CC： 如果你单是去那边问他们20分钟，
  2   没有办法问一些事情.
  3   对
  4   (2.0)
  5   就干这些事情，
  6   超八卦的.
  7 MM： hhhh.
  8 → MM： 而且我觉得像农村，

9		就像我奶奶家就是农村里,
10		就是,
11		他们（.）关注的事情真的就是特别特别小的一件事情,
12	CC：	嗯.
13	MM：	就比如说,
14		你家把我家的树苗怎么［了,
15	CC：	［对对对,

第 6 行中，CC 的话轮到达结束点后，MM 大笑（第 7 行），接着发起了一个由"我觉得"投射的多单位话轮（第 8 行），介绍了她自己的农村生活经验。"我觉得"表明发话人要在接下来的话轮中表达一个将由多个单位表达的观点。从第 8—11 行可以看出，MM 首先确立了"农村"这个话题，然后解释了她的认知来源，即她的奶奶居住在农村。最后，在第 11 行，她阐述了"农村人关心的是非常琐碎的事情"这一主要观点。多单位语句的早期投射使发话人有机会将观点发展到所需的程度，而避免了以下两点：1）受规则话轮空间的限制；2）被另一个会话参与者打断的风险。

在讨论了新兴的"我觉得"的互动特征之后，现在来考察它的韵律设计。本文研究发现，"我觉得"有两种话轮扩展类型，它们具有不同的语调状态，一个是"我觉得"作为独立的语调单位，另一个是作为更大的语调单位的一个部分。下文将讨论这两种类型具有细微的互动意义（有关韵律特征的更多详细内容，请参见 Wang，2017）。

（一）"我觉得"的韵律整合

作为一种话轮扩展策略，"我觉得"可以嵌入更大的语调单位。在同一语调单位内，紧跟在"我觉得"后面的是一个待扩展话题的 NP 或小句。因此，"我觉得"可以看作是为投射多单位语句确立了话题。这种用法可以概括为下面的图 4。

```
说话人1：话轮
说话人2：(小句,)
         "我觉得" +NP/小句,
         多单位语句
```

图4 韵律整合的"我觉得"范式

前文的例（10）是一个韵律整合的例子。下面将通过一个音高曲拱图来说明另一个例子中的韵律整合。

(11) 两位大学同学在谈论一堂日语课和这堂课的老师（ZYLK_058）

((在这篇摘录之前，Kai告诉Yi，她的日语老师的讲解极其枯燥且程式化，她对考试感到困惑。))

1	Kai：	我说考试不会考这种吧，
2		我说完全记不住啊，
3	Yi：	应该会考，
4		那你死定了，
5	Kai：	死定了的感觉，
6		(1.8)
7 →		而且我觉得她，
8		老师还说，
9		没事儿你们这一页的那个:，
10		就是标出来那些:大写字母不需要背啊，
11		我们说不背你干嘛在黑板上写得这么顺，

在例（11）的开头，Kai表达了她对日语考试的担忧，因为老师教授语法的方式非常程式化，常常超出她的理解范围。Yi因此开玩笑说，Kai注定考试不及格（第3、4行），而Kai与Yi达成了共识（第5行）。1.8秒的停顿暗示了话轮的结束，之后Kai选择继续讲述日语课的更多细节来

延续她的话轮。在第 7 行中，她一方面使用"我觉得"投射即将到来的多单位话语，另一方面介绍她接下来将要讲述的话题。Kai 最初用"她"来引入话题，这对 Yi 来说可能是无法识别的。因此，在短暂的停顿之后，她切换到一个更具体的指代词"老师"。

经 Praat 所分析的这个例子的韵律特征如图 5 所示（Boersma & Weenink, 2018）。"我觉得"嵌进了语调单位"而且我觉得她"中；在话题"她"之后出现了明显的停顿。

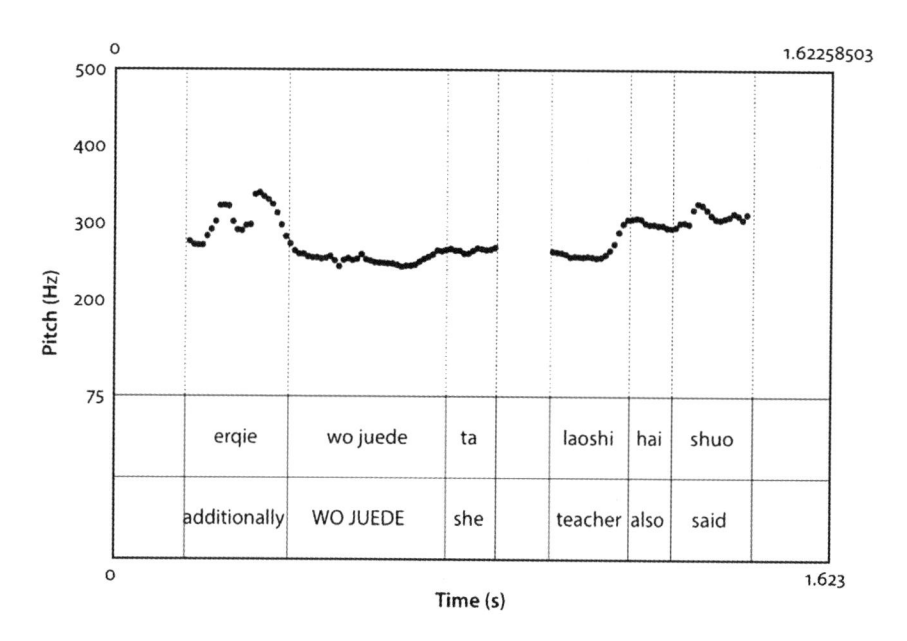

图 5　韵律整合的"我觉得"："而且我觉得她，老师还说"

（二）韵律独立的"我觉得"

另外，正如前文例（9）的分析，"我觉得"可以采用独立的韵律形式，通过短暂的停顿将相邻的语调单位分开，占据整个语调单位。从互动方面来看，这类"我觉得"只是一种投射手段，没有话题介绍功能。独立的"我觉得"通常在韵律上更突出，持续时间更长，音域范围更广，没有降到轻声（Wang, 2017）。

此用法如下所示（图 6）。

```
说话人1：话轮
说话人2；(小句,)
        "我觉得"
        多单位语句
```

图6　韵律独立的"我觉得"格式

例（12）中，"我觉得"是对 Yi 关注的早餐问题的回应（第7行），而不是她的室友，后者更关注打扮。"我觉得"再次用来投射即将到来的多单位语句。

(12) Yi 和 Kai 关于吃早餐还是多睡一会儿的两难选择（ZYLK_64）

1	Yi:	我室友在那边很着急地化妆穿衣服，
2		我就在那边很着急地吃早餐，
3		hh,
4	Kai:	hh.
5	Yi:	大家迟到 hh,
6	Kai:	哎哟我一般－，
7→		我觉得，
8		像：一周有两天起早床我就吃早餐，
9		然后剩下三天就睡了 h，
10		就直接起来吃午餐，
11	Yi:	其实我不知道为什么你们那么能睡哎，
12		觉得很，
13	Kai:	我我感觉：可能不需要吃很多东西，
14		但是一定要睡得饱饱的，

如图7所示，第7行的"我觉得"在语调上是独立的，前后有明显

的停顿将其与相邻语调单位分开，它的韵律凸显还表现为较长的持续时间（312ms）和较大的音域范围（46 Hz），这与例（9）中同一说话人产出的"我觉得"（302ms 和 20 Hz）形成对比。最后，所有三个音节都完全发音，没有降低声调。

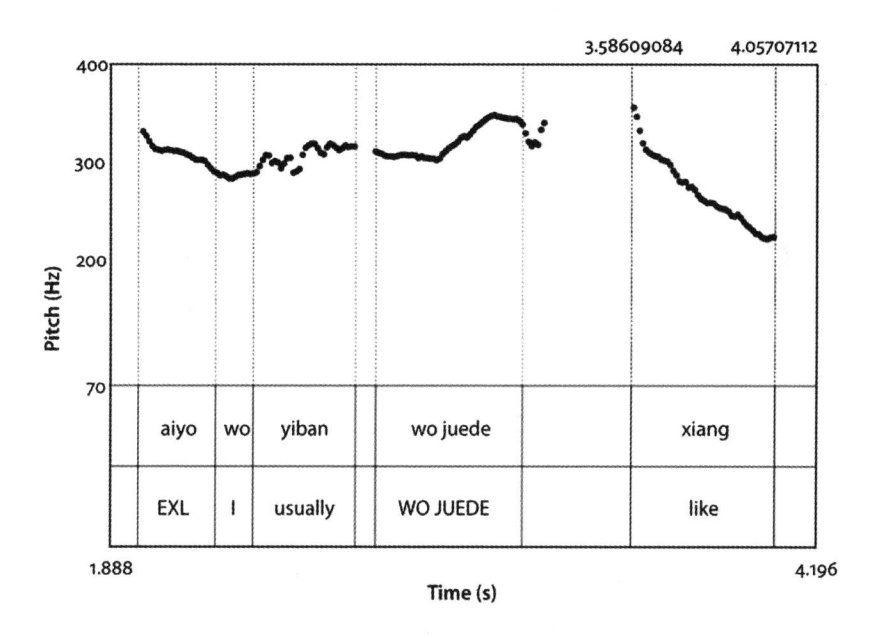

图7 韵律独立的"我觉得"："哎呦我一般，我觉得，像"

从互动方面来看，这个用例并不表示任何评价立场，因为在此之后不是评价，而是有关她自己的一个事实，即一周有两天不得不早起，也会吃早餐。"我觉得"本质上是通过添加新内容来扩展当前发话人的话轮。其韵律的突出性和独立性，与扩展话轮中"我觉得"和所添加内容之间的松散关系相匹配，有效地强化了"我觉得"作为话轮组织手段的地位。

Goodwin（1996）指出，在会话中，发话人有时会先提供一种语言表达，这种语言所表达的具体情况在随后的谈话中才进行说明。例如"我们这里肯定有问题"中的"问题"，或者故事序言"今天我遇到了一件有趣的事"中的"有趣的事"，它们通常投射出更多的话语，且会话双方都倾向于在随后出现的多单位话轮中了解具体情况。他把这些表达称为"预期索引"（Goodwin，1996：384）[①]。在"我觉得"的例子中的话轮扩展功能大都类似于"预期索引"，因为它们在特定主题上投射出更多的内容。

综上所述，"我觉得"可以起到话轮扩展的作用，投射即将到来的多单位话语。它可以用在话轮首来回应前一位说话人的话轮，阐明或强化前一位说话人的观点。"我觉得"也可以在话轮中投射一个扩展的话语，用来进一步表达自己的观点。语料检索到的10个例子中，有两种不同的韵律分布被区分出来，它们的互动意义具有细微的差别：1）语调整合的"我觉得"是为了建立要讨论的话题；2）语调独立的"我觉得"比整合类韵律更强，是一种纯粹的话轮投射手段。

六　讨论

（一）功能分布

目前的分析表明，"我觉得"是一个典型的小句组合，它已经演变成一个具有主观性或交互主观性导向的评价标记，以及一个降低说话人认知承诺的认知标记。它还发展成为一种会话组织手段，类似于 Goodwin（1996）提出的预期索引语，以投射话轮的扩展。为了便于比较，表3列出了每种功能的频次。

表3　　　　　　"我觉得"四种主要功能的频次及分布

功能	频次	比例（%）
主观性：评价立场	198	88
主观性：认知立场	5	2
交互主观性：一致评价	13	6
话轮扩展	10	4
总计	226	100

---

① 参见 Couper-Kuhlen 和 Thompson（2008）的研究中与此类似的观点，不过在不同的结构中被称为"外延评价短语"（例如，"it's funny"）。

在句法—会话特征方面，我们看到了两种相反的发展方向。一种不带补语（［交互］主观性），另一种带有扩展话轮（话轮扩展）：在这两种演变情况下（参见图8），其扩展范围都超出了标准的"主句+补语从句"结构，因为它们跨越了多个结构单位和/或多个会话参与者。

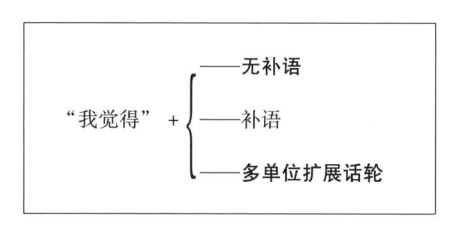

```
                    ┌── 无补语
        "我觉得" + ├── 补语
                    └── 多单位扩展话轮
```

图8 "主句"结构中的两极发展

（二）多种功能间的联系

鉴于这些不同的功能以及在语料中观察到的形态句法结构，我们需要厘清这些功能和形式之间的内在联系和发展机制。本研究认为，像"我觉得"这样的表达具有特殊的性质，这种性质能够以独特的方式服务于互动目的，从而促进其进一步发展。

如本文开头所述，"觉得"表示说话人的一种个人感觉或感想。这一特征意味着事件状态或表达的评价是说话人的个人观点，因此，说话人使用"我觉得"，无关乎其他会话参与者是否同意。这一特性自然会导致当说话人认为有必要明确表明这是他们自己的观点时，以及对他们的主张或评价的普遍性进行限制的情况下使用"我觉得"。

（三）扩展用法浮现的途径

尽管前面的研究有助于对各种用法之间的潜在联系进行解释，但我们同样感兴趣的是，为什么补语形式会消失，之前的主句作为交谈中的话轮扩展手段，大多数情况下没有明确用于评价，是什么导致了这种语法重组？

本文的解释涉及互动和基于用法的因素。在互动方面，我们认为，无论是个人的还是私人的评价，都要经过会话参与者之间的重述、扩展和协商（Pmerantz，1984；Goodwin & Goodwin，1992），随着会话进程的扩展，主句和补语（评价）之间的联系可能会变得松散，直到之前的句法补语被削弱或完全丢失，这为主句在不附加补语从句情况下的使用，以及进一步发展成为话轮扩展机制创造了条件。

例（13）显示了在多个语调单位中产生的一个逐渐扩展且经过认真重新设计的评价。

(13) Susie 在开一个美国交换生的玩笑（SSKLM_014）
1 → Susie：我觉得他是，
2　　　　他是那个，
3　　　　他是，
4　　　　卧底，
5　　　　奸细．

在这段会话之前，另一位会话参与者讲述了一位清华大学交换生的故事，这位交换生评价清华大学是中国最好的大学。Susie 毕业于与清华大学具有竞争关系的另一所大学，因为这位交换生对清华大学作出了不正确的评价，所以她不相信这个人曾经在那里学习过。在第 1 行中，她使用"我觉得"来投射即将到来的评价，后接被评价人"他"。在第 2 行中，Susie 使用代词"那个"占据了即将出现的名词的位置。在第 3 行进行部分重复（即"他是"）之后，最终产生了评价语"卧底"（第 4 行）。然而，评价还没有结束，在第 5 行，Susie 说出了第二个负面评价语"奸细"，这个词经常与"卧底"搭配，却有更强的负面含义。Susie 评价中的重复、犹豫和负面语义体现了她的即时调整的过程。这一过程不可避免地拉大了"我觉得"与实际评价环节之间的距离，从而削弱了"我觉得"所承载的评价力。

例（14）中，两名会话参与者在评论重庆的美食，此例展示了他们之间的互动如何延长评价过程，从而削弱与"我觉得"相关的评价力。第 2—3 行，两个参与者以重叠和合作完成的形式进行协商与合作，这类似于 Lim（2009、2011）所描述的"我觉得"的联合评价功能。

(14) Kai 和 Yi 在谈论重庆菜（ZYLK_034）
1   Kai： 所以说（.）我觉得重庆那边的人就是把辣椒做出了一种：,
2   ［一种,
3 → Yi：   ［嗯自己的风味,
4   Kai： 对,
5   special 的感觉,
6   Yi：   对,

Kai 首先在第一行用"我觉得"投射评价。在寻找合适的词来描述重庆人用辣椒烹饪的创造性方式时，Kai 在第一行末尾拉长了"一种"的发音，并在第二行重复了这个词。在搜索表达词时（例如 Lerner, 1996；Hayashi, 1999），Yi 主动提供了一个评价，从而共同完成评价行为（第3行）。Kai 明确接受了 Yi 提供的评价项，她的同意标志"对"证明了这一点。

在例（13）和（14）中，评价序列被进行了较大的扩展，主句（分别见两例的第一行）和补语从句（如果有）之间的联系分布在多个语句中。本文认为，正是通过这样的协商过程，主句才逐渐转为独立状态，并与典型评价及其相关从句组合模式出现更大的分离。

另一个高度相关的因素是语言使用的频率效应。具体来说，高频项已被证实具有弱化的趋势（Bybee & Hopper, 2001：1）。例如，Mulder 和 Thompson（2008）指出：英语连词"but"可以用在话轮尾位置而不需要进一步的交谈，会话参与者在这种情况下认为话轮已经完成是毫无问题的，所以他们认为"but"在（澳大利亚）英语中已经完全发展为一个句末小品词来标记对比内容。陶红印（Tao, 2007）描述了之前作为副词的"absolutely"是如何在英语会话中被用作独立的确认性应答标记，而不需要与任何形容词或动词谓语的表达一起使用的。我们认为，"我觉得"的预期索引用法也可以用类似的观点来解释。也就是说，由于"我觉得"具有作为引入评价的手段以及在带补语结构中使用的普遍性特点，这个程式化表达很容易投射出更多的后续内容，因此，无论有没有后续内容，主要说话人都可以用它来扩展话轮，而共同参与者也可以通过它来预测更多将要出现的内容。① 事实上，与评价进行协商的频率和对投射能力评价的频率效应这两个因素完全有可能共同作用，促成"我觉得"成为互动中话轮的扩展手段。

七　结论

本文分析了汉语中第一人称单数代词"我"和个人或认知动词"觉得"的组合，并展示了与这种常见组合相关的许多功能。值得注意的是，这种高度稳定的结构不仅发展了评价性和认知性的用法（在主观领域和交互主观性领域），而且进一步发展成为一种用于扩展会话话轮的预期索引手段，这一模式已经在其他语言的相关研究中提到（Kärkkäinen, 2003; Lindström et al., 2016），但在汉语的互动语言学中尚未受到太多关注。在详细分析了汉语中评价用法、认知用法和新兴的话轮扩展功能之后，我们认为汉语中存在一些内在的特性，使得该结构可以在特定的互动语境中使用。尽管典型的认知表达涉及复杂的从句结构（如图 1 所示），但新兴模式却向两个极端方向发展：一个没有补语，但有隐性的评估；另一个有复杂的话轮，但没有显性或隐性的评估，如图 8 所示。

研究进一步发现，话轮扩展功能与评价和认知标记功能的对比主要与语调模式有关，即评价和认知用法总体上趋于韵律弱化，而话轮扩展机制则拥有更多的语调凸显（主要通过韵律独立）。最后，本文还试图对［主句+补语］复句的历史发展作出解释，指出评价立场的互动性和高频使用对投射能力的影响。

本文主要有以下三个结论。

第一，复杂从句可以表现为主句和补语从句的组合。这样的从句组合，有时只有在特定的条件下（Maschler, 2012）才容易进一步语法化。这里的"特定条件"是指特定会话行为下的特定主语形式和动词类型的搭配（Thompson & Mulac, 1991a、1991b; Bybee & Scheibman, 1999;

---

① 关于话语标记语及其凸显/投射功能的一些高度相关但略有不同的角度，参见 Pekarek Doehler（2011）关于法语动词"mean"的研究；Maschler（2012）和 Laury 和 Helasvuo（2016: 89）关于希伯来语和芬兰语中的动词"Know"的研究。

Scheibman，2000、2001）。

第二，如果不考虑更大的会话序列语境，涉及从句组合的语用或互动发展可能无法得到充分的描述。传统意义上，关于主句和补语从句结合形成的从句组合的讨论往往局限于以从句为基础的句法结构（如论元结构，参见 Thompson，2002）。最近的研究已经关注到立场与表达（例如"我觉得"）之间的关系，以及主句和补语从句在交际权重上的差异（Thompson & Mulac，1991a、1991b；Thompson，2002；Kärkkäinen，2003、2012；Huang，2003）。本研究认同其他研究者的观点，即强调此类研究需要考虑受主句现象操控的更大的序列语境。本文的汉语语料也提供了一种在类型上不同于学界经常讨论的印欧语系语言的新的语言材料。

第三，会话行为可以用不同的句法和韵律模式来研究，这证明了在互动交谈中语言使用的多模态性。对汉语会话语料的分析表明，立场标记的相对位置、相关的评价表达，以及韵律模式，都经常用来达成互动目的，这也证实了这一领域的前期研究成果（参见 Bybee，2001；Bybee & Scheibman，1999；Scheibman，2000；Tao，2003a；L. Tao，2006；Maschler，2012）。

附录　缩写注释

ADV	adverb	动词
INJ	interjection	叹词
ASP	aspect marker	体标记
NEG	negative morpheme	消极语素
CL	classifier	量词
LOC	localizer	定位符
COMP	complement	补语
PN	proper noun	专有名词
DM	discourse marker	话语标记
PT	particle	小品词
EXL	exclamation	感叹

参考文献

方梅:《自然口语中弱化连词的话语标记功能》,《中国语文》2000 年第 5 期。

吕叔湘主编:《现代汉语八百词》,商务印书馆 1980 年版。

陶红印:《从语音、语法和话语特征看"知道"格式在谈话中的演化》,《中国语文》2003 年第 4 期。

Biber Douglas, *Variation Across Speech and Writing*. Cambridge: Cambridge University Press, 1988.

Biber Douglas, Stig Johansson, Geoffrey N. Leech, Susan Conrad & Edward Finegan, *Longman Grammar of Spoken and Written English*. London: Longman, 1999.

Boersma Paul & David Weenink, *Praat: Doing Phonetics by Computer* [Computer Program]. Version 6.0.43, retrieved 8 September, 2018. from http://www.praat.org/.

Bybee Joan, *Phonology and Language Use*. Cambridge: Cambridge University Press, 2001.

Bybee Joan & Paul J. Hopper, *Frequency and the Emergence of Linguistic Structure*. Amsterdam & Philadelphia: John Benjamins, 2001.

Bybee Joan L., Revere Dale Perkins & William Pagliuca, *The Evolution of Grammar: Tense, Aspect and Modality in the Languages of the World*. Chicago: University of Chicago Press, 1994.

Bybee Joan & Joanne Scheibman, "The effect of usage on degrees of constituency: the reduction of *Don't* in English". *Linguistics*, Vol. 37, No. 4, 1999, 575–596.

Chafe Wallace, "Integration and involvement in speaking, writing, and oral literature". In D. Tannen (ed.) *Spoken and Written Language: Exploring Orality and Literacy*, 35–54. Norwood, New Jersey: Ablex, 1982.

Coates Jennifer, "Modal meaning: the semantics–pragmatics interface". *Journal of Semantics*, Vol. 7, 1990, 53–63.

Couper-Kuhlen Elizabeth & Sandra A. Thompson, "On assessing situations and events in conversation: extraposition and its relatives". *Discourse Studies*, Vol. 10, No. 4, 2008, 443 – 467.

Diessel Holger & Michael Tomasello, "The acquisition of finite complements clauses in English: a corpus – based analysis". *Cognitive Linguistics*, Vol. 12, 2001, 97 – 141.

Du Bois John W., "The stance triangle". In R. Englebretson (ed.) *Stancetaking in Discourse: Subjectivity, Evaluation, Interaction*, 139 – 182. Amsterdam & Philadelphia: John Benjamins, 2007.

Du Bois John W., Stephan Schuetze – Coburn, Susanna Cumming & Danae Paolino, "Outline of discourse transcription". In Jane A. Edwards & Martin D. Lampert (eds.) *Talking Data: Transcription and Coding in Discourse Research*, 45 – 89. New York & London: Psychology Press, 1993.

Duranti Alessandro, "Husserl, intersubjectivity and anthropology". *Anthropological Theory*, Vol. 10, No. 1 – 2, 2010, 16 – 35.

Endo Tomoko Koike, *Expressing Stance In Mandarin Conversation: Epistemic and Non – Epistemic Uses of Wo Juede*. Ph. D. dissertation, University of California, Los Angeles, 2010.

Englebretson Robert, *Stancetaking in Discourse: Subjectivity, Evaluation, Interaction*. Amsterdam & Philadelphia: John Benjamins, 2007.

Gillespie Alex & Flora Cornish, "Intersubjectivity: towards a dialogical analysis". *Journal for the Theory of Social Behaviour*, Vol. 40, No. 1, 2010, 19 – 46.

Goodwin Charles, "Transparent vision". In Elinor Ochs, Emanual A. Schegloff & Sandra A. Thompson (eds.) *Interaction and Grammar*. 370 – 404. Cambridge: Cambridge University Press, 1996.

Goodwin Charles & Marjorie Harness Goodwin, "Assessments and the construction of context". In Alessandro Duranti & Charles Goodwin (eds.) *Rethinking Context: Language as an Interactive Phenomenon*, 147 – 190. Cambridge: Cambridge University Press, 1992.

Hayashi Makoto, "Where grammar and interaction meet: a study of co – participant completion in Japanese conversation". *Human Studies*, Vol. 22,

No. 2 – 4, 1999, 475 – 499.

Heritage John, "Intersubjectivity and progressivity in person and place reference". In Nick J. Enfield & Tanya Stivers (eds.) *Person Reference in Interaction: Linguistic, Cultural and Social Perspectives*, 255 – 280. Cambridge: Cambridge University Press, 2007.

Holmes Janet, "Expressing doubt and certainty in English". *RELC Journal*, Vol. 13, No. 2, 1982, 9 – 28.

Holmes Janet, "Modifying illocutionary force". *Journal of Pragmatics*, Vol. 8, 1984, 345 – 365.

Huang Shuanfan, "Doubts about complementation: a functionalist analysis". *Language and Linguistics*, Vol. 4, No. 2, 2003, 429 – 455.

Hunston Susan & John Sinclair, "A local grammar of evaluation". In Susan Hunston & Geoffrey Thompson (eds.) *Evaluation in Text: Authorial Stance and the Construction of Discourse*, 74 – 101. Oxford: Oxford University Press, 2000.

Jefferson Gail, "Glossary of transcript symbols with an introduction". In Gene H. Lerner (ed.) *Conversation Analysis: Studies from the First Generation*, 13 – 34. Amsterdam & Philadephia: John Benjamins, 2004.

Kärkkäinen Elise, *Epistemic Stance in English Conversation: A Description of Its Interactional Functions, with a Focus on I Think*. Amsterdam & Philadelphia: John Benjamins, 2003.

Kärkkäinen Elise, "The role of I guess in conversational stancetaking". In Robert Englebretson (ed.) *Stance Taking in Discourse: Subjectivity, Evaluation, Interaction*, 183 – 220. Amsterdam & Philadelphia: John Benjamins, 2007.

Kärkkäinen Elise, "I thought it was very interesting: conversational formats for taking a stance". *Journal of Pragmatics*, Vol. 44, No. 15, 2012, 2194 – 2210.

Laury Ritva & Marja – Liisa Helasvuo, "Disclaiming epistemic access with 'know' and 'remember' in Finnish". *Journal of Pragmatics*, Vol. 106, 2016, 80 – 96.

Lerner Gene H., "On the 'semi – permeable' character of grammatical units in conversation: conditional entry into the turn space of another speaker". In Elinor Ochs, Emanual A. Schegloff & Sandra A. Thompson (eds.) *Interaction and Grammar*, 238 – 276. Cambridge: Cambridge University Press, 1996.

Lim Ni – Eng, "Stance – taking with *wo juede* in conversational Chinese". In *Proceedings of the 21st North American Conference on Chinese Linguistics*, 323 – 340. Columbus: Ohio State University Online Publications, 2009.

Lim Ni – Eng, "From subjectivity to intersubjectivity: epistemic marker *wo juede* in Chinese". In Yun Xiao Liao, Liang Tao & Hooi Ling Soh (eds.) *Current Issues in Chinese Linguistics*, 265 – 300. Cambridge: Cambridge Scholar Press, 2011.

Lindström Jan, Yael Maschler & Simona Pekarek Doehler, "A cross – linguistic perspective on grammar and negative epistemics in talk – in – interaction". *Journal of Pragmatics*, Vol. 106, 2016, 72 – 79.

Maschler Yael, "Emergent projecting constructions: the case of Hebrew *Yada* 'know'". *Studies in Language*, Vol. 36, No. 4, 2012, 785 – 847.

Maschler Yael, "The emergence of Hebrew *Loydea/Loydat* 'I Dunno Masc/Fem' from interaction: blurring the boundaries between discourse marker, pragmatic marker, and modal particle". In Andrea Sansò & Chiara Fedriani (eds.) *Pragmatic Markers, Discourse Markers and Modal Particles: New Perspectives*, 37 – 69. Amsterdam & Philadelphia: John Benjamins, 2017.

Mori Junko & Makoto Hayashi, "The achievement of intersubjectivity through embodied completions: a study of interactions between first and second language speakers". *Applied Linguistics*, Vol. 27, No. 2, 2006, 195 – 219.

Mulder Jean & Sandra A. Thompson, "The grammaticization of *but* as a final particle in English conversation". In Laury, Ritva (eds.) *Crosslinguistic Studies of Clause Combining: The Multifunctionality of Conjunctions*, 179 – 204. Amsterdam & Philadelphia: John Benjamins, 2008.

Palmer Frank Robert, *Mood and Modality*. Cambridge: Cambridge University Press, 1986.

Pekarek Doehler Simona, "Clause – combining and the sequencing of actions: projector constructions in French talk – in – interaction". In Ritva Laury & Ryoko Suzuki (eds.) *Subordination in Conversation: A Cross – Linguistic Perspective*, 103 – 148. Amsterdam & Philadelphia: John Benjamins, 2011.

Pomerantz Anita, "Agreeing and disagreeing with assessments: some features of preferred/dispreferred turn shapes". In Atkinson, J. Maxwell & John Heritage (eds.) *Structures of Social Interaction: Studies in Conversation Analysis.* 57 – 101. Cambridge: Cambridge University Press, 1984.

Quirk Randolph, Sidney Greenbaum, Geoffrey Leech, Jan Svartvik & David Crystal, *A Comprehensive Grammar of the English Language.* London & New York: Longman, 1985.

Schegloff Emanuel A., "Repair after next turn: the last structurally provided defense of intersubjectivity in conversation". *American Journal of Sociology*, Vol. 97, No. 5, 1992, 1295 – 1345.

Schegloff Emanuel A., *Sequence Organization in Interaction: A Primer in Conversation Analysis.* Cambridge: Cambridge University Press, 2007.

Scheibman Joanne, "I dunno: a usage – based account of the phonological reduction of don't in American English conversation". *Journal of Pragmatics*, Vol. 32, No. 1, 2000, 105 – 124.

Scheibman Joanne, "Local patterns of subjectivity in person and verb type in American English conversation". In Paul J. Hopper & Joan L. Bybee (eds.) *Frequency and the Emergence of Linguistic Structure*, 61 – 90. Amsterdam & Philadelphia: John Benjamins, 2001.

Stivers Tanya, "Stance, alignment, and affiliation during story telling: when nodding is a token of preliminary affiliation". *Research On Language in Social Interaction*, Vol. 41, No. 1, 2008, 31 – 57.

Tao Hongyin, *Units in Mandarin Conversation: Prosody, Discourse, and Grammar.* Amsterdam & Philadelphia: John Benjamins, 1996.

Tao Hongyin, "Discovering the usual with corpora: the case of *remember*". In Rita C. Simpson & John M. Swales (eds.) *Corpus Linguistics in North America: Selections from the 1999 Symposium*, 116 – 144. Ann Arbor: University of Michigan Press, 2001.

Tao Hongyin, "A usage – based approach to argument structure: *remember* and *forget* in Spoken English". *International Journal of Corpus Linguistics*, Vol. 8, 2003, 75 – 95.

Tao Hongyin, "A corpus – based investigation of *absolutely* and related phenomena in Spoken American English". *Journal of English Linguistics*, Vol. 35, No. 1, 2007, 1 – 25.

Tao Hongyin, "Classifier loss and frozen tone in Spoken Beijing Mandarin: the *yi* + *ge* phonosyntactic conspiracy". *Linguistics*, Vol. 44, 2006, 91 – 133.

Thompson Geoff & Susan Hunston, "Evaluation: an introduction". In Susan Hunston & Geoff Thompson (eds.) *Evaluation in Text: Authorial Stance and the Construction of Discourse*, 1 – 27. Oxford: Oxford University Press, 2000.

Thompson Sandra A, "'Object complements' and conversation: towards a realistic account". *Studies in Language*, Vol. 26, No. 1, 2002, 125 – 163.

Thompson Sandra A. & Anthony Mulac, "A quantitative perspective on the grammaticalization of epistemic parentheticals in English". In B. Heine and E. Traugott (eds.) *Approaches to Grammaticalization*, 313 – 329. Amsterdam & Philadelphia: John Benjamins, 1991a.

Thompson Sandra A. & Anthony Mulac, "The discourse conditions for the use of the complementizer *that* in conversational English". *Journal of Pragmatics*, Vol. 15, No. 3, 1991b, 237 – 251.

Wang Wei, *Prosody and Functions of Discourse Markers in Mandarin Chinese Conversation: The Cases of ranhou, wo juede, and meiyou*. Ph. D. dissertation, University of California, Los Angeles, 2017.

基于会话和其他语体的汉语话题结构的若干新发现[*]

一 引言

尽管汉语语言学家对汉语中话题和"话题—述题结构"的性质和特性存在争议（见徐烈炯、刘丹青，1998/2007；Shi，2000 以及 LaPolla，2009 的综述），但基本有一种共识，即汉语可以被描述为"话题突出"或"话题—述题"型语言（Chao，1968；Li & Thompson，1976；LaPolla，2009；反对观点请参见陈静、高远，2000）。有关汉语"话题"各种特征的研究成果十分可观，其中不乏新的理论尝试（Chao，1968；Chen，1996；Chu，1993；Li & Thompson，1976；Tsao，1979；徐烈炯、刘丹青，1998/2007；Xu & Langendoen，1985；Huang，1984；LaPolla，1993、1995、2009；Shi，2000；等等；形式主义学派最新阐释，请参见 Tsai，2022）。然而，正如 Keenan & Schieffelin（1976）长期以来提醒的那样，话题是依据话语（discourse）所定义的概念，但令人惊讶的是，大多数相关研究聚焦于人为设计的句子或记叙体篇章（narrative text）上，鲜有学者研究自然篇章或谈话中话题结构的用法（除申小龙，1988；张伯江、方梅，1996；LaPolla，2009；Tao，2001/2007；刘林军，2010；姚双云、刘红原，2020；陈静、高远，2000 的研究外）。本文基于自然会话（以及书面文本），试图对两个普遍问题作出全新阐释：1）汉语可以在多大程度

---

[*] 本文刊发于 *The Cambridge Handbook of Chinese Lingnistic.* Cambridge：Cambridge University Prese，2022。

上被认为是一种话题突出或话题—述题型语言，而这一观点又意味着什么？2）说话人在实际的会话互动中如何运用话题结构？本研究通过对自然话语的全面考察得出了与以往不同的结论，并对汉语语法概念带来了挑战。结论部分将讨论研究互动话语对于理解和重新评估被广泛接受的语言学理论概念具有哪些意义。

二 对现有研究的简要回顾

对现有研究进行简要回顾后便会发现，由于大多数学者早已接受了"汉语是一种话题突出型语言"这一观点，所以现有研究的重点通常是确定汉语话题成分的结构、语义，有时甚至是语篇特性。Shi（2000：384）总结了话题结构的主要特点，并得到了广泛认同，具体如下：

a. 话题总是占据话题链中第一分句的句首位置（S‐initial position）。

b. 话题可以同句子的其他成分之间由"啊（呀）""呢""么""吧"四个语气助词之一隔开。

c. 话题总是定指的。

d. 话题是话语概念，通常会将其语义范畴扩展到多个句子。

e. 话题控制话题链中同指名词的删除或代词化。

f. 除非话题同时也是句子的主语，不然话题与真正的反身化、同名词短语删除（Equi‐NP deletion）和祈使化过程无关。

本文将上述特征作为判断话题结构的标准，并参照对话题结构的标准理解对自然会话作了必要修改（Chu，1993），也就是效仿 Li & Thompson（1976）的做法，假设话题是一个比一些学者所假设的定义稍窄的概念。具体中参见 LaPolla（2009）及其所引用的相关文献，对"话题"（和"述题"）以及汉语中"主语"和"话题"之间的关系的概述。因此，本文将排除所有标准的主谓从句，这些从句中的主语被理解为动词谓语的核心论元，参与者是施事，不计入话题结构。不管人们对"话题"和"话题—述题"结构如何理解，现有研究的主要症结之一是缺乏实证验证，即经自然语境验证的用法。即使那些涉及汉语话题结构并以实证为基础的研究，也在不同方面受到各种问题对其概括归纳的影响。例如，申小龙（1988）是为数不多的重视实证方法的研究者之一，他对古代汉语（以《左传》为代表）和现代汉语（以小说《井》为代表）中的话题和非话题句型进行了详尽的统计。然而，申小龙（1988）的结论基于"什么是话题结构"这一有争议的议题之上。另外，LaPolla（2009）分析了一个令人信服的个案研究，通过现代小说和当代网络的实际用例，说明信息结构是如何影响语序以及其所谓的汉语的话题—述题结构的，但是这项研究在语体类型和数量方面都存在局限。同样，陈静、高远（2000）对 1919 年至 1996 年的小说文本（长篇小说和短篇小说共计 60 篇）进行了调查，发现其中话题—述题结构句子数量十分有限。①

对口语话语的调查则更为罕见。张伯江、方梅（1996）及刘林军（2010）都把北京话作为语料进行研究，但他们主要关注的是话题结构的认知动机和功能动机，并未进行详尽的篇章统计，无法为本研究提供参考。Tao（2001/2007）提供了会话语篇的例证，并指出以会话结构和功能来分析话题结构的用法非常重要。其研究表明，发话人和受话人所产生的话题结构在互动功能上存在很大差异（例如，受话人可以使用话题成分来表示一致立场，并将后续话轮与前一位说话人的发话内容联系起来）。同样地，姚双云、刘红原（2020）最近的一项重要研究系统地考察了说话人如何单独或共同构建话题、话题成分在话轮中的位置分布情况（特别是话轮初始位置）、话题成分的标记，以及语用功能（如以连贯的方式组织扩展序列）等。

因此，虽然大多数研究从理论上论证了汉语是一种话题突出或话题—述题型语言，但基于用法的研究却依然不足，当前仍需解决的问题是：1）实际语料中汉语为话题突出或话题—述题型语言的情况是怎样的？2）在自然对话语料中，如何将关于汉语的普遍观点结合语境进行研究？本文旨在通过从实际语篇（口语和书面语）中引入系统的实证数据来解决目前研究的不足，研究的重点是交互式会话语言。

---

① 陈静、高远（2000）研究了所谓的"汉语式话题句"（Chinese-style topic sentences），这些句子包括双名词主语、宾语前置、带有否定代词的重复话题成分、话题和主语的整体关系，以及作为话题的被动元素，并发现在他们的小说文本中，平均只有约 3.4% 的句子可被归为话题—述题结构。

三 再论汉语作为一种话题突出型语言的概念

(一) 语料与方法

本文首先探讨 Shi（2000）所概述的汉语是"话题突出型语言"的具体含义。虽然研究方式多种多样，但本文首先考察自然篇章或谈话中话题结构的出现频率与其他类型结构的出现频率，并进行对比研究。特别考察并对比了话题结构的频率与同篇幅篇章或谈话中的句子数量。本文选用多个书面和口语语料库进行考察，包括多种篇章语体。具体而言，本文从洛杉矶加州大学汉语书面语语料库（The UCLA Written Chinese Corpus）（Tao & Xiao, 2007）中选择了四种书面语语体，即新闻报道、小说、法律和学术文章，作为代表性的篇章类型。为了对口语文本进行快速编码，选择了来自美国宾州大学语料共建会（Linguistic Data Consortium, LDC）所建的汉语电话谈话语料库 CallFriend（简称"电话口语"）（Canavan & Zipperlen, 1996）的电话对话。为便于比较，每一种语体都有100—150个分句的编码，编码数量取决于原始篇章或谈话中与编码一致的自然话语边界。

本文将"小句"定义为在单句和复句中的动词谓语（主要是动词和形容词）加相关参与者。虽然在主从关系和从属小句方面存在争议，但是如果动词成分所在的谓语具有主位或从属地位，则认定该动词成分为小句（Thompson, 1984），嵌入修饰语或关系从句等结构中的动词性谓语不包括在内。下面列出了五个篇章中的一些编码样本片段（黑体字代表动词谓语或句子，非位移的"来""进行"之类的轻动词与其相邻的动词成分计为一个实例，不分开计算；T 表示话题成分）。

（1）伊拉克常驻联合国代表杜里 10 日**说**，伊拉克政府已**同意**联合国武器核查人员**使用**美国制造的 U – 2 侦察机在伊拉克境内**进行核查**。[①]

[①] 对较长例子的拼写标注与翻译进行有选择地呈现以节省空间：有些例子没有标注汉语拼音，有些则只翻译了例子的部分内容。对重复的例子一般没有再次标注或翻译。

（新闻报道：4个小句，0个话题结构）

（2）亚表情麻木的**来**到远的住处，**整理**着远的遗物。(T) 很多东西，都**是**当时他们一起买的。原来远**知道**自己**时日无多**。远在他的电子信箱里留了最后一封没有发出的 E-mail。**写给**他爱的人。

（小说：7个小句，1个话题结构）

（3）第十六条 信息产业部应当自收到申请人的申请材料之日起10个工作日内，**发出**是否受理通知。自发出受理通知之日起50个工作日内，**完成**对申请材料的审查，**作出**批准或不予批准的决定。(T) 予以批准的，**发**给申请人正式批准文件，并**抄送**相关省、自治区、直辖市通信管理局和相关基础电信业务经营者；(T) 不予批准的，书面**通知**申请人并**说明**理由。

（法律：7个小句，2个话题结构）

（4）蝴蝶不仅**用**其华丽的翅膀**来求偶**，有些种类的雌蝶还可能会**用**翅膀上反射出的偏极光**来引诱**雄蝶。这**是**陆生动物对偏极光有反应的首例。

有些蝴蝶翅膀上的鳞片可以在**反射**单一平面的光波而**发出**蓝色的虹彩，但没有人**知道**为何**要**如此。杜克大学的 Alison Sweeney 等人利用中南美洲常见的蝴蝶 Heliconius cydno 进行的实验，**让**我们**了解**到其中的奥妙。

（学术：11个小句，0个话题结构）

（5）来自 LDC CallHome 的电话对话

B：那个陈知明呐，

A：啊.

B：陈知明一直**打听**你，

B：他要，他要你跟他**介绍**，在美国的项目.

A：谁呀？

B：陈知明呐.

B：(T) 陈知明你不**知道**？

A：陈知明？哦 (T) 陈知明我**知道**，**知道**.

A：**对啊**，**对啊**.

B：他一直**打听**要你的电话**给不给**？

A：啊，你可以**给**他嘛.

（会话：12 个小句，2 个话题结构）

根据主要编码类别，可以统计话题结构在相关语篇语体中的分布情况。表 1 显示了样本文本的统计频率。

表 1　　五种书面语和口语语体中小句和话题结构的使用频率

类型	新闻报道	小说	法律	学术文章	会话	总计
从句（C）	113	117	108	118	124	580
话题（T）	0	5	15	0	6	26
T：C 比	0	4%	14%	0	5%	4%

（二）讨论

由表 1 可知，总体而言，与小句的数量相比，话题结构运用数量不多：只有 4% 的小句与话题结构有关。这一点证实了陈静、高远（2000）基于小说文本的研究。据其考察，在所有书面句子中话题—述题结构占比仅约 3.4%。这或可说明，在篇章或谈话中可能包括更多其他类型的（非话题—述题型）小句。[①] 观察各种次级语体（sub‑genre）可知，小说、法律和会话与新闻报道和学术文章之间存在着很大差异。话题结构在法律文本中的出现频率最高，其次是会话语体。但由于需要特别注意法律文件自身的特点，例如正式的法律文本以条款为主（王洁等，1997；吴伟平，2002），所以将另行讨论这一话题。下面将重点考察话题结构在会话语体中的用法。

继续讨论会话话语之前，有必要简要探讨基于语料库的统计结果对

---

① 有趣的是，大规模的汉语自然语言处理项目（句法树库）很少将话题约束作为句法树标注的基本单位；大多数项目，同本文一样，采用小句来代替（赵淑华等，1997；罗振声、郑碧霞，1994）。虽然有些人确实选择在分句中标出话题结构（Chen et al., 2003；Huang & Chen, 2017），但话题结构的总体频率可能相当低。例如，在包含 6 万多棵句法树的中文句结构树资料库（Sinica Tree Bank）（http://turing.iis.sinica.edu.tw/treesearch/）中搜索，只发现了 22 个话题结构（黄居仁，个人交流，2017 年 9 月 7 日）。

汉语作为话题突出或话题—述题型语言这一广为接受的概念有什么启示。

前人已对汉语句法结构的独特性进行了多种研究，具体可参见 Chao（1968）对"整句"和"零句"的区分，其中不完全句——NPs、纯动词结构等——可以在各种会话序列中充当谓语和话语，Li 和 Thompson（1976）则把话题突出的概念作为一种新的语言类型学参数，但 Li 和 Thompson 则主要从语言中的基本成分（即非派生成分）的角度来定义所谓的话题突出型语言（汉语属于这一类别）。有人认为在汉语这样的语言中，由于话题—述题结构不是主谓结构的某种变体，因此是独立于主谓结构的。Li 和 Thompson（1976）指出，话题突出型语言的另一个特征是，句法是围绕着话题而不是主语和宾语组织的，与被动态相关的特征、缺乏虚拟主语形式、句首常用双名词等特点都可以印证这一特征。

虽然 Li 和 Thompson（1976）及其后几十年中的许多研究并不是基于频率统计，但仍然需要思考这样一个问题：本文基于语体的定量分析结果对话题—述题结构在汉语中的地位有什么启示？这里至少可以简要地提出几个观点。第一，如前所述，从话题—述题结构在汉语中的出现频率可知，话题结构并不像其他研究所描述的那样突出。它们只是实际文本中小句或话语类型中的一小部分。在某些情况下，如学术话语和新闻报道中，几乎找不到话题结构。这表明，既要重视实证用法的研究，也要重视类型学方面的考察。第二，鉴于语篇中话题结构的罕见性，汉语还能被称为话题突出或话题—述题型语言吗？答案取决于如何对"话题突出"或"话题—述题"进行定义。Li 和 Thompson（1976）明确阐述了汉语和其他语言为话题突出型语言的理由。也有人注意到，汉语中可以出现所谓的悬置话题（dangling topic；Chao，1968；Li & Thompson，1976；关于这个问题的更详细的讨论，请参见 Tsai，2022），下面的句子显示了开头的名词性成分（悬空话题）与其后论述之间的语义关系十分松散：

（6）那场火，幸亏消防队来得快。

然而，从实证角度来看，这种结构有可能在话语中出现，却并不常见。因此，要将话题突出定义为汉语的一种特征，就必须区分这种说法的概念基础和实证基础。第三，如上文所述，虽然申小龙（1988）等专注于文化和思维模式倾向的语言学家认为话题突出等语言特征与中国人独特的思维模式密切相关，但如果没有坚实的实证基础，其观点也十分值得怀疑。第四，有一个问题比"汉语句法是如何围绕着话题而不是围绕主语和宾语来组织的"这一问题更为有趣，那便是：说话人到底是如何在会话互动中部署句法结构等语法资源的？因此，笔者想指出的第四点是，虽然注重研究话题结构的形式特征及其类型学结果或有些许收获，但汉语中的绝大多数话语并不属于句法学者一直在研究的话题—述题类型，不妨至少初步探讨一下汉语说话人为什么使用这些话题或类似话题的结构，这样或许更有成效。

四 会话话语中的主要发现

在接下来的章节中，本文将更详细地分析话题结构的会话用法。正如 Shi（2000）所总结的，会话中的话题结构类型可能与人们通常理解的话题结构类型有很大差异。所以对实际语境中与这些结构相关的话语的语篇语用功能进行考察同等重要。

该部分研究所使用的语料库来自两组不同的口语语料。第一组是朋友间的自然会话，是由作者收集的音频（有时是视频）录制的面对面对话，共 5 段，约 7 万字。这组语料的转写遵循 Du Bois 等（1993）的转写系统，其中语调单位（intonation unit）是语音（speech）的基本单位（Tao，1996）。第二组语料是电话交谈，有 10 段对话，共约 5 万字，是"电话口语"语料库（LDC96S55）的一部分。[①] 据 LDC 称，他们通过互联网招募到会话参与者，并给予他们自由的通话时间与中国的家人或朋友交谈。转写工作在 LDC 完成，未严格遵守语调单位。[②] 两个语料库的

[①] 数据的描写见 Canavan & George Zipperlen（1996），可访问 http：//www.ldc.upenn.edu/catalog/LDC96S55.html。在转写过程中，进行了一些微小的编辑改动。例如，更精确地表示每一个韵律单位，省略了一些不太相关的符号。

[②] 本文所使用的会话语料依据 Du Dois 等（1993、2006）转写系统进行转写，并稍作修改，具体符号详见附录一。

总规模约为 12 万字。

（一）话题在会话中的位置

由于所研究的语言单位的种类不同，几乎所有基于句子的研究都是根据句子初始或类似情况来识别话题——述题结构或话题链序列（Tsao，1979）中的话题成分的。然而，在研究会话话语时，依据句子和句子初始位置的概念往往会存在问题，这有两方面的原因：首先，口语很难完全围绕整句或分句的概念来组织（Tsao, 1990; Tao, 1996）；其次，会话是一个关涉多名说话人的话轮转换方式的互动过程（Sack、Schegloff & Jefferson, 1974）。因此，自然会把会话结构的特征和说话人参与的活动作为理解话题结构的关键。Tao（2001/2007）及姚双云、刘红原（2020）都将话轮转换作为会话分析的基础。本文使用了话轮转换（Sacks、Schegloff & Jefferson, 1974）、相邻对（Schegloff & Sacks, 1977），以及说话人角色（Goodwin, 1979、1986; Duranti, 1986）等更为广泛的概念。依据这些概念有望更精准地发现传统研究中关于话题建构位置所存在的问题，并给出更合理的解释。

考察话语语料，首先观察到的是，"句首"（sentence initial）的概念忽视了许多话题结构中先前话轮的作用。本文认为"话轮转换处"（turn transition places）可更好地描述许多话题结构的位置。请看下例：

(7) 会话参与者在谈论中国地理，下例是对话的开头
M：X，今天我们来谈谈这个，…这个，…**中国的地理的**…
(0.8) **事情**.
F：… (2.5) **地理这玩意儿** =，…不光是地名啊，…包括的^很广.

(8) 关于工作前景的电话交谈
A：什么那个，那个**日本的事儿**怎么样？
B：**日本那事儿**，到现在没有音信.
A：哦. (LDC)

在上面两个例句中，虽然话题位于当前说话人话轮的起始位置（姚

双云、刘红原，2020），但实际上是上一位说话人的话轮的延续。也就是说，这些话题是由前一位说话人提示或引出的（Button & Casey，1984、1985），起到与前一位说话人话轮的提示相呼应的作用（Bland，1981）。那么，至少在上面的例句中，必须利用会话话轮系统对话题位置进行更准确的描写。由是观之，最好将这些话题成分的位置描述为在"话轮转换处"（turn transition places）。这里所说的"转换处"不能与"转换相关处"（transition-relevance place）相混淆，"转换相关处"是会话分析中的著名概念，指的是会话话轮可能发生转换的潜在位置（Sacks、Schegloff & Jefferson，1974；Ford & Thompson，1995）。而"转换处"是指话轮的实际转换处，包括上一位说话人话轮的结束处和下一位说话人话轮的起始处。例（7）和例（8）中的话题成分明显位于话轮转换的位置。

其次，句首成分并不包括也处于话轮转换处的后置话题成分（post-positioned topic element），这类话题成分指的是在前一位说话人话轮中不明显，但至少在词汇上由同一说话人产出，并且出现在话轮起始位置以外的话题。后置话题成分的一个小类是所谓的"倒装"结构（Chao，1968；Tai & Hu，1991；张伯江、方梅，1996）或 TCU 延续增量（Luke，2012；Lim，2013、2019；Ono & Couper-Kuhlen，2007），该结构中指代会话参与者或某个对象的名词被后置于话轮尾。

(9) 说话人在谈论一个熟人
A：哎，真是奇怪，他为什么不发过来，我给他地址啊，
B：哎，是啊，是啊，
A：这样，你不管了，你发过来，我看了再说吧，**这个事**.
B：他，哎，哎. （LDC）

此例中，"这个事"指的是邮寄信件的复杂情况，是说话人 A 要求说话人 B 不用再管的事情。这个话题名词可以出现在 A 的话轮起始位置，也可以出现在动词"管"之后。由于它是话轮的最后一个成分，所以"倒装"或 TCU-延续（Ono & Couper-Kuhlen，2007）的话题结构与话轮转换处的描述相符合。Lim（2013、2019）认为这类成分是话轮可能结

束前的"加速成分"(rush-throughs),具有多种互动功能。Tai & Hu (1991)认为"倒装结构"向会话参与者投射了话轮的结束。张伯江、方梅(1996)也认为后置成分具有主位地位(thematic status),"主位"与本文所说的"话题"相似,但不完全相同。

再次,即使将后置成分视为话题成分具有争议性,但话题成分贯穿说话人整个话轮的情况并不少见,即话题成分并不局限于话轮初始位置。在这样的结构中,经常出现共同话题成分有多种的指称形式。

(10) 聊熟人及经济形势
4B:大概可能**日本那边**呢,出问题了。就是说**他们那边**可能经济不景气,**他们那边**.
5A:嗯哼. (LDC)

该例中,同一个话题成分"日本那边"贯穿了整个话轮,先是作为完整的 NP,然后作为代词("他们那边")。该例句中,这一话题成分第一次出现是位于话轮首,而最后一次出现则位于说话人的话轮尾。下面的例句与之相似,共指名词(××)国和"这个国家"贯穿说话人的整个话轮。

(11) 聊生活满意度
A:诶,不过(××)国一切都很好啦,我很喜欢**这个国家**,这个(××)国
B:嗯. (LDC)

例(11)与例(10)的唯一区别是,在例(11)中,说话人第二次提及话题成分("这个国家")时,该成分是作为动词谓语的宾语出现在一个常规小句结构中的,而不是出现在话题结构中。

因为许多话题成分都出现在说话人话轮的开头和结尾,与话轮转换处有关,故如例句所示,话题成分在整个说话人话轮中的分布可以印证"话题结构处于话轮转换位置"这一观点。这些都是对传统话题概念的最有力的挑战,因为传统观念认为话题是孤立的,以句子为基础的,句

首被认为是话题的唯一出现位置。同时,这也挑战了"话题出现在句子起始位置"所隐含的另一个假设,即话题由于出现在句首,在话题链中充当后续句子的连接(Tsao,1979、1990),因此话题被默认为一种一成不变的现象。当然,这对于书面中的孤立句(isolated sentence)或人为编辑过的句子来说是很正常的。然而,会话语料显示,话题会受到一些"提及和追踪"(nomination and pursuit)的过程(Button & Casey,1984、1985)和其他综合作用的影响(姚双云、刘红原,2020),其表现之一是,尽管话题成分一开始往往会出现在话轮转换处,但说话人可以在扩展序列中自由重复话题成分。在上面的例(10)和例(11)中,说话人就在其同一话轮中多次重复相同的话题(参见姚双云、刘红原,2020)。在下文的例句中,话题不仅被多次重复,而且还跨越说话人A(第77、79、81行)和C(第80行)的多个话轮。①

(12)家庭聚餐对话
77　A:今天**那个女孩儿**,叫=,
78　B:一毛钱粥.
79　A:**那个**,
80　C:**杨筠**,
81　A:**她…她**上楼上来叫,<Q 姚新 Q>,姚新不在,
　　　(GRAD)

下面的例句中也有类似现象,B和C两位说话人多次重复提及"厨房"。

(13)一对夫妇在朋友的公寓里吃晚饭,并评论厨房的环境
1B男:　(对A)你们的**厨房**好像小一些,

---

①　当然,话题每次出现都具有不同的功能,由此可知,第77行和第80行,最初提及该话题是为了建立一个身份或共同话题,而在第81行,该话题则是一个固定指称。特此感谢匿名审稿人提醒笔者注意到这些差异。

2　　　　呵＝．
3　　　　（对太太 C）**厨房**，
4　　　　…是不是比咱们的要小一些？
5C 女：**厨房**小一些．　　　　　　　（DINNER）

最后，句子初始观点面临的另一个挑战是，话题成分经常作为状语从句的一部分出现，可跨越不同的话轮，且位于话轮转换处。例如：

（14）说话人谈论海外研究生生活
A1：我工作不了啊，
B：为什么？
A1：欸，我因我那个**奖学金**现在拿着，你不能，因为**奖学金**他现在给你的话，他也得有一年，至少这一年你读下来，否则的话，他学校，要要跟你罚款的啊．

（15）说话人谈论日常生活情况
A：我们这儿，**这儿月饼**都很贵的，一块要要三个美元，
B1：{laugh} 是吗？{/laugh}
（（此处删减31行））
A：因为**这儿的月饼**就是，只有中国人做，做得不多，所以他就贵．

在这两个例子中，状语从句的整体结构可以图示为：

前分句 ＋ "因为" 从句
（前话轮） ＋ （下一话轮）

在状语从句序列中，原因从句通常位于末尾位置（Ford，1993；宋作艳、陶红印，2008；Song & Tao，2009），话题成分出现在"因为"从句中（Tsao，1988；Biq，1995；Wang，1995）。在这种情况下，就整个状语序列而言，话题成分并非居于句子的起始位置。如上所示，状语从句

中几乎所有的话题成分居于话轮起始位置，故此处的语料再次表明，"话轮转换处"（尤其是"话轮开头"）的概念比"句首"的概念，更能说明话题成分在语篇中的位置。

综上所述，基于句子的话题结构描述在处理会话语料时并不可行。上文中讨论的四种会话模式对"总是出现在句首是话题的典型特征"这一说法提出了挑战，具体包括：1）许多话题源于之前的说话人话轮；2）后置话题并不罕见；3）话题可能由同一位说话人在同一话轮中重复提及，也可能在不同的说话人话轮中重复出现；4）话题经常出现在状语从句序列的第二部分。总而言之，会话中的话题结构更具动态性，经常受到互动"提及和追踪"的影响（Button & Casey，1984、1985；Bland，1981）。因此，我们认为，会话结构概念，特别是话轮转换处，为话题结构在会话中的不同位置模式提供了统一的、自然的解释。

（二）话题成分的信息状态

现有研究大多数认为，话题是确定的、指定的或共知的，因为话题被认为是说话人打算在后续谈话中将要谈论的东西。然而，如上一小节所述，由于话题具有互动属性，会话中的"话题"可能并不具备此类信息状态——尽管这一属性和类似的信息相关属性有多种定义方式——但事实上，有时其信息状态可能是新的或并未确定的，参见 Bland（1981）关于英语话题—述题结构的相关讨论。

在例（12）中，当说话人在第77行第一次将指称引入对话时，可以看到一个带有明显定指标记的 NP（使用指示性表达"那个"），但很明显，会话参与者是在询问被提及的人的名字。从这个意义上说，它使人对所指对象的指定状态（或有定）产生怀疑。

(16) 晚宴谈话

77　A：**今天那个女孩儿**，叫＝，

78　B：一毛钱粥.

79　A：**那个**，

80　C：**杨筠**，

81　A：**她…她**上楼上来叫，<Q 姚新 Q>，姚新不在，
　　　（GRAD）

更有趣的是，在没有明确的形态标记的情况下，话题成分的信息状态可能会因说话人的不同而存在差异，这取决于不同说话人所采取的视角。如例（17）所示。

（17）朋友间关于研究生入学的电话交谈
21　A：所以，像今年我我们的，我们我们系，今年就是说，
22　A：{mouth_noise} 五十五十几个申请的，你知道吗？
23　A：有有四十个就是，
24　B：呃．
25　A：两千多的．
26　A：就最后只要五个知道吧？
27　B：呃．　　　　　　（LDC）

第22行出现了一个类似于话题的NP，但它究竟为确定的还是无定的尚不明确，因为：1）形态句法标记本身模棱两可；2）所传达的所指可以认为是说话人A知道（定指），但说话人B并不知道（无定指）的信息。

当涉及特殊的形式和情况时，所指的信息状态可能是模糊的。例（18）中，"洛杉矶"一词在话语中是首次提到（新信息），但同时它也是会话发生的城市，所以信息状态既可以是新信息（无定），也可以是定指信息（确定）。Chafe（1987、1994）将这种指称称为"易理解信息"（accessible），而传统的话题NP的概念是不允许存在这种可能性的。鉴于此，对这种情况的解释可以是，这些NP形式经常出现在会话序列的开头，借此引入一个新的指称，并常常使用手指指向手势来实现共同关注（更多个案研究参见 Tao, 2020）。例如，在例（18）中，说话人第一次提到"洛杉矶"这个话题时，就伴随着手指指向手势。

F1. 图1　说话人提到"洛杉矶"时，伴有指示手势

（18）三个人正在大学校园里看地质图，F1 指着地图上的洛杉矶市

1　F1：**洛杉矶，**

2　F3：这么红噢．

3　F1：**洛杉矶**这个地方很，

4　　　…有时候会，

5　　　…有龙卷风吧？

6　F2：没有没有．这是在－这是在这些地方．（CALPER）

总而言之，与大多数观点不同，话题 NP 的信息状态是否是确定的，在某些情况下存在争议（Bland，1981），而且整体情况远没有之前假设的那么明确。这主要是由于在会话中，通常是会话参与者相互协作、逐步引入指称并协商确立指称，直到达成共识并相互理解（Clark & Wilkins-Gibbs，1986；Clark & Brenne，1991；Tao，1992、1996、2020。更多论述参见本文第 4.3.1 节）。此外，即使指称是共知的或确定的，也存在其他局部偶发情况：除非得到参与者的认可，否则所有备选信息都不会自动成为共同参与者的谈话话题（Button & Casey，1984、1985）。因此，说话人会很自然地以不确定（indeterminate）的指称开始，然后努力达成共

识，形成协商一致的话语话题。

（三）说话人的角色和话题成分的功能

正如之前对话题结构的描述所示，会话中的话题不仅可以传达信息，还可以对会话参与者的互动起到一定的作用，且对互动十分敏感。本文参照 Schegloff 等（1977）对修补结构的分类将话题分为自启话题和他启话题。对话题结构来说，自启话题指那些并非明确源于其他说话人话轮的话题结构，而他启话题则是指明确源于其他说话人话轮的话题结构。除此之外，还有一种特殊情况，即当前说话人对同一话题的自我重复（self-repetition）或重述，称为自我重复（self-repeated）话题。在会话互动中，自启话题、自我重复话题及他启话题，各自具有完全不同的互动功能，实施不同类型的行为，接下来将就此展开讨论（从语法互动的角度来考察相关问题，参见 Tao，2020）。

1. 自启话题结构的话语功能：指称识别与协商

如前所述，自启话题源自同一说话人的话轮，一般与指称识别和指称说明有关。自启话题的主要互动功能之一是达成共同注意（joint attention），并引导听话人对所指对象进行识别。

以往的大量研究表明，说话人通常不会单方面提出指称；相反，无论是通过吸引听话人的注意（Goodwin，1979；Tao，2020），还是与听话人核实（Clark & Wilkins-Gibbs，1986；Clark & Brenne，1991；Geluykens，1988；Tao，1992、1996），他们往往会在继续谈话之前努力达成共识。与听话人进行核实的方式之一是由当前说话人发起一个话题，并邀请共同参与者共同确定该话题所传达的所指。说话人完成核实的方式一般包括显性和隐性两种。说话人使用话题加问句的形式来回指话题是最为显性的核实方式，如例（19）所示。

(19) 有关中国教育的小组讨论
1   C：…（0.6）结果呢，…**上海…大学.**
2   …（0.5）**你知道上海大学吗？**
3   B：…嗯.
4   ((此处省略 15 行))

5　B：热门的？

6　C：最最热门儿！((笑))　　　　　（JIAO YU）

此例中，"上海大学"的指称在第1行被首次提及，并在第2行被当前说话人（C）用问句形式进行核实。在第3行听话人（B）明确认可之后，B和C对其进行了评论。

使用指示词或指向性手势是实现共同注意和指称识别的另一种显性直观的方式。在例（18）中，说话人将指向手势与重复指代（第1行和第3行的"洛杉矶"）结合使用，同时追加了问句形式（第5行，"（这里）有龙卷风吗？"）。

有时，说话人发出的邀请是隐含且间接的。如例（12）所示，第一位说话人在第一次提到某人（"今天那个女孩儿……"）后停顿，然后一位共同参与者说出了一个名字（"杨筠"）。

说话人还会通过另一个不太明显的方式寻求共同识别，即使用多个NP（Tao，2020）。通过发出一系列名词指称，说话人确保他/她要谈论的东西对共同参与者来说是确定的，同时也有助于说话人对指称的表述更富信息性。笔者在其他研究中亦称之为"指称锁定"（referent anchoring，Tao，1996：91）。

在多NP话题结构中有一个常见趋势，即由于名词性成分的大量使用，指称范围缩小。如例（20）（也见 Tao，1996：92、2020）。

（20）说话人讨论中国的教育和学校制度

1　B：然后呢？这高中呢，中途还能改报中专，那个还能改报，结果还是没人报.

2　A：噢，没人报高中，今年.

3　B：没人报高中。那么，这样一来，到末---到我爱人给我写信，我看看啊，

4　　　　是9月1号，

5　　　　写信的时候，400分以上的，

6　　　　**就是考生啊，**

7　　　　**达到400分以上的，**

8　　报职业高中的,
9　　还有好多,
10　　就没有……根本就投档不出去,没法儿投.　　　　(LDC)

此例中,第5—8行,指称范围从参加高考的学生(成绩为400分及以上)缩小到申请职业学校的学生;在这一过程中,说话人引入了更多的具体信息。在提供了足够的信息之后,主要说话人(B)在第9—10行对所指对象进行了评论。

在下例中,说话人将指称范围从宽泛的方位词"这个地方"(第2—3行)缩小到了范围更小的词项"这个地方的空调"(第4行)。

(21) 朋友间关于校园生活的电话交谈
1　A:哦,那里,我,我((好像))鼻子不太好.
2　　因为**这个**,
3　　这**地方**的那个吧,
4　　**空调**老开,
5　　所以鼻子不太好.　　　　(LDC)

多NP话题结构共同识别的一个特殊模式是"NP(S),代词+谓语",其中NP(s)和代词成分共指。这种模式十分有效:既可以减轻共同参与者的处理负担,也可以为说话人争取时间来阐述要传达的想法(Bland, 1981)。陈静、高远(2000)对小说文本研究后指出,这种模式往往涉及非人指称,且回指代词是简单的第三人称代词"它",如下例所示。

(22) 一个留学生谈论其工作场所
A:((然后))**我原来那地方**呢,它又找了新的一个人进来.
　　所以,我,两头就--
B:哦.

因此,同一说话人发起的话题与共同注意,以及通过确定所指对象、协商和解释来建立共同立场有很大的关系。

2. 自我重复话题结构的话语功能：追述

话题结构中有一个特例：话题成分由同一说话人发起并重复。这是指在第一个话题由最初的说话人发出后，共同参与者对其进行干预的情况。这种"干预"可以是一个简短的认可标记，如例（23）。

（23）在美国的一所校园里，一名学生正在和来访问的好友的母亲参观校园时的谈话

1　F1：都说学校好呢，都往这边跑，
2　　　［那没办法.］
3　F3：［您是哪个学校啊?］
4　F1：我们是 - 在那边是算**重点学校**.
5　F3：…噢.
6　F1：…（　）**重点学校**，人家都往这里头挤，那一挤就 -
7　F3：噢. 中学是吗?
8　F1：小学.　　　　　　（CALPER）

此例中，说话人 F1 在第 4 行和第 6 行都重复了同一个 NP，而说话人 F3 在第 5 行作出了简短的回应。同样，例（18）中说话人也自我重复了话题"洛杉矶"，并伴有指向手势。

在这两个例子中，同一说话人的自我重复起到了追述初始话题或恢复初始话题的作用。这些例句具有以下特点：1）所讨论的话题之后有一个与之几乎相同的重述；2）中间插入了另一位说话人的话轮；3）重复的话题成分之后的评论是进一步信息传递或问题表达的扩展。

3. 他启话题结构的话语功能：对前一位说话人的回应和指向，以表明一致立场

如果一个话题结构明确来源于另一位说话人的前一话轮，便可称之为"他启话题（结构）"。相较于同一说话人发起的话题结构和自我重复的话题结构，他启话题具有特殊的互动功能。这些结构能同时起到对前一位说话人信息进行确认并表达一致感情立场的作用（Ochs, 1996；Stivers, 2008；Tao, 2001/2007）。某些他启话题结构甚至能够发挥所谓回

应标记（reactive token）的作用（Clancy 等，1996）。例如：

(24) 在美国的一所校园里，一名学生正在和来访问的好友的母亲参观校园时的谈话

1　F1：(松鼠) 抱下来（橘子）之后呢，吃上**三分之一**，就不要了。就走掉了.
2　F3：是嘛？
3　F1：嗳，吃**三分之一**。每天吃**三分之一**.
4　F3：**三分之一**，就吃饱了.
　　　　((笑声))
　　　　　　（CALPER）

第 4 行中，说话人 F3 重复了说话人 F1 在前几行中所说的"三分之一"，并与前一位说话人一起发出笑声，从而表示她对这个关于松鼠的趣事十分喜欢。该例是与前一位说话人展示一致感情立场的典型例子。

通常情况下，听话人会对重复表达稍作阐述，在提到局部或与自我相关的属性时，表现出与所谈内容一致的立场，如例（25）所示。

(25) 朋友间的电话谈话

1　B：那个地方啊，
2　A：Uh hm,
3　B：叫作**骑士公园**,
4　A：**骑士公园儿**，好像我的，
5　B：骑马的，
6　A：哦，
7　B：骑马的骑士，　　　　（LDC）

此例中，回应者在第 3 行一听到上文所指的"骑士公园"后，就在第 4 行进行了重复，并提到了她自己（局部情况，尽管这里给出的信息明显不完整），表现出她对所指或交互主观性（intersubjectivity）的认识（Heritage，2007），但没有进一步追问。

在听到前一说话人的提示语之后，回应者的另一个选择是，将其作为一个话题继续进行下去，从而形成 Bland（1981：40）所谓的"回声模式"（the echoing pattern）。这往往会构成问答或者相邻对形式，其中问题部分来自前一位说话人，而回答则是呼应前面话轮中作为延续话题的一些指称。本文分析的多个例子都体现了这种模式，如例（8）和例（13）。下面是例（8）和例（10）的扩展序列，也显示出与此相似的模式。

(26) 朋友间的电话谈话

1　A：什么那个，那个**日本的事儿**怎么样？
2　B：**日本那事儿**，到现在没有音信.
3　A：哦.
4　B：大概可能**日本那边**呢，出问题了. 就是说**他们那边**可能经济不景气，**他们那边**.
5　A：嗯哼.

在第 1 行，说话人 A 以问句的形式提出话题，形成了相邻对前件（Sack、Schegloff & Jefferson，1974）。在第 2 行，说话人 B 以相邻对后件来接续话题。然后，B 在第 4 行和第 5 行的多个话轮位置（包括话轮首、话轮中、话轮尾），继续将其作为话题，而其在不同位置的指称形式也有所变化。然而，整个序列中的话题成分都由第 1 行的说话人产出。

较为隐性的形式是一位说话人表达一个观点或评价（Pomerantz，1984；Goodwin & Goodwin，1992），下一位说话人接过话题，并用自己的评价或进一步的阐述进行扩展，从而形成一些"重复使用—修正"的模式（Su，2016）。例如：

(27) 朋友间的电话谈话

1　A：身体好，有**钱**就行了，
2　B：啊，啊，啊，那么**钱**么他也不是很多，
3　　　那么他就自己反正能够过得过去么，
4　　　可以嘞，对不啦？

此例中，第一个说话人对"钱"作出了评价；说话人 B 紧跟其后，对同一个话题作出了进一步的评论。

观察本节所有例子可知，第二说话人产出话题结构是反应性的（reactive），并通过使用各种扩展内容来表达一致立场。

4. 小结

本节根据说话人的角色的不同将会话话题分为三大类：自启话题、自我重复话题和他启话题。自启话题大多由核查策略构成，在这种策略中，共同参与者协商确定指称，并以协作的方式为话题确定合适备选信息。自我重复话题在听话人的干预下充当一种追述手段。在其他参与者发起的话题中，话题项目源于第一位说话人，并被第二位说话人接受，它作为确认标记，表示第二位说话人已接收到来自第一位说话人的信息，并表达一致立场，显示了主体间性，可以作为进一步阐述的起点。

五　讨论和结论

本研究表明，尽管"话题"可能是描述汉语某些独特语法特征的有效概念，但需要重新审视自然语篇或口语语料的性质及其在语篇中的表现和进行方式。本文基于语体的调查显示，从数量上看，在篇章中的所有可能的句法结构类型中，话题结构占比仅为 4%，是非常罕见的结构类型。因此，需要进一步反思话题结构在汉语中的突出地位。本文指出，汉语中话题结构的稳定性的概念基础和实证基础是有区别的，正如 Li 和 Thompson（1976）所言，只有在话题结构是一种独立的结构类型的意义上，汉语才能被称为话题突出型语言。试图从语言或文化上扩展这一概念，必须以系统的方式从实证角度进行论证。在这一方面，汉语式话题—述题结构（Chafe，1976）是否唯汉语独有，Bland（1981）等学者提出了质疑，Bland 在其研究中表明，常见于汉语等语言中的模式，在英语会话语篇中也有出现。研究这种相对不常见的结构类型，并探寻说话人在互动语境中使用该结构的目的，可能更有成效。本研究展示了会话语篇中一些并不常见的话题结构模式，这些话题结构是对传统的基于句子的话题概念化提出了质疑。具体而言：

- 话题最好被描述为位于说话人话轮转换处。
- 话题成分是由会话参与者协商决定的，因此在话语中不一定是确定的、定指的或共知的。
- 话题成分包括自启话题、自我重复话题及他启话题，不同类型的话题成分在互动中的作用存在一定的差异。

本研究对汉语语法的概念化有重要意义，其中之一是关于自然话语语料在理解和重新评价当前盛行的语言学理论概念方面的作用。许多已被广泛接受的句法理论概念都是基于孤立的、人为设计的语料，虽然这些研究在诸多方面有所帮助，但并不能很好地解释实际的，尤其是互动会话中的语言使用。在以前关于论元结构（Du Bois，1987）、法语中 SVO 结构的地位（Lambrecht，1987）和英语中的缺略现象（Tao & Meyer，2006）等问题的研究中，这已引起研究者的广泛关注。本文对语篇中的话题结构的研究表明，对语篇进行研究以深入理解语言组织和语言使用乃当务之急。虽然研究语言使用不一定会引起规范的句法模型和类型学参数的改变，甚至可能被认为与形式句法模型和类型学参数无关，但至少可以为实证研究提供一个真实解释，任何理论框架都可以在此基础上充分建立或发展。

参考文献

陈静、高远：《汉语是主题突出的语言吗》，《外语与外语教学》2000 年第 5 期。

刘林军：《北京话口语中话题结构的功能认知研究》，中国社会科学出版社 2010 年版。

罗振声、郑碧霞：《汉语句型自动分析和分布统计算法与策略的研究》，《中文信息学报》1994 年第 2 期。

申小龙：《中国句型文化》，东北师范大学出版社 1988 年版。

宋作艳、陶红印：《汉英因果复句顺序的话语分析与比较》，《汉语学报》2008 年第 4 期。

王洁主编：《法律语言学教程》，法律出版社 1997 年版。

吴伟平：《语言与法律：司法领域的语言学研究》，上海外语教育出版社

2002 年版。

徐烈炯、刘丹青:《话题的结构与功能》,上海教育出版社 1998 年版。

姚双云、刘红原:《汉语会话互动中的话题结构》,《当代修辞学》2020 年第 6 期。

陶红印:《话题结构在汉语日常谈话中的类型及交际功能》,乐耀译,《语言学论丛》第三十六辑,商务印书馆 2007 年版。

张伯江、方梅:《汉语功能语法研究》,江西教育出版社 1996 年版。

赵淑华、刘社会、胡翔:《单句句型统计与分析》,《语言教学与研究》1997 年第 2 期。

Biq Yung – O, "Chinese causal sequencing and *yinwei* in conversation and press reportage". *Berkeley Linguistic Society*, Vol. 21, 1995, 47 – 60.

Bland Susan R. Kesner, "Topic/comment sentences in English". *Cornell Working Papers in Linguistics*, Vol. 2, 1981, 32 – 49. Ithaca, New York: Cornell University.

Button Graham & Casey Neil, "Generating topic: the use of topic initial elicitors". In J. M. Atkinson & J. Heritage (eds.) *Structures of Social action: Studies in Conversation Analysis*. Cambridge: Cambridge University Press, 1984, 167 – 189.

Button Graham & Casey Neil, "Topic nomination and topic pursuit". *Human Studies*, Vol. 8, 1985, 3 – 55.

Canavan Alexandra & George Zipperlen, "CALLFRIEND Mandarin Chinese – Mainland dialect". *Linguistic Data Consortium*, Philadelphia, 1996.

Chafe Wallace, "Givenness, contrastiveness, definiteness, subjects, topics, and point of view". In Charles Li (ed.) *Subject and Topic*. New York: Academic Press, 1976, 25 – 56.

Chafe Wallace, "Cognitive constraints on information flow". In R. Tomlin (ed.) *Coherence and Grounding in Discourse*. Amsterdam & Philadelphia: John Benjamins, 1987, 21 – 51.

Chafe Wallace, *Discourse, Consciousness, and Time: The Flow and Displacement of Conscious Experience in Speaking and Writing*. Chicago: University of Chicago Press, 1994.

Chao Yuen – Ren, *A Grammar of Spoken Chinese*. Berkeley & Los Angeles: University of California Press, 1968.

Chen Keh – Jiann, Chi – Ching Luo, Ming – Chung Chang, Feng – Yi Chen, Chao – Jan Chen, Chu – Ren Huang & Zhao – Ming Gao, "Sinica treebank: design criteria, representational issues and implementation". In Anne Abeillé (ed.) *Treebanks: Building and Using Parsed Corpora*, 231 – 248. Dordrecht, Boston: Kluwer Academic Publishers, 2003.

Chen Ping, "Pragmatic interpretations of structural topics and relativization in Chinese". *Journal of Pragmatics*, Vol. 26, No. 3, 1996, 389 – 406.

Chu Chauncey C., "The prototypicality of topic in Mandarin Chinese". *Journal of the Chinese Language Teachers Association*, Vol. 28, No. 1, 1993, 25 – 48.

Clancy Patricia M., Sandra A. Thompson, Ryoko Suzuki & Hongyin Tao, "The conversational use of reactive tokens in Japanese, Mandarin, and English". *Journal of Pragmatics*, Vol. 26, No. 1, 1996, 355 – 387.

Clark Herbert & Susan E. Brennan, "Grounding in communication". In L. B. Resnick & J. Levine (eds.) *Perspectives on Socially Shared Cognition*, 127 – 149. Washington, DC: American Psychological Association, 1991.

Clark Herbert & Deama Wilkes – Gibbs, D., "Referring as a collaborative process". *Cognition*, Vol. 22, No. 1, 1986, 1 – 39.

Du Bois John W., "The discourse basis of ergativity". *Language*, Vol. 63, No. 4, 1987, 805 – 855.

Du Bois John W., Stephan Schuetze – Coburn, Susanna Cumming & Danae Paolino, "Outline of discourse transcription". In Edwards, Jane A. & Martin D. Lampert (eds.) *Talking data: Transcription and Coding Methods for Discourse Research*, 45 – 89. Hillsdale, New Jersey: Lawrence Erlbaum Associates, 1993.

Duranti Alessandro, "The audience as co – author". *Text*, Vol. 6, No. 3, 1986, 239 – 247.

Ford Cecilia E., *Grammar in Interaction: Adverbial Clauses in American English Conversations*. Cambridge: Cambridge University Press, 1993.

Ford Cecilia E. & Sandra A. Thompson, "Interactional units in conversation: syntactic, intonational, and pragmatic resources for the management of turns". In Elinor Ochs, Emanuel A. Schegloff & Sandra. A. Thompson (eds.) *Interaction and Grammar*, 134 – 184. Cambridge: Cambridge University Press, 1995.

Geluykens Ronald, "The interactional nature of referent – introduction". *Chicago Linguistics Society*, Vol. 24, 1988, 141 – 154.

Goodwin Charles & Marjorie Harness Goodwin, "Assessments and the construction of context". In Charles Goodwin & Alessandro Duranti (eds.) *Rethinking Context*, 147 – 189. Cambridge: Cambridge University Press, 1992.

Goodwin Charles, "The interactive construction of a sentence in natural conversation". In George Psathas (ed.) *Everyday Language: Studies in Ethnomethodology*, 97 – 121. New York: Irvington, 1979.

Goodwin Charles, "Audience diversity, participation and interpretation". *Text*, Vol. 6, No. 3, 1986, 283 – 316.

Heritage John, "Intersubjectivity and progressivityin references to persons (and places)". In Tanya Stivers & Nick J. Enfield (eds.) *Person Reference in Interaction: Linguistic, Cultural and Social Perspectives*, 255 – 280. Cambridge: Cambridge University Press, 2007.

Huang C. – T. James, "On the distribution and reference of empty pronouns". *Linguistic Inquiry*, Vol. 15, No. 4, 1984, 531 – 574.

Huang Chu – Ren & Keh – jiann Chen, "Sinica treebank". In Nancy Ide & James Pustejovsky (eds.) *Handbook of Linguistic Annotation*, 641 – 657. Dordrecht: Springer, 2017.

Keenan Elinor Ochs & Bambi Schieffelin, "Foregrounding referents: A reconsideration of left dislocation in discourse". *Berkeley Linguistics Society*, Vol. 2, 1976, 240 – 257.

Lambrecht Knud, "On the status of SVO sentences in French discourse". In R. Tomlin (ed.) *Coherence and Grounding in Discourse*, 217 – 261. Amsterdam / Philadelphia: John Benjamins, 1987.

LaPolla Randy J., "Arguments against 'subject' and 'direct object' as viable concepts in Chinese". *Bulletin of the Institute of History and Philology*, Vol. 63, No. 4, 1993, 759 – 813.

LaPolla Randy J., "Pragmatic relations and word order in Chinese". In Pamela Downing & Michael Noonan (eds.) *Word order in Discourse*, 299 – 331. Amsterdam & Philadelphia: John Benjamins, 1995.

LaPolla Randy J., "Chinese as a topic – comment (not topic – prominent and not SVO) language". In Janet Xing (ed.) *Studies of Chinese Linguistics: Functional Approaches*, 9 – 22. Hong Kong: Hong Kong University Press, 2009.

Li Charles N. & Sandra A. Thompson, "Subject and topic: a new typology of language". In C. N. Li (ed.) *Subject and Topic*, 457 – 489. New York: Academic Press, 1976.

Lim Ni – Eng, "On co – operative modalities in the formulation of Mandarin Chinese turn – continuations". In Li Xiaoting & Tsuyoshi Ono (eds.) *Multimodality in Chinese Interaction*, 213 – 254. Berlin: De Gruyter Mouton, 2019.

Lim Ni – Eng, *Retroactive Operations: On 'increments' in Mandarin Chinese Conversations*. Ph. D. dissertation, University of California, 2013.

Luke K. K., "Dislocation or afterthought? —a conversation analytic account of incremental sentences in Chinese". *Discourse Processes*, Vol. 49, 2012, 338 – 365.

Ochs Elinor, "Linguistic resources for socializing humanity". In J. Gumperz & S. Levinson (eds.) *Rethinking Linguistic Relativity*, 407 – 437 Cambridge: Cambridge University Press, 1996.

Ono Tsuyoshi & Elizabeth Couper – Kuhlen, "Increments in cross – linguistic perspective: introductory remarks". *Pragmatics*, Vol. 17, No. 4, 2007, 505 – 512.

Pomerantz Anita, "Agreeing and disagreeing with assessments: some features found in preferred/dispreferred turn shapes". In J. M. Atkinson & J. Heritage (eds.) *Structures of Social Action*, 57 – 101. Cambridge: Cambridge University Press, 1984.

Sacks Harvey, Emanuel A. Schegloff & Gail Jefferson, "A simplest systematics for the organization of turn-taking for conversation". *Language*, Vol. 50, No. 4, 1974, 696-735.

Schegloff E., Gail Jefferson & Harvey Sacks, "The preference for self-correction in the organization of repair in conversation". *Language*, Vol. 53, No. 2, 1977, 361-382.

Shi Dingxu, "Topic and topic-comment constructions in Mandarin Chinese". *Language*, Vol. 76, No. 2, 2000, 383-408.

Song Zuoyan & Hongyin Tao, "A unified account of causal clause sequences in Mandarin Chinese and its implications". *Studies in Language*, Vol. 33, No. 1, 2009, 69-102.

Stivers Tanya, "Stance, alignment, and affiliation during storytelling: When nodding is a token of affiliation". *Research on Language and Social Interaction*, Vol. 41, No. 1, 2008, 31-57.

Su Danjie, "Grammar emerges through reuse and modification of prior utterances". *Discourse Studies*, Vol. 18, No. 3, 2016, 330-353.

Tai James H-Y. & Wenze Hu, "Functional motivations for the so-called 'inverted sentences' in Beijing conversational discourse". *Journal of Chinese Language Teachers Association*, Vol. 26, No. 3, 1991, 75-104.

Tao Hongyin & Charles F. Meyer, "Gapped coordinations in English: form, usage, and implications for linguistic theory". *Corpus Linguistics and Linguistic Theory*, Vol. 2, No. 2, 2006, 129-163.

Tao Hongyin & Zhonghua Xiao, *The UCLA Chinese Corpus*. UCREL, Lancaster, 2007.

Tao Hongyin, "NP clustering in Mandarin conversational interaction". In Sandra A. Thompson & Tsuyoshi Ono (eds.) *The "Noun Phrase" across Languages: An Emergent Unit in Interaction* [Typological Studies in Language 128], 271-314. Amsterdam: John Benjamins, 2020.

Tao Hongyin, "NP intonation units and referent identification". *Berkeley Linguistic Society*, Vol. 18, 1992, 237-247.

Tao Hongyin, *Units in Mandarin Conversation: Prosody, Discourse, and Grammar. Amsterdam & Philadelphia: John Benjamins, 1996.

Tao Hongyin, "Some interactive functions of topic constructions in Mandarin conversation". *Proceedings of the Joint Meetings of the 10th International Association for Chinese Linguistics and the 13th North American Conference on Chinese Linguistics.* Graduate Students in Linguistics Publications. L. A.: University of Southern California, 2001, 317 – 331.

Thompson Sandra A. "Subordination in formal and informal discourse". In D. Schffrin (ed.) *Meaning, Form, and Use in Context: Linguistic applications*, 85 – 94. Washington DC: Georgetown University Press, 1984.

Tsai Wei – Tien Dylan, "Topicalization defined by syntax". In Chu – Ren Huang, Yen – Hwei Lin & I – HsuanChen (eds.) *The Cambridge handbook of Chinese Linguistics.* Cambridge: Cambridge University Press, 2022.

Tsao Feng – fu, *A Functional Study of Topic in Chinese: The First Step towards Discourse Analysis.* Taipei: Student Book Company, 1979.

Tsao Feng – fu, "Topic and clause connectives in Chinese". *Bulletin of the Institute of History and Philology*, Vol. 59, No. 3, 1988, 695 – 737.

Tsao Feng – fu, *Sentence and Clause Structure in Chinese: A Functional Perspective.* Taipei: Student Book Company, 1990.

Wang Yu – Fang, "A corpus – based study of adverbial clauses in Mandarin Chinese Conversation: A Preliminary Analysis". *Proceedings of PACLIC 10.* Hong Kong: City University of Hong Kong, 1995, 237 – 241.

Xu Liejiong & Terence Langendoen, "Topic Structures in Chinese". *Language*, Vol. 61, No. 1, 1985, 1 – 27.

会话中表程度的准分裂句的多模态研究*

一 引言

汉语口语中的准分裂结构（pseudo-cleft constructions，PCC）是一个由两部分组成的复合结构：名词化（与无主句关系从句相同），后接系动词结构（Li & Thompson, 1981：150），详见（1）。

（1）从句 + "的"（名词化或关系从句标记 NR）+ 系动词 "是" + 补语

此结构的典型例子见例（2）。

（2）你们吃的是粮食的那种。

汉语 PCC 作为一种特殊的句法结构，一直受到语言学家的关注。然而，以往的大多数研究主要集中在 PCC 的规范类型的结构和语义（信息）属性上，语料通常局限于基于直觉的复杂从句结构（Hashimoto, 1969；Teng, 1979；Ross, 1983；Shi, 1994；Huang & Fawcett, 1996）。学界一致认为 PCC 具有在第一部分介绍背景、前提或主题材料，以及在第二部分介绍焦点或述谓成分的功能。

基于用法的功能语言学传统的最新研究为理解会话互动中的交际策

---

* 原文刊于 *Lingua*，2022 年第 266 期。

略提供了重要的新的启发。这些研究多次证明：1）PCC 不完整句（例如，仅有第一部分而没有第二部分，或者仅有第一部分和不完整的第二部分）在会话中并不罕见。由于所观察到的常见组块（涉及英语和其他语言中的动词，如 do、say 和 happen 等）具有公式化特征（Hopper, 2001、2004; Hopper & Thompson, 2008; Mori, 2014; Maschler & Fishman, 2020), PCC 不完整句在许多方面被视为会话语言中的正常现象。2) PCC 并非主要用于呈现信息，而是用来投射发话者的认知和情感立场（Kim, 1995; Maschler & Fishman, 2020），并将即将进行的谈话框定为不同类别（例如行动、事件等，详见 Hopper & Thompson, 2008）。3) PCC 以多种方式调节会话互动：通过修复、维持发言权、提醒受话者注意即将到来的话语、阐释会话话轮、开启或返回话题，以及总结当下谈话要点，等等（Kim, 1995; Hopper, 2001; Mori, 2014）。尽管不同类型的语言在语法细节上有所不同，例如英语、法语（Pekarek Doehler, 2011）、德语（Günthner, 2011）、日语（Mori, 2014; Kaneyasu, 2019）和希伯来语（Maschler & Fishman, 2020），研究却揭示了这些语言间存在显著的趋同模式。

然而，即使最近基于用法的互动语言学研究取得了重要进展，但仍然存在一些问题。第一，为什么 PCC 的互动功能涵盖面会如此之广？例如，投射认知和情感立场与开启或返回话题是存在很大不同的，修复与总结当下谈话要点也有极大的差异。第二，PCC 可被用作不完整的或完整的（或所谓的"规范的"）形式：它们可以发挥哪些不同的互动功能（如果有的话）？第三，以往的研究主要集中在句法形式上，甚少涉及韵律；此外，关于会话互动中伴随词汇语法的其他多模态（如视觉—手势模式）又有哪些特征（C. Goodwin, 2000、2013; Stivers & Sidnell, 2005）？

本文将试图解决其中一些问题，重点关注汉语口语中的 PCC 现象。像汉语这样的主要语言目前也很少有使用自然会话对其进行的研究。通过分析汉语口语语料，笔者希望能为新兴的互动语言学（Couper-Kuhlen & Selting, 2018）领域作出两方面的贡献：第一，本文将研究 PCC 的多模态特性，重点关注多模态手段及不同模态之间的相互作用：语法/句法、会话（话轮和序列）组织、手势/身体姿势，以及韵律，这是在任何一种语言研究中都很少使用的综合方法（详见 Lingua 2021 年第 32 期专刊）。第二，本文将在更细微的语境中考察 PCC，并进一步区分其句法和其他多模态的特征结构。换言之，越细致的方法越有助于解决 PCC 在形式和功能方面的变异问题。

基于上述原因，笔者将研究范围限制在汉语口语会话中 PCC 的一种类型，本文称之为"表程度的准分裂句（scalar PCC）"，而不是对汉语口语中所有的 PCC 进行泛泛研究。表程度的 PCC 是一种独特却常见的 PCC 类型，涉及程度、质量或性质的认定，这些通常在语法上用程度副词、形容词和特殊动词来表达，如 PCC 第一部分的心理状态动词，或者用所谓的主句来表达。在 PCC 的第一部分，程度的表达要么是隐含的，要么是明示的。例如，用副词"最"和心理动词"喜欢"来表达最大程度，见例（3）。

（3）两位女性朋友在谈论她们最喜欢的食物
Wu：　我最喜欢吃的是地三鲜。①
Wang：啊，对对对对，特别好吃。　　　　（KC15.04 - 9.04）

第一行中，发话者表示她最喜欢的食物是"地三鲜"，并在这个复杂结构的开头处用"最喜欢"这一最高级表达喜欢程度。

通过重点分析表程度的 PCC 发现，即使是一种类型的 PCC，也需要认识其多种变体；只有通过在更局部的层面上研究 PCCs，才能理解不同 PCC 适合于不同的互动语境并用于构建一系列社交行为的内在方式。需要特别指出的是，表程度的 PCC 作为一种在日常社交互动中反复出现的结构类型，除了最大化地表达词汇和语法特征，还经常与明显的上肢手势和韵律模式同时出现。由于具有显著的多模态综合特征，它们有着其他类型结构无法比拟的重要的互动作用：在断裂谈话序列中表

---

① 转录系统遵循 Du Bois 等（1993）和 Du Bois（2006）的标准。每一标点符号行基本表示一个语调单位（Chafe［1987、1994］）（也可参考 Du Bois 等［1993］、Du Bois［2006］、Tao [1996] 的标准）。行编号通常与语调单位对应，但为了节约空间，一些 IUs 集中在一行呈现。此外，若某些身体行为所采取的动作十分复杂时，则给予它们另立行号。参阅附录一了解完整转录符号列表。

达强烈的情感或评价立场，从而影响正在进行的互动行为。最后，正如简要的文献综述所述，尽管考察 PCC 在互动语言使用中的一般特征是有用的，但对 PCC 进行局部微观的多模态分析将是后续研究的必要步骤，这样不仅可以进一步了解准分裂结构，还能加深对互动语法的整体理解。

二 语料及研究方法

（一）语料

本研究的主要语料库来源有二：1) KC 语料集中的 42 段视频会话，超 38 万字。这些会话是 2005 年前后在韩国首尔的大学的中国留学生之间展开的，大多发生在大学校园的公寓里，其间他们从事各种日常活动，如闲聊、看电视、做饭、理发、做作业等；2) PK 语料集中的 4 段发生在中国北京，共约 5 万字。两组语料中大部分视频录制的会话持续时间在 30 分钟至 1 个多小时，录制时长总计超过 50 小时。作为补充，本研究还使用了来自美国语料共建会 LDC（Canavan & Zipperlen，1996）Call-Friend 语料库中的 100 个电话会话。这些电话会话没有视觉信息，主要用于了解语法和韵律特征。

（二）表程度的 PCC

如前所述，表程度的 PCC 以表程度、质量或性质为特征。这些特征主要通过程度副词、形容词等词汇和语法特征，以及第一部分中的心理状态动词等特殊动词来实现。在汉语口语语料中，出现频率最高的副词是"最"（12/24），也是最高级的标记。其他表程度的 PCC 有比较标记"比较"或频率标记"经常"。还有一些可能没有这些标记，但它们仍然暗示着质量的某种高级程度（例如"神奇"）；或者它们包含重叠形式来作为一种加强相关程度的方式（例如"好好学"）。根据这些词汇特征，语料中表程度的结构被分成三类：最高级（最高级标记）、比较级（相对标记）和原级（所有其他）。它们在语料中的分布将在下节讨论。

(三) 总体分布

语料中找到的 PCC 中共有 110 个形符,其中 24 个为表程度类型,平均占总语料的 1/5 以上,见表 1。

表 1　　　　　　　　　汉语口语语料中的 PCC 类型

语料组	表程度类型	全部类型	频率(%)
KC	17	82	21
PK	3	9	33
LDC	4	19	21
合计	24	110	22

更值得注意的是,在三类表程度分类中,最高级类占绝大多数,见表 2。

表 2　　　　　　　汉语口语语料中表程度的 PCC 子类型

表程度分类	数量	频率(%)
原级	7	29
比较级	2	8
最高级	15	63
合计	24	100

此外,考虑到许多隐含的原级形式,即没有最高级或比较级的形式,确实可以暗示特质的更高程度(例如"神奇"),可以肯定地说,表程度的 PCC 倾向于使用最高级程度(若最高级形式和原级形式结合的话,则超过 90%),这与强烈的情感或评价立场的框定相一致,这一结果与先前对英语和其他语言的研究描述大体相同(Kim, 1995; Hopper & Thompson, 2008; Maschler & Fishman, 2020)。因此,表程度的 PCC 的句法和语篇—语用建构可以初步概括如下:

(4)（最大程度表述+"的"）+系动词"是"+补语
　　情感或评价框架　　　　　　　　　　　　引入的材料

这种最大程度的表达①特征往往会引发明显的身体动作和韵律特征，它们之间具有重要的互动关系。这一点将在本文其余部分探讨。

（四）互动特征与语体问题

考虑到这个构式中最高级情感立场标记显著性，有必要探讨一下表程度的 PCC 所在的局部语境到底有何特征。许多研究已经涉及话语语体（子）类型和 PCC 使用等问题，例如，Kim（1995）通过对非正式会话、电台脱口秀节目和集体治疗研讨等调查了英语口语中 PCC（如初始从句中的动词）结构特征的分布差异。同样是基于英语的研究，Hopper 和 Thompson（2008：107）指出，PCC 经常和咨询风格相关联（参见 Joos，1967；另见 Lindström 等人关于此问题在瑞典语方面的研究）。Kaneyasu（2019）关于日语"no-wa" PCC 的研究是基于语体对 PCC 进行的最全面的研究之一。她通过研究来自非正式会话、学术报告、新闻报道和报纸社论的语料发现，任何语体和使用分裂结构之间都没有直接联系。在她看来，说话者和写作者所关注的是特定的交际目的，在某种程度上受到直接话语环境的制约。本文赞同以上学者的观点，认为有必要强调关注话语语境，在更真实的语境中了解 PCC 的用法。然而，笔者认为，即使在类似的语体类别中（例如日常会话），高度细化的局部语境仍然可能对如何使用 PCC 产生较大的影响。因此，本研究将对互动语料进行细致分析（称为"微语境"），并试图揭示互动因素在高度细化的局部语境中以及在那些特定的多模态结构中引发 PCC 的使用。

通过观察汉语口语会话语料中的序列特征发现，大致有四种类型的微语境中会使用表程度的 PCC。这些微语境可以通过诸如立场一致、立场协商对象、对抗程度、立场最终协调结果等互动特征来描述，概括如下。

---

① 表程度 PCC 在表达高质量方面与 Pomerantz（1986）中讨论的极端情况表述（extreme case formulations，缩写为 ECFs）有些相似，但它们仍然是不同类型结构。例如，ECFs 通常由诸如"every（每）""any（任何）"等词构成，而 PCC 是限定特征的结构。

A）随意聊天：参与者回忆过去的事情（例如：高中生活）、闲聊，分享日常生活中的细节（例如：如何整理头发）、对与个人生活相关的事物（例如：最喜欢的食物）发表看法。总的来说，这种类型的序列表现出在讲述对象的情感或评价立场上高度的一致性，没有任何互动参与者表达争议。

B）非正式讨论：会话参与者讨论的是需要掌握一些逻辑推理、知识储备和事实的问题。在交流中，说话者可能会产生不同意见，但往往会赞同对方的观点，没有太多争议。语料中的典型的例子包括：对比不同型号的智能手机并建议对方要买这种型号而不是其他型号的手机；讨论为什么当地的刺绣产品具有很高的艺术价值等。简言之，尽管一些会话参与者偶尔立场不同，但这些序列表现出对谈论对象相对较高的一致立场。然而，如果立场或观点不一致时，那么在片段的结尾处，主导地位较弱的说话者就会妥协。

C）参与式讨论：这种类型中会话参与者探讨更抽象和更严肃的问题。这种语境下，不一致之处就会被清楚地表达出来，双方进行协商。一方一直试图占据主导地位，而另一方则表现出抵抗的迹象。在语料中，这类片段包括讨论为什么旧中国的皇室成员有时会吞下黄金自杀、世界主要城市的政府官僚机构，以及如何为毕业后的工作做最好准备，等等。这种类型的序列特点是会话参与者对谈论对象持有不一致的立场，尤其是来自主导地位一方的不一致立场，并且在互动片段结束时无法达成和解。然而，这些争议与下一种类型不同，从未触及人身攻击层面。

D）对抗：这涉及争论、否认以及尖锐地交换对人、事物和事件的不同看法。在这些片段中，虽然争论大多是友好的，但有些也可能是激烈的，往往会导致人身攻击现象的发生，而且没有人会选择妥协。语料中的例子包括，在讨论拥有大学学位和拥有更好的人脉关系哪个更重要时存在分歧，以及在讨论什么才是有价值的职业时存在分歧。简言之，这是最具争议的序列类型，双方的对抗一直处于最强烈和最具人身攻击的层面，没有和解的可能。

表3总结了汉语会话语料库中四个被证实了的微语境之间的主要差异，其中立场一致性、立场协商对象、表现出的对抗程度，以及立场最终协调结果都分别宜被看作呈连续体状态。

表3　　　　　语料中表程度的 PCC 的微语境

微语境	立场一致性	立场协商对象	对抗程度	立场最终协调
随意聊天	一致	物体	不适用	不适用
非正式讨论	几乎一致	物体	低	是
参与式讨论	不一致	物体	中等	否
对抗	不一致	个人	高	否

这里需要重点强调的是，虽然表程度的 PCC 的会话序列可以用上述参数和连续体来代表，但这并不意味着语境就可以被视为静态的、预先设想的类别或情境类型。相反，正如 Goodwin 和 Duranti（1992）和其他许多研究社交互动的学者所认为的那样，语境是一种动态演变的现象，当前谈话（或谈话单位，例如谈话中的话轮）总是对先前谈话进行回应，同时也对后面的谈话产生影响，并循环贯穿于整个互动过程。因此，以上描述的分类仅仅是从语料中观察到的互动特征的简要描述（即由语料驱动），而不应作为我们用来解释语料的指定的情境类别。相关类别的频率信息如表4所示。

表4　　　　　跨微语境连续体中的表程度的 PCC

微观语境	数量	频率（%）
随意聊天	11	46
非正式讨论	6	25
参与式讨论	4	17
对抗	3	13

有趣的是，表程度的 PCC 使用方式的不同取决于微语境范围的不同：在不同的互动环境中，言语、视觉和声音线索等一系列元素以及会话组织的特征也可能会有所改变，而且这些系列元素在互动中（或以互动为目标时）构建的动作类型也不尽相同。

在下一节中，笔者将基于上述描述的四类谈话（微语境）讨论语料中发现的一些代表性模式。由于本研究的目的是考察语境的范围和多模态 PCC 模式在互动中的表现形式,因此我们的分析将侧重于样本表征而非总量,即定性分析而非定量分析,这也符合这一事实,即互动实践本质上是现场的和实时的,其中每一个片段都是从它所在的序列语境中临时出现的,研究时也理应如此处理(Auer,2014;Schegloff,2007)。

三 表程度的 PCC 与多模态元素

(一)随意聊天

如表 4 所示,PCC 在随意聊天语境中最常见。在这种最平常的互动中,谈话者通常会就日常生活展开友好的交谈。说话者在交流过程中会采取使用表程度的 PCC 的方式去延展正在进行的话题,同时将一致立场最大化地表现出来。

(5) 两个女性朋友在谈论他们在高中最喜欢的食物

1 Wang: 对啊 =,想想当时的蒸包儿,大蒸包儿 =,
2 　　　　一到吃蒸包的时候我就要命.
3 Wu: ... (0.6) 我觉得挺好吃的.
4 Wang: 啊,我觉得好 -,((铃声响起))好好吃啊.
5 　　　　... (0.3) 你每次都吃几个?
6 　　　　我每次都限量四个((右手手指手势表示"4")).
7 Wu: 啊,我最多四个((左手手指手势表示"4")),
8 　　　　我不能再多了.
9 Wang: 我我吃的最多的 <X 时候 X> 是六个半((右手手指手势表示"6")).
10 　　　　... (1.1) 我是跟人比赛.
11 　　　　我高一的时候,..( ) 展开一场比赛,
12 　　　　[一比一].
13 Wu: [我觉得] 辣 -,((范围手势)) 辣椒酱很好吃.
14 Wang: ... (1.0) 啊 =,对对对.

15 Wu: （0）|*（（抬起手拍掌一次（*）① [图1]，② 然后指（^）向 Wang））[图2]
（0）还有，

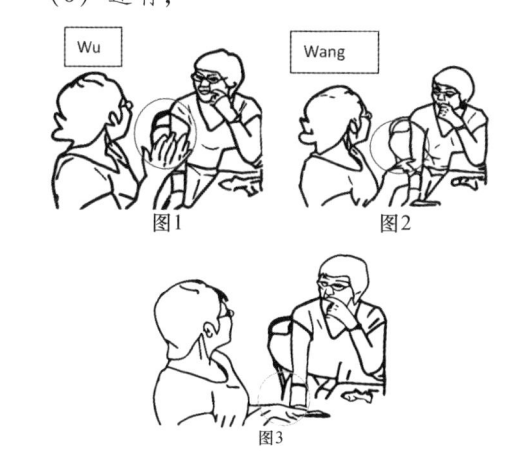

图1   图2

16 →

图3

****************-.-.-.-.-.-.-|[图2 和图 4a；图3 和图 4b]
. . 我最喜欢吃的是 . . 地三鲜。

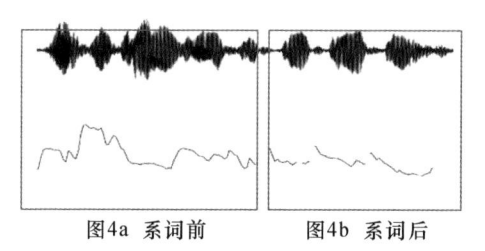

图4a 系词前   图4b 系词后

17 Wang：...（0.8）<SM 啊＝，对对对对，特别好吃.SM>
18 Wu：   嗯，那个土豆很好吃.（KC15.04-9.04）

此例中，从第1行到第12行，主题集中在"蒸包儿"上，为此，说话者或通过同意标记（第3、4行"我觉得挺好吃的"）和模仿手势（第

---

① 手势转写行通常置于相关语音单元顶部。括号（）用于描述非重点分析的手势动作。对于重点关注的复杂手势，括号中的描述性语言以及手势单位（Kendon，2004）采用了以下符号：| |：手势单位；~ ~ ~ ~：准备阶段；* * * *：手势活动；* * * *：手势活动后保持动作；-.-.-.-：复位。

② 手势转写行中的"[图+数字]"表示与之相对应的图形。这些图旨在描绘所讨论的手势表达中最具代表性的时刻，因为它们中许多是由一系列手部动作或保持模式组成的。但屏幕截图毕竟是简短的，在表现手势的整体性和复杂性方面也是有限的。

6-7行），或通过提供更详细的消费数量（"四个""六个"）和竞吃比赛的细节来表明一致立场（Stivers 等，2011）。第13—14行是关于辣椒酱的简短交流，两位说话者再次展示了共同立场。第15行中，Wu引出了另一种食物"地三鲜"，并用一个表程度的PCC形式表示这是她最喜欢的食物。有趣的是，Wu在开场白中用了一个过渡表述，就是附加标记"还有"，在表达"还有"时使用了比较夸张的方式：她举起双手伸向Wang，做了一个拍掌的动作引起了Wang的注意，并以微笑做了回应。之后，Wu在第16行使用了一个表程度的PCC"我最喜欢吃的是..地三鲜"。这个PCC在韵律方面进行了有趣的整合：尽管初始成分和系动词是作为一个紧密的单位产出的，但在系动词后有一个轻微的停顿（见图4a），紧接着是动词后成分"地三鲜"，其中"地三鲜"每个音节都是分开发音的（见图4b；关于PCC的韵律分段，另参见Lindström 2021）。

手势方面，在PCC的第一部分中，Wu一直用手指着Wang（图2），正是在系动词"是"之后，她才把手放回到桌子上（图3），从而完成了手部活动后的复位过程（Kita, 1993；Kendon, 2004）。

第15、16行中的整个手势表达展现了两个明显的特征，即手势的精准同步和表程度的PCC的发声。首先，过渡话轮构建单位（伴随两个手势的附加字符）似乎在实际陈述之前就已计划好，因为拍掌和指向手势在整个手势短语中最为夸张。其次，在PCC自身产出的过程中，手势运动与韵律整合同步，因为最初的手势保持模式对应一个紧凑的韵律单位，而息止动作发生在系动词之后，系动词后清晰表达的名词"地三鲜"结束了整个PCC结构。

总体而言，这里举例说明的手势以及围绕PCC产出的韵律模式都是为了将谈话者的注意力吸引到一个序列边界，在这个边界上，一个新的话题（Kim, 1995）被引入谈话中。然而，这个新的项目或话题并没有太大的破坏性，因为它属于谈话者一直在谈论的同一个更大的话题类别："她们最喜欢的食物"。如果这里所描述的手势具有修辞效果，那我们可以说是为了夸张性地引入新的项目。共同参与者的热情反应（见第17行，"对对对对，特别好吃"）证实了夸张性引入的效果。

(二) 非正式讨论

在非正式讨论中，说话者可在非严肃的争论中自由交换意见。PCC 可用来强调一种对比的观点，对方可以十分配合地表现出一致立场，见例 (6)。

(6) 朋友之间讨论货币兑换的最新趋势

1　SHU：美元也在．相对的．．上升啊．
2　WX：．．一般美元都没事儿．
3　SHU：…因为韩币在下－
4　BY：（0）现在是什么，美元和人民币，
5　　　　…（0.4）都［没事．］
6　JH：　　　　　　　　　　［美元］在跌呀！
7　BY：…嗳，它们俩都正常！
　　　　…（0.3）
8　JH：．．＜NOD 嗯．NOD＞（点头）
9　BY：．．人－人民币和美金都正常．
10 →　　．．现在不正常的是，［图5］

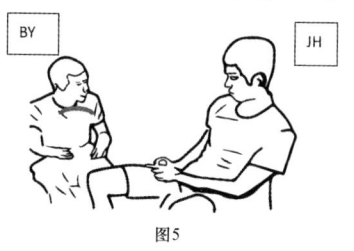

图5

11　　　｜＊＊（抬起）＊＊＊（放下）－．－：－．｜［图6、图7］
　　　　［韩币在一直往下跌．］

图6　　　　　　图7

12 JH：［＜NOD 嗯嗯嗯嗯．NOD＞］((点头))

该例中，五位说话者（其中三位暂时不在示图内）正在讨论货币兑换的最新趋势，谈话涉及一些与他们日常生活密切相关的货币：韩国韩币、中国人民币和美国美元。尽管 JH（右边）认为美元正在下跌（见第 6 行），这与之前 BY 在第 4—5 行的陈述相矛盾，但 BY（左边）立即在第 7 行反驳说，人民币和美元实际上都处于正常状态。JH 对此点头同意，并在第 8 行产出了一个有声的同意标记"嗯"。与 JH 的观点形成对比的是，BY 进一步使用 PCC 引入了另一种观点，即韩币正在下跌（见第 10—11 行）。这里我们再次看到一个不同的韵律模式：以系动词结尾的 PCC 第一部分，在一个语调单位（见第 10 行）中产出，而后系动词成分在一个单独的语调单位中（见第 11 行）中产出，且韵律重音落在"韩币"上。就身体活动而言，我们也看到说话者对 PCC 的起始部分和后面部分做了有趣的区别处理：第一部分是在他的腿部附近做一些较低的手部动作，每个节拍（McNeill，1992）都大致对应声话语中的音节；相比之下，第二部分（见第 11 行）的手部位置要高得多，靠近其胸部，动作也更突出，形象地描绘了物体剧烈而持续的下跌趋势。相比例（5），我们此处看到的明显的手部手势位置颠倒过来：在例（5）中，更多夸张性动作是在陈述之前和 PCC 第一部分里产出的，而此示例中更夸张性的动作与该结构的后一部分（系动词后）同步。

（三）参与式讨论

参与式讨论是谈话者双方都认真对待谈话涉及的问题，双方观点可能存在分歧。最关键的是，其中一方试图占据主导地位。除立场相左外，在会话进展方面也可能存在冲突（Schegloff，2007；Stivers，2008；Stivers 等，2011；Kaneyasu，2020），详见例（7）。

```
(7) 两位男性和一位女性说话者正在讨论古代自杀的方式
1  SHU：   嗯，就是拿块金块，然后就吞下去，
2          .. 然后就－卡到这里了嘛，
3          ... 上不来下不去，然后就.. 没法喘气了，
4          .. 然后就憋死了.
5  CHO：   ... (2.0) <X 与其－X>
```

6　SHU： （0）因为..皇-
7　CHO： ...那还不如上-..那还不如上吊呢.
8　FEN： 呵=（Hx）.
9　SHU： ...（0.3）啊？
10　CHO： ..那还不如上吊呢,..反正都是憋死！
11　SHU： ...（0.9）上吊不好看,不是吗？
12　FEN： ...（1.0）都不好看.
13　SHU： ...（0.6）上吊就是..还会很恐怖嘛,
14　　　　 然后=..吞金死的比较高贵.
15　CHO： ...（0.8）[高贵个屁=！]
16　SHU：　　　　　　　[@@@]
17　CHO： ...你-你-你想吧,憋死的人他表情能好了吗？
18　SHU： 啊,那也是啊.
19　CHO： ((头歪向FEN,然后回向SHU))
20　　　　 ..[高贵,]

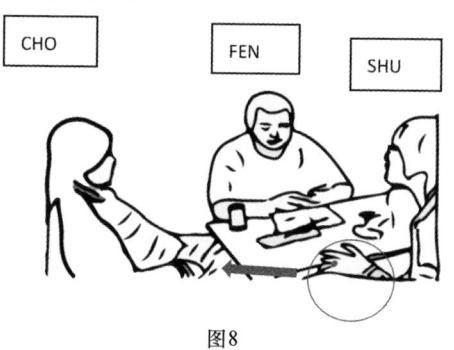

图8

21　SHU： [((左手掌心向下,手指伸向Cho))] [图8]
22　　　　 ..[啊算了],别说了,
23　　　　 ((Cho注视着Shu；Shu摸着胸口恳求,然后左手按住胸口.))　　[图9]

图9

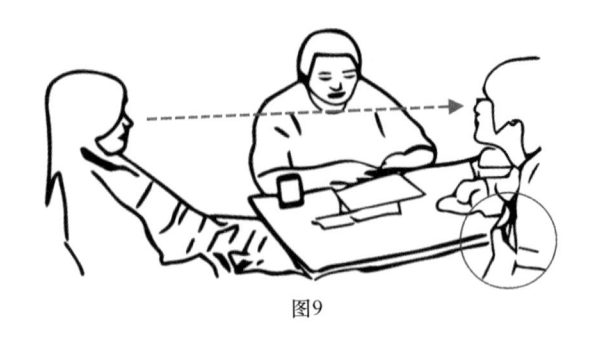

```
24              我我-.. 我会% - 想想我［害怕］.
25  CHO：       ［((目光转向 SHU))］        ［图 9］
26  →          ［最高］贵的是吃安眠药,
27  SHU：       ((目光投向中间位置的 FEN))［图 10］
```

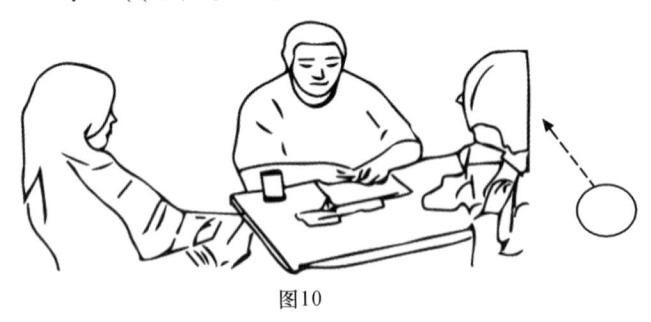

图10

```
28  CHO：       那个死得绝对安静!
29              ...(1.2) 那死得是最正常的.
30  SHU：       唉! <KC34.2-6.12>
```

在这段谈话中，三位朋友（两男一女）正在讨论中国古代皇室的自杀方式。其中一位男性说话者 Cho 展现出一致的行为模式来主导谈话。首先，女性说话者 Shu 引入了中国古代皇室如何吞下金块自杀的话题。Cho 在第 7 行和第 10 行质疑了他们为什么不是直接上吊自杀，而非要使用这种方法。坐在中间的另一位男性说话者 Fen 赞同其说法（见第 12 行，"都不好看"），而 Shu 并不赞同。Shu 在第 11 行、第 13 行和第 14 行表达了自己的不同立场。她推测其原因可能在于吞金相比于上吊而言，最后的死状可能显得更高贵些。Cho 不仅不同意 Shu 的说法，还通过重复 Shu 在之前话轮中使用的关键词"高贵"来回撑了她（"高贵个屁"）（见第15行），复说对方的语词是一种在辩论中表达反对立场的常见策略（M. Goodwin，1990：第7章；C. Goodwin，2013）。尽管Shu在Cho给出一个详细的描述（第17行）后不情愿地同意了Cho的观点（第18行，"啊，那也是啊"），但Cho并未就此停止，而是准备继续反对Shu的说法。然而，在他继续反对之前，Shu在第21—24行用其左手（左手掌心向下，手指伸向Cho，见图8）明确要求Cho不要再谈论这个话题，因为她会对想象到的画面感到害怕。Shu在说自己很害怕的时候，手放在胸前（图9），这非常直观地表明了Shu害怕的心理状态。然而，Cho认为这个话题尚未结束：他在第25、26行将目光转移到Shu身上（见图9），并使用了一个表程度的准分裂句"最高贵的是吃安眠药"。换言之，在此之前，Shu和Cho不仅表现出了不同的立场，而且在会话过程中还呈现出推动性（progressivity）的不一致（Schegloff，2007；Stivers，2008；Stivers等，2011；Kaneyasu，2020）。

因此，PCC在会话中这一特定时刻（第26行）被视为同时建构了两种社会行为：1）提出另一种观点来强化对对方主张的反对（此例中指的是Cho的主张）；2）延长说话者之间在会话进程推动性方面的不一致性。

在这段谈话中，我们可以注意到许多有趣的多模态和互动特征。第一，尽管说话者之间的冲突是我们目前所讨论的最激烈的，但就与相应PCC产出的那些相关多模态元素而言，身体动作却是最不明显的。在PCC出现的第26行，唯一可观察到的身体动作是视线转换：Cho用一种调侃的方式重复使用了"高贵"这个词，在短暂地注视完Fen后，视线重新回到Shu身上，并产出了PCC（见图9）。第二，互动强度特征。考虑到PCC被人为用来标记立场不一致和动作不一致这一特点，整体上缺少明显的身体动作初看似乎十分奇怪。然而，当我们考察韵律强度特征时，就容易理解这种相对保守的身体动作了。正如Praat（Boersma & Weenink，2021）绘制的图11和图12所显示的那样，从韵律细节来看，PCC产出的音强比之前的话语要高得多。图11显示，在Cho的前一话轮（第19、20行）中，"高贵"的音强等级为66.36分贝，而在PCC中，同样的标记产出的音强等级为72.56分贝（由图12中竖线标记）。同时，需要注意的是，如水平虚线所示，同一PCC产出的大多数显著音节（图12）的音强都介于70—74分贝——均高于第19行、第20行中"高贵"

的音强（图11）。

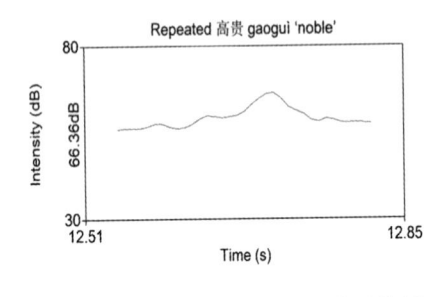

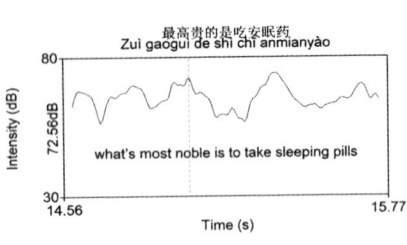

图11 第19行中"高贵"的音强等级　　**图12** PCC中"高贵"的音强等级

第三，就话轮转换方面，Cho对Shu的攻击性举动表现为：在Shu产出"害怕"的最后一个音节处打断了她（第24行）并产出PCC，而此时Shu正恳求他停止谈论这个令人不安的话题，这一带有显著打断属性的话轮开端格式放大了Cho对Shu的持续性攻击。作为对Cho整体攻击性行为的回应，Shu将目光转向了坐在对面的Fen（第25行，图10中），从视觉上展示了她对攻击性的消极反抗——即停止与Cho的继续不成功的交谈。

第四，我们还注意到，与目前所分析的前两种情况不同，这种情况下的PCC没有韵律中断的情况，其句法—韵律统一性最强；而在前两种情况下，系动词之后均有韵律中断现象。这可以作为本段谈话中的一个设计的特色，因为一个独立的单位可帮助Cho打断Shu的话轮的企图。如果要使用中断式韵律格式的话，就需要更多时间才能实现这一目的，也可能引发比如谈话者干预等其他互动变量，在当时的互动中，最好避免这一点。

简言之，PCC可以在如例（7）所示的参与式讨论中得以很好的使用，其中各方在立场和一致性方面均表现出矛盾之处，同时还呈现出单方面主导的情况。就多重符号资源的多种因素而言，句法可以局限于一种标准形式，身体姿势可能缺乏显著概况，然而，占主导地位的一方可能以协调一致的方式利用韵律强度和具有扰乱性的话轮转换策略对谈话者发出攻击性姿势。但是，这种类型的一个显著特征是，双方并未上升到人身言语攻击的层次，所以仍被标记为中等水平的抵抗，而人身言语攻击是将要分析的下一种话语语境类型。

（四）对抗

表程度的 PCC 最后一种类型也是最具对抗性的一种：双方都试图占据主导权和展现出攻击行为，且都不愿让步。此外，与刚才讨论的参与式讨论不同，该类型常有针对说话者自身特点的个人层面的言语攻击。在如此明显高度敌对的微语境中，PCC 可伴随着身体动作一起用于对对方进行口头攻击。

在例（8）中，三位男性老友就不同工作的价值展开了争论，争论的内容框定在他们所谓的"创造财富"。因为双方都彼此非常了解，以至于他们可以互相攻击和谈论对方，而不会被认为是一种冒犯行为（有关同一会话类似部分的另一项分析，详见 Tao, 2019），所以这样的例子仍可被视为友好的争论。当时，说话者 Y 暗指其对 R 前女友的新接待员这一工作的价值产生了质疑，因为在他看来，接待员并不直接参与财富创造。R 在第 16 行用了一个整合过的 PCC 的套话反驳道："真正创造财富的是农民"，并暗指 Y 自己并没有创造财富。他在接下来的互动中（第 17 行、第 18 行）明确说明了自己的观点。

（8）三位朋友就不同工作在"创造财富"方面的价值展开争论

1　R：对对对，

2　　　做客服，

3　　　..做客户服务.

4　W：不是跟那个＝，

5　　　..Wang Lan 差不多呗.

6　R：Wang Lan 是客 – ［XX］

7　Y：((开始站起来))

8　　　　　　　　　［^哎＝］,

9　　　((走到 R 和 W 前面))

10　　我就那弄不明白呀。

11　　((张开双臂，手掌向上))［图 13］

图13

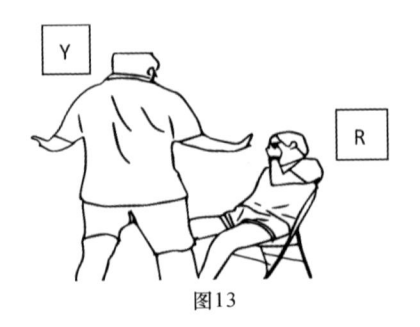

```
12        ..  (0.3) 你说这种不创造这个这个财富的,
13        ...  (0.6) [创造] - -
14   R:        [举起左臂,指向 Y(图14);然后将手臂甩
                到身体左侧后方(图15)]
```

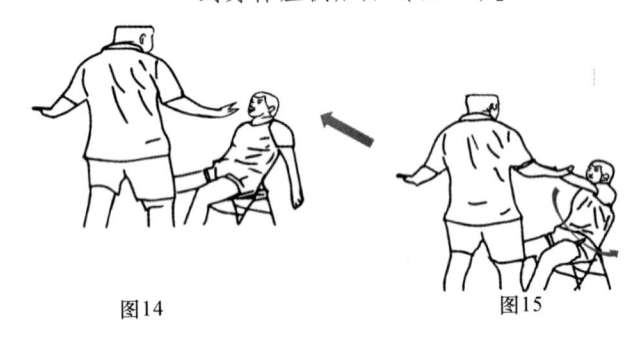

图14　　　　　　　　图15

```
              | ****/ [图14] ****/~~~[图15] |
15   →   [真正] 创造财富的是^农民.
16        ((从侧面往下看))
17        像你这样的,
18        不创造财富.
19   Y: .. 谁说的!
20        我也 = [XX]
21   R:         [你] 倒买倒卖创造什么财富啊?
22   Y: 不啊,              (PK - 足球)
```

PCC 前后这段对话的对抗性和人物特点可以从多个角度考察:第一,R(坐着的人)的 PCC 是通过重叠 Y 的不完整话语(实际上是它的开始,即第14行中的"创造")开始的。由于这只是 Y 话轮构建单位的开始,

R在发生重叠后还在继续说话,所以打断显然不是无意的。第二,PCC的作者R将其左臂和左手一直伸到Y的个人空间(第14行,见图14),因此这个视觉信号也无疑具有攻击性。作为回应,Y(站着的人)张开双臂,掌心向上,双手张开,同时在后续话轮中反驳R的指责(第20行、第21行)。第三,R通过在第18—19行发起明确又具有高度人身攻击的指责陈述:"像你这样的,不创造财富"来继续其对抗行动。第四,他们继续用更多猛料攻击对方,直到交流结束(例如,R在第22行说:"〔你〕倒买倒卖创造什么财富啊?")双方都没有从口头和视觉上的激烈对抗中妥协。

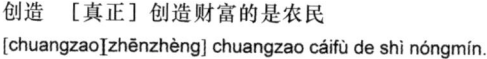

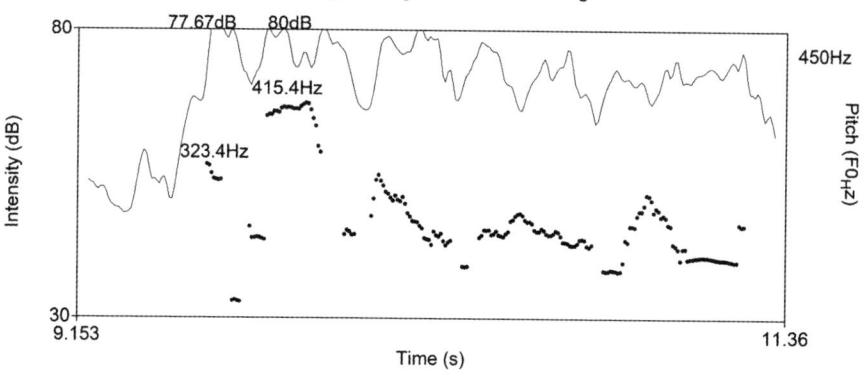

图16 R产出的PCC中"真正"和与Y部分重叠或打断标记(最左边)时的音强和音高水平

这一谈话片段表明,PCC被用来在最具争论性的语境中进行互动。在此情况下,PCC不仅用来表示不同立场和不一致性,更多的是用来对对手进行言语攻击,所以所有相关模态均展现出最大音强就不足为奇了。如前所述,视觉呈现非常强的表现力,其韵律是一种典型的高声争论。如图16中Praat生成的图示所示,R的PCC最高音强值为80分贝,在"真正"上出现了语音突出现象,其音高为415.4赫兹。前一位说话者Y的中断标记"创造"略低,分别是77.67分贝和323.4赫兹。所有这些值都比Y在第10行和第12行的语音均值高很多,而这两行并未被打断,而且音调低很多，分别为强度68.79分贝和205.86赫兹。

四 总结与讨论

目前为止，对样本语料的分析发现了在汉语口语会话互动中使用表程度的PCC的一些常见类型。这些类型及其所涉及的相关问题概括如下。

第一，在使用表程度的PCC的语境中，在立场一致性、立场协商对象、对抗程度和（缺乏）立场最终协调结果方面存在连续性，表程度的PCC可通过不同方式处理这些互动突发情况。在非正式的友好聊天语境中，PCC用来在会话中引入一个新话题或者某些具有新话题的项目，这一功能与在其他语言中识别出的功能非常类似（详见Kim，1995；Mori，2014），没有太多争议。然而，在更具争议性的语境中——参与式讨论和对抗——PCC被用来强调一种具有对比性或替代性的观点，即对方不同意（在参与式讨论类型中）或甚至强烈反对的观点（在对抗类型中）。非正式讨论似乎处于中间地带，PCC提出的主张突出了另一种观点（并不一定是新话题），因为对方接受起始说话者的观点，所以没有太多争议。

第二，与上述相关的是PCC序列位置的性质问题。我们的发现与先前研究（Kim，1995；Hopper & Thompson，2008）所指出的断裂现象基本相符，即PCC总是在某种程度上引入一个新的、部分新的或完全不同的谈话项目，或者表达一个与对方此前所表达的不同的观点。然而，正如上一段所讨论的，断裂的性质可能呈现相当大的差异。

第三，PCC的句法和韵律变化与微语境类型之间似乎也存在相关性。这里我们再次看到前两个微语境和后两个之间存在区别。在随意聊天和非正式讨论的语境中，韵律中断都发生在［名词化＋系动词］组块之后，而在参与性讨论和更具争议性的对抗中，整个结构是一个句法和韵律的整体，没有太多中断。正如前文所述，这可能被视为为了适应这些语境而人为设计的互动特征。其中，由于交流的争议性，PCC的暂停则需要更多时间才能达成，并且会给说话者带来更多不利的互动变量。

第四，语料表明，尽管（认知和情感的）立场标记（一致性）的概念可能是理解PCC使用的一个有用视角，但正如许多先前研究所表明的那样，需要注意以下几点：1）据目前了解的情况，立场差异必须扩大到包括会话互动推进进程的差异（Schegloff，2007；Wu，2004），即一致性（Stivers，2008；Stivers等，2011），这通常与认知和情感立场的不一致息息相关。这里我们可能注意到，在语料中发现的无视停止谈论话题的请求和非常规性的话轮转换策略均被视为背离（会话）正常推进进程；2）立场标记这个概念在文献中被广泛用于描述PCC的功能，但是这个标签来描述被分析到的例子时并不是显得特别有用，尤其是在描述更具争议的例子中，PCC的使用更像表达争议的手段，特别是当它们与被标记的身体和韵律显著性结合在一起使用时，这应该是它们更常见的用法。

第五，当谈到本文的主题之一，多模态资源在PCCs的使用中如何相互作用，语料也显现出多模态多种元素有趣的组合模式。其一，在所有的分析例子中，可以观察到，表程度的PCC通常用词汇语法表示最大程度，并经常伴随着显著的视觉身体行为和明显的韵律特征，包括拍手、夸张性的手部动作、抬起手臂和具有攻击性的指向，以及音强和音高的增强等；而在其他时候，一些模态（例如韵律）可以在其他模态（例如视觉或身体）缺乏显著特征时给予某种程度的补偿。其二，各类模态的同步性（例如明显的身体行为和与句法元素对齐的韵律特征）可能会有浮动，也就是说，某些显著的非词汇语法模态并不总是在固定位置（例如系动词后）出现；更确切地说，同步性的产生和位置最好被看作由功能驱动的：显著的同步可以在PCC的第一部分或第二部分，或者甚至可以放在扩展序列的PCC之前，这取决于在微语境中多模态元素要完成的动作类型。

五 结论

与PCC其他类型和跨语言PCC一样，汉语口语中的表程度的PCC是会话参与者在互动中用来执行多个互动任务的互动资源。然而，更为细致的分析显示，它们所建构的互动行为的具体类型在不同互动情节（从引入另一个话题项目到反驳一个相反观点）中会有不同的类型。从广义上讲，表程度的PCC有助于构建一个断裂序列，通过投射和承载的情感或评价立场来凸显与之前所讨论的话题和观点之间的若干不同之处。从结构上讲，韵律中断可以发生在非正式语境中的"名词化 + 系动词"组块之后，而在参与式讨论和具有争论性的交流中，更完整的 PCC 复合体往往会被立即保存下来，这种差异可以被视为由功能驱动的。最后，尽管并不是所有的显著特征都会一直或者在固定的位置同时出现，但最大限度的词汇语法模型的 PCC 会伴有明显的视觉或身体行为及突出韵律特征。

下面总结一下此项研究结果的一些普遍意义。

1）表程度的 PCC 是较大结构中的一个子类型，可以以极为不同的方式服务于不同的互动需求。这表明，在对 PCC 和任何其他语法构式下一般结论前，研究特定语境和互动序列是极为重要的。

2）关于 PCC 句法，早期研究将整个 PCC 看成是一个整体，而最近的互动语言学研究表明，PCC 片段有其固定状态。本研究进一步指出，即使单一格式的 PCC 在话语中的具体实现也是由互动驱动的。这就要求我们对 PCC 以及语法内部和互动目的的其他方面作出基于语境的更为细化的定性分析。

3）语体和语法相关问题。尽管已有研究涉及了会话（子）类型和 PCC 的使用问题，但大多数研究只是粗略地考察了语体或语体的子类型（例如：会话）。关注局部性很强的互动片段（本文称为"微语境"）以及这些片段的特征将带来有用的启发。

4）互动中的社交行为必然需要大量的符号资源来完成，PCC 的使用也不例外。本文认为，对多模态的研究需要一个宽泛的研究视角，包括对词汇—语法、韵律、视觉或身体行为以及会话活动（例如话轮转换）展开研究。虽然我们不能断言身体行为或韵律模式与所有类型的 PCC 都是一一匹配的关系，但在某些特定模式中，凸显的多重符号资源是可以协调一致使用的，这种情景使得不同模态和方式之间能够相互补充，而且它们通常是在多个层面上同时实施的（C. Goodwin，2000、2013；Stivers & Sidnell，2005；Enfield，2009）。本研究只涉及 PCC 的一种结构类型，但这里的方法可扩展到 PCC 的其他类型以及互动语法的一般研究中。

5）最后，关于 PCC 的功能，大多数实证研究似乎都集中在情感立场标记和会话组织功能（话题组织、修复等）的研究。尽管这些概括很有价值，但基于局部语境的考察表明，有时这些概括似乎严重低估了它们实际完成的行为。如上所述，这里的关键因素是更具局部性和变异性的语境和语体。因此，扩大考察范围并密切关注可能影响（多模态）结构使用的微语境因素（见上文第三点）至关重要。

参考文献

Auer Peter，"The temporality of language in interaction: projection and latency". *Linguistic Listenership Studies*, Vol. 54, 2014.

Boersma Paul & David J. M. Weenink, *Praat: Doing Phonetics by Computer.* Last retrieved January, 2021.

Canavan Alexandra & George Zipperlen, "CALLFRIEND mandarin Chinese – mainland dialect". *Linguistic Data Consortium*, Philadelphia, 1996.

Chafe Wallace, "Cognitive Constraints on Information Flow". In Russell Tomlin (ed.) *Coherence and Grounding in Discourse.* Amsterdam: John Benjamins, 1987, 21–51.

Chafe Wallace, *Discourse, Consciousness, and Time: The Flow and Displacement of Conscious Experience in Speaking and Writing.* Chicago: University of Chicago Press, 1994.

Couper-Kuhlen Elizabeth & Margret Selting, *Interactional linguistics: An Introduction to Language in Social Interaction.* Cambridge: Cambridge University Press, 2018.

Du Bois John W. *Transcription in Action: Resources for the Representation of Linguistic Interaction.* 2006.

Du Bois John W., Stephan Schuetze-Coburn, Susanna Cumming & Danae Paolino, "Outline of discourse transcription". In Jane Edwards & Martin Lampert (eds.) *Talking Data*, 45–89. Hillsdale, New Jersey: Lawrence Erbaum Associates, 1993.

Enfield Nick J., *The Anatomy of Meaning: Speech, Gesture, and Composite Utterances.* Cambridge: Cambridge University Press, 2009.

Goodwin Charles, "Action and embodiment within situated human interaction". *Journal of Pragmatics*, Vol. 32, No. 10, 2000, 1489–1522.

Goodwin Charles, "The cooperative, transformative organization of human action and knowledge". *Journal of Pragmatics*, Vol. 46, No. 1, 2013,

8 – 23.

Goodwin Charles & Alessadro Duranti, *Rethinking Context*: *Language as an Interactive Phenomenon*. Cambridge: Cambridge University Press, 1992.

Goodwin Marjorie Harness, *He – Said – She – Said*: *Talk as Social Organization among Black Children*. Bloomington: Indiana University Press, 1991.

Günthner Susanne, "Between emergence and sedimentation: projecting constructions in German interactions". In Auer, Peter, Pfänder, Stephan (eds.) *Constructions*: *Emerging and Emergent*, 156 – 185. Berlin: Walter de Gruyter, 2011.

Hashimoto Anne. Yue, "The verb 'to be' in modern Chinese". In J. Verhaar (ed.) *The verb 'be' and its synonyms*, 72 – 111. Dordrecht: D. Reidel Publishing, 1969.

Hopper Paul, "Grammatical constructions and their discourse origins: prototype or family resemblance". In M. Piltz & S. Niemeier (eds.) *Applied Cognitive Linguistics*: *Theory, Acquisition and Language Pedagogy*, 109 – 129. Berlin: Mouton de Gruyter, 2001.

Hopper Paul, "The openness of grammatical constructions". *Chicago Linguistic Society*, Vol. 40, No. 2, 2004, 153 – 175.

Hopper Paul & Sandra A. Thompson, "Projectability and clause combining in interaction". In R. Laury (ed.) *Crosslinguistic Studies of Clause Combining*: *The Multifunctionality of Conjunctions*, 99 – 123. Amsterdam: John Benjamins, 2008.

Huang Guowen & Robin P. Fawcett, "A functional approach to two 'focussing' constructions in English and Chinese". *Language Sciences*, Vol. 18, No. 1 – 2, 1996, 179 – 194.

Joos Martin, *The Five Clocks*. New York, New Jersey: Harbinger Books, 1967.

Kaneyasu Michiko, "The family of Japanese *no – wa* cleft construction: a register – based analysis". *Lingua*, Vol. 217, 2019, 1 – 23.

Kaneyasu Michiko. "In pursuit of alignment and affiliation: the practice of anchoring shared knowledge in Japanese conversation". *Discourse Processes*, Vol. 4, 2020.

Kendon Adam, *Gesture: Visible Action as Utterance*. Cambridge: Cambridge University Press, 2004.

Kita Sotaro, *Language and Thought Interface: A Study of Spontaneous Gestures and Japanese Mimetics*. University of Chicago dissertation, 1993.

Kim Kyu-hyun, "Wh-clefts and left-dislocation in English conversation: Cases of topicalization". In P. A. Downing & M. Noonan (eds.) *Word order in discourse*, 247-296. Amsterdam: John Benjamins, 1995.

Li Charles & Sandra A. Thompson, *Mandarin Chinese: A Functional Reference Grammar*. Berkley & Los Angeles: University of California Press, 1981.

Maschler Yael & Stav Fishman, "From multi-clausality to discourse markerhood: the Hebrew *ma she-* 'what that' construction in pseudo-cleft-like structures". *Journal of Pragmatics*, Vol. 159, 2020, 73-97.

McNeill David, *Hand and Mind: What Gestures Reveal about Thought*. Chicago: University of Chicago Press, 1992.

Mori Junko, "The re-examination of so-called 'clefts': a study of multiunit turns in Japanese talk-in-interaction". In K. Kabata & T. Ono (eds.) *Usage-based Approaches to Japanese Grammar: Towards the Understanding of Human Language*, 193-222. Amsterdam: John Benjamins, 2014.

Pekarek Doehler Simona, "Clause-combining and the sequencing of actions: projector constructions in French talk-in-interaction". In R. Laury & R. Suzuki (eds.) *Subordination in Conversation: A Cross-Linguistic Perspective*, 103-148. Amsterdam: John Benjamins, 2011.

Pomerantz Anita, "Extreme case formulations: a way of legitimating claims". *Human Studies*, Vol. 9, 1986, 219-229.

Ross Claudia, "On the functions of Mandarin de". *Journal of Chinese Linguistics*, Vol. 11, No. 2, 1983, 214-246.

Schegloff Emanuel A., *Sequence Organization in Interaction: A Primer in Conversation Analysis*. Cambridge: Cambridge University Press, 2007.

Shi Dingxu, "The nature of Chinese emphatic sentences". *Journal of East Asian Linguistics*, Vol. 3, No. 1, 1994, 81-100.

Stivers Tanya, "Stance, alignment, and affiliation during storytelling: When nodding is a token of affiliation". *Research on Language and Social Interaction*, Vol. 41, No. 1, 2008, 31 –57.

Stivers Tanya & Jack Sidnell, "Introduction: multimodal interaction". *Semiotica*, Vol. 156, 2005, 1 –20.

Stivers Tanya, Lorenza Mondada & Jakob Steensig, "Introduction". In T. Stivers, L. Mondada & J. Steensig (eds.) *The Morality of Knowledge in Conversation*, 3 –26. Cambridge: Cambridge University Press, 2011.

Teng Shou – hsin, "Remarks on cleft sentences in Chinese". *Journal of Chinese Linguistics*, Vol. 7, No. 1, 1979, 101 –114.

Tao Hongyin, *Units in Mandarin Conversation: Prosody, Discourse, and Grammar.* Amsterdam: John Benjamins, 1996.

Tao Hongyin, "List gestures in Mandarin conversation and their implications for understanding multimodal interaction". In Xiaoting Li & Tsuyoshi Ono (eds.) *Multimodality in Chinese Interaction (Applications of Cognitive Linguistics)*, 65 –98. Berlin: De Gruyter Mouton, 2019.

Wu Regina R. *Stance in Talk: A Conversation Analysis of Mandarin Final Particles.* Amsterdam: John Benjamins, 2004.

汉语会话中的列举手势
对多模态研究的启示[*]

一 引言

长期以来,列举结构(或列举)一直被认为是跨语言中一种常见的会话实践,具有多种形式特征和功能。Jefferson(1990:64,例3)关于列举的例子如下。

(1) Desk: And, ih – in general what we try to do is help people figure out what the trouble is, what kind of help they need and get it for them.

虽然学界不乏对列举的相关分析(见下文文献综述),但鲜有人试图提出一个有效的定义。有学者指出,列举的项目在形式上有相似之处,并且"在概念上等同"(Sánchez – Ayala, 2003:337)。本文将典型的列举结构定义为:在同一个广泛的话语主题下相邻近的会话单位中,在同一发话者话轮中或在相邻话轮中产出一组形式相似、功能相关的项目。因此,在例(1)中,由同一发话者产出的三个项目"help people figure out what the trouble is""what kind of help they need"和"get it for them"之间关系紧密且与主题相关,阐释了"what we try to do"这一命题。

---

[*] 本文原载于 Li Xiaoting, Ono 和 Tsuyoshi 主编. *Multimodality in Chinese Interaction*. Berlin: De Gruyter Mouton.

以下是列举结构的中文例子（2）。

(2) 两位毕业生谈论在理想的地方找工作的困难
1　C：　..最近几年有的工作，[①]
2　　　　…都是很＝，
3　　　　…很偏远的地方．
4　　　　…Nebraska．
5　B：　…（　）Nebras［ka］．
6　C：　　　　　　　　　［Arizona］．
7　B：　…Nebraska．　　　　（LA）

该列举结构（第4—7行）包含了四个地点名词（其中包括一个被回应者重复了两次的地名），均呈现下降语调曲拱，用来表明虽能找到工作，但地方并不令人满意（"很偏远的地方"）。

列举因其独特的形式和交流潜力而备受关注。例如，有研究者提出将列举分为框定类列举（framing）和阐释类列举（demonstrating）两个类别（Sánchez – Ayala, 2003）。根据这种二分法，框定类列举旨在为参与者提供各种背景信息，以识别共同关注的指代对象或者列举项目中的某些内容（作者给出的一个例子是，发话者谈论其使用的长途电话公司，不是X公司，不是Y公司，也不是Z公司，而是一家小公司）。另外，阐释类列举旨在提供证据或细节以支持某一主张，并同说话人建立密切关系，如例（1）、例（2）所示。话语心理学（discursive psychology, DP）是研究列举结构功能的又一领域。Edwards（1994）和Potter（1996）等DP的支持者指出，在谈话中列举出的同一类别的项目通常是临时的，是为当下的互动任务而设计的。此项研究旨在与标准认知心理学形成对比，后者认为人类行为可通过抽象的脚本系统进行分析（如Schank & Abelson, 1977）。此外，因叙事和列举都可表达多个事件和项目（Fox, 1987;

[①] 每一标点符号行基本表示一个语调单位，参见Chafe（1987、1994）和Du Bois等（1993）的定义。在某些例子中，较长行分成了多行，同时，行编号通常与语调单位对应。为了节约空间，某些语调单位集中在一行呈现，参阅附录了解完整转录符号列表。

Schffrin，1994），且可证明二者均与儿童语言发展有关，故列举也常常与叙事这一相关语篇结构进行比较分析。最后，研究表明，在政论话语分析等应用领域，列举可以作为政治谈话中的直接互动的机制（如邀请或鼓掌）（Atkinson，1984；Heritage & Greatbatch，1986）；在法律语篇分析中，第三方列举形式是律师和证人经常使用的有效交互讯问策略（Drew，1990），故被推荐用于专业的法律文书培训（Boon，1999：11—13）。

与当前研究更密切相关的是可论证的语言特征的描述和会话中列举的互动相关性。就特征而言，研究者描述了可列举的项目类型。例如，Jefferson（1990）指出了大量可用于列举的内容：从小句单位［见例（1）］到单个词语表达，例如："Samuel just takes things casually and naturally and all that"（Jefferson，1990：例23）。Jefferson（1990）提出的一个特别有趣的特征并将其用作自己研究起点的是一种三组规律，即列举项目时的首选数量是三个（尽管也会出现更少或更多的项目）。后续研究将呈三规律扩展到了更大的领域，不仅包括列举项目本身，也包括与列举主体相连的前后语境中的呈三趋势，从而对三组规律进行了更为全面的描述。例如，Sánchez-Ayala（2003）提出了"起始、主体和结尾"模式，其中的"主体"指传统的列举本身，而Selting（2004、2007）用三组件模式来描述类似现象，该模式包括三个主要组成部分：投射、列举和后细节。鉴于列举有多重嵌入性和多组件性，Knerich（2013）将列举称为"预制结构"，强调了列举结构形式特征的规律性。

近几十年来，韵律已成为对列举进行扩展研究的又一领域。大部分研究的关注点主要集中在列举项目内部和跨列举项目的语调单位和韵律模式上，其特点是关注音高曲拱的平行和变化、语域水平和整体语调走向（上升或下降）等（Couper-Kuhlen，1986；Sánchez-Ayala，2003；Selting，2004、2007）。Sánchez-Ayala（2003）特别强调了语调单位（Chafe，1987）作为一种描述单个项目和主要组件边界方式的重要性。Selting（2004、2007）指出，韵律特征能区分封闭式列举和开放式列举，前者呈现出语调下降的趋势，而后者没有。Selting（2004、2007）还洞见性地指出，促成列举产生的正是列举项目之间的韵律相似性，而非任何特定的韵律模式本身。这方面，Ouafu（2006）对与描述列举的韵律特征和列举中非英语母语的韵律特征相关的早期文献进行了梳理。

最后，许多研究者强调了列举产出的综合性和复杂性，发现其涉及平行句法（Auer，2014）、节奏、话轮转换和其他会话结构。研究表明，交际环境中的各种模态和各种元素可由互动的多方参与者以高度有组织的方式编排，从而通过列举序列来构建行为方案（Erickson，1982、1992）。这与其他会话分析的研究结果高度一致，说明了发话人如何使用列举并将其形式特征引为互动资源的（Jefferson，1990；Lerner，1994）。

这些研究都对我们理解汉语会话中的列举现象很有帮助。例如，在汉语例（2）中，很显然，该汉语例句展示了列举中的词汇语法和韵律模式，此模式与 Sánchez-Ayala（2003）和 Selting（2004、2007）所描述的模式有相似之处；而且，正如 Jefferson（1990）和 Lerner（1994）所讨论的那样，列举过程中说话人的共同取向也能从会话双方共同建构和重复列举的项目中得到很好的诠释。

然而，尽管现有文献十分丰富而且对后续研究颇具启发性，但目前大多数有关列举的身体行为研究（bodily behavior），特别是对手势缺乏关注。到目前为止，除 Streeck 和 Hartge（1992）、Streeck（2008）、Karlsson（2010）的研究之外，没有其他研究表明手势与列举产出的相关性，以及其在互动过程中所起到的确切作用。[①] 这点令人颇为惊讶，因为列举中的语言内容（下文将说明）经常与手势搭配使用。在阐释手势如何投置到言语情境中，尤其是话轮转换中时，Streeck 和 Hartge（1992：150-152）、Streeck（2008）简要地展示了在菲律宾伊洛卡诺语（Ilokano）中，手掌向上的同时左手食指指向手掌的手势是在投射列举。Karlsson（2010）分析了瑞典语会话中的两个手势示例，通过语料分析发现了手势的两种功能：其中一个示例中，手势帮助发话人收回话语权；在另一个示例中，手势标记出对比和话轮单位的结束。然而，这两项研究都有一定的局限性，即观察的实例数量有限，因此目前既不清楚这些手势在列举表述形式中的出现频率，也不了解这些列举表述有何趋势。相比之下，本文所指的"列举手势"，特别是"复合类"手势（将在下文详述），经常与汉语列举一起出现，故其中一些很可能被标记为象征性的列举手势（Ken-

---

[①] 李晓婷提醒笔者关注相关参考资料，特此致谢。

don，2004）。通过考察汉语会话中的列举手势，本文旨在说明，不仅列举序列至少在某些不同类型的语言中很常见，而且在会话交流过程中，手势在列举形式的形成和执行各种互动任务中也起着关键作用。笔者认为，汉语口语中的列举手势可以充分证明：手势是一种独特的互动模式，并且谈话作为社交惯例，涉及以协调一致的方式组织起来的多种模态（Goodwin，2000、2013；Stivers & Sidnell，2005；Schröder，2017）。因此，我们也必须认识到，日常互动中存在多种模态的融合，同时各种模态也对日常互动作出了独有贡献。

二 语料与方法

（一）语料

本研究的语料来自视频录制的汉语自然会话语料库，同时也使用了由来自加州大学洛杉矶和圣巴巴拉的研究人员收集的四个视频录像样本。每一组会话持续时间30—60分钟不等，都是20—50岁亲密好友之间的闲聊，会话发生地在北京和首尔。录像基本信息详见表1。

表1　　　　　　　　　　语料情况介绍

会话主题	长度	地点	说话者人数	性别	录像年份
团聚	30分钟	北京	3	3男	1996
足球	45分钟	北京	3	3男	2001
家乡	50分钟	首尔	3	3女	2008
打牌	55分钟	首尔	4	2男2女	2008

（二）汉语会话中的列举手势及其肢体特征

在观看录制的汉语会话视频时，我们会立刻发现，列举常常与某种手势联系在一起。为更准确地评估频率信息，笔者分析查看了其中一段主题为"家乡"的会话，该会话时长略超50分钟，对会话中所有列举例子（包含有手势和无手势）进行了鉴别分类。结果详见表2。

表 2　　　"家乡"会话中列举性手势标记
（三位女性的交谈，时长 50 分 19 秒）

手势使用情况	形符数量	比例（%）
无可见手势	12	32
有可见手势	26	68
合计	38	100

由表 2 可知，带有手势的列举在汉语会话中非常普遍，因此，有必要更加关注手势研究。此外，笔者通过分析汉语会话语料发现，手势可分为两大类：复合手势（composite gesture）和重复手势（reiterative gesture）。复合手势差不多都是固定手势，具有明显的列举性质。在汉语会话中，复合手势通常具备以下几个关键的动作成分和手势变化，包括：a）手臂伸展，手掌向上并手指弯曲或手指伸展。b）手指运动，通常是收回手指或伸开手指；同时，也有可能存在。c）计数时，一只手的手指触碰或指向另一只手。之所以称之为复合手势，主要是因为它们既涉及常见的身体形态，也涉及上文描述的明显的手势中手指的动作序列，而该手势在整个列举产出过程中基本上保持在会话参与者之间的互动空间中。简言之，复合列举手势具有极强的象征性质。

图 1—图 4 是本研究语料库中由四个不同发话人发出的复合列举手势，可阐释上述特征及其组合现象。

图中所示的复合型列举手势基本都是十分常见的，它们看起来与常用的计数手势非常相似，其中一些数字可能会通过手部和手指移动的次数来计数（通常手臂伸长）。图 5 展示的是在话题为"家乡"的会话中（右侧）说话人一只手做出的一系列计数动作的一张截图。说话人通过计算推断听话人的年龄（21、22、23 或 24）以及她在不同大学教育阶段的年龄，这种计数和列举具有某种可理解的基本形态。

图1　列举手势（含特征 a 与 b）

图2　列举手势（含特征 a 与 b）

图3　列举手势（含特征 a, b 与 c）

图4　列举手势（含特征 a, b 与 c）

图5　表示年龄的计数手势

相比之下，重复手势并没有类似于计数的固定形态，也不会在整个列举过程中表现出来。相反，重复手势是由列举不同项目时间歇性产出的一系列多种类型的手势。因此，通常一个列举项目对应一个一次性手势（例如：击打手势［a beat gesture with hands］、非击打状运动手势［hands in non‐beat‐like motions］、指示性手势［pointing gesture］等），并且手势随着单个项目完成而完成，例如将手收回到基本位置或保持活动后的姿势（Kita, 1993; Kendon, 2004: 112）。当下一个列举项目出现时，相同手势或不同类型的手势可能通过类似过程与新的列举项目一同出现。换句话说，重复手势通常表现为类似活动的重复（Kendon, 2004: 112），它们具有基本相同的动作成分和动作类型，几乎没有动作变化。平行手势单位重复出现构成了一种视觉节奏，与韵律节奏十分相似，因此是一个可识别的列举式话语单位。当然，并不能保证每一个相连的列举项目都会对应一个手势（活动），更不用说对应完全一样的手势了。发话人的确会做出不同的手势。关于不同列举项目的一系列重复手势详见例（3）。

（3）居中位置的说话者 X 讲述有一次在一节重要的课上她周围的同学都睡着了的经历

手部　｜~~~~~***/*******~①　　　　　　［图6与图7］②

01 X: 在那，<F 旁边旁边 F>都睡下，

图6　旁边（"这边"） 　　　　　　　**图7　旁边（"那边"）**

---

① 手势转写行通常放在相关语音单位的上面。在某些情况下，语音单位和手势单位由不同说话者产出，手势单位标记与发出手势方有关，并且在行号后加撇号（'）。本文中的手势转录遵循 Kendon（2004）提出的规约，采用以下符号：｜｜: 手势单位; ~~~~: 准备; * * * *: 活动;; * * * *: 活动后保持; -.-.-.-.: 复位。

② 手势转录行末尾的［F. 数字］表示其下方相应的图。这些图旨在描述所讨论的手势表达最具代表性的时刻，因为诸多列举手势，特别是复合类型手势，是由一系列手部动作组成的，截屏画面难免较为简短，而且在呈现手势的整体性和复杂性方面也受到限制。

手部　＊＊＊＊ －.－.－.－.｜　　　　　　［图8］
02　　前面都睡下，

图8　前边（"前面"）

03　　就很多那样睡着的么.

　　尽管图6-8的手势看起来具有指向性，但速度极快，特别是图6—图7中的手势，用快节奏符号＜F＞标记。在第一行的前两个敲击活动（用＊＊＊＊表示）之后，说话者举起手（用～～～～表示），然后在第二行做出第三个手部活动。整体看来，这三个手势构成了一系列视觉提示，表示列举总共有三个项目。

　　对会话样本（"家乡"）的统计结果显示，复合手势和重复手势的出现频率完全相同（表3中的数字代表单个列举结构的手势集合，而不是适用于个别列举项目的手势活动；在语料中没有发现两种类型的混用情况）。

表3　　　　　　　　列举中不同手势类型的分布情况

手势类型	形符数量	比例（%）
复合手势	13	50
重复手势	13	50
合计	26	100

如前所述，近期许多大量跨语言研究显示：列举最显著的特征包括词汇选择、句法平行、列举项目兼容的语调特征，以及跨列举项目和跨主要成分间整体可识别的韵律倾向。那么问题是，为什么列举手势会在面对面会话中同样普遍（至少在汉语会话中如此）？这仅仅是冗余和明显标记的问题吗？抑或正如许多手势研究所论证的那样，身态是用来传达不同类型的意义的一个模态（例如 Kendon，2004）？接下来将探讨手势在列举构建中的作用。

三　手势在构建列举序列中的作用

本研究发现，列举手势在会话中的功能非常广泛。根据说话人列举手势的不同，其功能可分为两大类。对于复合手势而言，最常见的功能是增强说服、例证和阐释的修辞效果，以往的研究对此已有广泛关注。相比之下，重复手势在话语结构、话语追踪和说话人之间的元互动（如话轮和话语权管理）方面的功能更为突出。下面几节将依次对这两大类手势及其功能进行讨论。

（一）复合手势

1. 增强说服、阐释和例证的修辞效果

以往文献中提出列举序列的主要功能中大多包括：框定和阐释（Sánchez–Ayala，2003）、修辞用法（Edwards，1994；Potter，1996）、指称功能（Tao，1996：95），等等，这些功能都是在没有考察手势的情况下提出的。然而，当考虑到手势时，可以认为说话人拥有了一种强大的视觉手段和一种附加模态来施加说服性的影响。[①] 此类功能详见例（4）。

　　（4）Y 向 R 描述了一个很受欢迎的金融教育项目，R 对此持怀疑态度

　　1　　Y：..试一下清华那个，
　　2　　　　..FMBA

[①] 现有研究中的不同观点，参阅 Cienki & Müller（2008）的研究。

汉语会话中的列举手势对多模态研究的启示　401

3　R：..F=M=BA 是什么玩意儿？
4　Y：..金融 MBA 呀.
5　R：..唉呀=.
6　Y：..那个可红=.
7　...可牛啊.
8　((W 和 F 在厨房交谈，F 在笑))
9　R：..都学什么呀，　　　　　　　　　　［图9］

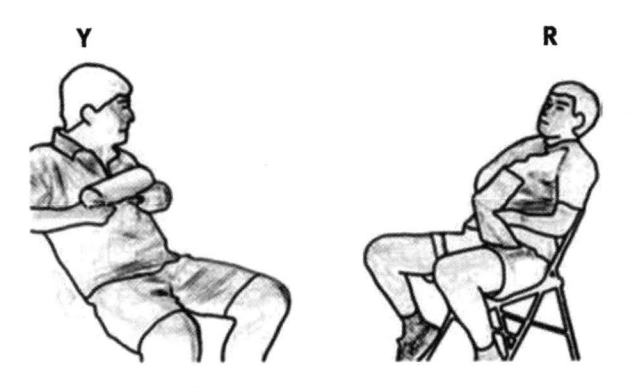

图9　列举手势前的姿势和空间情形（第9—10行）

10　　　这玩意儿？

手部　ı1 ~~********/************/*****　　［图10］

11　Y：...从开始投..银行投资开始，

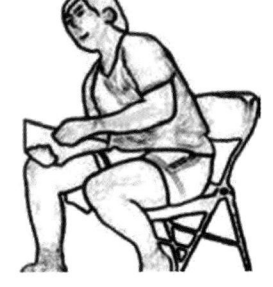

图10　第1个列举项目："从银行投资做起。"
　　　　拇指向内弯曲，触摸手掌

12　R：..［嗯］.
手部　　~~~~~~~~~~
13　Y：..［那个］==，
14　　　*******-.-.-.-　　　　　　［图11］
　　证券投资，

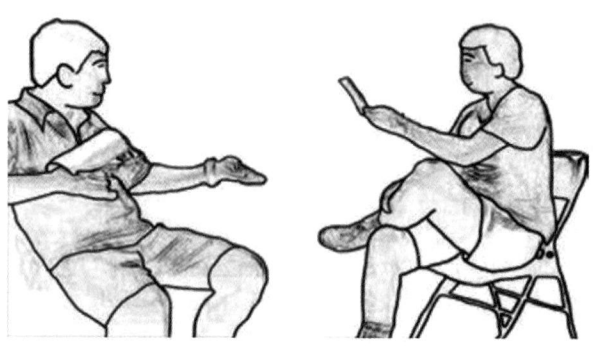

图11　第2个列举项目："证券投资"。
食指向内弯曲，放在弯曲的拇指上

手部　　~~**********-.-.-.-　　　　　　［图12］
15　　　...西方经济学，

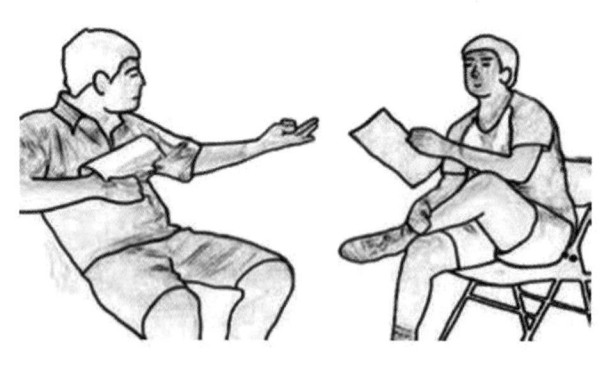

图12　第3个列举项目："西方经济学。"中指向内弯曲，触摸手掌

手部　　~~**********-.-.-.-.|　　　　　　［图13］
16　　　.. 全英文授课.

图13 第 4 个列举项目："全英文授课。"手臂和手伸向 R，然后收回到息止位置。(Y 进入姿势保持，R 停止说话)

17　　((W 进入，遮挡了部分场景))
18　　R：.. 我操，
19　　听不懂 =.

本例中，R 在一开始（第 3 行）讥讽似地询问 Y，表明他对 Y 推荐并计划参加的金融教育项目的价值表示怀疑。然而，在 R 敷衍地表示想了解该项目更多信息后（第 9—10 行），Y 开始对该项目作了大量描述，在第 11、14、15 和 16 行中列举出了一些他认为比较重要的内容。此时，Y 的语调十分热情，并借此提高了音量，重读了所关注项目的大多数音节，而且他的左手也伸向了 R，或者用 Kendon（1990）的术语来说，是它的 o 空间靠近 R 的 p 空间：每次产出列举项目时，他都会迅速将左臂和手伸向 R，同时伴有手指运动（如下所述），抬起手臂或手部，然后将它们收回到静止位置。因此，在列举第一项"银行投资"时（如图 10 所示），他向内弯曲拇指触摸手掌，放下左手，然后将该手势保持在一个正常位置。在列举第二项"证券投资"时，他将食指向内弯曲，放在弯曲的大拇指上（如图 11 所示）。在第二个保持和收回手势序列后列举第三个项目"西方经济学"（如图 12 所示）时，他的中指向内弯曲触摸手掌，再次重复保持和收回序列。最后，在列举第四个项目"全英文授课"（如图 13 所示）时，他将手臂和手伸向靠近 R 的空间，手掌向上张开，然后收回到静止位置，完成了该手势单位。在产出这个高度协调的复杂手势—言语序列（gesture - speech sequence）

时，他公开表示对这个被强调的教育项目充满热情。可以说，在整个列举过程中，R 虽然敷衍地听着 Y 的"推销辞令"，但并没有关注他，而是试图通过看一些文件（可能是研究人员给他的同意书）来压制 Y 的热情；然而他的眼睛却在注视着 Y 与互动相关的手部动作（如图 10 和图 12 所示；然而，由于主持人进入场景，图 13 中 R 被遮挡，图中没有显示）。这一事实表明，手势影响了 R 的注意力。从这个意义上讲，列举手势为说话人在增强韵律和句法的修辞效果上提供了附加手段——在这种情况下，"推销辞令"是通过教育项目中精选的几个重点来完成的——用以说服持怀疑态度的听众。

2. 复合手势的联合产出

鉴于复合手势有助于提供特定信息、阐释和例证，发话人可以利用这些手势向其他受话人索取背景信息。因此，尽管通常是同一发话人提供列举项目并且做出手势，但也有受话人跟随并代表第一或主要发话人发起列举的行为，从而使得受话人与主要发话人共同完成相关列举行为。详见例（5）。

（5）讨论海外大学项目中修读课程。H（右）代表主要发言者 X（中）发起了列举行为

1　X：…语言就说学那个，
2　　..最基础的那个 a i o e，那个－－
手部　　~~~~********~　　　［图 14］
3　H：你们就光学日语？

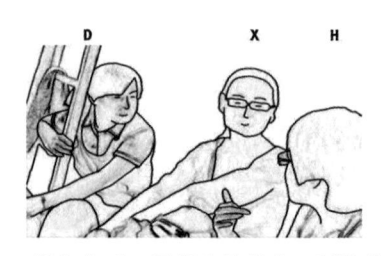

图 14　H 举起右手，拇指向外伸出，预设列举行为

手部　＊＊＊＊　　　　　　［图 15］
4　　..还有，

图 15　在说"还有"时，H 继续伸展拇指，食指略微伸展

5　X：(0) 政治，
5'　H：　　　＊＊＊＊　　　［图 16］

图 16　在另一位说话人 X 说出"政治"时，H 继续向外伸出食指

6　X：经济，
6'　H：＊＊＊＊　　　　　　［图 17］

图 17　在另一位说话人 X 说出"经济学"时，H 向外伸出中指

7　X：文化．

7'　H：＊＊＊＊　　　　［图 18］

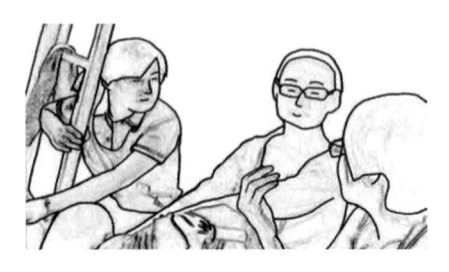

图 18　在另一位说话人 X 说出"文化"时，H 向外伸出无名指

　　在这个例子中，主要发话人 X（中间）正在描述其本科课程要求（包括外语要求），H（右）提供了一个候选项目"你们就光学日语？"（第 2 行），其后紧跟着一个添加义连词"还有"。话轮中这两句话语（第 2 行）先后与她的两个手势——右手拇指略微向外伸展（图 14）然后完全向外伸展（图 15）——相对应，这是一个由列举手势形成的序列，用于引发（或预设）X 的项目列举行为。当 X 紧接着列举出另外三个项目时，H 伸出她的其他手指（分别对应图 16、17 和 18 中的食指、中指和无名指），并与 X 说出每个列举项目（第 5—7 行）保持同步。因此，这种言语—手势的联合表达是由受话人发起合作列举的结果，该列举与已有研究中讨论过的基于言语和句法的联合构建的种类存在明显的不同（例如，详见 Lerner, 1991; Helasvou, 2004）。

　　因此，目前讨论的两个样本案例表明，主要发话人和受话人都可以使用复合列举手势来提供（或请求）附加的背景信息、阐释和例证，它们有时也可以增强说服的修辞效果。接下来讨论重复列举手势。

（二）重复手势：凸显列举项目的其他重要方面

　　与复合手势不同，重复手势并不仅仅包括某些相对稳定的手部形态和可预测的动作模式（motion pattern），所以重复手势可以表达复合手势可能无法表达的某些特征。

　　1. 指代功能

　　重复可以通过一系列精心设计的指示性手势来实现，这些手势展示了讨论中所指对象某些方面的特征。如前面第 398 页例（3）所示，其中一些空间指代是通过多个同步指示性手势来表达的。该例分析如下：

  （3）居中位置的说访者×讲述有一次在一节重要的课上她周围的同学都睡着了的经历。

  1 W： 专业课？
  2 H： 专业课.
  3 W： 哇，专业课都能睡.
  4 H： 俄罗斯学.
  5 W： 啊.
  手部 |~~~~~~****/********* [图6与图7]
  6 H： 在那，<F 旁边旁边 F>都睡下,

图6 旁边（"这边"）  图7 旁边（"那边"）

  手部 ****-.-.-.-.| [图8]
  7   前面都睡下,

图8 前边

  8   就很多那样睡着的么.

此例中，发话人借助手势清楚地表述了三个表示空间点的项目。借助与表达空间方向同步的快速指示性手势，该列举构造了发话人参与描述事件的完整环境。请注意，前两个空间方向的指代意义只能通过手势来表达，因为它们具有相同的词汇形式"旁边"，而该词本身无法区分预期的指代意义；另一个值得注意的特点是，与通常观察到的模式（Sánchez–Ayala，2003）相比，前两个项目一起出现在同一语调单位中，而最后一个项目出现在不同的语调单位中。就手势模式而言，前两个项目伴有两个快速指示性动作，而最后一个项目伴随单个长时间指示性动作活动（long pointing stroke）。这进一步证明了手势在进行指标性列举时的作用，因为如果没有手势，列举关系可能不会像它应有的那样清晰（在本文讨论部分将继续探讨这个问题）。还需注意，在这个三分（three–part）列举中，前两个项目与最后一个项目的语调（处在同一IU 中）和手势均不相同（前两项是快速指示性手势，而最后一项是长时间动作）。此前已考察的第三个项目的独特性，在这里再次得到印证。

2. 跟踪冗长而复杂的列举行为

重复手势十分灵活，其另一个常见功能是提供视觉线索来构建复杂的讲述和描述。正如 Jefferson（1990）和其他许多研究者所指出的那样，因包含多个插入成分且对单个组件和项目进行详尽阐述，列举可能会变得相当复杂。Selting（2007：501—504）指出，韵律可以通过在不相邻的关键元素之间保持相似的语音或韵律模式来投射复杂的列举。在本研究语料中，当其他资源不一定能够投射出明显的列举时，重复手势可以进行投射。具体阐释见以下例子。

(6) X（中）正在与 D（左）和 H（右）讨论她的理想男友和未来丈夫

1　X：但我就觉得，..你找个男朋— — —唉你就这样说，..两个选择在你面前.

手部　　　　　　　　|~*******-.-.-|　　　　［图19］

2　　...一个男的，就是说那种一般稍微偏上一点，

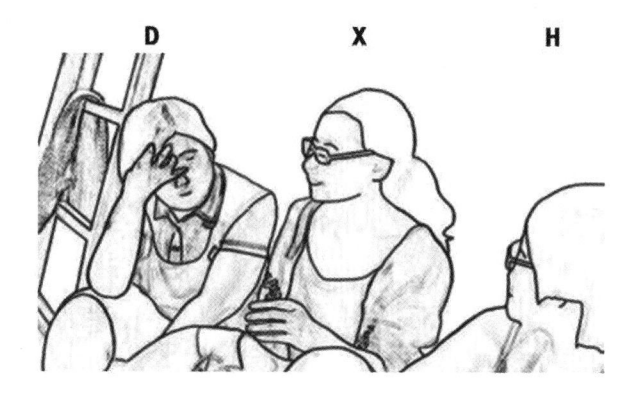

图19　X 在起初阐述第一个选择时左手微微抬起

3　　就是那种中等家庭吧，就是说，嗯有个房子，不是很，就
　　　是说有房有车，就是很一般，一般的车那种，
手部　|~~*****-.-.-.-.-.-.-.-|　　[图20]
4　　...然后这是一个男的，但是，他可能对你很专一呀，不
　　　在外面乱搞那样的.

图20　X 在复述第一个选择时，左手掌张开并抬起左手

5　　H：...我老头啊.
6　　X：..呵呵.
7　　D：...我就喜欢这样的.
手中　|~~**********-.-|　[图21]
8　　X：...一个是这样的，

410　☞　下篇　话语语法构式及多模态研究

图21　X再次简要概述了第一个选择，左手抬起，食指伸展

手部　　|~~~~~~~~~~********/**-.-.****-.-.-.**-.-***.-.-|
　　　　[图22]

9　X：... 还有一个是家里面很有钱，然后当然他也给你花钱，

**图22　X开始谈论第二个选择，
左手手掌张开并抬起，然后放回到右膝上**

手部　　　　　　　　　|~~~~~~~**********-.-.-.-.-.-.|　[图23]
10　X：... 但问题是说，... 除了你以外还有别的女人。

图23　X继续阐述第二个选择意味着什么

11　H：... 我要前一种啊.
12　D：肯定要前一种，是女的都要前一种，嗯.

在这个例子中，发话人 X（中）首先明确表达了两个选项（"两个选择在你面前"），投射出即将到来的一个（简短）列举。发话人在简要提及第一个项目时使用了一个手势（第 2 行，图 19）来直观表达，以引起受话人注意。在发出第一个选择之后，就对该选择的限定内容进行了详细描述（第 3 行）。因为描述复杂，所以发话人在第 4 行（图 20）做了一个简短总结。此时，两位共同参与者作出评论，加入讨论中（第 5—7 行）。由于这仅是两个选择结构的一部分，发话人 X 再次抬起左手并伸出食指（图 21）做了一个手势（第 8 行），来配合过渡性质的总结——"一个是这样的"，并发出信号表明正在进行的列举行为还未结束。之后，她立即做出另一个手势（以及后来的一系列手势，左手手掌张开并抬起，然后放回到右膝上）（第 9 行，图 22）来讲述第二个选择（"还有一个是"），并且继续描述该选择的限定内容。

可见，尽管严格意义上说列举的整体结构并不复杂，只涉及两个项目（同样，关于少于三分列举的重要性的考察，参见本文的讨论部分），且具有明显的词汇和语法平行结构（"一个""还有一个"）来指示相关成分的半列举性质，但在其他方面该列举却十分复杂，包括阐释每一个项目的内容、对比所有项目，以及由其他参与者扩展的交换序列等。列举的复杂性也可通过动作发出时间反映出来：从明确表达出第一个选择（第 2 行）到完成对该选择的讨论（第 8 行），时间过去了 17 秒，其对应的平行选择项目已变得相当模糊。在总结处（第 4 行和第 8 行）和转换处（第 8 行）的重复手势（均为左手）有助于创建一致的视觉标记。如图 22 所示，在第 9 行，第二个选择的手部信号紧接第一个选择的结束信号，进一步促成了转换行为。因此，发话人将列举手势策略性地放置在扩展互动序列的关键点上，从而如指示牌般来帮助共同参与者以可视化的方式跟踪话语结构边界。此处可以看到，由于另外两位共同参与者也参与了列举，从而使得这些手势具有特别的意义。

3. 涉及话轮转换和维持发言权的元互动功能

尽管目前所讨论的案例可能符合社会认知取向，但产出和理解复杂列举结构或简单列举结构（其语言特征不简明或话轮变化较复杂）的认知需求促成了手势的产出。从这种意义上讲，以下例（7）可证明手势可直接用于话轮管理或者话语权管理（称为"元互动"）。在此例中，三位男性说话人正在探讨他们当中某些人计划修读的教育项目有哪些最佳课程。由于会话参与者的想法不同且获取信息的途径各异,他们很难说服彼此。例子中的会话参与者都是老朋友,他们可以随意交谈而不会冒犯彼此,因此让其他参与者将注意力集中到谈论相关问题的发话人身上都并非易事。此时,发话人Y(左)希望其他参与者能听他详述未来的计划。

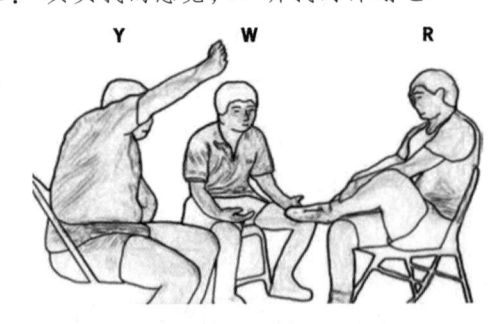

(7) Y(左)提出与W(中)和R(右)分享他明年的教育计划

手部　　　　　　|~~**************|　　[图24]
1　　Y:　其实我的感觉,.. 听我的计划吧.

图24　Y举起右手,明确要求受话者注意

手部　　　　|~*******|　　　　　　[图25]
2　　　　　... 首先,

图25　Y伸展若干手指连同手臂指向空中以维持话轮或话语权

手部　　　|~~~~~~~~~~~~*******|　[图26]
3　　　　　.. 关于这个学.. 肯定要上.

汉语会话中的列举手势对多模态研究的启示　　413

图 26　Y 做出同样的手势，保持与图 25 中的相同状态

4　　W：.. 嗯.
5　　R：.. 嗯.
手部　　　|~~~~~~~~~~~~****|　　　[图 27]
6　　Y：第一个选择是... [PMP]，

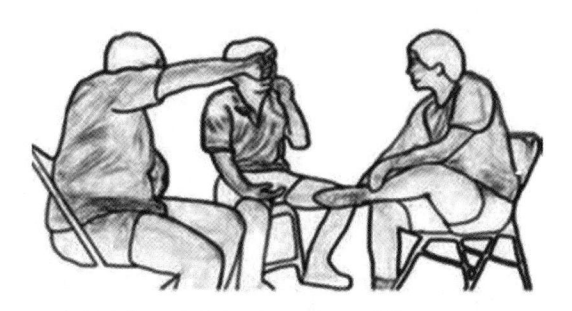

图 27　Y 在说出第一个选择时继续保持手势以维持话轮或话语权

7　　W：[肚子疼].
手部　　　|~~~~~~~~~~~~~~~~********|　　　[图 28]
8　　Y：... 另外一个选择是这个 .. 应用数学，

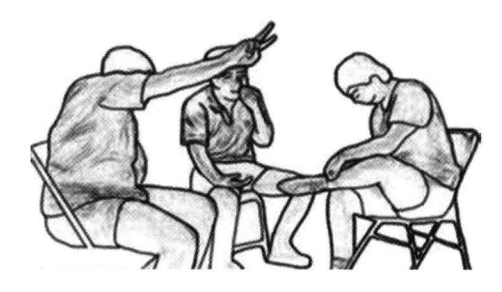

图 28　Y 在说出第二个选择时继续保持手势以维持话轮或话语权

手部　　｜~~~~~~~~~~~*****｜　　　　　［图29］
9　　Y：…第三个选择..FMBA.

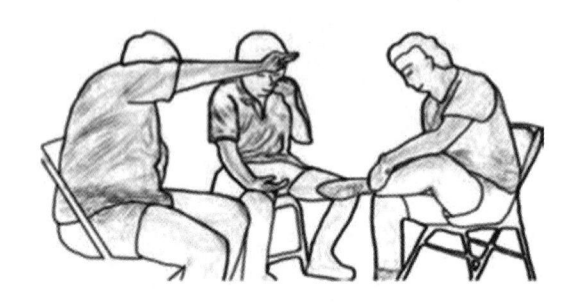

图29　Y 在说出第三个选择时继续保持手势以维持话轮或话语权

10　　R：..太贵.
手部　　｜~*********~~****｜　　　　　［图30］
11　　Y：今年不成［1 明年上 1］.

图30　Y 展开并收回手部（分别对应两个与时间相关的表达）

12　　R：　　　　　　［1 经济 1］ -
13　　Y：［2@@2］
14　　R：［2 经济上 2］你得，
15　　　　你得考虑到［3X 这个 X3］.
16　　Y：　　　　　［3X 今年 X3］先把钱挣上.

在此例之前，三位说话人就各自教育计划的利弊展开了激烈的讨论。在此例的起始部分，发话人 Y 直接要求其他两位参与者停止讲话，并将话语权移交给他，为此行为及接下来的列举他调整了身体动作。Y 的手势十分明显，因为在整个序列中他的右臂都是抬起并伸展的状态（如图24 至图30 所示）。当 Y 产出多个项目（"选择"）（第6、8、9 行）时，他调整手臂的高度并移动伸出的手部的手指来表示每个项目，但在整个进行中的扩展序列中，他的手臂都处于伸出状态且维持在较为明显的高度。在这种情况下，即便其他参与者试图通过有时凝视对方，有时看向自己的物品来逃避这种强加的压力，但除了关注发话人说话内容之外他们别无选择（由他们在第 4—5 行的连续回答和随后在第 10、12 和 14—15 行的回答可知）。因此，可以说该互动中的手势具有元互动功能，在以下诸多方面为发话人 Y 提供了帮助：试图确保最初话轮并吸引参与者的注意，表达列举项目，以及维持对话的发言权等。

四　讨论与结论

总体来看，汉语口语语料验证了早期的许多研究结果，包括不同合作程度的列举行为的词汇特征、句法特征和韵律特征、第三项（或最后一项）的独特性，以及会话人如何通过互相配合来参与列举产出及理解列举内容。同时，我们还看到，视频录制的汉语口语会话中，列举手势以各种方式推进了互动进程。诸多研究表明，手势可以阐释语言内容，但本研究显示，手势能够为会话人进行人际交流提供额外的维度，与其他模态相比，手势具有特殊的作用。

第一，在手势研究甚至其他相关领域，列举手势及其所在序列引发了重要的理论和方法论问题。首先是列举的构成问题。本文开头已指出，尽管可以通过修订定义来确保方法论的合理性，但实际上，理论取向可能会限制分析者的关注点。在这方面，需要指出的是，关于列举构建的文献目前为止几乎都集中于具有三个平行（在形态和韵律上可观察）部分的内容，这无疑是基于出现频率的典型的列举结构。然而，在实时互动中，说话人经常使用手势来标记列举，或者使序列看起来与列举相似，但其语言结构可能较弱（或不适合）而无法建立列举（如例［3］和例

[6]），或者所表达的项目可能少于 3 项（如例 [6]），这就要求考虑是否应该从理论和方法论方面将其视作列举。本文基于说话人的身体动作将其视作列举，这里的身体动作指的是会话参与者使用的手势与他们在其他更明显的列举模式中（在躯体形态和身体动作方面）的手势类似。也许会有人质疑我们的研究从某种意义上扩大了列举的概念；但另一方面，这只是发话人的行为，并且直到开始关注他们如何利用手势资源时，我们才意识到这一点。参与者自身的互动表现似乎为我们的分析提供了证据。除了以上分析的"语言结构较弱"的例子，当投射列举时，受话人通过阻碍话语扩展或偏离会话主题的方式来显示他们对当前谈话的取向（作为不完整列举的一部分）。因此，在例（6）中，虽然受话人在第1个项目末尾（在第5行和第7行）作出了简短评论，但他们只是已完成两项列举（第10行）的主要发话人（X）进行的宽泛评论。主要发话人进一步扩展她的述说，并在完成投射前（列举最后部分）给出重复总结，从而将她对当前谈话的取向通过正在进行的列举形式呈现出来。鉴于此，Streeck & Hartge（1992）将列举视为相关手势可为即将出现的话语创造语境的手段之一。因此，需要强调的是，互动多模态观可以让我们认识到原本没有注意到的一些特性。

第二，相关的问题涉及三分的特点。自 Jefferson（1990）以来，列举的三分性一直被广泛认为是说话人定义列举的一个重要特征。例如，研究者已经证明列举的第二项（Lerner，1994）和第三项（Jefferson，1990）对话轮转换和其他会话实践都有着重要的投射意义。有学者认为，说话人通过观察这些项目的产出和完成，相应地调整其言语行为。毫无疑问，无论是在传统的狭义方面，还是新的扩展意义方面，三分性都是无处不在的，但我们也看到，由于手势的使用，一些列举内容可能会非常翔实，整体结构可能会相当复杂。在这些例子中，互动动态可能与主要基于词汇、句法、韵律和语义来识别且较为简单的列举有很大不同。因此，在例（6）中，当第一个项目出现后，共同参与者随即开始评论，尽管非常简短，但最终引起了多个发话人的身份转换。

第三，列举手势在诸多方面可以促进元互动，这引发了关于列举出现的环境和过程的问题。由文献综述部分可知，早期研究倾向于关注列举的主体（Jefferson，1990），而最近的研究将列举的主体放在一个更大的序列中，扩大了考察范围，即列举本身只占据一个（即中间）部分。这显然使我们在理解互动中的列举方面取得了较大的进步，因为列举并不是突然出现的，列举之前需要有一个起始过程，且之后也有一个后续过程。尽管相关研究文献已十分丰富，但对于列举作为一个过程或一种结果是如何呈现的还需进一步研究。本文基于手势的研究有望在这方面提供一些启示。例如，由例（7）可知，说话人为了产出一个列举，有时必须付出很大的努力来获得并维持会话话语权，在此情况下，视觉模态可协助完成该任务。本研究还发现，列举可由发话人发起，由主要听话人完成，见例（5），这表明听话人在以列举为导向的谈话片段中起到的作用比已有研究指出的作用更为积极。尽管本研究尚未对列举结构的互动过程进行细致分析，但如果不研究手势等身体动作（bodily behavior）在互动中的作用，这种分析便无法完成。

第四，手势研究的相关文献扩展了对手势作为话语框架手段的作用的研究。例如，Kendon（1972）展示了发话人如何使用不同手掌形态来表达不同的会话主题。Kendon（2004，第9章）还展示了如何用不同手势标记主题和评论结构，即他所谓的句法分析功能（the parsing function）。McNeill及其同事在一系列研究中（Levy & McNeill，1992；McNeill & Levy，1993；McNeill et al.，2015）指出会话参与者如何利用手势来标记信息状态和话语动态过程，并提供了强有力的证据证明手势与话语单位（称为"集域"）之间存在相关性。基于此，他们认为手势是创建高级话语单位的一部分，因此应当被认为是言语交际的一个不可或缺的组成部分。尽管与前述研究的单位种类不同，但本文对手势在列举生成过程中的分析进一步论证了手势在创建更高级别的单位中所起的作用。

综上所述，本研究得出的总体结论是，虽然多模态在人类互动中存在已是不争事实，但也有明显的证据表明，由于不同的交际情境需要，不同的模态可能会以各自独特的方式促进社会互动：不同的情境可能需要使用特定类型的交际资源，或者需要特殊配置多种互动资源。这些资源之间关系复杂，它们互相关联而又彼此独立，为我们理解日常互动实践带来了挑战的同时也带来了机遇。

参考文献

Atkinson J. Maxwell, "Public speaking and audience responses: some techniques for inviting applause". In Atkinson, J. Maxwell & John Heritage (eds.) *Structures of Social Action: Studies in Conversation Analysis*, 370 – 409. Cambridge: Cambridge University Press, 1984.

Auer Peter, "Syntactic structures and their symbiotic guests: notes on analepsis from the perspective of on – line syntax". *Pragmatics*, Vol. 24, No. 3, 2014, 533 – 560.

Boon Andy, *Advocacy (2nd Edition)*. London: Cavendish Publishing Limited, 1999.

Chafe Wallace, "Cognitive constraints on information flow". In Russell Tomlin (ed.) *Coherence and Grounding in Discourse*, 21 – 51. Amsterdam: John Benjamins, 1987.

Chafe Wallace, *Discourse, Consciousness, and Time: The Flow and Displacement of Conscious Experience in Speaking and Writing*. Chicago: University of Chicago Press, 1994.

Cienki Alan & Cornelia Müller (eds.) *Metaphor and Gesture*. Amsterdam: John Benjamins, 2008.

Couper – Kulhen Elizabeth, *An Introduction to English Prosody*. Tubingen: Niemeyer, 1986.

Drew Paul, "Strategies in the contest between lawyer and witness in cross – examination". In Judith N. Levi & Anne Graffam Walker (eds.) *Language in the Judicial Process*, 39 – 64. New York: Plenum Press, 1990.

Du Bois John W., Stephan Schuetze C., Susanna Cumming & Danae Paolino, "Outline of discourse transcription". In Jane Edwards & Martin Lampert (eds.) *Talking Data*, 45 – 89. Hillsdale, New Jersey: Lawrence Erbaum Associates, 1993.

Edwards Derek, "Scripts formulations: an analysis of event descriptions in conversation". *Journal of Language and Social Psychology*, Vol. 13, No. 3, 1994, 211 – 247.

Erickson Frederick, "Money tree, lasagna bush, salt and pepper: social construction of topical cohesion in conversation among Italian – Americans". In Deborah Tannen (ed.) *Analyzing Discourse*, 43 – 70. Washington, DC: Georgetown University Press, 1982.

Erickson Frederick, "They know all the lines: rhythmic organization and contextualization in a conversational listing routine". In Peter Auer & Aldo Di Luzio (eds.) *The Contextualization of Language*, 365 – 397. Amsterdam: John Benjamins, 1992.

Fox Barbara A, *Discourse Structure and Anaphora: Written and Conversational English*. Cambridge: Cambridge University Press, 1987.

Goodwin Charles, "Action and embodiment within situated human interaction". *Journal of Pragmatics*, Vol. 32, No. 10, 2000, 1489 – 1522.

Goodwin Charles, "The co – operative, transformative organization of human action and knowledge". *Journal of Pragmatics*, Vol. 46, No. 1, 2013, 8 – 23.

Helasvuo Marja – Liisà, "Shared syntax: the grammar of co – construction". *Journal of Pragmatics*, Vol. 36, No. 8, 2004, 1315 – 1336.

Heritage John & David L Greatbatch, "Generating applause: a study of rhetoric and response at party political conferences". *American Journal of Sociology*, Vol. 92, No. 1, 1986, 110 – 157.

Jefferson Gail, "List – construction as a task and a resource". In George Psathas (ed.) *Interaction Competence*, 63 – 92. Washington, D. C.: University Press of America, 1990.

Karlsson Susanna, "Multimodalitet I listproduktion". In Camilla Lindholm & Jan Lindström (eds.) *Språk och interaktion 2*, 141 – 170, 2010.

Kendon Adam, "Some relationships between body motion and speech". In Siegman, Aron Wolfe & Benjamin Pope (eds.) *Studies in Dyadic Communication*, 177 – 213, New York: Pergamon, 1972.

Kendon Adam, *Conducting Interaction: Patterns of Behavior in Focused Encounters*. Cambridge: Cambridge University Press, 1990.

Kendon Adam, *Gesture: Visible Action as Utterance*. Cambridge: Cambridge University Press, 2004.

Kita Sotaro, *Language and Thought Interface: A Study of Spontaneous Gestures and Japanese Mimetics*. University of Chicago dissertation, 1993.

Heike Knerich, "Liststructures as preformed structures – preformed expressions within list structures". *Linguistic Online*, Vol. 62, No. 5, 2013, https://bop.unibe.ch/linguistik-online/article/view/1307.

Küntay Aylin C., "Lists as alternative discourse structures to narratives in preschool children's conversations". *Discourse Processes*, Vol. 38, No. 1, 2004, 95 – 118.

Lerner Gene H., "Responsivelist construction: a conversational resource for accomplishing multifaceted social action". *Journal of Language and Social Psychology*, Vol. 13, No. 1, 1994, 20 – 33.

Lerner Gene H., "On thesyntax of sentences – in – progress". *Language in Society*, Vol. 20, No. 3, 441 – 458, 1991.

Levy Elena T. & David McNeill, "Speech, gesture, and discourse". *Discourse Processes*, Vol. 15, No. 3, 1992, 277 – 301.

McNeill David & Elena T. Levy, "Cohesion and discourse", *Discourse Processes*, Vol. 16, No. 4, 363 – 386, 1993.

McNeill David, Levy Elena T. & Duncan Susan D., "Gesture in discourse". In Deborah Tannen, Heidi E. Hamilton & Deborah Schiffrin (eds.) *the Handbook of Discourse Analysis*, 262 – 289. Oxford: Blackwell Publishers, 2015.

Potter Jonathan, *Representing Reality: Discourse, Rhetoric and Social Construction*. London: Sage, 1996.

Sando Ouafeu Yves Talla, "Listing intonation in cameroon English speech". *World Englishes*, Vol. 25, No. 3/4, 2006, 491 – 500.

Sánchez – Ayala Ivo., "Constructions as resources for interaction: lists in English and Spanish conversation". *Discourse Studies*, Vol. 5, No. 3, 2003, 323 – 349.

Schank Roger C. & Robert Abelson, *Scripts, Plans, Goals and Understanding*. Hillsdale, New Jersey: Lawrence Erlbaum, 1977.

Schiffrin Debroah, "Making a list". *Discourse Processes*, Vol. 17, No. 3, 1994, 377 – 406.

Schröder Ulrike, "Multimodal metaphors as cognitive pivots for the construction of cultural otherness in talk". *Intercultural Pragmatics*, Vol. 14, No. 4, 2017, 493 – 524.

Selting Margret, "Listen: sequenzielle und prosodische struktur einer kommunikativen praktik – eine untersuchung im rahmen der interaktionalen linguistik". *Zeitschrift für Sprachwissenschaft*, Vol. 23, No. 1, 2004, 1 – 46.

Selting Margret, "Lists as embedded structures and the prosody of list construction as an interactional resource". *Journal of Pragmatics*, Vol. 39, No. 3, 2007, 483 – 526.

Streeck Jürgen & Ulrike Hartge, "Previews: gestures at the transition place". In Peter Auer & Aldo Di Luzio (eds.) *The Contextualization of Language*, 135 – 157. Amsterdam: John Benjamins, 1992.

Streeck Jürgen, "Metaphor and gesture: a view from the microanalysis of interaction". In Alan Cienki & Cornelia Müller (eds.) *Metaphor and Gesture*, 289 – 294. Amsterdam: John Benjamins, 2008.

Stivers Tanya & Jack Sidnell, "Introduction: multimodal interaction". *Semiotica*, Vol. 156, 2005, 1 – 20.

Tao Hongyin, *Units in Mandarin Conversation: Prosody, Discourse, and Grammar*. Amsterdam & Philadelphia: John Benjamins, 1996.

身体（视线）移动在参与者立场协商中的作用[*]

一 人际交流研究综述

众所周知，语言是一种社会文化工具，说话人利用该工具在谈话中与一些会话参与者建立一致立场，或产生立场分离。首先，语言是人们在社会群体中表达接纳和排斥的主要媒介。其次，语言回应社会现象的方式是具体的、具有普遍性的且类型多样的。例如，语言学家认为世界语言的语法系统都可以对诸如自我、直接受话者、他人等社会角色类别进行编码并不奇怪，这一点可从代词系统中看出。语言学家们也会很自然地对编码社会现象的词汇语法感兴趣，并对语言学问题给予极大的关注。但是，当我们观察社会互动在面对面场合中的进行方式时不难注意到，言语形式只是发话者用于进行互动的诸多资源中的一部分（Gumperzn, 1982; Kendon, 1972、1997 以及其中的文献综述），也就是说，会话参与者会同时使用言语和非言语手段来表达互动意义。因此，要想了解互动意义是如何传达的，就必须从整体上细致考察言语以及非言语手段的互动活动。换句话说，我们需要采取一个基于活动的（Duranti, 1997; Goffman, 1961; Goodenough, 1981; M. Goodwin, 1990; Levin-

---

[*] 本文来源于芝加哥语言学会第 35 届地区会议论文集（第 II 卷）：专题讨论会，第 125—139 页，芝加哥：芝加哥语言学会。

son，1979；Ochs，1988、1996；Vygotsky，1978）综合的语言使用观。①

语言和社会互动领域的研究成果已充分证明了身体活动在面对面互动中的重要作用。例如，Kendon（1977、1992）讨论了参与者的空间朝向在互动中的作用；C. Goodwin（1979、1981、1995）说明了视线转移在话语互动构建中的重要作用；Heath（1984、1986、1992）指出，医患互动中的身体活动可以影响受话者的回应；Schegloff（1984）强调在言谈互动中，言语和身体活动的作用是互补的。已有研究表明，参与者在会话互动中不仅拥有不同的背景信息和互动目标，还主动地在彼此之间构建一致立场，并适时地创造互动语境（Duranti & C. Goodwin，1992；C. Goodwin，1984、1986；M. Goodwin，1990；Haviland，1986；Tannen，1984）。然而，大多数具有影响力的研究往往是基于英式英语或美式英语会话语料，研究对象通常是典型的中产阶级。本文试图将这种分析扩展到汉语普通话领域，用基于朋友间的会话录像，来试图说明在汉语普通话会话互动中，身体活动，尤其是视线转移在构建参与者框架中也起着重要作用。具体而言，笔者以语言使用的综合观为论证的出发点，提出以下两个观点：第一，在面对面互动中，参与者同时使用言语和非言语手段构建社会群体身份，即与一些参与者建立一致立场，与其他参与者产生立场分离；第二，在构建群体身份的过程中，非语言行为所起的作用不亚于语言手段的作用。

二　语料和会话参与者

本研究的语料来自四名男性朋友之间的会话录像，他们都是汉语普通话母语者。这场会话持续时长30分钟，发生在1996年6月11日北京的一个酒店房间中。

在本文中，四名参与者分别以A、B、C和D来指代。参与者A是北京某大学一名50多岁（语料采集时）的教职工；参与者B 30多岁，是

---

① Jim Lantolf 和 Traci Suiter 曾对本文初稿提出了详细的宝贵意见；1999 年春康奈尔大学研修班 Approaches to Discourse 课程的全体学生，以及聆听了我文章汇报的学生们对本话题给予了积极反馈。

北京一家大型国家研究所的重要职员；C 是中国另一个城市的一名市政府官员，40 多岁，录音时正在北京进修；D 是一名研究人员，30 多岁，从国外回北京。尽管他们之间一直有联系，但 D 将近 8 年未与 A、B、C 见面了。参与者 A 和 B 都在北京工作，他们见面很频繁；C 平均每年至少与 A 和 B 见一次面。

四人之间维持着长久的友谊，他们曾在同一所大学就读，并在同一间宿舍生活多年，他们的友谊也是从那时开始的。这次会话发生起因是 D 回京，D 住在由 B 安排的酒店里。录像当天，A、B 和 C 来到 D 的酒店房间，一起去吃午餐前，他们在房间里聊天，因为 D 许久未与其他三人见面，所以整体氛围是友好式的聚会。

谈话过程中，A、B 和 C 主导了谈话，而研究人员 D 则忙于操作录像设备，并为了达到最大程度的客观化（Goodwin，1981），尽量不打断他们的谈话，故研究人员不在录制画面中。其他三名参与者的座位位置如图 1 所示，该图还显示了参与者的默认视线方向，即他们就座时的自然视线方向。

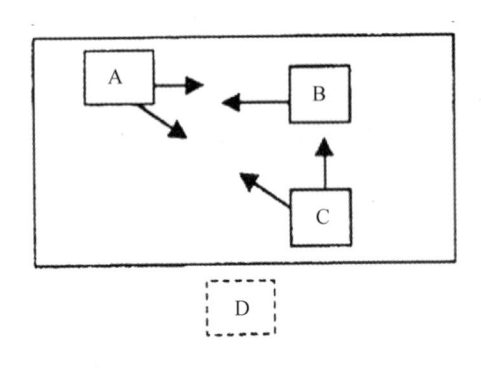

图 1　座位安排以及默认视线位置

另外，参与者 A 坐在行李架上，而参与者 B 和 C 坐在沙发上，看起来更加放松。

三　初步的观察和相关问题

座位安排和上述的默认视线方向引发了一些有趣的互动问题。如俯瞰图所示，A 和 C 的互动视觉空间都比较大，他们都可以很容易地看到其他两名参与者。另外，B 却面临着一些互动视觉的挑战，他坐在 A 和 C 之间，其默认视线方向略微靠近 A，但总体上他一次只能看到一名参与者。

这种座位安排带来的主要互动问题（特别是对 B 来说）是：影响 B（或其他参与者）身体活动的因素是什么？此处的"身体活动"主要是指视线的移动和随之产生的头部活动。因此，要探讨的问题是：考虑到 B 所处的是中间位置，那么是什么原因促使他在互动过程中的视线发生改变。①

关于这一点有以下几个假设：第一个是"无关假设（the Null Hypothesis）"。该假设指出，身体活动基本上是随意的，难以预测的，因此与互动研究无关。就本例来看，意味着 B 看向他的会话者的视线方向是完全不可预测的，但根据本文第一部分引用的大量文献以及语料观察，可以肯定的是，"无关假设"是不成立的。

第二个可称为"相关假设（Relevance Hypothesis）"。该假设认为身体活动与面对面互动是高度相关的；身体活动在互动中的功能之一就是关注谈话者的活动并获取他们的注意力（Kendon，1967、1977）；它以模式化的方式及话轮转换与接受相关联（Goodwin，1981、1995；Heath，1984、1986、1992）。身体活动与互动的关联性研究，特别是在传统的会话分析领域的研究，已有大量且极具启发性的研究成果。该假设对于本语料的意义至少体现在以下几个方面：当 A 和 C 中的任何一位发话时，或者当 B 有意将其中一位指定为受话对象时，B 就会直接看向这一方。本文中的语料清楚地表明了这一点：B 有大量的视线移动可以认为与话轮组织活动相关。例如，当 A 说话时，B 会看向 A；当 B 将 C 指定为受话对象时，B 会看向 C，这与会话分析的预测完全一致。然而，这些语料还表明了视线移动的其他互动功能，这也就引发了下一条假设，即工具假

---

① 在心理学文献中，研究者们对与视线活动相关的一系列术语进行了区分。例如，"looking"是指直视对方的眼睛；"seeing"是指看着整个人；"eye contact"是指双方同时对视（Rutter，1984）。但在本文中，笔者对这些术语的区分没有那么严格，这是因为：首先，与本文的研究内容相关的是视线的方向，而非视线的类别；其次，至少在笔者看来，在视频语料中，参与者是直视对方的眼睛，还是看向整个人并不总是能被清楚区分。

设（Instrument Hypothesis）。

"工具假设"认为，身体活动不仅与话轮转换和指明受话对象相关，还可以作为一种互动资源帮助参与者主动地与其中的某位参与者建立一致立场，并与其他参与者产生立场分离。换言之，至少在某些语境中，视线可以在社会互动的组织方面发挥更积极的作用，而非仅仅是辅助其他互动行为，它具有高度支配性。下文将为这一观点提供语料证据。

四 身体活动在参与者立场协商中的作用

如前文所述，上例会话语料中四名参与者在许久未见之后都很高兴再见到对方，会话的整体气氛显然是一种团聚的快乐氛围，然而他们谈话的方式似乎与人们对这种社会活动的通常预期大相径庭：在谈话过程中，A、B 和 C 之间经常出现相当"刻薄"的言语对抗（verbal confrontation）——参与者之间会互相开玩笑，参与者 A 遭到了言语嘲讽，特别是来自参与者 B 的调侃。换句话说，在这种情况下，B 会主动地把处于中立立场的 C 作为受话对象（Goodwin, 1984），而未将预设的受话者 A 作为受话对象，尤其是在互动中的"对抗"环节。本节将在接下来的内容中论证，至少在该互动场合，B 在对 A 进行言语嘲讽时频繁地注视 C，是为了与 C 在立场上建立同盟，同时与 A 产生立场分离。

在分析相关的互动语料前，首先介绍一下本文使用的一些转写符号。这些符号大多数与视线接触相关，是本文分析的重点。[①]

符号	意义
B：＞＞C＞＞ 词、词、词	－B 看着 C 并开始对 C 说话

---

① 本文所使用的其他转写惯例大体遵循 Du Bois 等（1992）使用的惯例。以下是本文所使用的一些主要惯例。每个标点单位代表一个语调单位，语调单位是指由一个连贯的语调调型下发出的言语（Chafe, 1987、1994, Du Bois 等 1993, Tao, 1996）。","代表继续的语调调型；"."代表终止的语调调型；"?"代表提问语调调型；"ˆ"代表重读音节；"…（）"代表超过 1 秒的停顿；"＜ZZ WORDS ZZ＞"代表特定音质，例如，"＜LD　LD＞"代表抬高音量；"＜@　@＞"代表边说边笑；"＜X X＞"代表不确定的内容；"（（XXXX））"代表研究者的评论或重要的言语和非言语行为。

B：	－－C＞＞	词、词、词	－B一直看着C
A：		词、词＜＜B＜＜	－B此时看着A
B：		＞＞A＞＞	－B此时开始看向A
［X］			
［Y］			－言语的重叠或视线的重合
＠＠＠			－笑声

接下来将考察B的视线的工具性功能，总的来说，B看向C的视线总是与对A进行的负面活动或对C进行的正面活动有关。下面的活动或场合是B策略性利用视线的典型语境。

在第一类活动中，当B试图暗示与A的不同立场，并寻求C的认同时，会将视线移向C，如例（1）所示。

在该对话中，B试图向A解释为什么从海外购买大型家用电器不是一个好主意，但是A的观点略有不同。当听到A在第4行的否定回应时，B意识到A并不完全认同他的观点，于是他在第5行末尾打断了A的话语，并看向C继续进行解释，C通过认同标记"嗯嗯"对B表达了认同（第9行和第12行），B在接下来的对话中与C保持对视，直到A重新开始讲话（第15—18行）。

（1）从海外购买大型家电①

1	B：	－－A＞＞	买那个…摄像机不合适，买电视不合适，
2			那算了算账，都，比国内市场卖的还贵，
3			按美元依着过来，音响不合适，
4	A：		不，
5			你要买一个就是，不是［新的，］
6	B：	＞＞C＞＞	［冰箱］也不太合适
7			冰箱，大容量的冰箱可以，合适，
8			小的那都不合适，价钱比国内－的卖－的还贵．
9	C：		嗯嗯．

---

① 本章语料背景为译者增补。

10	B：--C>>	像那个东芝的，就是组装-机，实际就是泰国
11		那的组装机，
12	C：	嗯嗯.
13	B：--C>>	组装那个冰柜，那个那都不合适，
14		买电脑也不合适.
15	A：	（（喷鼻息音））
16		…（）
17		就我那个==师弟<<B<<他前年从美国回来，
18	B：	>>A>> （（注视着A））

B的视线方向显然与所选择的受话者有关：B看向A（在例［1］的开头和结尾处）还是C，取决于话轮中谁是他认定的受话对象。但是从该例来看，视线方向的作用不仅仅是指定受话对象（Ahrens, 1997）：正是当A表达出对B的不认同时，才将视线转向C，并且正是因为C对他的发言表现出兴趣（或至少没有明显的反对迹象），B才在谈话的最后部分一直与C保持对视。在这个谈话片段中，话轮转换和视线移动共同用于组织社会活动：B向C的视线转移与打断A进行中的话轮同时发生，从而成功构建了打断行为。

下例展现了B的视线转向C的另外两种语境：1）B煽动A参与负面活动；2）B对A想象中的行为提供负面的假设细节。

例（2）中，会话参与者们正在谈论A有机会去美国进行交流访问的事情，B建议A从美国带一些二手笔记本电脑回来。

(2) 从美国买二手笔记本

1	B：	你要是买个二手-的，可能更便宜.
2	A：	唉，对我没想到这个.
3	B：>>C>>	
4	A：	买个二手-的.
5	B：--C>>	人家有那个，［淘汰-的］

6	A:		[X - -]
7	C:		((清嗓子))
8			多买几个.
9	B:	- -C>>	<X更新换代.X>
10	A:		[多买几个486?]
11	B:	>>A>>	[买十个八个.]
12	A:		还回来[倒卖呀]?
13	B:	>>C>>	[回来我们- -] >>A>>
14	C:		几台算什么东西呀.
15	B:	- -A>>	<LD你多买点儿嘛LD>,回来.
16	A:		那不可能,你带这玩意儿那么多,
17			你,查出来可麻烦了.
18			再说,
19	B:	>>C>>	
20	A:		咱也[没有那么多钱啊.]
21	B:	- -C>>	[一上税]上-晕了@@就@,
22			<@带一个是,你自己用就算了.@>
23			…()
24			>>B慢慢移开注视着C的视线;
25			看向前方>>
26	A:		是不是.
27	B:	>>A>>	
28	A:		多买几个也不可能.咱也没那么多钱.

这段谈话中,通过B的视线转移可以再次发现B对待A和C的区别。首先,当B希望向C传递更多的信息时,他看向C,第5行和第9行说明了这一点,在这两行中,B向C解释为什么可以从美国购买二手笔记本电脑,尽管这并不完全是为了与C建立一致立场,但仍然可以表明B总体上对待C的积极态度(或更接近的立场)。其次,在这段会话的其他部分,B看向C的视线清楚显示出B试图与C建立一致立场,同时与A产生立场分离。这一点可以从第13行中看出,C建议A带大量二手笔记本

电脑回国，以便从中赚取利润。这当然不是一个带有善意的建议，所有的会话参与者都清楚 A 不仅无法承担这么多购买电脑的费用，而且这样做很有可能是违法的。在 C 的建议之后，B 即刻利用一些语言资源与 C 一起煽动 A 实施这一负面行为。开始，他移开原本看向 A 的视线，在第13 行转而看向 C，并同时打断了 A 进行中的话轮，他在第 13 行中选择的言语形式也具有很强的暗示性：当看向 C 说话时，B 在短语"回来我们"中使用了代词"我们"，他通过这种方式清楚地划定了他们（B 和 C）与 A 之间的界限，这说明视线接触有时可以帮助确定言语形式的意义——如果 B 在说出第一人称复数代词形式时同时看向两位谈话者，那么"我们"的指代对象就包括 A，但实际情况并非如此。B 的煽动性活动并未就此停止，在第 14 行中，C 坚持认为带回几台电脑并不是什么大事；在第 15 行中，B 再次加入 C，建议 A 购买大量电脑并从中获利，B 在提出建议时是看向 A 的。然而，与第 13 行使用的言语内容不同，这一次 B 使用了第二人称代词"你"，因此没有将自己包括在所指的范围内，再次表现出对 A 的区别对待。与第 15 行 B 注视 A 相关的另一个对比性特征体现在韵律上——B 在此处明显提高了说话的音量（用符号"< LD LD >"标注），这与他在前一话轮中与 C 谈话时的音量形成了鲜明的对比。此外，第 15 行采用的语调显然是戏谑性的。由此可以认为，所有这些线索，包括话轮转换、指称形式、音量和语调模式，都表明 B 通过两种语音配置和视线移动来表明他对 A 和 C 的区别对待。

在该会话片段的最后，B 将视线转向 C 是为了达到不同的互动目的。在第 21 行，当 B 再次看向 C 时，正在构建一个关于 A 的想象行为的假设性负面细节：他假设当 A 被发现从海外走私电脑并被有关部门征收一大笔税款时会晕倒或崩溃。B 说出该这些话时视线转向 C 而不是 A，这说明他在与 C 分享这个有趣的、想象中的负面细节。值得注意的是，B 的行为同样伴随着一些其他活动和互动手段。首先，在话轮转换方面，他在第 21 行的发话再次打断了 A 正在进行的话轮；其次，在提供负面细节时还伴随着笑声（用符号"@"表示），他边说边笑，并采用了戏谑的语调，所有这些特征都表明 B 实施的活动是为了显示与 C 而并非与 A 的一致立场。

下面将讨论本文的最后一个例子。该例中，当 C 试图嘲笑 A 时，B

将视线移向 C，以表示对 C 言论的支持，如例（3）所示。

下面这段谈话主要围绕"A 自己正在打造的一些新家具"的话题展开。发话者 A 不确定应该如何处理他的旧家具，因为他认为这些家具仍然可用。这时，C 嘲笑 A 过于节俭；随即 B 将视线转向 C，两人共同发出一长串笑声。

(3) 处理旧家具

```
1   C:        你哪个，哪个，角柜?
2   B:        - -A>>
3   A:        我那个，不是那个角柜.
4             角柜也是，没法处理.还有我那个
5             五斗柜，你知道吧?((手势))
6   C:        嗯==
7             ...( )
8   A:        我-做得相当好，我要把它拆了，
9             用那个料吧，
10  C:        相当好啥呀相当好，早就=淘汰了.
11  B:                      >>C>>
12  A:        [那得二十多年啊]
13  B: - -C>> [@@@@@((声量提高))]
14              [2@@@@@@@2] [3@@3]
15  C: >>B>> [2@@@@@2]
16  A:                              [你说咋- -3]
17  B: >>A>>
18  A:        是把它处理了，是拆了还是?
```

同样，在这段谈话中 B 是策略性地通过视线活动与参与者达成立场上的同盟。在第 11 行，当 B 听到 C 对 A 的计划提出否定意见时，他将视线转向 C，然后在 C 结束评论时，B 随即发出笑声。B 此时的笑声有两个功能：1）显示他对 C 的言论的理解和支持（Ellis, 1997）；2）邀请 C 一起发笑（Jefferson, 1984）。B 的笑声再次与 A 正在进行的话轮发生重叠。

此外，正如语料所示，笑的声音不断变大且笑声延长。当 B 看向 C 并大笑时，C 把目光从 A 身上移开并转向 B，然后和 B 一起笑（第 15 行）。在这一点上，可以认为 B 和 C 的眼神对视构成一个视觉标记，它表明两者之间的立场一致性是通过视觉而非言语手段建立的。

综上所述，本文分析了 B 通过视线转移来显示对 A 和 C 的区别对待。上述三例均表明，在互动中，视线在构建参与者框架中起着至关重要的作用。

五 面对面互动中身体活动和语言使用的部分特征

上文分析阐明了面对面会话中视觉交流的部分特征。

第一，语料显示，在社会互动中，会话参与者会同时利用语言和非语言资源来与一些参与者建立一致立场并与其他参与者产生立场分离。这些资源涉及不同的交际手段。在词汇语法层面，参与者选择的代词形式（使用"我们"还是"你"）对不同的社会角色类属进行了明确区分，并指明了建立一致（或不一致）立场的关系对象（Brown & Gilman, 1960）。在话轮转换的层面，B 的话语经常与 A 发生重叠并打断 A 正在进行的话轮，却极少与 C 发生类似情况。当 B 偶尔与 C 同时话语重叠时，也通常只出现在双方同时对 A 实施类似的互动行为时（Ahrens, 1997; Tannen, 1989），例如共同嘲笑 A。在韵律和语调层面，参与者 B 对 A 和 C 说话时，分别采用了不同的韵律模式和音量，形成不同的声音。例如，B 对 C 说话时从不使用戏谑的语调，但在对 A 说话时却经常如此（Haviland, 1986; Straehle, 1993）；此外，B 对 A 说话时有时声音很大，而他对 C 说话却很少这样。值得注意的是，一些发音形式（如笑声）也是互动中的重要因素。例如，笑声何时发出，与谁一起发笑，因何原因发笑都与参与者的总体互动目标密切相关（Ellis, 1997; Jefferson, 1984），在这一点上，我们发现 B 经常与 C 一起发笑，但不会与 A 一起。此外，B 会经常嘲笑 A，但不会嘲笑 C。正如 Ellis（1997）所指出的，这里的笑声是一种建立立场一致性的工具。最后，鉴于本文的考察重点，视线接触在参与框架的协商中也起到了关键作用；它成为两组参与者之间建立起的一致立场的视觉标记。正如语料显示出，会话中值得注意的是，这些资源是如何被整合在一起以及会话参与者是如何对它们进行调配以便用于组织社会互动的。

第二，语料表明，身体活动的符号意义是多样的。具体而言，对视的发生和保持往往暗示着正向的互动关系，即表明立场一致或认同；相反，视线的收回则暗示互动中同盟关系的解除。如本文分析所示，B 与 C 的视觉接触经常被用于建立同盟关系、表达对提供信息的理解或支持。笔者此处想补充的是，即使是 B 与 A 的眼神接触，也可以为该观点提供有力证据。例如，在许多场合，当 B 向 A 表达观点（如例 2）或提供信息（如例 1）时，两位未建立同盟的参与者也会保持视线接触。当 A 被 B 或 C 长时间打断又最终获得话语权时，B 的视线也会再次返回到 A（例如在例 2 和例 3 的结尾处）。

第三，语料显示出的另一个互动特征是，至少有一些身体活动可以被认为是提供了独特的交际渠道，这些身体活动的互动意义甚至超过了词汇语法对互动的影响。这里涉及两个不同的问题：首先，笔者在语料分析中已经指出，代词的选择（如"我们"）和视线的共同作用说明身体活动可以对言语中的命题做出阐释，它的作用在于为词汇语法的释义提供一个框架。当然，这一观点在文献中已经得到了广泛的讨论（参见 Kendon，1997）；本文的语料只是为视觉活动在决定词汇语法的某些意义方面提供了进一步的证据。

另一个问题是关于更广泛层面上的手势与言语的关系。研究者已经提出手势或身体活动和言语在很多方面是相关的。在研究者看来，手势和言语的密切相关一般是一个过程的两个方面（Kendon，1972、1980、1997；McClave，1991；McNeill，1985、1992；Nobe，1996；Schegloff，1984），但在社会互动中，身体活动和言语也被认为具有不同的互动功能。以往研究表明，身体活动可以帮助表意，使抽象的想法视觉化（McNeill，1992），或标记语篇层面中的抽象概念，如话题或述题（Kendon，1995）。但笔者发现身体活动在人际符号领域，也发挥了重要的互动功能，那就是构建立场同盟以及体现互动参与度（Heath，1984）。在这一意义表达十分含蓄的领域，笔者甚至认为，相较于言语表达，非言语表达通常更受到人们的青睐（即人们不会公开告诉对方他们与某位参与者形成了立场同盟而疏远了另一位参与者）；非语言手段为参与者提供了一个无声但明确的视觉信号,来解释正在进行中的、动态发展的参与框架。①

六 结论

笔者主张使用基于活动的、综合的(或 Kendon [1997] 所说的"多媒体的")语言使用观进行研究。该观点认为,语言和非语言手段构成了一整套更大的资源,用于组织社会互动和构建社会群体的身份。本文试图证明视觉接触(尤其是视线转移)可以在互动中,特别是在人际符号领域发挥独特的功能,视线转移可以用于表明对动态构建的社会群体中成员身份的接纳或排斥。概言之,本文强调了至少一类身体活动——视线转移——的工具性本质,视线转移不仅与互动行为相关,还被作为一种互动工具用于构建社会身份认同。

在结束本文的讨论前,简要地谈一下另外两个相关问题:首先,社会群体身份认同是一种动态的社会和文化现象。在本文所分析的会话片段中,所有的会话参与者显然都是亲密的朋友;没有证据表明,在这个特定的互动过程之后,他们之间是否会以某种方式进行群体重新组合,但是在会话过程中的某些特定时刻,他们会根据互动的需要与某位参与者建立立场上的同盟,此时,标准的社会群体分类,如根据受教育程度和阶级进行的分类,似乎对于理解互动上建立的同盟关系起不到太大的作用,会话参与者的群体身份仅仅只是基于当时的互动目的而临时构建的。第二个相关问题是,本文的语料清楚地表明,社会互动可以采用不同的形式,社会意义(如"建立友谊")和互动类型(如"对抗性话语")之间的差异可能会非常大。这是一个有趣的文化语言学议题,笔者将在未来的研究中对该议题进行深入探讨。

---

① Heath (1984: 247) 认为,"互动参与关系极少被明确表达,即使被表达,参与者也只是将注意力从当前讨论的话题转移到话题的参与问题上"。该观点当然是正确的,但笔者认为,除维持注意力这一原因外,一定还有更深层的原因导致了身体活动的产生。那就是,在日常非冲突性的会话场景中,人际符号系统过于含蓄而无法通过言语,尤其是常规"词汇句法"手段来表达,这时就需要姿势或身体活动来表达人际意义,其无声且明确的视觉特点很好地实现了这一互动目标。

参考文献

Ahrens Ulrike, "The interplay between interruptions and preference organization in conversation: new perspectives on a classic topic of gender research". In Helga Kotthoff & Ruth Wodak (eds.) *Communicating Gender in Context*, 79 – 106. Amsterdam & Philadelphia: John Benjamins, 1997.

Brown Roger & Albert Gilman, "The pronouns of power and solidarity". In Thomas A. Sebeok (ed.) *Style in Language*, 252 – 281. Cambridge, Massachusetts: MIT Press, 1960.

Chafe Wallace, "Cognitive constraints on information flow". In Russell S. Tomlin (ed.) *Coherence and Grounding in Discourse*, 21 – 51. Amsterdam & Philadelphia: John Benjamins, 1987.

Chafe Wallace, *Discourse, Consciousness, and Time: The Flow and Displacement of Conscious Experience in Speaking and Writing*. Chicago: University of Chicago Press, 1994.

Du Bois John W., Stephan Schuetze – Coburn, Susanna Cumming & Danae Paolino, "Outline of discourse transcription". In Jane A. Edwards & Martin D. Lampert (eds.) *Talking Data: Transcription and Coding in Discourse Research*, 45 – 90. Hillsdale, New Jersey: Lawrence Erlbaum, 1993.

Duranti Alessandro, *Linguistic Anthropology*. Cambridge: Cambridge University Press, 1997.

Duranti Alessandro & Charles Goodwin, "Rethinking context: an introduction". In Alessandro Duranti & Chatles Goodwin (eds.) *Rethinking Context: Language as an Interactive Phenomenon, Studies in the Social and Cultural Foundations of Language* 11, 1 – 42. Cambridge: Cambridge University Press, 1992.

Ellis Yvette, "Laughing together: laughter as a feature of affiliation in French conversation". *Journal of French Language Studies*, Vol. 7, No. 2, 1997, 147 – 161.

Goffman Erving, *Encounters: Two Studies in the Sociology of Interaction*. Indianapolis: Bobbs – Merrill, 1961.

Goodenough Ward H., *Culture, Language, And Society* (2nd Edition). Menlo Park: Benjamin Cummings, 1981.

Goodwin Charles, "The interactive construction of a sentence in natural conversation". In George Psathas (ed.) *Everyday Language: Studies in Ethnomethodology*, 97 – 121. New York: Irvington, 1979.

Goodwin Charles, *Conversational Organization: Interaction Between Speakers and Hearers.* New York: Academic Press, 1981.

Goodwin Charles, "Notes on story structure and the organization of participation". In J. Maxwell Atkinson & John Heritage (eds.) *Structure of Social Action*, 225 – 246. Cambridge: Cambridge University Press, 1984.

Goodwin Charles, "Audience diversity, participation and interpretation". *Text & Talk*, Vol. 6, No. 3, 1986, 283 – 316.

Goodwin Charles, "Sentence construction within interaction". In Uta Quasthoff (ed.) *Aspects of Oral Communication*, 198 – 219. Berlin & New York: Walter De Gruyter, 1995.

Goodwin Marjorie Harness, *He – Said – She – Said: Talk as Social Organization Among Black Children.* Bloomington & Indianapolis: Indiana University Press, 1990.

Gumperz John, *Discourse Strategies.* Cambridge: Cambridge University Press, 1982.

Haviland John, " 'Con Buenos Chiles': talk, targets and teasing in zinacantan". *Text & Talk*, Vol. 6, No. 3, 1986, 249 – 282.

Heath Christian, "Talk and recipiency: sequential organization in speech and body movement". In J. Maxwell Atkinson & John Heritage (eds.) *Structure of Social Action*, 247 – 265. Cambridge: Cambridge University Press, 1984.

Heath Christian, *Body Movement and Speech in Medical Interaction.* Cambridge: Cambridge University Press, 1986.

Heath Christian, "Gesture's discrete tasks: multiple relevancies in visual conduct in the contextualization of language". In Peter Auer & Aldo Di Luzio (eds.) *The Contextualization of Language*, 102 – 127. Amsterdam & Philadelphia: John Benjamins, 1992.

Jefferson Gail, "On the organization of laughter in talk about troubles". In J. Maxwell Atkinson & John Heritage (eds.) *Structure of Social Action*, 346 – 69. Cambridge: Cambridge University Press, 1984.

Kendon Adam, "Some functions of gaze direction in social interaction". *Acta Psychologica*, Vol. 26, 1967, 1 – 47.

Kendon Adam, "Some relationships between body motion and speech". In A. Seigman & B. Pope (eds.) *Studies in Dynamic Communication*, 177 – 210. Elmsford, New York: Pergamon Press, 1972.

Kendon Adam, *Studies in the Behavior of Social Interaction*. Bloomington: Indiana University Press, 1977.

Kendon Adam, "The negotiation of context in face – to – face interaction". In A. Duranti & C. Goodwin (eds.) *Rethinking Context: Language as an Interactive Phenomenon. Studies in the Social and Cultural Foundations of Language*11, 323 – 334. Cambridge: Cambridge University Press, 1992.

Kendon Adam, "Gestures as illocutionary and discourse structure markers in Southern Italian conversation". *Journal of Pragmatics*, Vol. 23, No. 3, 1995, 247 – 279.

Kendon Adam, "Gesture". *Annual Review of Anthropology*, Vol. 26, 1997, 109 – 128.

Levinson Stephen, "Activity types and language". *Linguistics*, Vol. 17, 1979, 356 – 399.

Mcclave Evelyn, *Intonation and Gesture*. Georgetown University Dissertation, 1991.

Mcneill David, "So you think gestures are nonverbal?". *Psychological Review*, Vol. 92, 1985, 350 – 371.

Mcneill David, *Hand and Mind: What Gestures Reveal about Thought*. Chicago University of Chicago Press, 1992.

Nobe Shuichi, *Representational Gestures, Cognitive Rhythms, and Acoustic Aspects of Speech: A Network/Threshold Model of Gesture Production*. University of Chicago Dissertation, 1996.

Ochs Elinor, *Culture and Language Development: Language Acquisition and Language Socialization in A Samoan Village*. Cambridge: Cambridge University Press, 1988.

Ochs Elinor, "Linguistic resources for socializing humanity". In John Gumperz & Stephen Levinson (eds.) *Rethinking Linguistic Relativity*, 407 – 437. Cambridge: Cambridge University Press, 1996.

Rutter Derek R., *Looking and Seeing: The Role of Visual Communication in Social Interaction*. New York: John Wiley & Sons, 1984.

Schegloff Emanuel, "On some gestures' relation to talk". In J. Maxwell Atkinson & John Heritage (eds.) *Structure of Social Action*, 266 – 296. Cambridge: Cambridge University Press, 1984.

Straehle Carolyn A., "'Samuel' 'Yes, dear?': teasing and conversational rapport". In Deborah Tannen (ed.) *Framing in Discourse*, 210 – 230. New York: Oxford University Press, 1993.

Tannen Deborah, *Conversation Style: Analyzing Talk Among Friends*. Norwood: Ablex, 1984.

Tannen Deborah, "Interpreting interruption in conversation". In Bradley Music, Randolph Graczyk & Caroline Wiltshire (eds.) *Papers From the Regional Meetings of the Chicago Linguistic Society*, Vol. 25, No. 2, 1989, 266 – 287.

Tao Hongyin, *Units in Mandarin Conversation: Prosody, Discourse, and Grammar*. Amsterdam & Philadelphia: John Benjamins, 1996.

Vygotsky Lev Semenovich & Michael Cole, *Mind in Society: Development of higher psychological processes*. Cambridge, Massachusetts: Harvard University Press, 1978.

附　　录

附录一　转写规则

本表遵循 Du Bois 等（1993、2006）的规则，其中有些部分稍加修改。

单位	
语调单位	{带标点符号的回车符}
截断语调单位	--
截断词	-
发话者身份/话轮开始	:
话语重叠	[ ]
单元类型	
结束	.
继续	,
疑问	?
感叹	!
重音和延长	
主重音	^
延长	=
停顿	
长停顿（超过两秒钟）	…（）
中停顿（两秒）	…
短停顿（少于十分之二秒）	..
不停顿	(0)

续表

发声	
吸气音	TSK
吸气（可听到的吸气）	（H）
喉塞音	%
笑声	@
转录者的观点和非语言行为	
评论或非言语行为	(( ))
特殊的非言语特征：点头	< NOD　NOD >
特殊的非言语特征：微笑	< SM　SM >
特殊的语音特征	< Q Q >
未听清的内容	< XX >
难以辨认的音节	X

附录二　术语缩写

1PL：　第一人称复数

1SG：　第一人称单数

2PL：　第二人称复数

2SG：　第二人称单数

3PL：　第三人称复数

3SG：　第三人称单数

ADV：　副词

ASP：　体标记

ASSO：　关联或定语标记"的"

ATT：　定语

BA：　宾语标记"把"

CLF：　量词

COMP：　补语

COP：　系词"是"

DM：　话语标记

EMP：　重音

EXL： 感叹
INT： 感叹词
LOC： 定位符
MAME：人或地名
NEG： 否定词
NOM： 名词化
POSS： 所有格
PRF： 完成体
PROG：进行体
PRT： 句末助词
PTC： 句末语助词
STA： 状态

后　　记

　　汉语口语语法研究蕴含着巨大潜力，这一点已成为学界共识。就国内外的理论方法而言，当前口语语法研究联系最为紧密的理论首推互动语言学。陶红印教授系洛杉矶加州大学（UCLA）亚洲语言文化系教授，其研究旨趣主要集中在汉语话语语法、互动语言学、语体语法等方面。近十年间，陶教授围绕这些领域在国际期刊或文集上发表了成系列有影响的论文，提升了汉语研究在国际上的影响力。为方便国内读者了解这些代表性成果及互动语言学理论，笔者和团队成员一起将陶教授的系列论文译成中文，结集成册，以期为深化汉语口语研究方面作出一点贡献。

　　本文集共计选文16篇，这些文章发表在《语用学杂志》（*Journal of Pragmatics*）、《语言暨语言学》（*Language and Linguistics*）、《中国语言和话语》（*Chinese Language and Discourse*）等国际期刊或文集上。我们根据研究内容的侧重将其为两个部分，第一部分为词汇语法研究，关注的是口语语词的宏观现象或具体语词、语块在会话中的运用；第二部分为话语语法构式研究，偏重于会话中的语法构式或超出传统语法范围的一些口语言谈现象。这些文章都是在互动语言学理论背景下，运用真实自然的会话语料开展的研究，不仅关注语法项目本身的使用情况，也关注语法项目、会话组织、身体姿势，以及韵律特征等不同模态之间的相互作用，研究范式上富有创新，研究结论上富有启发性，对汉语口语语法、汉语互动研究具有重要的参考价值。

　　在具体翻译过程中，为确保翻译进度与译文质量，我们打破了专人负责专章的常规，采取了"集团作战"的策略。在翻译初期，我们基于前期积累与临时调研，制定了常见术语英汉对译表。为确保译文的专业性，团队定期召开交流会，集体讨论翻译存在的问题，统一专业术语，商定翻译困惑，在此基础上形成初稿，初稿完成后进行一审、二审和三审的三轮审订工作。值得一提的是，对于二审和三审中经团队讨论仍存疑的难解之题，我们请陶红印教授本人以线上会议或邮件的方式予以指导、解惑、释疑，陶教授还从百忙中抽空对所有译文做了细致的四审，充分保障了译著的质量。在此衷心感谢陶老师的辛苦付出和大力支持！

此次翻译时间紧、任务重，团队成员在接到翻译任务时都是负弩前驱，勇挑重担，我们"集万力，破一点"，不啻微茫，造炬成阳，最终完成了该论文集的翻译。硕士生杜家琪、刘赛、张安妮、王烁祯、连敏、徐亚新、张国欣、石咏琦、刘海如等人参与了部分内容的初译。我与博士生王杰、邓百雄、张琦、张杜娟、韩飞、沈谦等共同完成了文章的初译、一审与二审。全书的三审工作全部由张利蕊副教授负责完成。受译著署名人数的限制，他们的名字不能一一体现在译著封面上，但辛劳的付出值得肯定，在此深表感谢！侯艺源、王璐、陈绮琪、朱玉洁、瞿如婷等博士生对全书进行了认真的校对，一并感谢！

本书的翻译与出版得到邢福义师、汪国胜所长的大力支持，并得到刘云院长、匡鹏飞副所长的帮助，谨此表示衷心感谢！

中国社会科学出版社的责任编辑张林女士为本书的顺利出版做了大量细致的工作，特此感谢！

姚双云
2022 年 5 月

《汉语口语语法研究丛书》书目

汉语会话交际的单位：韵律、话语和语法
汉语会话中的多模态、互动及话轮转换
汉语口语语法研究新探
汉语口语互动语法——基于时间管理的观察
互动视角下的汉语口语语法研究
互动视角下的汉语附加疑问式研究
互动语言学：在社会互动中研究语言
话语标记的理论阐释与应用研究
认识理论与汉语口语语法现象研究